Der vermittlungsorientierte Einsatz von Arbeitnehmerüberlassung in der Personal-Service-Agentur (PSA)

Recht der Arbeit und der sozialen Sicherheit

Herausgegeben von Wolfgang Däubler, Hagen Lichtenberg, Ursula Rust, Roderich Wahsner

Band 26

PETER LANG
Frankfurt am Main · Berlin · Bern · Bruxelles · New York · Oxford · Wien

Gerald Peter Müller

Der vermittlungsorientierte Einsatz von Arbeitnehmerüberlassung in der Personal-Service-Agentur (PSA)

Arbeitsrechtliche Auswirkungen auf die Rechtsbeziehungen der Beteiligten

PETER LANG
Internationaler Verlag der Wissenschaften

Bibliografische Information der Deutschen Nationalbibliothek
Die Deutsche Nationalbibliothek verzeichnet diese Publikation in der Deutschen Nationalbibliografie; detaillierte bibliografische Daten sind im Internet über <http://www.d-nb.de> abrufbar.

Zugl.: Trier, Univ., Diss., 2007

D 385
ISSN 0178-4285
ISBN 978-3-631-57626-7

www.peterlang.de

Meinen Eltern

VORWORT

Arbeitnehmerüberlassung ist – nicht nur in Deutschland – ein boomender Markt. Der Gedanke, diese Entwicklung in den Dienst der Arbeitsförderung zu stellen, um Arbeitslosigkeit zu bekämpfen, ist attraktiv.

Zum heutigen Zeitpunkt steht fest, dass der mit dem Instrument der Personal-Service-Agentur gewählte Ansatz nicht geglückt ist. Die in diesem Zusammenhang erlangten Erkenntnisse werden jedoch für die Ausgestaltung zukünftiger Maßnahmen von Nutzen sein.

Weiter sind die arbeitsrechtlichen Auswirkungen, die ein staatlich gefördertes Arbeitsverhältnis mit sich bringt, nicht auf das konkrete Konzept der Personal-Service-Agentur beschränkt: Kündigungs- und betriebsverfassungsrechtliche Konsequenzen, deren Betrachtung sich diese Arbeit im Besonderen widmet, werden auch für zukünftige, arbeitsfördernde Maßnahmen mit Bezug zur Arbeitnehmerüberlassung von Bedeutung sein. Insofern soll diese Arbeit einen eigenständigen, vornehmlich arbeitsrechtlichen Diskussionsbeitrag leisten.

Die vorliegende Arbeit wurde im Sommersemester 2007 vom Fachbereich Rechtswissenschaft der Universität Trier als Dissertation angenommen. Literatur und Rechtsprechung sind auf dem Stand Ende September 2007.

Ich danke Herrn Professor Dr. Dres. h.c. mult. Rolf Birk für die Betreuung der Arbeit und Herrn Professor Dr. Peter Axer für die zügige Erstellung des Zweitgutachtens. Danken möchte ich auch Herrn Professor Dr. Wolfgang Däubler für die Aufnahme dieser Arbeit in die von ihm betreute Schriftenreihe.

Die Arbeit an einer Dissertation macht nicht *nur* Freude. Umso glücklicher kann sich schätzen, wer immer neuen Mut aus dem Rückhalt der Familie schöpft. Meinen Eltern widme ich diese Arbeit.

Besonderer Dank gilt auch Herrn Dr. phil. Horst Dieter Rauh für die wertvolle Unterstützung bei Korrektur und Textfassung.

Völksen, im November 2007 — Gerald Peter Müller

Inhaltsverzeichnis

ABKÜRZUNGSVERZEICHNIS

AA	Arbeitsagentur
ABM	Arbeitsbeschaffungsmaßnahme
AcP	Archiv für civilistische Praxis (Zeitschrift)
AfWA	Ausschuss für Wirtschaft und Arbeit
AiB	Arbeit im Betrieb (Zeitschrift)
AIP	Aktueller Informationsdienst für Personaldienstleister (Zeitschrift)
ALG II	Grundsicherung für Arbeitsuchende (Arbeitslosengeld II)
AMP	Arbeitgeberverband Mittelständischer Personaldienstleister e.V.
ANBA	Amtliche Nachrichten der Bundesagentur (-anstalt) für Arbeit
AP	Arbeitsrechtliche Praxis – Nachschlagewerk des Bundesarbeitsgerichts
ArbG	Arbeitsgericht
AR-Blattei SD	Arbeitsrecht-Blattei Systematische Darstellungen
ArbRB	Arbeitsrechtsberater (Zeitschrift)
ArbuR	Arbeit und Recht (Zeitschrift)
ARGE	Arbeitsgemeinschaft
AuA	Arbeit und Arbeitsrecht (Zeitschrift)
AuB	Arbeit und Beruf (Zeitschrift)
AuR	Arbeit und Recht (Zeitschrift)
BA	Bundesagentur für Arbeit
BA (alt)	Bundesanstalt für Arbeit
BABl.	Bundesarbeitsblatt (Zeitschrift)
BB	Betriebsberater (Zeitschrift)
BGBl.	Bundesgesetzblatt
BMF	Bundesministerium der Finanzen
BMWA	(ehemaliges) Bundesministerium für Wirtschaft und Arbeit
BR-Drucks.	Bundesrats-Drucksache
BSGE	Entscheidungen des Bundessozialgerichts
BT-Drucks.	Bundestags-Drucksache

BVD	Bundesvereinigung Deutscher Dienstleistungsunternehmen
BZA	Bundesverband Zeitarbeit Personal-Dienstleistungen e.V.
CEEP	Europäischer Zentralverband der Öffentlichen Wirtschaft
CGZP	Tarifgemeinschaft Christliche Gewerkschaften Zeitarbeit und PSA
CIETT	Confédération Internationale des Entreprises de Travail Temporaire – Internationaler Verband der Zeitarbeitsunternehmen
DB	Der Betrieb (Zeitschrift)
DGB	Deutscher Gewerkschaftsbund
DStR	Deutsches Steuerrecht (Zeitschrift)
DVBl	Deutsches Verwaltungsblatt (Zeitschrift)
EG	Vertrag zur Gründung der Europäischen Gemeinschaft (geltende Fassung)
EGV	Vertrag zur Gründung der Europäischen Gemeinschaft (i.d.F. vor dem 01. Mai 1999)
EGB	Europäischer Gewerkschaftsbund
EuroAS	Informationsdienst Europäisches Arbeits- und Sozialrecht (Zeitschrift)
EuZW	Europäische Zeitschrift für Wirtschaftsrecht
FA	Fachanwalt Arbeitsrecht (Zeitschrift)
FAZ	Frankfurter Allgemeine Zeitung
FS	Festschrift
GewArch	Gewerbearchiv (Zeitschrift)
GfmDaA	Gesetz für moderne Dienstleistungen am Arbeitsmarkt
GmS-OGB	Gemeinsamer Senat der obersten Gerichte des Bundes
IAB-Forschungsbericht	Forschungsbericht des Instituts für Arbeitsmarkt- und Berufsforschung der Bundesagentur für Arbeit
IAB-Kurzbericht	Kurzbericht des Instituts für Arbeitsmarkt- und Berufsforschung der Bundesagentur für Arbeit
iGZ	Interessenverband Deutscher Zeitarbeitsunternehmen e.V.
INZ	Interessengemeinschaft Nordbayerischer Zeitarbeitunternehmen e.V.

IPRax	Praxis des Internationalen Privat- und Verfahrensrechts (Zeitschrift)
IZA	Institut zur Zukunft der Arbeit
JURA	Juristische Ausbildung (Zeitschrift)
JZ	Juristenzeitung
KritJ	Kritische Justiz (Zeitschrift)
Metall	Metall – Zeitung der IG-Metall für die Bundesrepublik Deutschland
MittAB	Mitteilungen aus der Arbeits- und Berufsforschung (Zeitschrift)
MVZ	Mittelstandsvereinigung Zeitarbeit e.V.
NJW	Neue Juristische Wochenschrift
NZA	Neue Zeitschrift für Arbeitsrecht
NZBau	Neue Zeitschrift für Baurecht und Vergaberecht
NZS	Neue Zeitschrift für das Sozialrecht
Parl. Staatssekr.	Parlamentarischer Staatssekretär
PSA	Personal-Service-Agentur
RdA	Recht der Arbeit (Zeitschrift)
RegE	Regierungsentwurf
SAE	Sammlung arbeitsrechtlicher Entscheidungen (Zeitschrift)
SDSRV	Schriftenreihe des Deutschen Sozialrechtsverbandes
SGb	Die Sozialgerichtsbarkeit (Zeitschrift)
Slg.	Sammlung (von Gerichtsentscheidungen)
SozSich	Soziale Sicherheit – Zeitschrift für Arbeit und Soziales
ThürVBl	Thüringer Verwaltungsblätter (Zeitschrift)
UNICE	Union der Industrie- und Arbeitgeberverbände Europas
WiVerw	Wirtschaft und Verwaltung; Beilage zu: Gewerbearchiv – Zeitschrift für Verwaltungs-, Gewerbe-, und Handwerksrecht, für Wirtschafts- Arbeits- und Sozialrecht, für Wohnungs-, Boden und Baurecht, Umweltschutz
WSI-Mitteilungen	Monatszeitschrift des Wirtschafts- und Sozialwissenschaftlichen Instituts der Hans Böckler Stiftung
ZESAR	Zeitschrift für europäisches Sozial- und Arbeitrecht

ZEW	Zentrum für Europäische Wirtschaftsforschung
ZfA	Zeitschrift für Arbeitsrecht
ZfS	Zentralblatt für Sozialversicherung, Sozialhilfe und Versorgung – Zeitschrift für das Recht der sozialen Sicherheit
ZIP	Zeitschrift für Wirtschaftsrecht und Insolvenzpraxis
ZRP	Zeitschrift für Rechtspolitik
ZTR	Zeitschrift für Tarifrecht

EINLEITUNG

§ 1 Vorgeschichte und rechtliche Umsetzung der Personal-Service-Agentur durch das Erste Gesetz für moderne Dienstleistungen am Arbeitsmarkt

Vor dem Hintergrund des hohen Niveaus der Arbeitslosigkeit in Deutschland und bewegt durch den Skandal um die geschönte Vermittlungsstatistik der Bundesanstalt für Arbeit, zu dem eine Untersuchung des Bundesrechnungshofs zum Ende des Jahres 2001 geführt hatte,[1] setzte die Bundesregierung am 22. Februar 2002 die Kommission „Moderne Dienstleistungen am Arbeitsmarkt" ein. Unter dem Vorsitz von *Peter Hartz*, Vorstandsmitglied und Arbeitsdirektor bei der Volkswagen AG, hatte die Kommission den Auftrag erhalten, Vorschläge für eine Neuausrichtung der Aufgaben und Strukturen der Bundesanstalt für Arbeit zu unterbreiten. Am 16. August 2002 wurden die Vorschläge der Kommission in Berlin der Öffentlichkeit vorgestellt. Unter den dreizehn „Innovationsmodulen" des Kommissionsberichts nahm der achte Vorschlag – „Aufbau von Personal-Service-Agenturen (PSA) – Betriebsnahe Weiterbildung – Integration schwer Vermittelbarer" – eine zentrale Position ein und wurde von der Kommission selbst als das „Herzstück" ihrer Reformvorschläge bezeichnet.[2]

Leiharbeit sollte danach unter Zuhilfenahme der bundesweit flächendeckenden Einführung von Personal-Service-Agenturen gezielt zur Unterstützung der Arbeitsvermittlungsbemühungen eingesetzt werden. Ausgehend von der Erkenntnis, dass Arbeitnehmerüberlassung geeignet ist, die Anbahnung neuer Beschäftigungsverhältnisse zu erleichtern, sollten Personal-Service-Agenturen Einstellungsbarrieren durch den vermittlungsorientierten Einsatz von Arbeitnehmerüberlassung überwinden und so für Arbeitslose den Weg in dauerhafte Anschlussbeschäftigung ebnen. Zugleich sollte eine Reform des Arbeitnehmerüberlassungsgesetzes (AÜG) zur Flexibilisierung des deutschen Zeitarbeitsmarktes führen, um Personal-Service-Agenturen und üblichen Verleihunternehmen die effektive Arbeitsweise zu erleichtern und so weitere Beschäftigungspotentiale der Leiharbeit zu erschließen.

Bereits am 21. August 2002 wurde durch Beschluss des Bundeskabinetts („15 Eckpunkte für eine neue Ordnung auf dem Arbeitsmarkt – Neue Beschäftigung – schnelle Vermittlung – erstklassiger Service") die legislatorische Umsetzung der Kommissionsvorschläge in Gang gesetzt.[3] Am 5. November 2002 folgten Entwürfe für das Erste und das Zweite Gesetz für moderne Dienstleistungen

---

[1] Vgl. Bundesrechnungshof Jahresbericht 2002, S. 251 ff.; FAZ, v. 06. Februar 2002, S. 1, 13.

[2] Vgl. Bericht der Kommission „Moderne Dienstleistungen am Arbeitsmarkt", S. 148.

[3] Vgl. FAZ, v. 22. August 2002, S. 11.

am Arbeitsmarkt (1. bzw. 2. GfmDaA), die von den Fraktionen SPD und BÜNDNIS 90/DIE GRÜNEN eingebracht wurden.[4] Dabei diente der Entwurf des 1. GfmDaA der Umsetzung der 15 Eckpunkte des Bundeskabinetts und dabei insbesondere der Einführung der Personal-Service-Agenturen und der Reform des AÜG.[5] Am 15. November 2002 nahm der Bundestag mit der Mehrheit der Regierungskoalition das 1. GfmDaA in der vom Ausschuss für Wirtschaft und Arbeit beschlossenen Fassung[6] an.[7] Die Beratungen in dem vom Bundesrat[8] angerufenen Vermittlungsausschuss bewirkten noch materielle Veränderungen hinsichtlich der Ausgestaltung der Personal-Service-Agenturen und hinsichtlich der Reform des AÜG.[9] Nach Zurückweisung des vom Bundesrat eingelegten Einspruchs[10] trat das 1. GfmDaA zum 1. Januar 2003 in Kraft.[11] Durch §§ 37 c, 434 g Abs. 5 SGB III wurde die gesetzliche Grundlage für die Personal-Service-Agenturen geschaffen; Artikel 6 des 1. GfmDaA führte zu materiellen Änderungen des Arbeitnehmerüberlassungsgesetzes, wobei die Einführung des Gleichstellungsgrundsatzes und die Streichung des „Synchronisationsverbotes" sowie korrespondierender Verbotsnormen die prominentesten Folgen für den Bereich der Arbeitnehmerüberlassung darstellten.

Umgehend befasste sich die Bundesanstalt für Arbeit mit den konkreten Vorbereitungen für die Ausgestaltung der ersten Runde des Vergabeverfahrens für die Personal-Service-Agenturen, so dass die ersten Vertragsverhältnisse über die Errichtung und Betreibung einer Personal-Service-Agentur (PSA-Verträge) im April 2003 abgeschlossen werden konnten.

§ 2 Gegenstand der Arbeit und Gang der Darstellung

A. Gegenstand der Arbeit

Personal-Service-Agenturen stellen ein neues Instrument der aktiven Arbeitsförderung dar. Ihr arbeitsförderungsrechtlicher Auftrag ergibt sich aus § 37 c

---

4 BT-Drucks. 15/25 (1. GfmDaA) und BT-Drucks. 15/26 (2. GfmDaA).

5 Art. 1 Nr. 6, 45 (Regelungen zur PSA); Art. 6 (Reform des AÜG) des Gesetzentwurfs für das 1. GfmDaA, BT-Drucks. 15/25.

6 Vgl. Beschlussempfehlung des AfWA, BT-Drucks. 15/77 vom 13. November 2002, sowie Bericht des AfWA, BT-Drucks. 15/91 vom 13. November 2002.

7 Plenarprotokoll der 11. Sitzung des Bundestages vom 15. November 2002, S. 693.

8 BT-Drucks. 15/132 vom 03. Dezember 2002.

9 Vgl. Beschlussempfehlung des Vermittlungsausschusses, BT-Drucks. 15/201 vom 17. Dezember 2002. Insbesondere wurde für den Gleichstellungsgrundsatz im Recht der Arbeitnehmerüberlassung die Tariföffnungsklausel auch auf Tarifungebundene erweitert.

10 BR-Drucks. 933/02 vom 19. Dezember 2002.

11 1. GfmDaA vom 23. Dezember 2002, BGBl. I, S. 4607.

SGB III und wird durch das Vertragsverhältnis zur Arbeitsverwaltung konkretisiert. Da die einzelne Personal-Service-Agentur durch den vermittlungsorientierten Einsatz von Arbeitnehmerüberlassung die Integration Arbeitsloser in den ersten Arbeitsmarkt herbeiführen soll, tritt sie als Arbeitgeber der vormals Arbeitslosen auf. Dabei hat die Personal-Service-Agentur neben den reformierten Regelungen des Arbeitnehmerüberlassungsgesetzes die Vereinbarungen des Vertragsverhältnisses mit der Arbeitsverwaltung zu beachten. Dem für die übliche Arbeitnehmerüberlassung typischen Drei-Personen-Verhältnis zwischen Verleiher, Leiharbeitnehmer und Entleiher tritt damit – quasi übergeordnet – die Arbeitsverwaltung hinzu, die die erhofften beschäftigungsfördernden Wirkungen der Arbeitnehmerüberlassung – unter Zuhilfenahme des subventionierten Instruments der Personal-Service-Agentur – in den Dienst der Arbeitsvermittlung stellt. Es wird nicht verwundern, dass dies nicht ohne Bedeutung für die Rechtsbeziehungen der an dieser Form der Arbeitnehmerüberlassung Beteiligten verbleibt.

Ausgehend von der arbeitsrechtlichen Zielsetzung der vorliegenden Abhandlung sind es diese Auswirkungen, deren Betrachtung im Vordergrund des hier verfolgten Interesses steht. Vor dem Hintergrund einer genaueren Untersuchung des Auftragsinhalts und der Aufgabenstellung der Personal-Service-Agentur soll der Frage nachgegangen werden, in welchem Umfang die arbeitsförderungsrechtlichen Vor- und Aufgaben auf die einzelnen, mit der Betreibung dieser Form der vermittlungsorientierten Arbeitnehmerüberlassung zusammenhängenden Rechtsbeziehungen einwirken und welche Abweichungen sich daraus gegenüber der Lage in üblicher Arbeitnehmerüberlassung ergeben. Dabei wird in der vorliegenden Arbeit maßgeblich auf die Ausgestaltung und den Betrieb von Personal-Service-Agenturen abgestellt, die nach der ersten Vergaberunde im Jahre 2003 ihren Betrieb aufgenommen haben. Die teils grundlegend veränderten Vertrags- und Vergabebedingungen späterer Vergaberunden stehen demgegenüber nicht im Mittelpunkt der Betrachtung. Entsprechende Hinweise auf solche veränderten Bedingungen werden jedoch im Zusammenhang mit den ursprünglich verwandten Regelungen gegeben.

Eine nähere Auseinandersetzung mit Prognosen zur Wirksamkeit des Instruments „Personal-Service-Agentur" für den Abbau der Arbeitslosigkeit ist nicht Gegenstand der vorliegenden Arbeit. Schon frühzeitig waren von unterschiedlicher Seite aus Zweifel an den von der Hartz-Kommission und der seinerzeitigen Rot-Grünen Regierung propagierten Vorteilen des Instruments Personal-Service-Agentur geäußert worden. Diesen Bedenken haben die zwischenzeitlichen Entwicklungen zumindest teilweise Recht gegeben: Personal-Service-Agenturen spielen zum heutigen Zeitpunkt längst nicht mehr die Rolle, die ihnen ursprünglich zugedacht war. Auch hat der im Dezember 2006 vom Bundesministerium für Arbeit und Soziales vorgelegte Untersuchungsbericht zur Wirksamkeit der „Hartz-Reformen" dem Instrument Personal-Service-Agentur eine teils schädliche Wirkung auf die Integration Arbeitsloser in den regulären Arbeitsmarkt attestiert. Dessen ungeachtet bleiben die bezeichneten arbeitsrechtlichen Konsequenzen und Besonderheiten im Rahmen einer öffentlich geförderten Beschäftigung in Zeitarbeit von aktueller und auch zukünftiger Bedeutung: Einerseits existieren aktuell bundesweit 407 Personal-Service-Agenturen mit gut 14.000 vorgesehenen Beschäftigungsplätzen (Stand: Juli 2007, Zahlen der offiziellen BA-Statistik). Und andererseits dürfte – selbst wenn man das Instrument „Personal-Service-Agentur" als gescheitert bezeichnen wollte – der grundlegende Gedanke einer staatlich geförderten Beschäftigung Arbeitsloser in Zeitarbeit auch in kommenden Jahren von arbeitsförderungsrechtlichem Interesse sein.

B. Gang der Darstellung

Der **erste Teil** der vorliegenden Arbeit dient der näheren Bestimmung der für die Arbeit der Personal-Service-Agentur entscheidenden Grundbegriffe der Arbeitsvermittlung und der – nunmehr durch das 1. GfmDaA reformierten – Arbeitnehmerüberlassung. Es werden die beschäftigungsfördernden Potentiale aufgezeigt, die bereits in der üblichen Form der Arbeitnehmerüberlassung angelegt sind und denen das Konzept der Personal-Service-Agentur zu besonderer Wirksamkeit verhelfen soll. Dabei soll vor dem Abriss des historischen Wandels im Verhältnis der beiden Institute zueinander kritisch hinterfragt werden, ob die heutige Gesetzeslage dem nunmehr propagierten Zusammenwirken von Arbeitnehmerüberlassung und Arbeitsvermittlung gerecht wird. Abschließend wendet sich die Betrachtung den europarechtlichen Impulsen zu, die von den Vorbereitungen um die Verabschiedung einer Richtlinie zur Antidiskriminierung der Leiharbeitnehmer ausgehen.

Der **zweite Teil** der Arbeit wendet sich zunächst der Herausarbeitung der genaueren Konzeption und Zielsetzung des Instruments „Personal-Service-Agentur" zu und stellt die gesetzlich vorgesehenen Implementierungsoptionen dar. Daran anschließend wird die zum heutigen Zeitpunkt einzig vorgesehene – und auch seit Einführung der Personal-Service-Agentur einzig praktisch relevante – Form der rein privatwirtschaftlich betriebenen Personal-Service-Agentur betrachtet. Dazu wird das Vertragsverhältnis zwischen einer solchen Personal-Service-Agentur und der Arbeitsverwaltung einer genaueren Analyse unterzogen, um die konkreten Vertragspflichten herauszuarbeiten, die von Bedeutung für die weiteren Rechtsbeziehungen im Zusammenhang mit der Tätigkeit der Personal-Service-Agentur sind. Zum Abschluss des zweiten Teils wendet sich die Abhandlung den Bedenken zu, die gegen Konzeption und praktische Umsetzung der Personal-Service-Agentur vorgebracht werden. Auch wird ein Überblick zum bisherigen Verlauf und heutigem Stand der Umsetzung gegeben.

Der **dritte Teil** der Arbeit konzentriert sich auf die Konsequenzen, die für die arbeitsrechtlichen Rechtsbeziehungen der beteiligten Akteure Folge der Tätigkeit der Personal-Service-Agentur sind. Zunächst und schwerpunktmäßig wird untersucht, welche Auswirkungen sich für das Leiharbeitsverhältnis zwischen der Personal-Service-Agentur und dem dort beschäftigten, vormals Arbeitslosen ergeben. Daran schließt die genauere Betrachtung der Arbeitnehmerüberlassungsverträge an, also der Vertragsverhältnisse zwischen der Personal-Service-Agentur und den Entleihern. Danach wird der Blick auf das Beschäftigungsverhältnis im Entleiherbetrieb gerichtet. Zum Abschluss dieses Teils wird begutachtet, welche Konsequenzen sich für die Anwendung des Betriebsverfassungsgesetzes in der Personal-Service-Agentur und in den Entleiherbetrieben ergeben.

Der **vierte Teil** der Abhandlung wendet sich dem sozialrechtlichen Verhältnis zwischen dem Arbeitslosen und der Arbeitsverwaltung zu und zeigt die Auswirkungen auf, die im Zusammenhang mit der Beschäftigung in einer Personal-Service-Agentur stehen.

Den Abschluss der vorliegenden Arbeit bildet eine Zusammenfassung der gefundenen Ergebnisse.

1. TEIL.
GRUNDLAGEN DER ARBEITNEHMERÜBERLASSUNG UND DER ARBEITSVERMITTLUNG

§ 3 Grundlagen der Arbeitnehmerüberlassung

A. Begriff der Arbeitnehmerüberlassung und grundsätzliche Ausgestaltung der damit verbundenen Rechtsbeziehungen

Bei der Arbeitnehmerüberlassung[12] handelt es sich um ein Dreipersonenverhältnis, bei dem ein Arbeitgeber seine Arbeitnehmer gewerbsmäßig[13] zur Arbeitsleistung an Dritte überlässt, vgl. § 1 Abs. 1 S. 1 AÜG. Die daraus entstehende Dreiecksbeziehung ist gekennzeichnet durch den Arbeitnehmerüberlassungsvertrag zwischen Ver- und Entleiher, durch das Leiharbeitsverhältnis zwischen dem Verleiher und dem Leiharbeitnehmer sowie durch das Beschäftigungsverhältnis zwischen dem Entleiher und dem Leiharbeitnehmer. Es bestehen danach zwei Vertragsbeziehungen und eine vertragslose Rechtsbeziehung, deren gemeinsame Folge das Auseinanderfallen von Arbeits- und Beschäftigungsverhältnis ist.[14]

I. Verhältnis Verleiher - Entleiher

Inhalt des Arbeitnehmerüberlassungsvertrags ist die Verpflichtung des Verleihers, gegen Entgelt dem Entleiher Leiharbeitnehmer entsprechend der gewünschten Qualifikationen zu überlassen, über deren konkreten Einsatz der Entleiher während der Dauer des Vertrages disponiert. Bei diesem Vertragstypus handelt es sich um einen Unterfall des Dienstverschaffungsvertrags, also um ein Schuldverhältnis eigener Art, bei dem im Unterschied zur Verschaffung selb-

---

[12] Für diese überbetriebliche Beschäftigungsform sind auch die Begriffe „Zeitarbeit", „Leiharbeit" oder „Personalleasing" gebräuchlich. Im Dienste der besseren Lesbarkeit dieser Abhandlung werden die Begrifflichkeiten im Folgenden *synonym* verwandt.

[13] Also der nicht nur gelegentlich erbrachten, sondern auf gewisse Dauer gerichteten und auf die Erzielung unmittelbarer oder mittelbarer wirtschaftlicher Vorteile angelegten, selbständigen Tätigkeit. Vgl. **Wank**, in: ErfKomm., § 1 AÜG, Rn. 41 ff.; **Witten**, Vertragsgestaltung Zeitarbeit, S. 31 ff. Entscheidend ist das Kriterium der Gewinnerzeilungsabsicht (**BAG**, v. 21. März 1990, AP Nr. 15 zu § 1 AÜG = NZA 1993, S. 269 ff.), also das Streben, durch die Überlassungsgebühren nicht nur den eigenen Aufwand zu decken, sondern Überschüsse zu erzielen. Bei Wirtschaftsunternehmen wird regelmäßig von einer Profitabilitätsvermutung auszugehen sein. In der Entscheidung vom 20. April 2005 (NZA 2005, S. 1006 ff. = BB 2006, S. 383 ff.) hat das **BAG** bei Erhebung einer 5-prozentigen Umlage auf das Bruttoarbeitsentgelt des Leiharbeitnehmers die Gewinnerzielungsabsicht des (konzernverbundenen) Verleihers verneint.

[14] Kennzeichnend für die gewerbliche Arbeitnehmerüberlassung ist daher die „gespaltene Arbeitgeberstellung" zwischen Verleiher und Entleiher, vgl. ausführlich: **Konzen**, ZfA 1982, S. 259 ff. Diese vom Normalarbeitsverhältnis abweichende Gestaltung macht einen gewichtigen Teil der besonderen Schutzbedürftigkeit des Leiharbeitnehmers aus.

ständiger Dienste lediglich die Verschaffung der unselbständigen Dienste des Leiharbeitnehmers geschuldet ist.[15] Den Verleiher trifft damit die Pflicht, einen entsprechenden Leiharbeitnehmer auszuwählen und diesen während der Überlassungsdauer für den Entleiher zur Verfügung zu halten.[16]

Das AÜG regelt die Ausgestaltung dieser primär zivilrechtlichen Rechtsbeziehung nur fragmentarisch. Generell gilt daher der Grundsatz der Vertragsfreiheit, wobei insbesondere Vertragsabschlussfreiheit[17] besteht und diese lediglich durch das generelle Verbot der Arbeitnehmerüberlassung im Bereich des Baugewerbes[18] durchbrochen ist (vgl. § 1 b AÜG). Eine unmittelbare Vertragsbeschränkung ergibt sich für den Arbeitnehmerüberlassungsvertrag daraus, dass ein wirksamer Überlassungsvertrag nur geschlossen werden kann, wenn der Verleiher über die entsprechende Erlaubnis nach § 1 Abs. 1 AÜG verfügt (§ 9 Nr. 1 AÜG). Weiterhin sind Vereinbarungen unwirksam, die es dem Entleiher untersagen, Leiharbeitnehmer zu einem späteren Zeitpunkt selbst einzustellen (§ 9 Nr. 3 1. HS AÜG n.F.[19]). Unberührt von diesem Verbot ist jedoch die Zulässigkeit der Vereinbarung einer „angemessenen" Provision für den Fall der Übernahme (§ 9 Nr. 3 2. HS AÜG n.F.).[20]

---

[15] Vgl. **Wank**, in: ErfKomm., § 1 AÜG, Rn. 33; **Schüren**, in: Schüren AÜG Einl., Rn. 259 ff.; **Boemke** AÜG § 12, Rn. 20; **anders: Becker**, ZfA 1978, S. 131, 145.

[16] Vgl. dazu **Witten**, Vertragsgestaltung Zeitarbeit, S. 50 f. m.w.N. Zu den Konsequenzen möglicher Störungen der Vertragsbeziehung: **Boemke,** BB 2006, S. 997 ff.

[17] Damit unterscheidet sich das deutsche Recht maßgeblich von den Regelungen anderer europäischer Staaten, in denen Arbeitnehmerüberlassung nur in bestimmten Fällen zulässig ist. Vgl. etwa zur Rechtslage in Frankreich: Art. L. 124-2-1 Code du Travail; ähnlich die Rechtslage in Belgien: vgl. **Humblet**, EuroAS 2002, S. 183, 184. Vergleichbar ist auch die Lage in Spanien: vgl. European Foundation for the Improvement of Living and Working Conditions, Temporary Agency Work: National Reports: Spain, S. 5 f. [2002].

[18] Damit sind Betriebe des Bauhauptgewerbes nach §§ 1, 2 der Baubetriebe-Verordnung gemeint, vgl. **BGH**, v. 17. Februar 2000, AP Nr. 1 zu § 12 a AFG = NZA 2000, S. 608 ff.

[19] Änderung durch Art. 6 des Ersten Gesetzes für moderne Dienstleistungen am Arbeitsmarkt vom 23. Dezember 2002, BGBl. I, S. 4607. Dieses Verbot entspricht dem wortgleichen § 9 Nr. 5 AÜG a.F.

[20] Diese Änderung wurde durch Artikel Art. 93 des Dritten Gesetzes für moderne Dienstleistungen am Arbeitsmarkt vom 23.12.2003, BGBl. I, S. 2848, vorgenommen. Dazu: **Benkert** BB 2004, S. 998 ff.; **Böhm** DB 2004, S. 1150 ff. Damit wurde die Streitfrage nunmehr gesetzlich entschieden, ob die Vereinbarung einer solchen Provision dem Schutzzweck des § 9 Nr. 3 AÜG n.F. bzw. § 9 Nr. 5 AÜG a.F. zuwiderlaufe. Der **BGH**, v. 03. Juli 2003, BGHZ 155, S. 311 ff. = DB 2003, S. 2125 f., hatte noch kurz zuvor gegenteilig argumentiert; kritisch wiederum dazu: **Thüsing** DB 2003, S. 2122 ff. Nunmehr hat der **BGH** die Zulässigkeit einer entsprechenden Provision ausdrücklich anerkannt: Urteil v. 7. Dezember 2006, DB 2007, S. 526. Weiterführend dazu: **Lembke/Fesenmeyer**, DB 2007, S. 801 ff.

In formeller Hinsicht ist der Überlassungsvertrag gemäß § 12 Abs. 1 S. 1 AÜG in Schriftform zu fassen, wobei auch die Erklärung über den Besitz der Überlassungserlaubnis zu erfolgen hat (§ 12 Abs. 1 S. 2 AÜG). Weiterhin ist der Verleiher verpflichtet, den Entleiher über die weitere Entwicklung der Überlassungserlaubnis informiert zu halten (§ 12 Abs. 2 AÜG).

II. Verhältnis Verleiher -Leiharbeitnehmer

Das Leiharbeitsverhältnis ist seiner Natur nach zwingend als ein Arbeitsvertragsverhältnis zwischen dem Verleiher und dem Leiharbeitnehmer ausgestaltet.[21] Dies ergibt sich aus der gesetzlichen Konzeption des Rechts der Arbeitnehmerüberlassung, wonach *Arbeitnehmer* an Entleiher überlassen werden (vgl. § 1 Abs. 1 S. 1 AÜG). Liegt demgegenüber zwischen dem Verleihenden und dem Verliehenen kein Arbeitsverhältnis vor, so kann es sich rein begrifflich schon nicht um Arbeitnehmerüberlassung, sondern ggf. um eine andere Form des drittbezogenen Personaleinsatzes handeln.[22] Mit der Charakterisierung des Leiharbeitsverhältnisses als Arbeitsverhältnis sind zunächst im Grundsatz die allgemeinen arbeitsvertraglichen Pflichten für beide Vertragspartner verbunden. Danach ergeben sich für den Verleiher insbesondere die Pflichten zur Lohnzahlung, zur Entgeltfortzahlung aus den unterschiedlichen Gesetzesgrundlagen und die Pflicht zur Urlaubsgewährung. Weiterhin treffen den Verleiher die üblichen Fürsorge- und Schutzpflichten, die auch in Zeiten des Verleihs unverändert fortbestehen (vgl. § 11 Abs. 6 S. 1 2. HS AÜG). Aus der Besonderheit, dass der Leiharbeitnehmer abweichend vom Grundsatz des § 613 S. 2 BGB verpflichtet ist, seine Arbeitsleistung im Betrieb des jeweiligen Entleihers zu erbringen,[23] ergibt sich der Grundstein für das die Arbeitnehmerüberlassung kennzeichnende Auseinanderfallen zwischen dem Arbeitsverhältnis zum Verleiher und dem Beschäftigungsverhältnis zum Entleiher. Das daraus folgende, besondere Schutzbedürfnis des Leiharbeitnehmers[24] nimmt das AÜG zum Anlass, die üblichen arbeitsvertraglichen Pflichten durch Einschränkungen der Privatautonomie und zusätzliche Regelungen zu modifizieren und zu ergänzen.

---

[21] Vgl. **Witten**, Vertragsgestaltung Zeitarbeit, S. 47; **Ignor**, in: ders./Rixen, Hdb ArbStrR, § 3, Rn. 122; **Pods**, in: Henssler/Willemsen/Kalb, ArbRKomm, § 1 AÜG, Rn. 6 f.

[22] Zu den dazu vertretenen Abgrenzungskriterien: vgl. nur **Wank**, in: ErfKomm., § 1 AÜG, Rn. 8 ff. m.w.N.

[23] In so genannten „Mischbetrieben", die neben der Arbeitnehmerüberlassung auch andere Betriebszwecke verfolgen, ist der Arbeitnehmer auch zur Arbeitsleistung im Betrieb seines Arbeitgebers verpflichtet; etwa 53 Prozent aller Verleiherbetriebe sind „Mischbetriebe" Vgl. Zehnter AÜG-Erfahrungsbericht, BT-Drucks. 15/6008, S. 14; **Marschall**, in: MüHdbArbR Bd. 2, § 174, Rn. 42; **Schüren**, in: Schüren AÜG § 1 Rn. 289. Zur Frage der Zulässigkeit einer individualvertraglichen Bezugnahme von Tarifverträgen der Zeitarbeitsbranche in Mischbetrieben: **Lembke/Distler**, NZA 2006, S. 952 ff.

[24] Vgl. ausführlich dazu **Becker/Wulfgramm** AÜG Einl. Rn. 4 ff.

Zunächst ist die Wirksamkeit des Leiharbeitsverhältnisses nach §§ 1 Abs. 1, 9 Nr. 1 AÜG abhängig von einer entsprechenden Erlaubnis des Verleihers, welche durch die jeweilige Regionaldirektion (ehemals: Landesarbeitsamt) erteilt wird. Durch dieses präventive Verbot mit Erlaubnisvorbehalt soll gewährleistet werden, dass lediglich gewerberechtlich und arbeitnehmerüberlassungsrechtlich verlässliche Verleiher Vertragspartner des Leiharbeitnehmers werden (vgl. § 3 AÜG). Weiterhin bestehen für den Verleiher besondere Melde- und Anzeigepflichten (vgl. §§ 7, 8 AÜG).

Unmittelbar in die Vertragsausgestaltungsfreiheit greifen die Regelungen der §§ 9 und 11 AÜG ein. Dabei ist der Inhalt des § 9 AÜG – und flankierend die gewerberechtliche Regelung des § 3 AÜG – zentraler Gegenstand der Neuausrichtung des Rechts der Arbeitnehmerüberlassung gewesen:[25] Nach heutiger Rechtslage hat der Leiharbeitnehmer im Grundsatz Anspruch auf Arbeitsbedingungen einschließlich des Arbeitsentgelts eines vergleichbaren Stammangestellten im Entleiherbetrieb. Als Ausnahme gelten die ersten sechs Wochen der Beschäftigung eines vormals Arbeitslosen oder eine tarifvertragliche Ausgestaltung des Leiharbeitsvertrages (§ 9 Nr. 2 AÜG n.F.). Das Arbeitsverhältnis ist dabei im Grundsatz so auszugestalten, dass es auch die Zeiten überdauert, in denen der Verleiher keine Einsatzmöglichkeit in einem Entleiherbetrieb realisieren kann. Die generelle „Synchronisierung" des Leiharbeitsverhältnisses mit einem konkreten Überlassungseinsatz ist dabei – auch weiterhin[26] – unzulässig.[27] Entsprechend der alten Rechtslage sieht § 9 Nr. 4 AÜG n.F. darüber hinaus ein Verbot vor, im Leiharbeitsvertrag ein nachvertragliches[28] Wettbewerbsverbot zuungunsten einer Übernahme des Leiharbeitnehmers durch den Entleiher zu vereinbaren. Weiterhin ist im Leiharbeitsvertrag eine Abweichung von der Annahmeverzugsregelung des § 615 S. 1 BGB unzulässig (§ 11 Abs. 4 S. 2 AÜG). Auch ist die Vereinbarung einer verkürzten Kündigungsfrist nach § 622 Abs. 5 S. 1 Nr. 1 BGB ausgeschlossen (§ 11 Abs. 4 S. 1 AÜG). Bei dem Leistungsverweigerungsrecht des Leiharbeitnehmers für den Fall, dass der Entleiherbetrieb unmittelbar von einem Arbeitskampf betroffen ist (§ 11 Abs. 5 AÜG), handelt es sich um ein relatives Leistungsverweigerungsrecht, bei dem die Pflicht zur Arbeitsleistung

---

25 Vgl. dazu unten, C.

26 Zur Streichung des „Synchronisationsverbotes" des AÜG a.F. und den Konsequenzen für das heutige Recht: unten, C.

27 Dies stellt einen weiteren entscheidenden Unterschied zur Rechtslage etwa in Frankreich dar, wo Leiharbeitsverträge *per definitionem* befristet auf die Dauer des Überlassungseinsatzes auszugestalten sind: vgl. Art. L. 124-2-1 Code du Travail. In den Niederlanden besteht zwar nicht die Pflicht, dagegen aber die ausdrückliche Möglichkeit, Leiharbeitsvertrag und Überlassungsvertrag zu synchronisieren: vgl. **Waas**, Modell Holland, S. 146 f.

28 Für die Zeit der Dauer des Arbeitsverhältnisses zwischen Verleiher und Leiharbeitnehmer ergibt sich bereits aus der Treuepflicht ein Wettbewerbsverbot: vgl. **BAG** v. 16. Juni 1976, AP Nr. 8 zu § 611 BGB Treupflicht = NJW 1977, S. 646 f.

lediglich gegenüber dem betroffenen Entleiher entfällt. Der Leiharbeitnehmer bleibt demgegenüber verpflichtet, sich für alternative Einsätze durch den Verleiher bereit zu halten. Nur für den Fall, dass keine anderen Überlassungsmöglichkeiten bestehen, kann der Leiharbeitnehmer Lohnfortzahlung verlangen.[29]

In formeller Hinsicht ergeben sich für den Verleiher aus § 11 Abs. 1 bis 3 AÜG besondere Nachweis- und Informationspflichten, die insbesondere im Zusammenhang mit der Erlaubnis zur Arbeitnehmerüberlassung stehen.

Betriebsverfassungsrechtlich ist der Leiharbeitnehmer Angehöriger des Verleiherbetriebs. Daran ändert auch der Einsatz in einem Entleiherbetrieb nichts, was durch § 14 Abs. 1 AÜG gesetzlich klargestellt ist. Bei Erfüllung der allgemeinen Schwellenwerte ist daher der Verleiherbetrieb betriebsratsfähig[30] und im Grundsatz auch für die Interessenvertretung des Leiharbeitnehmers zuständig.[31]

III. Verhältnis Entleiher - Leiharbeitnehmer

Zwischen dem Leiharbeitnehmer und dem Entleiher besteht kein vertragliches Rechtsverhältnis, insbesondere wird der Entleiher nicht Arbeitgeber des Leiharbeitnehmers.[32] Für die Dauer der Überlassung steht dem Entleiher jedoch das Weisungsrecht gegenüber dem Leiharbeitnehmer zu,[33] so dass der Leiharbeitnehmer durch die konkrete Zuweisung eines Arbeitsbereiches in die Betriebsorganisation des Entleihers integriert wird. Das daraus entstehende Näheverhältnis führt für den Entleiher zu Schutz- und Fürsorgepflichten, die ähnlich wie in ei-

---

29 Vgl. **Wank**, in: ErfKomm., § 11 AÜG, Rn. 26, **Feuerborn**, in: Schüren AÜG § 11 Rn. 105 f.

30 Der Umstand, dass nur in relativ wenigen Verleiherbetrieben Betriebsräte gebildet worden sind, ist auf andere Gründe zurückzuführen: Die (zumindest bisher) nur geringe Beschäftigungsdauer und der andauernde Wechsel des Arbeitsortes der Leiharbeitnehmer dürften sich negativ auf die Bestrebungen zur Bildung eines Betriebsrates im Verleiherbetrieb ausgewirkt haben. Vgl. **Vanselow/Weinkopf**, START Zeitarbeit NRW, S. 19; **Hamann**, in: Schüren AÜG, § 14, Rn. 113.

31 Zu den Einzelheiten der Verteilung der betriebsverfassungsrechtlichen Beteiligungsrechte zwischen dem Ver- und Entleiherbetriebsrat im Zusammenhang mit der PSA: vgl. unten, § 13.

32 **BAG**, v. 08. Dezember 1988, AP Nr. 6 zu § 1 BeschFG 1985 = NZA 1989, S. 459, 460 f.

33 Die Befugnis dazu leitet sich unmittelbar aus dem Leiharbeitsvertrag zwischen Verleiher und Leiharbeitnehmer ab, der seiner Natur nach ein echter – berechtigender – Vertrag zugunsten Dritter (des jeweiligen Entleihers) ist, vgl. **Walker**, AcP 194 (1994), S. 295, 309 f.; **Hamann**, WiVerw 1996, S. 212, 214; **Schüren**, in: Schüren, AÜG Einl. Rn. 137 ff.; **Wank**, in: ErfKomm., Einl. AÜG, Rn. 52 f.; **anders: Marschall,** in: MüHdbArbR, Bd. 2, § 174, Rn. 14; **Sandmann/Marschall**, AÜG Art. 1 § 9 Anm. 5: Abtretung des Anspruchs auf die Arbeitsleistung bzw. des Direktionsrechts an den Entleiher; **wiederum anders: Raab**, ZfA 2003, S. 389, 392 f.; **Bauer**, in: Küttner Personalbuch 2004, Arbeitnehmerüberlassung, Rn. 2: unechter – ermächtigender – Vertrag zugunsten Dritter. Ausführlich zum Streitstand: **Schüren**, in: Schüren AÜG, Einl. Rn. 88 ff.

ner arbeitsvertraglichen Beziehung ausgestaltet sind.[34] Auch für den Leiharbeitnehmer ergeben sich Treuepflichten gegenüber dem Entleiher, die insbesondere die Verschwiegenheit und das Wettbewerbsverhalten betreffen.[35] Aus dem AÜG selbst ergibt sich darüber hinaus die Pflicht des Entleihers zur Beachtung der allgemeinen öffentlich-rechtlichen Vorschriften des Arbeitsschutzrechts (§ 11 Abs. 6 S. 1 AÜG) und der damit im Zusammenhang stehenden Informationspflichten gegenüber dem Leiharbeitnehmer (§ 11 Abs. 6 S. 2, 3 AÜG).

Wie bereits erwähnt, ist der Umfang des Weisungsrechts durch § 11 Abs. 5 AÜG dadurch beschränkt, dass dem Leiharbeitnehmer ein Leistungsverweigerungsrecht zusteht, sofern der entleihende Betrieb unmittelbar von einem Arbeitskampf betroffen ist. Zum Schutz des Leiharbeitnehmers wird diesem die Möglichkeit gegeben, einem Einsatz als „Streikbrecher“ zu widersprechen.[36]

Aus betriebsverfassungsrechtlicher Sicht ist bis heute die Frage umstritten, ob der Leiharbeitnehmer – neben seiner Betriebszugehörigkeit zum Verleiherbetrieb (§ 14 Abs. 1 AÜG) – auch als Zugehöriger des Entleiherbetriebs anzusehen ist.[37] Gesetzlich geregelt ist demgegenüber das aktive Wahlrecht eines jeden Leiharbeitnehmers im Entleiherbetrieb, der dort für mehr als drei Monate eingesetzt wird (§ 7 S. 2 BetrVG)[38]. Gleichzeitig ist dem Leiharbeitnehmer das passive Wahlrecht im Entleiherbetrieb versagt (§ 14 Abs. 2 S. 1 AÜG).

B. Bedeutung und beschäftigungspolitische Funktion der Arbeitnehmerüberlassung

I. Bedeutung der Arbeitnehmerüberlassung

Der Markt der Arbeitnehmerüberlassung verzeichnete innerhalb der letzten zehn Jahre einen entscheidenden Bedeutungszuwachs. Machte Leiharbeit als Beschäftigungsform im Jahre 1993 mit ca. 121.400 Beschäftigten noch einen Anteil von ca. 0,42 Prozent an der Gesamtbeschäftigtenzahl aus, so stieg dieser Anteil mit ca. 357.260 Beschäftigten im Jahre 2001 auf 1,28 Prozent.[39] Seit Ende 2001

---

[34] Vgl. **Hiekel**, in: Tschöpe, Anwaltshandbuch AR, Teil 6 D, Rn. 40; **Dütz**, ArbR, Rn. 129.

[35] Vgl. **Schüren**, in: Schüren AÜG Einl. Rn. 196 ff. **Hiekel**, in: Tschöpe, Anwaltshandbuch AR, Teil 6 D, Rn. 45.

[36] **Wank**, in: ErfKomm., § 11 AÜG, Rn. 26; ein generelles Verbot des Einsatzes von Leiharbeitnehmern in bestreikten Betrieben besteht demgegenüber nicht: **Sandmann/Marschall**, AÜG Art. 1 § 11 AÜG Anm. 28.

[37] Zu den damit im Zusammenhang stehenden Einzelheiten vgl. unten, § 13 B. I.

[38] Eingefügt durch Artikel 1 des Gesetzes zur Reform des Betriebsverfassungsgesetzes vom 23.07.2001, BGBl. I, S. 1852.

[39] Die Zahlen beziehen sich auf den 30. Juni eines jeden Jahres. Im europäischen Vergleich ist die Verbreitung der Leiharbeit damit jedoch auch weiterhin relativ gering: der Beschäftigungsanteil in Leiharbeit betrug im Jahre 2001 in Großbritannien ca. 4,7 Prozent, in den

gingen die Beschäftigtenzahlen zurück, was jedoch eher auf die allgemeine konjunkturelle Lage in Deutschland und nicht auf mangelnde Attraktivität der Arbeitnehmerüberlassung zurückgeführt wird.[40] Ab Mitte 2003 stiegen die Beschäftigtenzahlen wieder an, so dass zunächst im Juni 2004 mit ca. 399.780 überlassenen Beschäftigten und im Jahr 2005 mit ca. 453.390 überlassenen Beschäftigten ein neuer Höchststand erreicht werden konnte.[41] Der Anteil der Leiharbeitnehmer an der Gesamtzahl der sozialversicherungspflichtig Beschäftigten hatte damit ca. 1,7 Prozent erreicht.[42] Dieser Trend hat sich im Jahre 2006 fortgesetzt. So waren Ende Juni 2006 ca. 598.300 Arbeitnehmer bei Zeitarbeitsfirmen unter Vertrag, so dass zu diesem Stichtag der Anteil der Leiharbeitnehmer an der Gesamtzahl der sozialversicherungspflichtig Beschäftigten auf 2,3 % anstieg.[43] Im Bereich der Leiharbeit ist in den letzten Jahren insbesondere ein Zuwachs der Gestellung von Hilfsarbeitern zu beobachten. Die größte Bedeutung kommt dabei der Arbeitnehmerüberlassung im gewerblichen Bereich zu. Hierbei dominieren männliche Leiharbeitnehmer, die zu einem großen Anteil im Bereich der Metall- und Elektroindustrie eingesetzt werden.[44]

II. Funktion der Arbeitnehmerüberlassung aus der Perspektive des Verleihers

Für den Verleiher stellt Arbeitnehmerüberlassung den Gegenstand des von ihm betriebenen Gewerbes dar und ist dementsprechend auf Gewinnerzielung ausgerichtet. Da jedoch gerade der Bereich der Arbeitnehmerüberlassung in besonderer Weise von der allgemeinen konjunkturellen Lage abhängig ist,[45] lassen sich einsatzlose Zeiten nicht vollends vermeiden. Die während der Einsatzzeiten erzielten Überlassungsgebühren müssen dementsprechend so bemessen sein, dass

Niederlanden ca. 4,5 Prozent und in Frankreich ca. 2,1 Prozent. Zahlenmaterial aus: **Jahn/Rudolph**, IAB-Kurzbericht 21/2002, S. 5.

40 Vgl. **Hillebrand**, UnternehmerThemen, April 2004, S. 9; Pressemitteilung **BZA** v. 02. April 2004, abrufbar unter www.bza.de.

41 Vgl. offizielle Statistik der BA „Arbeitsmarkt in Zahlen – Arbeitnehmerüberlassung", 2. Halbjahr 2005, Tabelle 8.

42 Vgl. **Antoni/Jahn**, IAB-Kurzbericht 14/2006, S. 2.

43 Vgl. Amtliche Nachrichten der Bundesagentur für Arbeit, Arbeitsmarkt 2006, S. 114 f.

44 Zu den Details der Zusammensetzung der Beschäftigten in Zeitarbeit, sowie deren Einsatzgebieten, vgl. Zehnter AÜG-Erfahrungsbericht v. 30. November 2005, BT-Drucks. 15/6008, S. 16 f. Vgl. auch **Antoni/Jahn**, IAB-Kurzbericht 14/2006; ferner auch das Zahlenmaterial im ZEW-Forschungsbericht „Perspektiven der Zeitarbeit", Juli 2003, abrufbar unter www.zew.de.

45 Die besondere Volatilität des Bedarfs nach den Leistungen der Verleiher ergibt sich daraus, dass Leiharbeit in erheblichem Maße zur Deckung temporärer Engpässe – und dabei besonders auch zur Ergänzung der Stammbelegschaft bei Auftragsspitzen – eingesetzt wird.

sie auch die Entlohnung der Leiharbeitskräfte in verleihfreien Zeiten decken können. Da der Verleiher darüber hinaus weitere Kosten, die mit seiner Arbeitgeberstellung verbunden sind (z.B. Entgeltfortzahlung im Krankheitsfall, Urlaubsentgelt etc.), sowie weitere, administrative Kosten trägt, bewegen sich die Überlassungsgebühren in einem Bereich von ca. 180 – 250 Prozent des an den Leiharbeitnehmer gezahlten Bruttoentgelts.[46] Fehlkalkulationen führen in diesem Bereich zu dem besonderen wirtschaftlichen Druck, das Risiko ausbleibender Überlassung auf den Leiharbeitnehmer – etwa durch Kündigung, (Zweck-) Befristung oder andere Formen der „Synchronisierung" – zu übertragen. Dem wirkt das AÜG durch besondere Regelungen entgegen.[47]

III. Funktion der Arbeitnehmerüberlassung aus der Perspektive des Entleihers

Aus der Sicht des Entleihers betrachtet stellt sich die Arbeitnehmerüberlassung primär als ein Instrument der Flexibilisierung dar.[48] Um auf Nachfrageschwankungen und Arbeitskräfteausfall (etwa aufgrund von Krankheit, Urlaub, Elternzeit, etc.) reagieren zu können, stehen einem Unternehmer neben betriebsinternen Flexibilisierungsmodellen (z.B. vorübergehende Verlängerung der Arbeitszeiten, Einführung von Arbeitszeitkonten, Arbeit auf Abruf, Einstellung befristet Beschäftigter) auch betriebsexterne Maßnahmen zur Verfügung, zu denen neben der Fremdvergabe an Subunternehmer oder der Auslagerung von Betriebsteilen auch die Leiharbeit zählt.[49]

Anders als bei der Fremdvergabe einzelner Tätigkeitsbereiche auf Werk- oder Dienstvertragsbasis kann der Entleiher im Rahmen der Arbeitnehmerüberlassung Arbeitskräfte rekrutieren, über die er selbst das Weisungsrecht erhält und die er dementsprechend in den eigenen Betriebsablauf eingliedern kann.[50] Der Rückgriff auf die Arbeitnehmerüberlassung ist dabei nicht mit arbeitsrechtlichen Trennungsrestriktionen und sich daraus potentiell ergebenden (arbeitsgerichtlichen) Streitigkeiten verbunden, was zu erhöhter Planungssicherheit des

---

[46] Vgl. **Ochel**, ifo-Schnelldienst 1/2003, S. 21, 22: 200 Prozent; **Schröder**, Arbeitnehmerüberlassung in Vermittlungsabsicht, S. 7 Fn. 9: 180-200 Prozent. Vgl. auch Wirtschaftswoche Nr. 7 v. 05. Februar 2004, S. 48, 49: 250 Prozent; am oberen Ende der Skala auch: **Bertelsmann/Bundesanstalt für Arbeit/McKinsey & Company**, Die Personal-Service-Agentur, S. 30: 240 Prozent.

[47] Vgl. dazu unten, C. II.

[48] Zur Bedeutung der einzelnen Gründe für die Nutzung der Arbeitnehmerüberlassung durch Entleihbetriebe: vgl. **Pfarr/Bothfeld/Bradtke/Kimmich/Schneider/Ullmann**, BB 2004, S. 602, 606; **Schröer/Huhn**, Zeit- und Telearbeit, S. 64 ff.

[49] Vgl. **Walwei**, EuroAS 2002, S. 149, 156; **Schröder**, Arbeitnehmerüberlassung in Vermittlungsabsicht, S. 40 ff.; **Jahn/Rudolph**, IAB-Kurzbericht 20/2002, S. 3.

[50] Die Vorteile der Arbeitnehmerüberlassung gegenüber der Fremdvergabe stellt **Böhm**, NZA 2005, S. 554, 556, anschaulich dar.

Entleihers führt. Durch eine entsprechende Überlassungsvertragsgestaltung ist es dem Entleiher auch möglich, durch besonders kurze Kündigungsfristen des Überlassungsvertrags eine schnelle Trennung vom Leiharbeitnehmer zu vollziehen. Die typischen, mit der Arbeitgeberstellung verbundenen Risiken und Pflichten werden damit auf den Verleiher verlagert, also „externisiert". Die damit einher gehende, gesteigerte Reaktionsfähigkeit kann darüber hinaus zu Einsparmöglichkeiten im Bereich der ansonsten zu haltenden, ständigen Personalreserve führen.[51] Hinzu kommt, dass Leiharbeit für den Unternehmer eine kurzfristig verfügbare Arbeitskraftreserve darstellt. Dabei trägt der Verleiher den mit der Rekrutierung und Personaladministration verbundenen Aufwand und überlässt Arbeitskräfte mit den gewünschten Qualifikationen für die gewünschte Dauer.[52]

Neben diesen flexibilitätsorientierten Erwägungen kommt der Arbeitnehmerüberlassung auch eine unmittelbare personalwirtschaftlich bedeutsame Komponente zu. Dabei wird dem Einsatz von Leiharbeit ein potentieller Vorteil für die Personalrekrutierung des Entleiher-Unternehmers zugesprochen.[53] Dieser Vorteil ist damit verbunden, dass der Entleiher während der Dauer der Überlassung im Stande ist, die konkrete Arbeitsleistung des Leiharbeitnehmers unter den Bedingungen im eigenen Betrieb zu erproben, ohne die damit für gewöhnlich verbundenen arbeitsvertraglichen Verpflichtungen eingehen zu müssen. Auf diese Weise ist es möglich, eine Art von „Probearbeitsverhältnis" zu begründen und dabei eine „Probezeit" durch entsprechende Gestaltung des Überlassungsvertrags auch über sechs Monate hinaus zu vereinbaren.[54]

IV. Funktion der Arbeitnehmerüberlassung aus der Perspektive des Leiharbeitnehmers

Leiharbeit zeichnet sich für den dort Beschäftigten durch hohe Flexibilitätsanforderungen aus, die sich aus dem häufigen Wechsel des Arbeitsplatzes in unterschiedlichen Entleiherbetrieben ergeben. Durch den Einsatz entsprechend der Vorgaben des Entleihers ist der Leiharbeitnehmer immer wieder aufs Neue gefordert, sich in den jeweiligen Betriebsablauf einzuordnen und die damit verbundenen spezifischen Anforderungen zu erfüllen. Damit einher geht der häufige Wechsel des kollegialen Umfelds, wodurch die Bildung sozialer Kontakte erschwert wird. Darüber hinaus waren – zumindest bisher – die Lohnaussichten

---

[51] Vgl. **Brettreich-Teichmann/Wiedemann**, in: Bullinger: Dienstleistungen 2000 plus, S. 7, 21 ff.; **Vitols**, Regulierung der Zeitarbeit in Deutschland, S. 19.

[52] Vgl. **Schröer**, Einfluss der Regulierung auf die Verbreitung der Arbeitnehmerüberlassung, S. 53.

[53] Vgl. zu den Einzelheiten **Walwei**, EuroAS 2002, S. 149, 155; detailliert: **Schröder**, Arbeitnehmerüberlassung in Vermittlungsabsicht, S. 51 ff.

[54] Die Höchstdauer eines echten Probearbeitsverhältnisses ist demgegenüber regelmäßig auf sechs Monate beschränkt: § 622 Abs. 3 BGB.

für das Gros der Leiharbeitnehmer schlechter als bei der Beschäftigung in vergleichbarer Festanstellung im Entleiherbetrieb.[55]

Der Entschluss, eine Beschäftigung im Bereich der Leiharbeit aufzunehmen, ist daher für den einzelnen Arbeitnehmer nicht notwendig das Ergebnis eines durch persönliche Vorlieben erzeugten „souveränen Akts“, sondern wird zunehmend von exogenen Faktoren bestimmt. Wissenschaftliche Untersuchungen aus vorangegangenen Jahren zeigen dabei deutlich auf, dass die Aufnahme einer Leiharbeitstätigkeit in enger Beziehung zu (drohender) Arbeitslosigkeit zu sehen ist. Aus entsprechenden Umfragen unter Leiharbeitnehmern ging hervor, dass Leiharbeit aus Arbeitnehmersicht primär dazu dient, Arbeitslosigkeit zu verhindern, zu überbrücken oder zu beenden.[56] Diese Ergebnisse werden auch belegt durch die Arbeitnehmerüberlassungsstatistik der ehemaligen Bundesanstalt für Arbeit. Danach waren im Jahre 2001 ca. 60 Prozent der Leiharbeitnehmer zuvor arbeitslos.[57] Zu erwarten ist, dass dieses Motiv noch weiter an Bedeutung gewinnen wird, da verbunden mit der Zusammenlegung der Arbeitslosenhilfe und

[55] Die einzelnen Angaben zur Größe der Abweichung differieren beträchtlich: Während beispielsweise der Deutsche Gewerkschaftsbund für das Jahr 1995 den durchschnittlichen Verdienst eines Leiharbeitnehmers im Vergleich zum Durchschnittseinkommen in der Gesamtwirtschaft mit 63,4 Prozent bezifferte (vgl. Neunter AÜG-Erfahrungsbericht v. 04. Oktober 2000, BT-Drucks. 14/4220, S. 15), sehen **Rudolph/Jahn**, IAB-Kurzbericht 20/2002, S. 6, diesen im Jahr 2001 sogar bei nur noch 58,8 Prozentpunkten. Dagegen haben **Kvasnicka/Werwatz**, BABl. 2/2003, S. 4 ff., darauf hingewiesen, dass die genannten Zahlen aufgrund der problematischen Heranziehung der Durchschnittseinkommen in der Gesamtwirtschaft entstanden seien. Im Bereich der Leiharbeit aber ist die Beschäftigtenzusammensetzung nicht vergleichbar mit derjenigen in der Gesamtwirtschaft. Insbesondere wurden danach Faktoren wie das Alter, die Qualifikation, die Betriebszugehörigkeitsdauer und der hohe Anteil Geringqualifizierter nicht ausreichend beachtet (vgl. ebd., S. 5 f.). **Kvasnicka/Werwatz** kommen zu dem Ergebnis, dass in den Jahren 1991 bis 1995 die mit Leiharbeit als solcher zusammenhängenden Lohnnachteile bei 20,6 (Männer) bzw. 19,0 Prozentpunkten (Frauen) liegen (ebd. S. 6 f.). Vgl. zur Problematik des Herausstellens der richtigen Vergleichsgruppe auch die kritischen Äußerungen der Europäischen Kommission im Folgenabschätzungsbogen zu den Auswirkungen der geplanten Richtlinie für Leiharbeit (KOM (2002) 149 endg.), S. 35.

[56] Vgl. **Schröer**, Einfluss der Regulierung auf die Verbreitung der Arbeitnehmerüberlassung, S. 44; **Schröder**, Arbeitnehmerüberlassung in Vermittlungsabsicht, S. 59. Die Eignung der Arbeitnehmerüberlassung hierfür wird auch durch eine Studie untermauert, die vom CIETT im Jahre 1999 durchgeführt wurde. Danach belief sich der Anteil der deutschen Leiharbeitnehmer, die innerhalb eines Jahres nach ihrem Überlassungseinsatz eine neue (befristete oder unbefristete) Beschäftigung außerhalb der Leiharbeitsbranche gefunden haben, auf 29 %. Vgl. **CIETT**, Orchestrating the evolution of Private Employment Agencies towards a stronger society, Brüssel, 2000, S. 18.

[57] Vgl. Berechnungen bei **Rudolph/Jahn**, IAB-Kurzbericht 20/2002, S. 5.

der Sozialhilfe zum neuen „Arbeitslosengeld II" der Druck, eine Beschäftigung – auch in Leiharbeit – aufzunehmen, steigt.[58]

Gleichwohl wählen Leiharbeiter diese Beschäftigungsform auch, weil durch den häufigen Wechsel des Einsatzbetriebes unterschiedliche Arbeitsbedingungen „erprobt" und dabei neue Erfahrungen gesammelt werden können. Leiharbeit wird als eine besondere Strategie der Suche nach einem neuen (Dauer-)Arbeitsplatz wahrgenommen. Dabei ergeben sich ökonomische Vorteile, weil eine Suche „nach Arbeit aus Arbeit heraus" möglich ist.[59] Dieser Umstand verbindet die Suchphase mit der gleichzeitigen Arbeitsmarktwertsteigerung durch gesammelte Berufserfahrung unter der Erzielung von Arbeitseinkommen.

V. Zusammenfassung und beschäftigungspolitische Funktion der Arbeitnehmerüberlassung

Die Ausführungen haben bereits gezeigt, dass mit der Arbeitnehmerüberlassung sowohl aus dem Blickwinkel der Leiharbeitnehmer als auch aus dem der Entleiher Vorteile für die Anbahnung eines neuen Arbeitsverhältnisses verbunden sein können. Arbeitnehmerüberlassung vermag demnach ein Mittel darzustellen, welches die üblichen Arbeitsvermittlungsstrategien ergänzt. Wurde dieser Effekt bisher eher als eine erfreuliche[60] Begleiterscheinung der Arbeitnehmerüberlassung angesehen, so kommt ihm für die Empfehlungen der Kommission für moderne Dienstleistungen am Arbeitsmarkt eine zentrale Bedeutung zu. Ausgangspunkt für den Vorschlag zur Einrichtung der Personal-Service-Agenturen bildete die Annahme, dass die Brückenfunktion der Arbeitnehmerüberlassung im Rahmen dieser neu zu schaffenden Institution besonders genutzt werden könne, um Problemgruppen die Reintegration in den Arbeitsmarkt zu ermöglichen. Aufbauend auf den Erfahrungen mit bisherigen Formen der vermittlungsorientierten Arbeitnehmerüberlassung werden damit hohe Erwartungen für die Verringerung der Arbeitslosigkeit verbunden.[61]

---

[58] Vgl. FAZ v. 27. August 2004, S. 13. Danach verzeichnen einzelne Verleiher bereits ein gesteigertes arbeitnehmerseitiges Interesse an Leiharbeit. Vgl. auch die Ausführungen des Bundesministerium für Arbeit und Soziales, Bericht 2006 zur Wirkung der Umsetzung der Vorschläge der Kommission Moderne Dienstleistungen am Arbeitsmarkt, Langfassung, v. 20. Dezember 2006, S. 197 f.

[59] **Walwei**, EuroAS 2002, S. 149, 156; **ders.** IAB-Materialien 3/2002, S. 6, 7; **Schröder**, Arbeitnehmerüberlassung in Vermittlungsabsicht, S. 61 ff.

[60] So zumindest aus der arbeitsmarktpolitischen Perspektive. Für den Verleiher dagegen stellt die „Abwerbung" seines Leiharbeitnehmers einen wirtschaftlichen Nachteil dar: er verliert einen seiner Arbeitnehmer und damit einen Teil des „Humankapitals" seines Betriebes. Üblich sind aus diesem Grunde Vereinbarungen von Vermittlungsprovisionen, die der Entleiher im Falle einer Übernahme zu entrichten hat. Vgl. zur gesetzlichen Änderung der diesbezüglichen Regelung im AÜG: obere Fußnote 20.

[61] Vgl. Abschlussbericht der Kommission für Moderne Dienstleistungen am Arbeitsmarkt, S. 154.

Nur angedeutet werden kann an dieser Stelle, dass Arbeitnehmerüberlassung auch eine Alternative zur Anordnung von Überstunden bilden kann und auf diese Weise – quasi durch Umverteilung des bestehenden Arbeitsbedarfs – neue Arbeitsplätze in der Arbeitnehmerüberlassung geschaffen werden können.[62]

C. Reform des Rechts der Arbeitnehmerüberlassung durch das Erste Gesetz für Moderne Dienstleistungen am Arbeitsmarkt

Die Reform des Rechts der Arbeitnehmerüberlassung war zentraler Reformgegenstand des Ersten Gesetzes für Moderne Dienstleistungen am Arbeitsmarkt.[63] Der Gesetzgeber verfolgt mit der „grundlegenden Veränderung der Rahmenbedingungen der Arbeitnehmerüberlassung" das Ziel, durch mehr Flexibilität für Verleiher bei gleichzeitiger Verbesserung der Arbeitsbedingungen die gesellschaftliche Akzeptanz der Arbeitnehmerüberlassung zu steigern und damit neue Beschäftigungsmöglichkeiten zu erschließen.[64] Das Beschäftigungspotential des in Deutschland im europäischen Vergleich „unterentwickelten" Segments der Arbeitnehmerüberlassung soll auch zum Abbau von bezahlten Überstunden führen.[65] Mit der „Neuausrichtung der Arbeitnehmerüberlassung" soll zugleich der Boden für eine effektive Arbeitsweise der Personal-Service-Agenturen geebnet werden.[66]

I. Einführung des Gleichstellungsgrundsatzes

In das neue AÜG ist die Regelung aufgenommen worden, dass der Verliehene für die Dauer der Überlassung zumindest „die im Betrieb des Entleihers für einen vergleichbaren Arbeitnehmer des Entleihers geltenden wesentlichen Arbeitsbedingungen einschließlich des Arbeitsentgelts" erhält (§§ 3 Abs. 1 Nr. 3, 9 Nr. 2, 10 Abs. 4 AÜG n.F.). Um Gleichbehandlung[67] im eigentlichen Sinne han-

---

62 So die mit der Reform des Rechts der Arbeitnehmerüberlassung verbundenen Hoffnungen des Gesetzgebers. Vgl. BT-Drucksache 15/25 S. 24. Die Beschäftigung von Leiharbeitnehmern bietet zwar mehr Flexibilität als die Neueinstellung eines eigenen Arbeitnehmers, die Anordnung von Überstunden aber zeichnet sich durch noch größere Flexibilität aus. Zum Verhältnis zwischen Arbeitnehmerüberlassung und der Anordnung von Überstunden vgl. **Walwei**, EuroAS 2002, S. 149, 155; **Schröder**, Arbeitnehmerüberlassung in Vermittlungsabsicht, S. 41 ff.

63 Artikel 6 des Gesetzes vom 23. Dezember 2002, BGBl. I, S. 4607.

64 Gesetzesbegründung, BT-Drucks. 15/25, S. 23 f.

65 Vgl. auch Bericht der Kommission „Moderne Dienstleistungen am Arbeitsmarkt", S. 42 f.

66 Zur Bedeutung der Neuausrichtung der Arbeitnehmerüberlassung für die Arbeitsweise der PSA vgl. unten, § 10 A. III.

67 Eine einheitliche Terminologie besteht insoweit nicht. Von Gleichbehandlung wird jedoch wohl überwiegend gesprochen, soweit es sich um Fragen handelt, die eng mit dem allgemeinen arbeitsrechtlichen Gleichbehandlungsgrundsatz zusammenhängen. Dies ist hier nicht der Fall: einerseits geht die Neuregelung im AÜG durch die Erstreckung auf den

delt es sich dabei nicht: Der Verleiher als Adressat der Regelung *behandelt* den Stammarbeitnehmer des Entleihers nicht; er kann also schon rein begrifflich den eigenen Leiharbeitnehmer nicht diesem *gleich behandeln*. Zutreffender scheint es, hier von *Gleichstellung* zu sprechen, denn damit wird verdeutlicht, dass Inhalt der Regelung die Pflicht des Verleihers ist, das Leiharbeitsvertragsverhältnis mit *seinem* Vertragspartner dem Inhalt des Vertrags *zweier diesem ersten Rechtsverhältnis fremder Personen* gleichzu*stellen*.[68]

Dieser Gleichstellungsgrundsatz besteht aus einer individualvertraglichen (§§ 9 Nr. 2, 10 Abs. 4 AÜG n.F) und einer gewerberechtlichen (§ 3 Abs. 1 Nr. 3 AÜG n.F.) Komponente. Auffällig ist dabei, dass auf individualvertraglicher Ebene lediglich die Gewährung „schlechterer“ Arbeitsbedingungen[69] zur Sanktion führt, der Wortlaut der gewerberechtlichen Vorschrift dagegen *jegliche* – also auch eine für den Leiharbeitnehmer günstige – Abweichung von der Gleichstellung zu untersagen scheint. Hierbei handelt es sich jedoch um ein gesetzgeberisches Versehen, da die für § 3 AÜG erforderliche, gewerberechtlich erhebliche Unzuverlässigkeit des Verleihers vernünftigerweise nur angenommen werden kann, wenn individualvertragswidrig gehandelt wurde.[70] Der Gleichstellungsgrundsatz ist folglich sowohl in individualvertraglicher, wie auch in gewerberechtlicher Hinsicht nur einseitig zwingend ausgestaltet, weshalb es sich lediglich um ein „Schlechterstellungsverbot“ handelt.[71]

Lohnanspruch über den allgemeinen arbeitsrechtlichen Gleichbehandlungsgrundsatz hinaus; vgl. **BAG**, v. 21. Juni 2000, AP Nr. 60 zu § 612 BGB = NZA 2000, S. 1050 f.: Der *Grundsatz* „gleicher Lohn für gleiche Arbeit“ ist dem deutschen Arbeitsrecht fremd. Und weiterhin ist der Bezugsrahmen ein andersartiger; dazu im Folgenden. Die Gesetzesbegründung differenziert nicht zwischen den Begriffen, vgl. BT-Drucks. 15/25, S. 24 einerseits und S. 38 f. andererseits. Allgemein zur Terminologie etwa: **Fastrich**, RdA 2000, S. 65 ff.; **Wiedemann**, Gleichbehandlungsgebote im Arbeitsrecht, S. 6.

68 Von Gleichstellung sprechen auch etwa: **Rieble/Klebeck**, NZA 2003, S. 23, 26; **Düwell**, in: ders./Weyand, Hartz und die Folgen, Rn. 265; schon zur früheren Fassung des § 10 Abs. 5 AÜG a.F.: **Picker**, ZfA 2002, S. 469, 493: „Gleichstellungspostulat“.

69 Für die Bestimmung, ob es sich um „bessere“ oder „schlechtere“ Arbeitsbedingungen handelt, kann auf die Grundsätze des Günstigkeitsvergleichs im Zusammenhang mit § 4 Abs. 3 TVG zurückgegriffen werden: **Thüsing**, DB 2003, S. 446, 447; **Mengel**, in: Thüsing, AÜG, § 3, Rn. 55. m.w.N. Es ist danach kein Einzelvergleich, sondern ein Sachgruppenvergleich vorzunehmen. Vgl. dazu nur: **Franzen**, in: ErfKomm., § 4 TVG, Rn. 36 ff.

70 So i.E. auch **Boemke/Lembke**, Nachtrag AÜG, § 3 Rn. 3; **Pelzner**, in: Thüsing, AÜG, § 3, Rn. 53; **a.A.**: **Wank**, in: ErfKomm., § 3 AÜG, Rn. 28.

71 So **Boemke/Lembke**, Nachtrag AÜG, § 3 Rn. 3; **Mengel**, in: Thüsing AÜG, § 9, Rn. 22.

1. Inhalt des Gleichstellungsgrundsatzes

a.) Der vergleichbare Arbeitnehmer im Entleiherbetrieb

Zentrale Bedeutung für die Bemessung der dem Leiharbeitnehmer zu gewährenden Arbeitsbedingungen einschließlich des Arbeitsentgelts kommt der Person des vergleichbaren Arbeitnehmers im Entleiherbetrieb zu. Für die Bestimmung dieser Vergleichsperson soll nach der Gesetzesbegründung auf die vom Leiharbeitnehmer zu erbringende Tätigkeit abgestellt werden; als Vergleichsperson soll danach ein Stammangestellter des Entleihers gelten, der mit gleicher oder ähnlicher Tätigkeit befasst ist.[72] Zusätzlich ist zu fordern, dass auch persönliche Faktoren wie Alter, Betriebszugehörigkeitsdauer, Erfahrung und Qualifikation im Vergleichsprozess berücksichtigt werden, sofern diese Einfluss auf die Arbeitsbedingungen im Entleiherbetrieb haben.[73] Denn anders als die Gesetzesbegründung stellt der Gesetzeswortlaut darauf ab, dass dem Leiharbeitnehmer Arbeitsbedingungen und Arbeitsentgelt zu gewähren sind, sofern diese für den vergleichbaren *Arbeitnehmer* und nicht in Bezug auf die Ausübung einer vergleichbaren Tätigkeit gelten.[74] Vergleichbar ist ein Stammangestellter daher nur,

---

[72] BT-Drucks. 15/25, S. 38. Der Ausgangspunkt für die Bestimmung der Vergleichbarkeit weist insoweit große Ähnlichkeit zu §§ 2 Abs. 1 S. 3, 3 Abs. 2 S. 1 TzBfG auf. Danach sind Tätigkeiten vergleichbar, wenn sie identisch sind und die Arbeitnehmer sich gegenseitig ohne weiteres ersetzen könnten oder wenn unter Berücksichtigung von Qualifikation, Verantwortung, erforderlichen Fähigkeiten und weiteren Anforderungen ein Austausch unproblematisch wäre. Vgl. **Hesse**, in: MüKommBGB, Bd. 4, § 3 TzBfG, Rn. 19; **Müller-Glöge**, in: ErfKomm., § 3 TzBfG, Rn. 26.

[73] Vgl. **Ulber**, AuR 2003, S. 7, 11; **Lembke**, DB 2003, S. 98, 100; **Reim**, ZTR 2003, S. 106, 107; **Neumann**, NZS 2003, S. 113, 114 f.; **Schüren**, in: Schüren AÜG § 9, Rn. 189; **Sandmann/Marschall**, AÜG, § 3, Rn. 21 e; **Pods/Kalb**, in: Henssler/Willemsen/Kalb ARKomm., § 3 AÜG, Rn. 32; **Pelzner**, in: Thüsing, AÜG, § 3, Rn. 69; **Mengel**, in: Thüsing, AÜG, § 9, Rn. 24; **Wank**, in: ErfKomm., § 3 AÜG, Rn. 25. Zurückhaltender: **Däubler**, KritJ 2003, S. 17. **A.A.: Bertram**, FA 2003, S. 200, 202; **ders.**, ZESAR 2003, S. 205, 209, jedoch mit dem wenig überzeugenden Hinweis, §§ 12 Abs. 1, 13 AÜG n.F. enthielten keine Unterrichtungs- bzw. Informationsverpflichtung im Hinblick auf entsprechende persönliche Merkmale.

[74] Strukturell anders: **Boemke/Lembke**, Nachtrag AÜG, § 9, Rn. 26, wonach die genannten persönlichen Merkmale auf der Ebene der Bestimmung der Vergleichsperson außer Betracht bleiben sollen und erst im späteren Prüfungsschritt – bei den einzelnen Bestandteilen der Arbeitsbedingungen und des Arbeitsentgelts – Beachtung finden sollen, indem sie als „sachlicher Grund" für die Ausnahme vom Gleichstellungsgebot dienen; vgl. **dies.** a.a.O., Rn. 75. M.E. ist diese Vorgehensweise problematisch, da es *dogmatisch* überhaupt nur notwendig ist, einen sachlichen Grund als Rechtfertigung heranzuziehen, wenn vergleichbare Tatbestände vorliegen (die nach der hier vertretenen Ansicht bei Vernachlässigung persönlicher Merkmale gerade nicht gegeben sind) und es weiterhin der Zulässigkeit einer solchen Ausnahme bedürfte. Denn ob eine Ausnahme aufgrund sachlichen Grundes von der Anordnung im neuen AÜG zulässig ist, lässt sich im Gegensatz etwa zu § 4 Abs. 1 S. 1 TzBfG nicht unmittelbar aus dem Gesetz entnehmen und bedürfte daher einer

wenn der einzusetzende Leiharbeitnehmer einerseits eine gleiche oder ähnliche Tätigkeit im Entleiherbetrieb erbringen wird und weiterhin auch in Bezug auf die persönlichen Faktoren vergleichbar ist.

Diese Vorgehensweise vermag keine Vergleichsperson zu bestimmen, sofern die vom Leiharbeitnehmer zu erbringende Tätigkeit im Entleiherbetrieb bisher nicht erbracht wurde oder dies durch Stammangestellte mit anderen persönlichen Merkmalen geschieht. Einige Stimmen in der Literatur gehen in diesem Fall vom Leerlaufen des Gleichstellungsgrundsatzes mit der Konsequenz aus, dass die im Leiharbeitsvertrag vereinbarten Bedingungen Anwendung finden.[75] Zu diesem Ergebnis gelangt jedoch nur, wer die Existenz einer *konkreten* Vergleichsperson im Entleiherbetrieb fordert. Dies hatte der Gesetzgeber zwar offensichtlich im Sinn;[76] im Gesetzestext aber kommt dies nicht zum Ausdruck, da Bezug nur auf die Arbeitsbedingungen genommen wird, die für einen vergleichbaren Arbeitnehmer des Entleihers *im Entleiherbetrieb gelten.*[77] Im Rahmen einer hypothetischen Betrachtung ist danach die Frage zu stellen, welche Arbeitsbedingungen und welches Arbeitsentgelt der Leiharbeitnehmer erhielte, hätte der Entleiher selbst ihn als Arbeitnehmer eingestellt.[78] Bei dieser fiktiven Eingruppierung sind sämtliche arbeitsrechtliche Gestaltungsfaktoren zu beachten, an die der Entleiher gebunden wäre.[79] Je nach Ausgestaltung des Überlas-

---

genaueren Herleitung, die nicht mit dem Verweis auf die allgemeinen Grundsätze als geführt gelten kann; so aber **dies.** a.a.O.; **dies.**, DB 2002, S. 893, 897 f. (zu § 10 Abs. 5 AÜG a.F.); **Lembke**, BB 2003, S. 98, 103; auch **Mengel**, in: Thüsing, AÜG, § 9, Rn. 47. Kritisch im Hinblick auf die Argumentation der zitierten Autoren: **Thüsing**, DB 2003, S. 446, 447; **Raab**, ZfA 2003, S. 389, 398.

75 **Rieble/Klebeck**, NZA 2003, S. 23, 24 f.; **Thüsing**, DB 2003, S. 446, 447 f.; **Bauer/Krets**, NJW 2003, S. 537, 539; **Hamann**, JA 2003, S. 361, 366; **Grobys/Schmidt/Brocker**, NZA 2003, S. 777, 779. Zu § 10 Abs. 5 AÜG a.F. auch **Bundesanstalt für Arbeit**, Runderlass vom 17. Dezember 2001, Punkt 1.3.

76 BT-Drucks. 15/25, S. 38.

77 Unzutreffend: **Boemke/Lembke**, AÜG Nachtrag, § 9 Rn. 26: der Gleichstellungsrundsatz des neu gefassten AÜG erfordere einen konkreten Vergleich. Der Gesetzestext ist in dieser Hinsicht uneindeutig.

78 **Schüren**, in: Schüren AÜG § 9, Rn. 189 ff.; **Raab**, ZfA 2003, S. 389, 405 f. Diesen Weg andeutend auch: **Mengel**, in: Thüsing, AÜG, § 9, Rn. 28; uneindeutig: **Hanau**, ZIP 2003, S. 1573, 1576. Diese Vorgehensweise geht zurück auf Art. 5 Abs. 1 des geänderten Leiharbeits-Richtlinienentwurfs der europäischen Kommission (KOM (2002) 701 endg.). Vgl. dazu und zu der konkreter ausgestalteten Fassung im Vorentwurf (KOM (2002) 149 end.) unten, § 5 B. II. 2. Der Umstand, dass das Richtlinienvorhaben zum heutigen Zeitpunkt nicht in geltendes Recht umgesetzt worden ist, steht der Heranziehung dieses Gedankens nicht entgegen.

79 Tarifvertragliche Vorgaben sind dabei unmittelbar nur verbindlich bei beiderseitiger Tarifbindung (§ 4 Abs. 1 S. 1 TVG). Sofern aber eine betriebliche Übung besteht, nach der der Arbeitgeber ohne Rücksicht auf Tarifgebundenheit tariflich oder gar übertariflich ent-

sungsvertrages (befristete oder unbefristete Überlassung) finden für den Leiharbeitnehmer Regelungen bezüglich Arbeitsbedingungen und Arbeitsentgelt Anwendung, die für einen befristet oder unbefristet eingestellten Arbeitnehmer des Entleihers Anwendung finden würden.[80] Sofern – anders als hier vertreten – beim Fehlen einer Vergleichsperson im Entleiherbetrieb anhand der Rechtsgedanken von § 10 Abs. 1 S. 4 AÜG, § 612 Abs. 2 BGB operiert wird,[81] wird teilweise nicht mit der erforderlichen Deutlichkeit klargestellt, dass §§ 3 Abs. 1 Nr. 3, 9 Nr. 2 AÜG n.F. den Vergleichsrahmen primär auf den Betrieb des Entleihers beziehen.[82] Ein Abstellen auf die Branchenüblichkeit kann aber nur hilfsweise zulässig sein, da weder Gesetzeswortlaut noch kommunizierter Wille des Gesetzgebers darauf hindeuten, dass ein branchenbezogener Mindestlohn eingeführt werden sollte.[83]

Stehen als Vergleichsperson mehrere Stammangestellte zur Verfügung, gelten für diese jedoch unterschiedliche Arbeitsbedingungen oder erhalten sie eine voneinander abweichende Entlohnung, so ist anhand der Gründe hierfür zu unterscheiden.[84] Lässt sich anhand der Abweichungen ein verändertes System des Arbeitgebers erkennen, welches auch in Zukunft angewandt werden soll, dann erhält der Leiharbeitnehmer nach Maßgabe der genannten Grundsätze zur hypothetischen Eingruppierung die Arbeitsbedingungen, die dem zeitlich aktuellen Stand entsprechen. Sind die Abweichungen dagegen Ergebnis freier Vertragsverhandlungen gewesen, so ist dem Gleichstellungsgrundsatz bereits Genüge getan, wenn der Stammarbeitnehmer mit den ungünstigsten Arbeitsbedingungen als Vergleichsperson bestimmt wird. Das besondere Verhandlungsgeschick des

---

lohnt und behandelt, kommt auch ein neu Eingestellter in den Genuss dieser Leistungen; vgl. **Richardi**, in: MüHdbArbR, Bd. 1, § 13, Rn. 17, 21 m.w.N.

80 Wird der Leiharbeitnehmer nur befristet überlassen, ist auch zu bedenken, dass die fiktive Vergleichsperson die Rechte aus § 4 Abs. 2 TzBfG hätte. Für den Fall, dass der Leiharbeitnehmer nur teilzeitbeschäftigt ist, ist auch § 4 Abs. 1 TzBfG – ggf. kumuliert mit § 4 Abs. 2 TzBfG – zu beachten.

81 **Lembke**, BB 2003, S. 98, 100; **Boemke/Lembke**, AÜG, § 9 Rn. 57; **Pods/Kalb**, in: Henssler/Willemsen/Kalb ARKomm., § 3 AÜG, Rn. 33; so auch bereits zu § 10 Abs. 5 AÜG a.F.: **Boemke/Lembke**, DB 2002, S. 893, 897; **Boemke**, AÜG a.F., § 10, Rn. 120. Ohne ausdrücklichen Bezug auf diese Analogie auch: **Reim**, AiB 2003, S. 73, 74; **ders.**, ZTR 2003, S. 106, 107; **Bertram**, FA 2003, S. 200, 202; **ders.**, ZESAR 2003, S. 205, 209; **Freckmann**, DStR 2003, S. 294, 295; **Pelzner**, in: Thüsing, AÜG, § 3, Rn. 68; **Wank**, in: ErfKomm., § 3 AÜG, Rn. 25.

82 So stellen etwa **Reim**, a.a.O., **Boemke**, a.a.O. und **Lembke**, a.a.O., ohne weiteres auf die Branchenüblichkeit bzw. zusätzlich auf „einschlägige" Tarifverträge ab, so **Freckmann**, a.a.O., **Bertram**, a.a.O., und **Pods/Kalb**, a.a.O.

83 Die Bedenken gegen den Branchenbezug teilen auch: **Thüsing**, DB 2003, S. 446, 447 f.; **Mengel**, in: Thüsing, AÜG, § 9, Rn. 24; vgl. auch **Rieble/Klebeck**, NZA 2004, S. 23, 24.

84 Zum Folgenden: **Thüsing**, DB 2002, S. 2218, 2221; **ders.**, DB 2003, S. 446, 448.

Bestdotierten kann hier nicht als Vergleichsmaßstab für den Leiharbeitnehmer gelten.[85]

b.) Inhaltlicher Umfang des Gleichstellungsgrundsatzes

aa.) Wesentliche Arbeitsbedingungen

Nach der aktuellen Fassung des AÜG ist der Verleiher nicht verpflichtet, eine völlige Gleichstellung zwischen Leiharbeitnehmer und Stammangestelltem herbeizuführen. Beschränkt ist dies auf die Gewährung der wesentlichen Arbeitsbedingungen einschließlich des Arbeitsentgelts. Welche Faktoren jedoch als *wesentliche Arbeitsbedingungen*[86] anzusehen sind, vermag auch der Blick in die Gesetzesbegründung nicht zu klären. Beispielhaft ist dort von der Dauer der Arbeitszeit und des Urlaubs sowie der Nutzung sozialer Einrichtungen die Rede.[87] Auch der Rekurs auf § 2 Abs. 1 NachwG[88] vermag keine Konkretisierung herbeizuführen,[89] da der Katalog der dort genannten Faktoren entweder keinen Bezug zu den Arbeitsbedingungen aufweist (dies ist der Fall für die in den Nr. 1 bis 5 und 10 genannten Vertragsbedingungen), nicht über die in der Gesetzesbegründung zum AÜG genannten Faktoren hinausgeht (Nr. 6 bis 8) oder für den Leiharbeitnehmer nicht ausschlaggebend ist (so die in § 2 Abs. 1 S. 2 Nr. 9 NachwG genannten Kündigungsfristen[90]). Im Ergebnis führt der Verweis auf das Nachweisgesetz nur zur Übertragung der dort bestehenden Unsicherheit auch auf die Gleichstellung nach dem neuen AÜG: Wesentliche Arbeitsbedingungen sind danach solche, die für das Arbeitsverhältnis der Vergleichsperson üblicherweise vereinbart werden.[91] Bei der danach erforderlichen Einzelfallbe-

---

85 Dies entspricht, soweit ersichtlich, allgemeiner Meinung. Vgl. etwa: **Boemke/Lembke**, Nachtrag AÜG, § 9 Rn. 30; **Pelzner**, in: Thüsing, AÜG, § 3, Rn. 68, jeweils m.w.N.

86 Der Wesentlichkeitsvorbehalt schränkt nach zutreffender Ansicht nicht die Gleichstellung im Hinblick auf das Arbeitsentgelt ein, sondern bezieht sich nur auf die Arbeitsbedingungen; vgl. **Sandmann/Marschall**, AÜG, Art. 1 § 3 Anm. 21 d; **Schüren**, in: Schüren AÜG § 9, Rn. 195; **anders: Gaul/Otto**, DB 2002, S. 2486, 2487.

87 BT-Drucks. 15/25, S. 38. Ähnliches wird zum Begriff der Arbeitsbedingungen im geänderten Leiharbeits-Richtlinienentwurf KOM(2002) 701 end. ausgeführt, wenn in dessen Artikel 3 Abs. 1 Buchst. f von „Dauer der Arbeit, Überstunden, Pausen, Ruhezeiten, Nachtarbeiten, bezahlte[m] Urlaub, arbeitsfreie[n] Tage[n] [und] Arbeitsentgelt“ die Rede ist. Im Unterschied zur nationalen Regelung ist dieser Entwurf abschließend formuliert.

88 Vgl. **Mengel**, in: Thüsing, AÜG, § 9, Rn. 30; **Bertram**, FA 2003, S. 200, 202; **Neumann**, NZS 2003, S. 113, 115; nur im Sinne einer „Orientierungshilfe“: **Boemke/Lembke**, Nachtrag AÜG, § 9, Rn. 34; **Pods/Kalb**, in: Henssler/Willemsen/Kalb ARKomm., § 3 AÜG, Rn. 29.

89 Kritisch insofern auch: **Wank**, NZA 2003, S. 14, 17; **ders.**, in: ErfKomm., § 3 AÜG, Rn. 21.

90 **Thüsing**, DB 2003, S. 446, 447, **Mengel**, in: Thüsing, AÜG, § 9, Rn. 30.

91 Vgl. zum Nachweisgesetz: **Preis**, in: ErfKomm., § 2 NachwG, Rn. 7 ff.; **Linde/Lindemann**, NZA 2003, S. 649, 651 f.; **Oetker**, SAE 2002, S. 163, 166.

trachtung dürften Arbeitsbedingungen als unwesentlich anzusehen sein, denen kein bzw. ein nur ausgesprochen untergeordneter materieller Nutzwert zukommt.[92] Insofern stellt diese Einschränkung eine Art „Bagatellvorbehalt" dar, der zum Ausdruck bringt, dass ganz unerhebliche Arbeitsbedingungen dem Leiharbeitnehmer gegenüber nicht zu gewähren sind. In Bezug auf soziale Einrichtungen des Entleiherbetriebs (zu denken ist etwa an die Nutzung einer bezuschussten Kantine oder Kindertagesstätte) hat der Verleiher mit dem Entleiher ein entsprechendes Nutzungsrecht für den Leiharbeitnehmer zu vereinbaren. Eine Kapitalisierung kann demgegenüber nicht aus dem Gleichstellungsgrundsatz hergeleitet werden, da auch die Stammangestellten nicht vor der Wahl der Nutzung oder der Abgeltung stehen.[93]

bb.) Arbeitsentgelt

Die Gleichstellung hinsichtlich des Arbeitsentgelts ist für den Leiharbeitnehmer umfassend zu verstehen.[94] Nicht nur die in unmittelbar synallagmatischer Beziehung zur Arbeitsleistung stehenden Komponenten (Zeit-, Leistungs-, Akkordlohn einschließlich etwaiger Zulagen oder Zuschläge), sondern auch solche Leistungen sind erfasst, die nur in gelockertem Gegenseitigkeitsverhältnis zur Arbeitsleistung stehen und vom Arbeitgeber vor allem mit Rücksicht auf das Bestehen des Arbeitsverhältnisses gewährt werden (etwa die Zurverfügungstellung eines Firmenwagens auch zur privaten Nutzung,[95] die Einräumung eines Personalrabatts oder die Gewährung eines besonders günstigen Arbeitgeberdarlehens). Ferner gehören zum Arbeitsentgelt auch Leistungen, bei denen – ggf. neben der reinen Arbeitsleistung – die erwiesene oder noch zu erweisende Betriebstreue ausschlaggebend ist (etwa Weihnachtsgeld oder Leistungen aus betrieblicher Altersversorgung).[96]

Der überlassene Leiharbeitnehmer ist dabei insofern dem Stammangestellten des Entleiherbetriebes gleichzustellen, als dass auch er die einzelnen Entgeltkomponenten nur erhält, wenn er die dafür erforderlichen Voraussetzungen erfüllt. Nach der hier vertretenen Ansicht ergibt sich dies aus der fiktiven Eingruppierung in den Entleiherbetrieb. Sofern der Überlassungsvertrag zwischen Verleiher und Entleiher – wie wohl im Regelfall – zeitlich befristet ist, ist der

---

92 So: **Sandmann/Marschall**, AÜG Art. 1 § 3 Anm. 21 d. **Anders**: **Schüren**, in: Schüren AÜG § 9, Rn. 203, wonach der wirtschaftliche Wert unbedeutend sein soll.

93 Für ein entsprechendes Wahlrecht gleichwohl: **Pelzner**, in: Thüsing, AÜG, § 3, Rn. 63; ebenso: **Behrend**, NZA 2002, S. 372, 374 zu § 10 Abs. 5 AÜG a.F.

94 BT-Drucks. 15/25, S. 38, enthält nur eine beispielhafte Aufzählung.

95 Ohne die Einräumung auch der privaten Nutzbarkeit stellt die Zurverfügungstellung eines Pkw keinen Arbeitslohn dar: vgl. **BAG**, v. 24. Juni 1994, AP Nr. 34 zu § 249 BGB = NJW 1995, S. 348.

96 Ausführlich zu den einzelnen Komponenten des Arbeitsentgelts: **Müller-Glöge**, in: MüKommBGB, Bd. 4, § 611 BGB, Rn. 711 ff; **Preis**, in: ErfKomm., § 611 BGB, Rn. 596 ff.

Leiharbeitnehmer so zu stellen, wie ein befristet beschäftigter Stammarbeitnehmer im Entleiherbetrieb.[97] Im Hinblick auf die unmittelbare Leistungsentlohnung ist dies unproblematisch und ggf. unter Berücksichtigung des *pro-rata-temporis*-Grundsatzes[98] durchzuführen. Sofern für den Anspruch auf eine Leistung jedoch an die Betriebszugehörigkeitsdauer angeknüpft wird und der Leiharbeitnehmer diese Voraussetzung nicht erfüllt, kann er keine – auch keine anteiligen – Leistungen verlangen. Dies gilt insbesondere auch im Hinblick auf Leistungen der betrieblichen Altersversorgung.[99] Wollte man anders vorgehen,[100] wäre der Leiharbeitnehmer gegenüber vergleichbaren Stammangestellten übervorteilt, was jedoch nicht Inhalt des Gleichstellungsgrundsatzes ist.

Hat der Leiharbeitnehmer als Folge der fiktiven Eingruppierung neben dem Anspruch auf Geld- auch Anspruch auf geldwerte Sachleistungen (z.B. Personalrabatte), die der Verleiher selbst nicht zu gewähren vermag, so wird zur Durchführung der Gleichstellung überwiegend eine Kapitalisierung dieser Leistungen vertreten.[101] Vorzugswürdig erscheint es demgegenüber, Verleiher und Entleiher anzuhalten, ein Übereinkommen zu treffen, nach dem die entsprechenden Leistungen für die Dauer des Überlassungseinsatzes durch den Entlei-

---

[97] So auch **Schüren**, in: Schüren AÜG § 9, Rn. 191. Anders: **Boemke/Lembke**, Nachtrag AÜG, § 9 Rn. 75, die generell danach fragen, ob von der Gleichstellung nicht aufgrund sachlichen Grundes abzuweichen ist. Zur Kritik an diesem Ansatz vgl. obere Fn. 72.

[98] Von Bedeutung ist dies insbesondere bei Sonderzahlungen mit reinem Entgeltcharakter, die zeitanteilig verdient sind, deren Fälligkeit aber aufgeschoben ist. Vgl. **Preis**, in: Erf-Komm., § 611 BGB, Rn. 675.

[99] **Bauer/Krets**, NJW 2003, S. 537, 539; **Pelzner**, in: Thüsing, AÜG, § 3, Rn. 64, beide auf die Unverfallbarkeitsfrist nach § 1 b Abs. 1 S. 1 BetrAVG verweisend; im Ergebnis ebenso: **Rieble/Klebeck**, NZA 2003, S. 23, 24 f.; **Wank**, in: ErfKomm., § 3 AÜG, Rn. 22, **Boemke/Lembke**, AÜG Nachtrag, § 9 Rn. 82. Im Ergebnis auch: **Gaul/Otto**, DB 2002, S. 2486, 2487, jedoch m.E. zu Unrecht auf die fehlende Wesentlichkeit solcher Leistungen abstellend.

[100] So etwa: **Schüren**, in: Schüren AÜG § 9, Rn. 204; **Neumann**, NZS 2003, S. 113, 114 f. Sofern **Schüren**, a.a.O. auf die Lage zu § 10 Abs. 5 AÜG a.F. verweist und insofern auf die Interessenlage für geringfügig Beschäftigte abstellt (a.a.O. § 10, Rn. 278 m.V.a. MüHdbArbR, Ergänzungsband, § 162, Rn. 188 f.), geht dieser Verweis fehl, da der Leiharbeitnehmer wie ein befristet Beschäftigter anzusehen ist. Für befristet Beschäftigte ist die Aussparung aus der betrieblichen Altersversorgung jedoch anerkannt: Vgl. **Thüsing**, ZfA 2002, S. 249, 272, m.w.N.

[101] **Lembke**, BB 2003, S. 98, 101; **Reim**, ZTR 2003, S. 106, 108; **ders.**, AiB 2003, S. 73, 74; **Däubler**, KritJ 2003, S. 17, 18; **Boemke/Lembke**, Nachtrag AÜG, § 9 Rn. 82; diese Lösung andeutend: **Bertram**, FA 2003, S: 200, 201; kritisch aber **ders.** ZESAR 2003, S. 205, 208. Zur Lage nach § 10 Abs. 5 AÜG a.F. bereits: **Schüren**, in: Schüren AÜG § 10, Rn. 278; **ders.**, in: Blanke, Neue Beschäftigungsformen, 4. Teil, Rn. 40; **Behrend**, NZA 2002, S. 372, 374; **Boemke/Lembke**, DB 2002, S. 893, 897.

her selbst gewährt werden.[102] Auf diese Weise ist der Leiharbeitnehmer dem Stammangestellten am ehesten gleichgestellt.[103]

c.) Praktische Durchführung des Gleichstellungsgrundsatzes

aa.) Informationsrechte und –pflichten

Zur praktischen Durchführung des Gleichstellungsgebots wurde § 12 Abs. 1 S. 3 AÜG dahingehend geändert, dass der Entleiher in der schriftlichen Urkunde des Überlassungsvertrags neben den besonderen Merkmalen der vom Leiharbeitnehmer zu erbringenden Tätigkeit und der dafür erforderlichen beruflichen Qualifikation die wesentlichen Arbeitsbedingungen einschließlich des Arbeitsentgelts zu benennen hat, die für vergleichbare Arbeitnehmer im Entleiherbetrieb gelten.[104] Die letztgenannte Informationspflicht besteht jedoch nur unter der Voraussetzung, dass von den gesetzlich vorgesehenen Abweichungsmöglichkeiten der Gleichstellung[105] kein Gebrauch gemacht wird und folglich der Gleichstellungsgrundsatz auch praktisch zur Anwendung kommt.[106] Zugleich erhält der Leiharbeitnehmer einen entsprechenden Auskunftsanspruch gegenüber dem Entleiher (§ 13 AÜG).[107] Dieser Auskunftsanspruch unterliegt dabei denselben Beschränkungen wie der sachlich damit zusammenhängende Anspruch des Verleihers gegen den Entleiher nach § 12 Abs. 1 S. 2 AÜG.

---

102 Rechtskonstruktiv ist dies durch einen Vertrag zugunsten des Leiharbeitnehmers durchzuführen, den Verleiher und Entleiher abschließen. Da die Gleichstellung zwischen Leiharbeitnehmer und Stammangestelltem auf andere Weise nicht herbeizuführen ist, wird man dem Entleiher abzuverlangen haben, einem solchen Vertragsschluss – freilich nur gegen entsprechende Vergütung – zuzustimmen.

103 Dies andeutend auch: **Pelzner**, in: Thüsing, AÜG, § 3, Rn. 62.

104 Änderung durch Art. 6 des Ersten Gesetzes für moderne Dienstleistungen am Arbeitsmarkt vom 23. Dezember 2002, BGBl. I, S. 4607.

105 Dies sind die tarifvertragliche Behandlung der Leiharbeitnehmer und die ersten sechs Wochen der Beschäftigung eines zuvor Arbeitslosen, vgl. dazu sogleich unter C. I. 2.

106 Zunächst war in § 12 Abs. 1 S. 3 AÜG nichts Entsprechendes geregelt, so dass in jedem Fall der Arbeitnehmerüberlassung die genannte Informationspflicht bestand. Die Änderung geht zurück auf das Dritte Gesetz für moderne Dienstleistungen am Arbeitsmarkt (Änderung durch Art. 93 des Gesetzes vom 23. Dezember 2003, BGBl. I, S. 2848) und dient dem berechtigten Interesse des Entleihers, Informationen über die in seinem Betrieb geltenden Arbeitsbedingungen nur mitzuteilen, wenn dies von praktischem Nutzen für die Vertragsdurchführung ist. Bereits zuvor hatte **Böhm**, NZA 2003, S. 828, 831, entsprechendes gefordert.

107 § 13 AÜG wurde durch Art. 6 des Ersten Gesetzes für moderne Dienstleistungen am Arbeitsmarkt vom 23. Dezember 2002, BGBl. I, S. 4607, eingefügt. Die Beschränkung des letzten Halbsatzes geht auf das Dritte Gesetz für moderne Dienstleistungen am Arbeitsmarkt zurück. (Änderung durch Art. 93 des Gesetzes vom 23. Dezember 2003, BGBl. I, S. 2848).

bb.) Konsequenzen der Zuwiderhandlung

Ein Verstoß gegen den Gleichstellungsgrundsatz kann zu gewerberechtlichen wie auch zu arbeitsrechtlichen Konsequenzen führen. Die Erteilung der Erlaubnis zur Arbeitnehmerüberlassung (§ 1 Abs. 1 S. 1 AÜG) bzw. deren Verlängerung ist dem Verleiher nach dem Wortlaut des § 3 Abs. 1 Nr. 3 AÜG n.F. zu versagen, sofern die Annahme durch Tatsachen gerechtfertigt ist, dass der Verleiher den Gleichstellungsgrundsatz nicht befolgt. Möglich ist auch ein Widerruf der bereits erteilten Genehmigung (§ 5 Abs. 1 Nr. 3 AÜG i.V.m. § 3 Abs. 1 Nr. 3 AÜG n.F.). Jedoch kann nicht jeder Verstoß gegen die Gleichstellungspflicht zu den genannten Konsequenzen führen. Wie die obige Darstellung gezeigt hat, sind bereits erhebliche Schwierigkeiten damit verbunden, den genauen Inhalt des Gleichstellungsgrundsatzes herauszustellen. Die fehlerträchtige Bestimmung der anzuwendenden Arbeitsbedingungen kann daher nur dann zu gewerberechtlichen Konsequenzen führen, wenn ganz erhebliche Verstöße vorliegen oder der Verleiher zumindest leichtfertig gesetzeswidrig handelt.[108] Ferner bezieht sich auch § 1 Abs. 2 AÜG auf die Nichteinhaltung des Gleichstellungsgrundsatzes. Dieser Bezug ist jedoch verfehlt und führt zu keiner arbeitsrechtlichen Konsequenz.[109] In arbeitsrechtlicher Hinsicht führt der Verstoß gegen den Gleichstellungsgrundsatz gem. § 9 Nr. 2 AÜG n.F. zur Unwirksamkeit der entsprechenden Vereinbarung. § 10 Abs. 4 AÜG n.F. gewährt dem Leiharbeitnehmer als Folge einen gesetzlichen Anspruch auf die Arbeitsbedingungen einschließlich des Arbeitsentgelts, die für den vergleichbaren Stammangestellten des Entleihers gelten. Nach dem Schutzzweck der Norm gilt der gesetzliche Anspruch auf die anzuwendenden Bedingungen bei jeglichem Verstoß gegen den Gleichstellungsgrundsatz, mag dieser auch nicht zu gewerberechtlichen Konsequenzen führen.

2. Möglichkeiten zur Abweichung vom Gleichstellungsgrundsatz[110]

Der Gleichstellungsgrundsatz entfaltet nur für Zeiten Wirkung, in denen sich der Leiharbeitnehmer im Entleiheinsatz befindet (§§ 3 Abs. 1 Nr. 3, 9 Nr. 2 AÜG n.F.). Arbeitsbedingungen und Arbeitsentgelt in verleihfreien Zeiten unterliegen daher – wie auch nach dem alten Recht – der freien Vereinbarung zwischen den Vertragsparteien.[111] Ferner sieht die Gesetzesfassung zwei Ausnahmetatbestände

---

108 So auch **Schüren**, in: Schüren AÜG § 3, Rn. 214, 70 ff., 74.

109 Zur Kritik an § 1 Abs. 2 AÜG: vgl. unten, § 4 B. IV.

110 Im März 2007 haben Abgeordnete der Fraktion DIE LINKE einen Gesetzesänderungsvorschlag eingereicht, wonach die Abweichungsmöglichkeiten für zuvor Arbeitslose und durch Tarifvertrag abgeschafft werden sollen., BT-Drucksache 16/4805.

111 Die entsprechende Vereinbarung ist in die nach § 11 Abs. 1 S. 2 Nr. 2 AÜG n.F. in die nach dem NachwG erforderliche Niederschrift der wesentlichen Arbeitsvertragsbedingungen aufzunehmen.

vor, in denen Arbeitsbedingungen und Arbeitsentgelt auch während des Entleiheinsatzes (eingeschränkt) vertragsautonom gestaltet werden können.

a.) Abweichung aufgrund Tarifvertrags

Der Gleichstellungsgrundsatz enthält eine Tariföffnungsklausel und ist damit tarifdispositiv ausgestaltet (§ 3 Abs. 1 Nr. 3 S. 2, 3, § 9 Nr. 2 Satzteil 4, 5 AÜG n.F.). Neben dem Fall, dass sowohl Leiharbeitnehmer als auch Verleiher tarifgebunden sind und die tarifvertraglichen Regelungen unmittelbar auf das Leiharbeitsverhältnis einwirken (§ 4 Abs. 1 S. 1 TVG), können auch nicht Tarifgebundene[112] die tarifvertraglichen Regelungen schuldrechtlich in Bezug nehmen, um nicht an den Gleichstellungsgrundsatz gebunden zu sein, sofern das Arbeitsverhältnis vom räumlichen, fachlichen und persönlichen Anwendungsbereich des Tarifwerkes erfasst ist.[113] Zum heutigen Zeitpunkt existiert eine Reihe von Flächentarifverträgen für Leiharbeit,[114] die inhaltlich nicht unerheblich voneinander abweichen.[115] Von der Möglichkeit, für vormals Arbeitslose, die über vermittlungsorientierte Arbeitnehmerüberlassung (insbesondere also auch in der PSA) in Arbeit gebracht werden sollen, eigenständige Tarifverträge abzuschließen, wurde – soweit ersichtlich – kein Gebrauch gemacht.

Umstritten ist, inwieweit es den Tarifvertragsparteien erlaubt sein kann, vom gesetzlichen „Leitbild“ der Gleichstellung zwischen Leiharbeitnehmern und Stammangestellten des Entleiherbetriebes abzuweichen.[116] Ferner hat sich der

---

[112] Auch wenn die gesetzliche Regelung unklar formuliert ist, kann eine arbeitsvertragliche Inbezugnahme eines Tarifvertrages auch dann vom gesetzlichen Leitbild abweichen, wenn nur eine der Arbeitsvertragsparteien nicht tarifgebunden ist. Vgl. **Raab**, ZfA 2003, S. 389, 411.

[113] Die Zulässigkeit einer entsprechenden Bezugnahme durch tarifvertraglich Ungebundene wurde erst durch Vorschlag des Vermittlungsausschusses – sechs Tage vor Verabschiedung – in das Gesetz aufgenommen. Vgl. BT-Drucks. 15/201, S. 2. Vgl. zu Einzelheiten der Inbezugnahme tarifvertraglicher Regelungen und insbesondere zur Vertragsanpassung im laufenden Leiharbeitsverhältnis: **Hamnann**, BB 2005, S. 2185.

[114] Tarifvertrag iGZ und Mitgliedsgewerkschaften des DGB, v. 29. Mai 2003; Manteltarifvertrags zwischen der CGZP und der MVZ, v. 24. Juni 2003; Tarifvertrag BZA und Mitgliedsgewerkschaften des DGB, v. 22. Juli 2003; Tarifvertrags B.O.L.E.R.O.-Zeitarbeit zwischen der CGZP und der Tarifgemeinschaft Zeitarbeitsunternehmen im BVD, v. 15. Oktober 2003; Tarifvertrag zwischen dem Unternehmerverband IndustrieService + Dienstleistungen e.V. und der IG BAU, v. 18. Dezember 2003; Tarifvertrag CGZP und AMP, v. 29. November 2004; Tarifvertrags zwischen der CGZP und der INZ, v. 30. November 2004. Eine Übersicht der aktuellen Tarifverträge für Zeitarbeit kann unter www.personalordner.de abgerufen werden.

[115] Einen Überblick bieten **Martin**, AuR 2004, S. 247 ff., **Bispinck**, WSI-Mitteilungen 2004, S. 63, 68 f.

[116] Vgl. etwa **Schüren**, in: Schüren AÜG § 9, Rn. 222 ff.; **Schüren/Behrend**, NZA 2003, S. 521, 524 f.; **Pelzner**, in: Thüsing, AÜG, § 3, Rn. 82, die den Tarifvertragsparteien eine Ausgestaltung nur in Anlehnung an das „Leitbild Equal Treatment“ zusprechen wollen

Streit um die Tariffähigkeit der „Christlichen Gewerkschaften“ [117] auch auf den Bereich der Arbeitnehmerüberlassung – insbesondere im Hinblick auf die von der CGZP geschlossenen Verträge – ausgebreitet. Damit hängen tief greifende Zweifelsfragen des Tarifvertragsrechts zusammen, deren Betrachtung den Rahmen dieser Arbeit sprengen würde. Der geringe Organisationsgrad der in Leiharbeit Beschäftigten und die damit zusammenhängende Frage, unter welchen Voraussetzungen Arbeitnehmerzusammenschlüsse berechtigt sein können, Tarifverträge abzuschließen,[118] stellen hier, neben den möglichen Konsequenzen der Anwendung solcher Tarifverträge – sollten sie sich als unwirksam herausstellen[119] –, das zentrale Problem dar und werden die Arbeitsgerichtsbarkeit wohl noch für längere Zeit beschäftigen.

b.) 6-Wochenregel für Arbeitslose (§ 3 Abs. 1 Nr. 3 S. 1, 2. Fall)

Als weitere Ausnahme vom Gleichstellungsgrundsatz ist vorgesehen, dass einem zuvor Arbeitslosen für die Dauer von bis zu sechs Wochen ein Nettoarbeitsentgelt gezahlt wird, welches der Höhe nach dessen zuletzt bezogenem Arbeitslosengeld entspricht; gleiches muss aufgrund der eingliederungsorientierten Zielsetzung der Regelung auch für einen Arbeitslosen gelten, der zuvor kein Ar-

---

und dabei auf **BAG**, v. 13. März 2002, AP Nr. 58 zu § 4 EntgeltFG = NZA 2002, S. 744 ff., verweisen. Ähnlich kritisch: **Ulber**, AuR 2003, S. 7, 12. Undeutlich: **Pods/Kalb**, in: Henssler/Willemsen/Kalb ARKomm., § 3 AÜG, Rn. 37. Anders: **Mengel**, in: Thüsing, AÜG, § 9, Rn. 44 f.; **Hanau**, ZIP 2003, S. 1573, 1576 f.; **Böhm**, DB 2003, S. 2598; **Ankersen**, AIP 2004, S. 8, 15.

[117] Vgl. etwa zum Streit um die Tariffähigkeit der „Christlichen Gewerkschaft Metall“: **ArbG Stuttgart**, v. 12. September 2003, NZA-RR 2004, S. 540 ff = BB 2004, S. 827 ff. (Tariffähigkeit verneinend); sowie nachfolgend **LAG Baden-Württemberg**, v. 01. Oktober 2004, NZA-RR 2005, S. 85 ff. (Tariffähigkeit bejahend); die zum **BAG** eingelegte Rechtsbeschwerde ist zurückgewiesen worden (Beschluss v. 28. März 2006, AP Nr. 4 zu § 2 TVG Tariffähigkeit = NZA 2006, S. 1112 ff. Das **ArbG Gera**, v. 17. Oktober 2002, Az. 2 BV 3/00, ArbuR 2002, S. 478, hat die Tariffähigkeit der „Christlichen Gewerkschaft Deutschlands“ (CGD), die, anders als die CGZP, nicht Mitglied des „Christlichen Gewerkschaftsbund Deutschland“ (CGB) war, verneint.

[118] Das umstrittene Merkmal der „sozialen Mächtigkeit“ stellt hier das Problem dar: vgl. **Rieble**, FS Wiedemann, S. 519 ff.; **ders.**, BB 2004, S. 885 ff.; **Richardi**, ZfA 2003, S. 655, 678 ff.; **ders.**, NZA 2004, S. 1025 ff.; **Deinert**, AuR 2004, S. 212 ff.; unmittelbar zur Leiharbeit: **Brors**, BB 2006, S. 101 ff.; **Schüren**, Jahrbuch Arbeitsrecht, Bd. 41 (2004), S. 49 ff.; **Boemke**, BB 2004, Heft 3, „Die Erste Seite“; **Ankersen**, NZA 2003, S. 421, 424; vgl. auch **BAG**, v. 24. März 2004, AP Nr. 59 zu § 138 BGB = NZA 2004, S. 971 ff.

[119] Dazu: **Böhm**, DB 2003, S. 2598 ff.; Erwiderung **Schöne**, DB 2004, S. 136 f.; sowie Replik **Böhm**, DB 2003, S. 137; **Buchner**, DB 2004, S. 1042 ff.; **Schüren/Riederer von Paar**, AuR 2004, S. 241 ff.; **Brors**, BB 2006, S. 101, 102 ff. Zu sozialversicherungsrechtlichen Risiken möglicherweise ungültiger Tarifverträge: **Reipen**, NZS 2005, S. 407 ff. und **Böhm**, DB 2005, S. 2023 ff.

beitslosengeld bezog.[120] Von dieser Ausnahme kann jedoch nicht Gebrauch gemacht werden, soweit mit diesem Arbeitnehmer bereits zuvor ein Arbeitsverhältnis bestanden hat.[121] Diese Ausnahme geht auf die Überlegungen der Hartz-Kommission zurück, die speziell für die Beschäftigung in einer PSA eine solche Regelung für die ersten sechs *Monate* der Beschäftigung vorgeschlagen hatte.[122] Gefördert werden soll damit – auch in der üblichen Arbeitnehmerüberlassung – die Einstellung vormals Arbeitsloser.[123]

3. Verfassungsrechtliche Bedenken

Die Gleichstellungsregelung sah sich bereits frühzeitig heftiger Kritik ausgesetzt.[124] Insbesondere die vom Gesetzgeber angewandte Regelung, das Leitbild der neuen Arbeitnehmerüberlassung vom bisherigen „verleiherbezogenen Modell" auf ein „entleiherbezogenes Modell" auszurichten[125] und damit eine „faktische, dynamische Allgemeinverbindlichkeit"[126] der Tarifverträge des Entleiherbetriebs für die Verleiher zu statuieren, wurde angegriffen. Auch wurde problematisiert, dass aufgrund der gesetzlichen Regelung die Verhandlungsposition der Gewerkschaften unverhältnismäßig gestärkt worden sei und der Gesetzgeber damit in unzulässiger Weise Einfluss auf das Zustandekommen von Tarifwerken genommen habe.[127] Zugleich werde die positive Koalitionsfreiheit der Leiharbeitnehmer beeinträchtigt, da sie aufgrund der „Zweckentfremdung der Tarifverträge"[128] – gemeint ist der Umstand, dass Tarifbindung im neuen Recht der Arbeitnehmerüberlassung die Lage der Leiharbeitnehmer verschlechtert – zur Flucht aus der Tarifbindung getrieben würden.[129]

Das BVerfG hat demgegenüber in der Neuregelung des AÜG keinen Grundrechtsverstoß festzustellen vermocht. Mit Beschluss vom 29. Dezember 2004

---

[120] Vgl. nur **Kokemoor**, NZA 2003, S. 238, 240.

[121] Vgl. zu den Einzelheiten: **Boemke/Lembke**, Nachtrag AÜG, § 9 Rn. 48 ff.

[122] Bericht der Kommission „Moderne Dienstleistungen am Arbeitsmarkt", S. 152.

[123] BT-Druck. 15/25, S. 38 f.

[124] Vgl. ausführlich und weiterführend: **Reipen**, Personal-Service-Agentur. Zusammenfassend: **Schüren**, RdA 2006, S. 303, 304 f.

[125] Vgl. **Wank**, NZA 2003, S. 14, 20; zu diesen Modellen auch **ders.**, EuroAS, 2002, S. 167, 170 f.

[126] Mit besonderem Nachdruck: **Rieble/Klebeck**, NZA 2003, S. 23, 28 f.; ähnlich: **Waas**, BB 2003, S. 2175, 2176; **Richardi**, ZfA 2003, S. 655, 679; zur Lage bei § 10 Abs. 5 AÜG a.F. bereits: **Picker**, ZfA 2002, S. 469, 501 ff.

[127] **Hümmerich/Holthausen/Welslau**, NZA 2003, S. 7, 10; **Lembke**, DB 2003, S. 98, 102 sprechen hier vom „Schlüssel zum Tarifdiktat" zugunsten der Gewerkschaften; vgl. auch **Bauer/Krets**, NJW 2003, S. 537, 539; **Rieble/Klebeck**, NZA 2003, S. 23, S. 28 f.; Waas, BB 2003, S. 2175, 2177; **Wank**, RdA 2003, S. 1, 8.

[128] So **Thüsing**., DB 2003, S. 446, 448.

[129] Vgl. **Lembke**, DB 2003, S. 98, 103.

nahm es die von Verleihunternehmen und Arbeitgeberverbänden eingelegten Verfassungsbeschwerden mangels Aussicht auf Erfolg nicht zur Entscheidung an.[130] Sofern ein Eingriff in den Schutzbereich der kollektiven Koalitionsfreiheit zu Lasten der Verleiher überhaupt festzustellen sei, werde dieser verfassungsrechtlich gerechtfertigt. Auch ein Verstoß gegen den Gleichheitsgrundsatz oder die Berufsfreiheit der Verleiher nach Art. 3 Abs. 1, 12 Abs. 1 GG konnte nicht festgestellt werden. Unentschieden blieb dagegen die Frage, ob Grundrechte der Entleiher oder der Leiharbeitnehmer beeinträchtigt sein könnten; den Beschwerdeführern fehlte es insoweit an der Aktivlegitimation.

Auch wenn damit nicht alle verfassungsrechtlichen Zweifelsfragen, die die Reform des Rechts der Arbeitnehmerüberlassung aufgeworfen hat, abschließend geklärt sind, hat doch das BVerfG hinreichend deutliche gemacht, dass es im Grundsatz durchschlagenden Bedenken gegen die Reform nicht hegt. Die Zeitarbeitsbranche wird folglich auch in Zukunft mit den Regelungen des neuen AÜG zu leben und zu arbeiten haben.

II. Aufhebung besonderer Beschränkungen im AÜG

Im Gegenzug zu der Einführung des Gleichstellungsgrundsatzes wurde der Gesetzestext des AÜG von besonderen Restriktionen befreit, um Arbeitnehmerüberlassung durch Flexibilisierung attraktiver zu gestalten.[131] Mit Aufhebung des Synchronisationsverbots, des besonderen Befristungs- sowie des Wiedereinstellungsverbotes (§§ 3 Abs. 1 Nr. 3 bis 5, 9 Nr. 2, 3 AÜG a.F.) und Außerkraftsetzung der zeitlichen Begrenzung des Entleiheinsatzes auf 24 Monate (§ 3 Abs. 1 Nr. 6 AÜG a.F.) sollte das AÜG von Spezialregelungen befreit werden.

1. Bisherige Regelungen

Die genannten Restriktionen sind vor dem Hintergrund des in den 60er Jahren des vergangenen Jahrhunderts bestehenden „Arbeitsvermittlungsmonopols“[132] der damaligen Bundesanstalt für Arbeitsvermittlung und Arbeitslosenversiche-

---

130 **BVerfG**, v. 29. Dezember 2004, NZA 2005, S. 153 ff. = BB 2005, S. 495 ff. mit Anm. **Lembke**. Vgl. auch die Entscheidungsbesprechungen von **Bayreuther**, NZA 2005, S. 341 ff.; **Reufels**, ArbRB 2005, S. 42; **Reim**, AiB 2005, S. 203 ff. und **Schüren**, RdA 2006, S. 303, 305.

131 BT-Drucks. 15/25, S. 24, 38. Damit folgte der Gesetzgeber weit gehend den Vorschlägen der Kommission für Moderne Dienstleistungen am Arbeitsmarkt, Bericht der Kommission, S. 157, auch wenn das Verbot der Leiharbeit im Bauhauptgewerbe nicht aufgehoben, sondern nur gelockert wurde. Die Neufassung der §§ 1, 1 b AÜG war jedoch aufgrund des Urteils des **EuGH** v. 25. Oktober 2001 – Az. C-493/99 (Kommission gegen Bundesrepublik Deutschland) –, Slg. 2001, S. 8163 ff. = AP NR. 3 zu Art. 49 EG, erforderlich geworden.

132 Um ein echtes Monopol handelte es sich dabei nicht; vgl. zur Kritik gegenüber diesem Begriff: **Gericke**, GewArch 1994, S. 400 ff.

rung[133] zu erklären. Arbeitnehmerüberlassung wurde seinerzeit als Unterfall der Arbeitsvermittlung qualifiziert und war demzufolge für Private untersagt.[134] Im Jahre 1967 erklärte das BVerfG, am „Vermittlungsmonopol" grundlegend festhaltend,[135] das Verbot der privaten Arbeitnehmerüberlassung im Hinblick auf Art. 12 Abs. 1 GG für verfassungswidrig.[136] Die Formulierung der genaueren Voraussetzungen für eine sozialverträgliche und damit zulässige Arbeitnehmerüberlassung dagegen erfolgte erst im Jahre 1970 durch das BSG,[137] welches – zusammengefasst – die Anforderung aufstellte, dass erlaubte Arbeitnehmerüberlassung ein „kontinuierliches Arbeitsverhältnis mit diskontinuierlichem Arbeitseinsatz in wechselnden Entleiherbetrieben" erfordere.[138] Diese Vorgaben machte sich der Gesetzgeber bei der Schaffung des AÜG im Jahre 1972[139] zu Eigen: Mit dem Synchronisationsverbot, dem besonderen Befristungsverbot und dem Wiedereinstellungsverbot sollte gewährleistet werden, dass das Leiharbeitsverhältnis ein die einzelnen Überlassungsaufträge umspannendes Rechtsverhältnis darstelle. Insbesondere sollte das Risiko ausbleibender Anschlusseinsätze nicht auf den Leiharbeitnehmer übertragen werden können. Im Grunde genommen dienten diese Vorschriften damit der verantwortlichen Übernahme des Wirtschafts- bzw. Unternehmerrisikos[140] durch den Verleiher.[141] Mit der

---

[133] Die 1927 gegründete „Reichsanstalt für Arbeitsvermittlung und Arbeitslosenversicherung" wurde 1952 im Anschluss an die zwischenzeitlich 1935 erfolgte „Gleichschaltung" als „Bundesanstalt für Arbeitsvermittlung und Arbeitslosenversicherung" neu gegründet und 1969 in die „Bundesanstalt für Arbeit" umbenannt. Seit dem 01. Januar 2004 firmiert sie unter der Bezeichnung „Bundesagentur für Arbeit".

[134] § 37 Abs. 3 AVAVG i.d.F. v. 03. April 1957 lautete: "Als Arbeitsvermittlung gilt ferner die Zuweisung von Arbeitnehmern, deren Arbeitskraft der Zuweisende regelmäßig dritten Personen für eine Beschäftigung zur Verfügung stellt, ohne selbst die Arbeit auf eigene Rechnung ausführen zu lassen und ohne selbst die Ausrüstung mit den erforderlichen Werkzeugen für die zugewiesenen Arbeitskräfte zu übernehmen."

[135] **BVerfG**, v. 04. April 1967, E 21, S. 245 ff. = AP Nr. 2 zu § 35 AVAVG.

[136] **BVerfG**, v. 04. April 1967, E 21, S. 261 ff. = AP Nr. 7 zu § 37 AVAVG.

[137] **BSG**, v. 29. Juli 1970, E 31, S, 235 ff. = AP Nr. 9 zu § 37 AVAVG.

[138] Vgl. nur **Schüren**, in: Schüren AÜG § 3 Rn. 15.

[139] Gesetz zur Regelung der gewerbsmäßigen Arbeitnehmerüberlassung, v. 07. August 1972, BGBl. I, S. 1393.

[140] Zum Inhalt dieser Begriffe: **BAG**, v. 22. Dezember 1980, AP Nr. 70 zu Art. 9 GG Arbeitskampf = NJW 1981, S: 937 ff.; **Picker** JZ 1979, S. 285, 293; **Richardi**, in: Staudinger, § 615 BGB Rn. 178 ff.; **Zöllner/Loritz** ArbR § 18 V 1 b (S. 240).

[141] Besonders deutlich und differenziert stellt dies **Picker**, ZfA 2002, S. 469, 510 ff., dar: Dieses Wirtschaftsrisiko stellt zusammen mit dem vom Verleiher zu tragenden Sozialrisiko (Entgeltfortzahlung etwa im Krankheitsfall etc.) und der sich in der Rechtsfigur des Betriebsrisikos manifestierenden Substratgefahr (dazu: **Richardi**, in: Staudinger, § 615, Rn. 17 ff., 177 ff.; **Picker**, in: FS Kissel, S. 813 ff.) das „Arbeitgeberrisiko" dar, welches nach § 1 Abs. 2 AÜG der Verleiher als Arbeitgeber zu tragen hat.

Höchstüberlassungsdauer, die bei Schaffung des AÜG auf drei Monate beschränkt war, sollte dagegen der Verdrängung von Dauerarbeitsplätzen durch den Einsatz von Arbeitnehmerüberlassung begegnet werden.[142]

Durch zahlreiche Änderungen in der Folgezeit[143] wurde einerseits die zulässige Überlassungshöchstdauer auf zuletzt 24 Monate ausgedehnt. Ferner ergaben sich grundlegende Änderungen der weiteren Verbote durch das AFRG 1997,[144] welches die bis dahin kategorisch untersagten Handlungsweisen nur noch untersagte, sofern sie „wiederholt" stattfanden.[145] Die erstmalige Synchronisation, die erstmalige sachgrundlose Befristung und die erstmalige Wiedereinstellung nach vorheriger Kündigung waren danach vor der Reform durch das Erste Gesetz für moderne Dienstleistungen zulässig.[146]

2. Folgen der Aufhebung

Der Flexibilitätsgewinn für die Arbeitnehmerüberlassung ist weit weniger deutlich ausgefallen, als dies aufgrund der ersatzlosen Streichung der genannten Restriktionen auf den ersten Blick erscheinen mochte. Zwar ist die Überlassung eines Leiharbeitnehmers nunmehr in zeitlicher Hinsicht unbegrenzt möglich und auch die zuvor durch das Wiedereinstellungsverbot untersagten Gestaltungen sind nach geltender Rechtslage zulässig. Die Aufhebung des Synchronisations- und des Befristungsverbotes hat jedoch nicht zu einer völligen Freigabe der zuvor verbotenen Handlungsweisen geführt. Begründet ist dies in dem Umstand, dass das Leiharbeitsverhältnis auch weiterhin zwingend als Arbeitsverhältnis konzipiert und somit den allgemein im Arbeitsrecht geltenden Grundsätzen unterworfen ist. Dabei gehört es zu den zentralen Wertentscheidungen des deutschen Arbeitsrechts, dass das unternehmerische Risiko der wirtschaftlichen Tätigkeit des Arbeitgebers nicht auf den abhängig beschäftigten Arbeitnehmer

---

142 Vgl. hierzu und zur weiterhin befürchteten Verteuerung der damals „ohnehin knappen Arbeitskraft in Deutschland": Gesetzesbegründung zur Schaffung des AÜG: BT-Drucks. VI/2303, S. 9. Zugleich sollte damit die vom BVerfG abstrakt formulierte Forderung nach der Zulässigkeit „vorübergehenden" Einsatzes von Leiharbeit konkretisiert werden: vgl. **BVerfG**, v. 04. April 1967, E 21, S. 261, 268 f. = AP Nr. 7 zu § 37 AVAVG; BT-Drucks. VI/2303, S. 12.

143 Eine Übersicht bieten die Darstellungen von **Witten**, Vertragsgestaltung Zeitarbeit, S. 39 ff.; **Schüren**, in: Schüren AÜG Einl., Rn. 35 ff.

144 Gesetz zur Reform der Arbeitsförderung vom 24. März 1997, BGBl. I, S. 594.

145 Vgl. zu den Änderungen durch das AFRG im Hinblick auf das AÜG ausführlich: **Düwell**, BB 1997, S. 46 ff.; **ders.**, AuA 1997, S. 253 ff.; **Feuerborn/Hamann**, BB 1997, S. 2530 ff.; **Groeger**, DB 1998, S. 470 ff.; **Postler**, NZA 1999, S. 179 f.

146 Die im Einzelnen umstrittenen Fragenkomplexe können an dieser Stelle nicht dargestellt werden. Insofern ist auf die einschlägige Kommentierung zum AÜG zu verweisen; etwa **Schüren**, in: Schüren AÜG § 3, Rn. 93 bis 145; **Boemke**, AÜG a.F., § 3 Rn. 51 bis 103.

übertragen werden darf.[147] Dass der Verleiher auch in Zeiten mangelnder Überlassungsaufträge die Arbeitsvergütung fortzubezahlen hat, hebt der unveränderte § 11 Abs. 4 S. 2 AÜG mit Verweis auf § 615 S. 1 BGB speziell hervor. Wurden ferner vor der Reform die Befristungsregelungen des TzBfG durch die Spezialvorschriften des AÜG verdrängt, so findet das TzBfG heute uneingeschränkt Anwendung auf das Leiharbeitsverhältnis.[148] Die Zulässigkeit der Synchronisation von Leiharbeitsverhältnis und konkretem Überlassungsauftrag bleibt danach der Arbeitnehmerüberlassung in Deutschland[149] im Grundsatz versperrt.[150]

Hätte der Gesetzgeber ein anderes Ergebnis gewollt – die Äußerungen in den Gesetzesmaterialien hatten hier tatsächlich Anderes in Aussicht gestellt[151] – so hätte diese Abweichung von den Grundsätzen des Arbeitsrechts im Gesetzestext eindeutig zum Ausdruck gebracht werden müssen.[152] Auch der in den Geset-

---

[147] Diese Wertentscheidung liegt sämtlichen im TzBfG geregelten Befristungstatbeständen zugrunde. Vgl. nur **Richardi**, in: Staudinger, § 615, Rn. 77 ff., insb. 79. So auch **Düwell/Dahl**, NZA 2007, S. 889 ff. Anders: **Frik**, NZA 2005, S. 386 ff. Differenziert: **Böhm**, RdA 2005, S. 360 ff.

Gleiches gilt im Kündigungsrecht, wonach wirtschaftliche Probleme nicht die außerordentliche Kündigung rechtfertigen können. Vgl. nur **Preis**, in: Staudinger, § 620, Rn. 77.

[148] So auch die Gesetzesbegründung: BT-Drucks. 15/25, S. 39.

[149] Dies ist auch weiterhin der grundlegende Unterschied im Vergleich zur Ausgestaltung der Arbeitnehmerüberlassung in weiten Teilen des europäischen Auslands: etwa in Frankreich oder den Niederlanden werden Leiharbeiter konkret für einen Überlassungsauftrag – synchronisiert – eingestellt. Vgl. **Feuerborn**, in: Schüren AÜG Einl., Rn. 516 ff. zur Lage in Frankreich; **Waas**, Modell Holland, S. 146 ff. zur Lage in den Niederlanden.

[150] Vgl. **Wank**, NZA 2003, S. 14, 21; **ders.**, in: ErfKomm., Einl. AÜG, Rn. 6 ff.; **Schüren**, in: Schüren AÜG § 3, Rn. 219 ff.; **ders./Behrend**, NZA 2003, S. 521 ff.; **Raab**, ZfA 2003, S: 389, 428 f.; **Pelzner**, in: Thüsing AÜG, § 3, Rn. 102 ff. **Anders**, jedoch unzutreffend auf den nur vorübergehenden Bedarf im Verleiherbetrieb abstellend: **Ulber**, AuR 2003, S. 7, 9; **Bauer/Krets**, NJW 2003, S. 537, 540; **Kokemoor**, NZA 2003, S. 238, 241. Im Ergebnis ebenso, jedoch mit anderer Begründung: **Lembke**, DB 2003, S. 2702, 2704; **Boemke/Lembke**, AÜG Nachtrag, § 9, Rn. 100.

[151] Durch die Aufhebung der „besonderen" Verbote seien „die Rahmenbedingungen der Arbeitnehmerüberlassung grundlegend verändert" und „flexibilisiert". Vgl. BT-Drucks. 15/25, S. 24, 39. Noch deutlicher: Bundeswirtschafts- und Arbeitsminister Clement in der Debatte vom 07. November 2002 im Bundestag: „Wir heben die bisher auf diesem Sektor bestehenden Einschränkungen der Arbeitnehmerüberlassung komplett auf."; Text der Rede abrufbar unter: www.bmwa.bund.de. Kritisch gegenüber der Divergenz zwischen den Zielen des Gesetzgebers und dem erreichten Rechtszustand auch: **Hanau**, ZIP 2003, S: 1573, 1575 Fn. 21; **Lembke**, DB 2003, S. 2702, 2704. **Wank**, NZA 2003, S. 14, 21. **Ders.**, in: ErfKomm., Einl. AÜG, Rn. 11, spricht von der Verfehlung des gesetzgeberischen Zieles.

[152] So auch **Wank**, NZA 2003, S. 14, 21, der hier davon spricht, die Zulässigkeit der Synchronisation könne nur im Rahmen einer Neuinterpretation des TzBfG geschehen. Vgl. auch **Schüren/Behrend**, NZA 2003, S. 521, 523. **Anders: Frik**, NZA 2005, S. 386 ff.,

zesmaterialien suggerierte Zusammenhang zwischen der Einführung des Gleichstellungsgrundsatzes und der danach möglichen Aufhebung vorheriger Restriktionen[153] rechtfertigt nicht die generelle Erlaubnis einer synchronisierten Arbeitnehmerüberlassung.[154] Das mit dem Synchronisationsverbot verfolgte Schutzziel der Übernahme des Wirtschaftsrisikos durch den Verleiherarbeitgeber kann nicht durch Gleichstellung mit den Stammangestellten des Entleiherbetriebs aufgewogen werden: Einerseits differenziert das Gesetz nicht, ob tatsächlich synchronisiert beschäftigt wird oder ein unbefristetes Arbeitsverhältnis besteht.[155] Und ferner müsste dem Leiharbeitnehmer – sollte ein identisches Schutzziel verfolgt werden – eine „Risikoprämie" zuteil werden, die das durch Synchronisation hergestellte Ergebnis der Abwälzung des eigentlichen Arbeitgeberrisikos kompensieren würde.[156] Abgesehen davon, dass sich der Betrag, den dieses Risiko ausmacht, schwerlich quantifizieren lässt,[157] vermag jedenfalls die pauschale Angleichung des Entgelts an das Niveau der *Arbeitnehmer* im Entleiherbetrieb diese Funktion nicht zu erfüllen.

III. Zusammenfassende Würdigung der Reform des AÜG

Anders als von der Hartz-Kommission gefordert[158] – und wohl erst auf gewerkschaftliche Forderungen zurückgehend[159] – wurde der Gleichstellungsgrundsatz

---

der durch Abstellen auf die Verhältnisse im Entleiherbetrieb die Zulässigkeit einer Befristung bestimmen will und diese Interpretation – entgegen der hier vertretenen Auffassung – in Einklang mit dem TzBfG sehen will.

153 „Arbeitnehmerüberlassung wird folgerichtig von all denjenigen Regelungen befreit, die *bisher* als Schutzmaßnahmen notwendig waren, weil Leiharbeit [...] vielfach als prekär *angesehen werden musste.*": BT-Drucks. 15/25, S. 24 (Hervorhebungen durch den Autor). Weiterhin könne „[i]m Gegenzug zu dem [...] eingeführten Gleichbehandlungsgebot [...] das besondere Befristungsverbot, das Wiedereinstellungsverbot, das Synchronisationsverbot sowie die Beschränkung der Überlassungsdauer aufgrund des erhöhten Schutzes des Leiharbeitnehmers entfallen.": BT-Drucks. 15/25, S. 39.

154 So aber **Lembke**, DB 2003, S. 2702, 2704; **Boemke/Lembke**, AÜG Nachtrag, § 9, Rn. 100.

155 Darauf weist zutreffend **Raab**, ZfA 2003, S. 389, 428, hin.

156 Vgl. dazu die grundlegenden Ausführungen von **Picker**, ZfA 2002, S. 469, 520 ff.

157 Diesem Einwand sieht sich auch der von **Picker**, a.a.O., S. 523 ff., vorgeschlagene Lösungsweg ausgesetzt.

158 Im Bericht der Kommission „Moderne Dienstleistungen am Arbeitsmarkt", S. 157, war die Aufhebung bestehender Beschränkungen im AÜG unter dem Vorbehalt gefordert worden, dass Tarifverträge im Bereich der Zeitarbeit abgeschlossen würden. In einem Spiegel-Interview im November 2002, Ausgabe vom 25. November 2002, S. 31, hat sich Peter Hartz vom generellen Gleichstellungsgrundsatz distanziert.

159 **Feuerborn**, in: Jahrbuch der Heinrich-Heine-Universität Düsseldorf 2002, S. 399, 406, m.V.a. Vorwort der stellvertr. DGB-Vorsitzenden **Engelen-Kefer**, Informationen zum

in das AÜG aufgenommen. Ob es dabei allerdings tatsächlich darum ging, eine unmittelbar auf den – im deutschen Arbeitsrecht als Prinzip nicht anerkannten[160] – Gerechtigkeitsgedanken „Gleicher Lohn für gleiche Arbeit" gerichtete Lage für Leiharbeitnehmer zu erreichen,[161] muss wohl bezweifelt werden. Bereits die gesetzestechnisch unklare Umsetzung (Wer ist vergleichbarer Stammangestellter? Welche Faktoren gehören zu den wesentlichen Arbeitsbedingungen? etc.) und die damit für die Verleiher unsichere Rechtslage sowie der bürokratische Aufwand, der vor jeden Überlassungseinsatz eine umfassende Analyse der zu gewährenden Arbeitsbedingungen gebietet, muss sich für Verleiher – ganz abgesehen von der erheblichen Anhebung der Lohnkosten – als Schreckgespenst erweisen. Der Schluss liegt nicht allzu fern, dass die Gleichstellung nur postuliert wurde, um als Katalysator zur Erreichung des eigentlichen Ziels[162] – eine tarifvertragliche Regelung dieses bisher „gewerkschaftsfreien" Arbeitssegments[163] – zu dienen.

Unmittelbar nach der Reform war noch davon die Rede, die Statuierung des Gleichstellungsgrundsatzes konterkariere das gesetzgeberische Ziel der Attraktivitätssteigerung der Arbeitnehmerüberlassung.[164] Verbunden mit dem im Grundsatz auch weiterhin bestehenden Gebot, Leiharbeitsverhältnisse unbefristet – und insbesondere „unsynchronisiert" – auszugestalten, kritisierte *Wank*, dass ein in Europa vergleichsloser Zustand geschaffen worden sei, der durch „equal treatment" bei gleichzeitig unbefristetem Arbeitsverhältnis einseitig Vorteile für die Arbeitnehmerschaft kumuliere.[165] Der Arbeitnehmerüberlassung wurde daher ein Bedeutungsverlust prophezeit.

Nach Abschluss der ersten Tarifverträge für Arbeitnehmerüberlassung hat sich die zunächst vorwiegend unmittelbar grundgesetzlich motivierte Kritik an der Ausgestaltung des reformierten AÜG (vgl. oben, I. 3.) auf die Betrachtung der praktischen Folgen der mittlerweile ganz überwiegend tarifvertraglich ausgestalteten Leiharbeitsverträge verlagert. War zunächst für die Arbeitnehmer-

---

Arbeits- und Sozialrecht, 1/2003, S. 1. In diese Richtung auch **Däubler**, KritJ 2003, S. 17, 24; **Wank**, NZA 2003, S. 14, 20.

160 Vgl. **BAG**, v. 21. Juni 2000, AP Nr. 60 zu § 612 BGB = NZA 2000, S: 1050 f. Das BAG betonte als Prinzip vielmehr die Vertragsfreiheit.

161 So die Gesetzesbegründung: BT-Drucks. 15/25, S. 38.

162 „Though this be madness, yet there is method in't.": Shakespeare, Hamlet, Prince of Denmark, 2. Akt., 2. Szene, V. 206 f.

163 **Ulber**, AuR 2003, S. 7, 15, spricht in diesem Zusammenhang von einer Regelung mit Vorbildcharakter auch für andere Bereiche, „die sich tarifvertraglich nicht erschließen lassen".

164 Vgl. **Hümmerich/Holthausen/Welslau**, NZA 2003, S. 7, 10; **Rieble/Klebeck**, NZA 2003, S. 23; **Bauer/Krets**, NJW 2003, S. 537, 538.

165 **Wank**, RdA 2003, S. 1, 9 f., 11; **ders.**, NZA 2003, S. 14, 21, 22.

überlassung aufgrund des Gleichstellungsgebots eine erhebliche Verteuerung und in der Folge ein Bedeutungsverlust prognostiziert worden,[166] so rückt die Auseinandersetzung um den materiellen Inhalt der erzielten Tarifergebnisse und die damit mögliche Entwicklung der Leiharbeit in den Mittelpunkt des Interesses.[167] Insbesondere aus dem Lager der etablierten Gewerkschaften dringen dabei noch aus der früheren Auseinandersetzung mit der Leiharbeit bekannte Töne, wonach nunmehr nicht Arbeitnehmerüberlassung als solche, dafür aber die konkurrierenden Tarifwerke der CGZP als „billige Schmutzkonkurrenz" bezeichnet werden.[168]

Unvoreingenommen betrachtet fällt ins Auge, dass die Reform des Rechts der Arbeitnehmerüberlassung im Grunde genommen zu keiner tief greifenden Änderung der Wirklichkeit im Bereich der Zeitarbeit geführt hat: Sollte es zutreffen, dass Tarifwerke für Leiharbeit ein Lohniveau vorsehen, welches ca. 30 % unterhalb dessen vergleichbarer Industriearbeiter liegt,[169] so entspricht dies der auch schon vor der Reform teils konstatierten Abweichung.[170] Von „equal treatment" oder „equal pay" ist damit nicht mehr die Rede. Bezieht man in diesen Vergleich mit ein, dass die Arbeitnehmerüberlassung nur in begrenzten Bereichen tatsächlich flexibilisiert wurde, so besteht heute der einzig grundlegende Unterschied darin, dass Leiharbeit tarifvertraglich geregelt wird.

Das eigentliche Ziel des Gesetzgebers könnte damit gleichwohl erreicht worden sein: Sollten die Grundlagen geschaffen sein, Arbeitnehmerüberlassung zu höherer gesellschaftlicher Akzeptanz zu verhelfen,[171] so kann in Leiharbeit

---

[166] Besonders deutlich: **Rieble/Klebeck**, NZA 2003, S. 23: „Das aber kann das Ende der Leiharbeit insgesamt bedeuten."; ähnlich **Boemke/Lembke**, Nachtrag AÜG, § 9, Rn. 4.

[167] Neben den bereits im Zusammenhang mit der Problematik der Tariffähigkeit der Gewerkschaften im Bereich der Arbeitnehmerüberlassung Zitierten (vgl. § 3 C. I. 3.): etwa zur Auseinandersetzung um die dauerhafte Einschaltung einer Verleihgesellschaft zur Absenkung des Lohnniveaus im Entleiherbetrieb: **Melms/Lipinski**, BB 2004, S. 2409 ff. und die Replik von **Brors/Schüren**, BB 2004, S. 2745 ff. Der Problematik wenden sich auch **Willemsen/Annuß**, BB 2005, S. 437 ff. zu; darauf erwidernd: **Brors/Schüren**, BB 2005, S. 494 f.

[168] So **Arndt**, Metall 3/2005, S. 8 f.; im Interview dazu auch **Ulber**. Ebenso die Äußerungen von ver.di, in: Informationen für Betriebs- und Personalräte zur neuen Leiharbeit (Tarifpolitische Grundsätze), Sept. 2003, S. 16.

[169] So etwa **Schüren**, Anm. zu BAG, v. 16. April 2004, in RdA 2004, S. 184, 186.

[170] Vgl. die – uneinheitlichen – Nachweise zur alten Lage: oben, § 3 B. IV, Fn. 53.

[171] Mit der Aufstellung des Zehnten AÜG-Erfahrungsberichts der Bundesregierung vom 30. September 2005 (BT-Drucks. 15/6008) wird über die Arbeitnehmerüberlassung nunmehr getrennt von den Erfahrungen mit illegaler Beschäftigung und Schwarzarbeit berichtet, dies u.a., um „das Ansehen des wichtigen Instruments der Arbeitnehmerüberlassung weiter zu stärken" (Beschlussempfehlung AfWA, v. 15. Oktober 2003, BT-Drucks. 15/1728, S. 12 f.). Das Bundesverfassungsgericht geht von „eine[r] steigende[n] Qualität und Akzeptanz von Leiharbeit" als Folge der gesetzlichen Änderungen im AÜG aus: **BVerfG**, v.

neues Beschäftigungspotential erwachsen – freilich nicht unter den Voraussetzungen von „equal pay“. Die in den letzten Jahren nach der Reform verzeichneten Zuwächse im Bereich der Leiharbeit scheinen ein Anzeichen dafür zu sein.[172] Die zukünftige Entwicklung liegt jedoch mehr als je zuvor in den Händen der Tarifpartner: das ihnen vom Gesetzgeber *de facto* eingeräumte, beschäftigungspolitische Mandat will wohlüberlegt eingesetzt werden, soll dem aufkeimenden Spross nicht die Zukunft verschlossen bleiben.

Unsicherheit droht auch von anderer Seite: Anders als der Titel des Arbeitnehmer-Entsendegesetzes (AEntG) vermuten lässt, ist auch die rein innerdeutsche Arbeitnehmerüberlassung vom Anwendungsbereich dieses Gesetzes erfasst. Seit Anfang 1998[173] erhält auch bei Arbeitnehmerüberlassung ohne Auslandsbezug der Leiharbeitnehmer tarifliche Mindestarbeitsbedingungen, sofern ein Tarifvertrag i.S.d. § 2 Abs. 1, 2, 3 oder 3 a AEntG für allgemeinverbindlich erklärt wurde (§ 1 Abs. 2 a AEntG). Bisher spielte diese Regelung keine bedeutende Rolle, da Arbeitnehmerüberlassung in das Bauhauptgewerbe im Grundsatz untersagt ist (§ 1 b AÜG) und nur im Elektrohandwerk – welches nicht unter § 1 b AÜG fällt – ein allgemeinverbindlicher Tarifvertrag i.S.d. AEntG bestand.[174] Im Zusammenhang mit der aktuellen Erweiterung des AEntG auf weitere Branchen[175] droht auch weiterhin eine generelle Erstreckung der Mindestarbeitsbedingungen auf die Leiharbeitsbranche:[176] Sollte § 1 Abs. 2 a AEntG in

---

29. November 2004, NZA 2005, S. 153, 154; **Benkert**, BB 2004, S. 998, spricht von einer „Aufwertung der Zeitarbeit“, **Thüsing**, in: ders. AÜG, Vorwort V, sogar von einem „Ritterschlag“ durch Gesetzgebung und Rechtsprechung.

[172] Vgl. die Steigerung der Anzahl überlassener Beschäftigter in Arbeitnehmerüberlassung, oben B. I. Zugleich jedoch ist insbesondere auch die Verbesserung der Konjunktur in Deutschland zu beachten.

[173] Änderung durch Artikel 10 Nr. 1 des Ersten Gesetzes zur Änderung des Dritten Buches Sozialgesetzbuch und anderer Gesetze (1. SGB III-ÄndG), v. 16. Dezember 1997, BGBl. I, S. 2970.

[174] Die Wirkung dieses Tarifvertrags lief jedoch im April 2003 aus.

[175] Durch das Erste Gesetz zur Änderung des Arbeitnehmer-Entsendegesetzes vom 25. April 2007 wurde mit Wirkung zum 1. Juli 2007 der Anwendungsbereich des AEntG auf das Gebäudereinigerhandwerk ausgedehnt. Bereits am 11. Mai 2005 hatte das Bundeskabinett die Erweiterung des Anwendungsbereichs des AEntG beschlossen (BT-Drs. 15/5445 v. 10. Mai 2005). Der Entwurf war mit den Neuwahlen im Herbst 2005 gem. § 125 S. 1 GOBT der Diskontinuität zum Opfer gefallen.

Die Debatte um die Einführung eines Mindestlohnes – ob über das AEntG oder auf andere Weise – ist damit jedoch nicht beendet. Vgl. dazu **Düwell**, jurisPR-ArbR 18/2007 Anm. 7, **Hunnekuhl/zu Dohna-Jaeger**, NZA 2007, S. 954 ff.; **Thüsing/Lembke**, ZfA 2007, S. 87 ff.

[176] Vgl. Statement des Parl. Staatssekr. beim BMWA **Andres** zum Thema „Zwischenbericht der Task-Force Dienstleistungsmissbrauchsbekämpfung“, Pressekonferenz am 13. April 2005 in Berlin.

der heutigen Form beibehalten werden und gleichzeitig die Geltung des AEntG auf weitere Branchen erstreckt werden, wären sämtliche Leiharbeitsverhältnisse, die nicht unmittelbar tarifvertraglich geregelt sind,[177] an die Vorgaben entsprechender Tarifverträge im Entleiherbetrieb gebunden. Das heute im Bereich der Arbeitnehmerüberlassung erreichte Arbeitsbedingungsniveau würde demnach – trotz und entgegen der Leiharbeits-Tarifvertragsabschlüsse – in der Praxis erheblich angehoben werden. Der zunächst nach Einführung des Gleichstellungsgrundsatzes prophezeite Bedeutungsverlust für Leiharbeit in Deutschland würde wieder aktuell. Dem kann – sollte der Anwendungsbereich des AEntG tatsächlich erweitert werden – nur durch eine Streichung des heutigen § 1 Abs. 2 a AEntG begegnet werden.

§ 4 Grundlagen der Arbeitsvermittlung und Verhältnis zur Arbeitnehmerüberlassung

A. Begriff, Ausgestaltung und Bedeutung der privaten Arbeitsvermittlung

Arbeitsvermittlung ist nach der gesetzlichen Definition des § 35 Abs. 1 S. 2 SGB III jede Tätigkeit, die darauf gerichtet ist, Arbeitssuchende mit Arbeitgebern zur Begründung eines neuen Arbeitsverhältnisses zusammenzuführen. Anders als bei der Arbeitnehmerüberlassung nimmt der Arbeitsvermittler lediglich die Funktion eines Maklers ein; ein Arbeitsvertragsverhältnis entsteht dabei zum Arbeitsuchenden nicht. Dementsprechend sind die mit der Arbeitsvermittlung verbundenen Pflichten für den Mittler grundsätzlich von anderer Natur als im Bereich der Arbeitnehmerüberlassung.

Die Betreibung von Arbeitsvermittlung war in der Bundesrepublik für Private lange Jahre im Grundsatz untersagt.[178] Erst im Jahre 1994 – u.a. als Reaktion auf die Rechtsprechung des EuGH zur Monopolstellung der BA (alt) im Hinblick auf Führungskräfte der Wirtschaft[179] – wurde das „Arbeitsvermittlungsmonopol" der BA (alt) zugunsten Privater abgeschwächt, indem die private Ar-

---

[177] Das dürfte wohl die überwiegende Anzahl der Leiharbeitsverhältnisse betreffen, da der Organisationsgrad – sowohl auf Seiten der Verleiher als auch auf Seiten der Leiharbeitnehmer – weiterhin gering ist und *de facto* die Leiharbeitsverträge durch *Bezugnahme* auf einen Tarifvertrag ausgestaltet sind.

[178] Dies galt jedenfalls für Vermittlungstätigkeiten im Gebiet der unteren Hierarchiestufen. Auf der Ebene der Führungskräfte galten teils andere Grundsätze, die sich u.a. aus internen Vorgaben der damaligen Bundesanstalt für Arbeit – in Abgrenzung zur Tätigkeit des Personalberaters – ergaben. Einen Überblick zur Entwicklung in diesem Bereich bietet **Buchner**, in: MüHdbArbR Bd. 1, § 36, Rn. 49 ff.

[179] **EuGH**, v. 23 April 1991, Rs. C – 41/90 (Höfner und Elsner), Slg. 1991, S. 1979 ff. = NZA 1991, S. 447 f. Vgl. dazu etwa: **Eichenhofer**, NJW 1991, S. 2857 ff.

beitsvermittlung unter Erlaubnisvorbehalt gestellt wurde.[180] Nach zwischenzeitlicher Neuregelung des Rechts der Arbeitsvermittlung im SGB III[181] wurde auch dieser „präventive Erlaubnisvorbehalt" anlässlich des vom Bundesrechnungshof im Jahre 2002 festgestellten „Vermittlungsskandals"[182] abgeschafft.[183] Seit Ende März 2002 haben private Arbeitsvermittler „freien Marktzugang"[184] erhalten, der nur noch unter dem Vorbehalt einer Gewerbeanmeldung nach § 14 GewO steht.[185]

Die Ausgestaltung des Vertragsverhältnisses zwischen dem Vermittler und dem Arbeitssuchenden ist an die Vorgaben der §§ 296 ff SGB III gebunden. Es handelt sich hiernach um einen atypischen Maklervertrag, auf den, soweit sich aus dem SGB III nichts Abweichendes ergibt, die allgemeinen Regelungen der §§ 652 ff. BGB anzuwenden sind.[186] Neben dem Schriftformerfordernis des § 296 Abs. 1 SGB III sieht das Gesetz vor, dass die Vermittlungsvergütung, die im Regelfall an die gesetzlichen Höchstgrenzen nach § 421 g SGB III gebunden ist (§ 296 Abs. 3 SGB III), nur im Erfolgsfalle, also dem Abschluss eines Arbeitsverhältnisses, gefordert werden kann (§ 296 Abs. 2 SGB III). Nicht alleine der Nachweis eines möglichen Arbeitsverhältnisses, sondern nur der konkrete Abschluss, für den die Tätigkeit des Vermittlers (auch) kausal gewesen sein muss, ist daher gefordert.[187] Weiterhin sind besondere Datenschutzregelungen zu beachten (§ 298 SGB III). Der Arbeitsvermittlungsvertrag zu einem Arbeitgeber ist demgegenüber nicht im SGB III besonders geregelt, so dass hierauf alleine das Maklerrecht der §§ 652 ff. BGB anzuwenden ist.

---

[180] Art. 1 des Ersten Gesetzes zur Umsetzung des Spar-, Konsolidierungs- und Wachstumsprogramms (1. SKWPG), vom 21. Dezember 1993, BGBl. I, S. 2353; sowie Art. 1 des Beschäftigungsförderungsgesetzes 1994 (BeschfG 1994), vom 26. Juli 1994, BGBl. I, S. 1786.

[181] Gesetz zur Reform der Arbeitsförderung, vom 24. März 1997, BGBl. I, S. 594. Materielle Änderungen für die Arbeitsvermittlung waren damit nicht verbunden.

[182] Vgl. Jahresbericht des Bundesrechnungshofes 2002, S. 251 ff. Vgl. dazu auch: **Adamy**, SozSich 2002, S. 38 ff.

[183] Art. 3 des Gesetzes zur Vereinfachung der Wahl der Arbeitnehmervertreter in den Aufsichtsrat, vom 23. März 2002, BGBl. I, S. 1130.

[184] So die Gesetzesbegründung: BT-Drucks. 14/8529, S. 2.

[185] Vgl. **Mutschler**, in: SGB III Praxiskomm., § 37 a, Rn. 4 f.; **Urban-Crell/Schulz**, Arbeitnehmerüberlassung und Arbeitsvermittlung, Rn. 1381 ff.; ausführlich zu den Neuerungen: **Spellbrink**, SGb 2004, S. 153 ff. **Rixen**, NZS 2002, S. 466 ff.; **Kossens**, DB 2002, S. 843 ff.

[186] **Fuchs**, in: Gagel SGB III § 296, Rn. 3 f.; **Urban-Crell/Schulz**, Arbeitnehmerüberlassung und Arbeitsvermittlung, Rn. 1394; **Kühl/Breitkreuz**, NZS 2004, S. 568,569 f.; **Rixen**, NZS 2002, S. 466, 469.

[187] Vgl. **Fuchs**, in: Gagel SGB III § 296, Rn. 4; **Brand**, in: Niesel SGB III § 296 Rn. 11.

Im Vergleich zur staatlichen Arbeitsvermittlung durch die Arbeitsagenturen fristet die private Arbeitsvermittlung auch weiterhin ein Schattendasein. Zwar verzeichnete die Inanspruchnahme privater Arbeitsvermittlung in den letzten Jahren hohe prozentuale Zuwächse; der absolute Anteil verbleibt jedoch auf niedrigem Niveau.[188] Neue Impulse wurden durch die Einführung der Vermittlungsgutscheine nach § 421 g Abs. 3 SGB III hervorgerufen:[189] Es zeichnet sich ein Trend ab, wonach der Anteil der privaten Arbeitsvermittlung im Bereich der niedriger Qualifizierten weiterhin gering bleibt, während im Segment der Hochqualifizierten der überwiegende Teil der Vermittlungen auf dem Privatmarkt erfolgt.[190] Die vermittlungsorientierte Arbeitnehmerüberlassung durch die PSA soll nunmehr einen Beitrag dazu leisten, gerade im Bereich der niedrig Qualifizierten den Anteil privater Arbeitsvermittlung zu steigern.

B. Wandel im Verhältnis zwischen den privaten Formen der Arbeitnehmerüberlassung und der Arbeitsvermittlung

Arbeitnehmerüberlassung und Arbeitsvermittlung unterscheiden sich aufgrund der unterschiedlichen Rechtsbeziehungen des jeweiligen Dreiecksverhältnisses grundlegend voneinander. Trotz dieser Unterschiede teilen beide Formen gewisse wirtschaftliche Funktionen: Untechnisch gesprochen wird durch den Verleiher, ebenso wie durch den Vermittler, einem Dritten die Arbeitskraft eines Arbeitnehmers verschafft.[191] Das beschäftigungspolitische Verständnis des Verhältnisses der beiden Institute zueinander hat sich im Laufe der Zeit grundsätzlich gewandelt. Fraglich ist, ob sich dieser Wandel auch in der heutigen Gesetzesfassung widerspiegelt.

I. Verhältnis zur Zeit der Schaffung des AÜG im Jahre 1972

Nachdem das BVerfG im Jahre 1967 die Erstreckung des „Arbeitsvermittlungsmonopols“ auf die Arbeitnehmerüberlassung für verfassungswidrig erklärt

---

188 So betrug die Steigerungsrate zwischen 1999 und 2000 ca. 27 Prozent; der Anteil der privaten Vermittlungen an den Neueinstellungen in Gesamtdeutschland betrug seinerzeit jedoch lediglich 2,9 Prozent (vgl. **Konle-Seidl/Walwei**, in: Kleinhenz, IAB-Kompendium Arbeitsmarkt und Berufsforschung, S. 171, 174).

189 Vgl. dazu **Hagemann/Sörgel/Wiedemann**, IAB-Forschungsbericht 01/2004, S. 3 ff. Das zunächst bis Ende 2004 befristete Institut des Vermittlungsgutscheins nach § 421 g SGB III wurde zwischenzeitlich durch Art. 1 Nr. 17 des Vierten Gesetzes zur Änderung des Dritten Buches Sozialgesetzbuch und anderer Gesetze, v. 19. November 2004, BGBl. I, S. 2902, verlängert bis zum 31. Dezember 2006.

190 Vgl. **Urban-Crell/Schulz**, Arbeitnehmerüberlassung und Arbeitsvermittlung, Rn. 100 ff. m.w.N.

191 Vgl. dazu bereits **BVerfG**, v. 04. April 1967, E 21, S. , 261, 267 f. = AP Nr. 7 zu § 37 AVAVG (unter III. 4. der Gründe). Vgl. auch **Konle-Seidl/Walwei**, in: Kleinhenz, IAB-Kompendium Arbeitsmarkt und Berufsforschung, S. 171, 176 f.

hatte, entschloss sich der Gesetzgeber – im Anschluss an die Rechtsprechung des BSG[192] – zur Schaffung des AÜG im Jahre 1972.[193] Arbeitnehmerüberlassung war danach nur zulässig, soweit diese im Rahmen eines echten Arbeitsverhältnisses zwischen Verleiher und Leiharbeitnehmer stattfand, welches die Dauer der einzelnen Überlassungen „umspannte". Dem dienten insbesondere die Regelungen in §§ 3 Abs. 1 Nr. 3 bis 5 und § 9 Nr. 2 und 3 AÜG, die es untersagten, das Risiko ausbleibender Anschlussaufträge auf den Leiharbeitnehmer zu übertragen. Um danach der BA (alt) eine „praktikable Abgrenzung" zwischen Arbeitnehmerüberlassung und Arbeitsvermittlung zu ermöglichen, wurde in § 1 Abs. 2 AÜG geregelt, dass Verstöße – u.a. gegen die genannten Vorschriften – zur Vermutung[194] der Arbeitsvermittlung führten.[195] Damit war das Verhältnis zwischen Arbeitnehmerüberlassung und Arbeitsvermittlung als eine streng reglementierte Regel-Ausnahme-Beziehung im Gesetz fixiert.

Im Zusammenwirken mit dem damaligen § 13 AÜG und über dessen eigentlichen Wortlaut hinaus[196] nahm die überwiegende Zahl der Stimmen in der Literatur und ihr folgend die Rechtsprechung des Bundesarbeitsgerichts bei einem Verstoß gegen die Regelungen des § 3 Abs. 1 AÜG an, dass ein Arbeitsverhältnis zwischen dem Leiharbeitnehmer und dem Entleiher zustande kam.[197] Man ging davon aus, der Sinn des § 13 AÜG erschöpfe sich nicht in der vom Gesetzgeber gewollten Hilfsfunktion für § 10 AÜG,[198] sondern führe für die Fälle

---

[192] **BSG**, v. 29. Juli 1970, E 31, S, 235 ff. = AP Nr. 9 zu § 37 AVAVG = NJW 1971, S. 166 ff.

[193] Gesetz zur Regelung der gewerbsmäßigen Arbeitnehmerüberlassung, v. 07. August 1972, BGBl. I, S. 1393.

[194] Diese Vermutung kann widerlegt werden. Vgl. Begründung zur Einfügung des § 1 II AÜG, zu **BT-Drucks.** VI/3505, S. 2; ebenso **Sandmann/Marschall**, AÜG Art. 1 § 1 Rn. 63; **Düwell**, in: Kasseler Hdb. ArbR, Bd. 2, Kap. 4.5, Rn. 295; **a.A.** für die gewerbliche Arbeitnehmerüberlassung (Unwiderlegbarkeit der Vermutung): **BAG,** v. 21. März 1990, AP Nr. 15 zu § 1 AÜG = NZA 1991, S. 269 ff.; **Ulber** AÜG § 1 Rn. 206 ff.; **Hantl-Unthan**, AR-Blattei SD 1840, Rn. 86.

[195] Vgl. Begründung des Ausschusses für Arbeit und Sozialordnung, zu **BT-Drucks.** VI/3505, S. 2.

[196] § 13 AÜG a.F. lautete: „Beruht ein Arbeitsverhältnis auf einer entgegen § 4 des Arbeitsförderungsgesetzes ausgeübten Arbeitsvermittlung, so können die arbeitsrechtlichen Ansprüche des Arbeitnehmers gegen den Arbeitgeber dieses Arbeitsverhältnisses nicht durch Vertrag ausgeschlossen werden". Auch in der Gesetzesbegründung fand sich kein unmittelbarer Hinweis auf das Ziel, hierdurch im Falle unrechtmäßig ausgeübter Arbeitnehmerüberlassung ein Arbeitsverhältnis zum „Entleiher" zu generieren.

[197] **BAG**, v. 10. Februar 1977, AP Nr. 9 zu § 103 BetrVG 1972 = BB 1977, S. 945 ff.; v. 15. Juni 1983, AP Nr. 5 zu § 10 AÜG = SAE 1985, S. 71 ff. mit zustimmender Anmerkung **Wank**; **Becker/Wulfgramm**, AÜG Art. 1 § 1 Rn. 51 e; **Schubel/Engelbrecht**, AÜG Art. 1 § 1 Rn. 36; **Sandmann/Marschall**, AÜG Art. 1 § 1 Rn. 67.

[198] Vgl. Gesetzesbegründung, **BT-Drucks.** VI/2303, S. 15.

rechtswidriger gewerblicher Arbeitnehmerüberlassung zu einer Neuzuordnung der arbeitsrechtlichen Beziehungen – in der Konsequenz zu einem Arbeitsverhältnis mit dem Entleiher. Es sollte erreicht werden, dass Zweifel in der Abgrenzung der beiden Institute nicht zu Lasten des Leiharbeitnehmers gingen.[199] Das Zusammenspiel von § 1 Abs. 2 und § 13 AÜG diente damit in besonderer Weise dem Schutz des Leiharbeitnehmers, gleichzeitig wurde durch die besondere Sanktionswirkung – Fiktion eines Arbeitsverhältnisses – auch der Schutz des staatlichen Vermittlungsmonopols bewirkt.

II. Reformen der Folgezeit

In den nachfolgenden Jahren wurde das Recht der Arbeitnehmerüberlassung und der Arbeitsvermittlung in mehreren Schritten reformiert. Die vorgenommenen Änderungen griffen weit reichend in die Struktur der Materie ein und führten auch zu einem veränderten Verhältnis der Institute zueinander.

1. Überlassungshöchstdauer

Schrittweise wurde die zulässige Höchstüberlassungsdauer für die Arbeitnehmerüberlassung ausgebaut. Mit dem Beschäftigungsförderungsgesetz 1985 war eine Verlängerung von drei auf sechs Monaten verbunden,[200] durch das 1. SKWPG von 1993 wurde die zulässige Dauer auf neun[201], durch das AFRG von 1997 auf zwölf[202] und schließlich durch das Job-AQTIV-Gesetz 2001 auf 24 Monate[203] verlängert. Die Anpassungen verfolgten das Ziel, Potentialen der Arbeitnehmerüberlassung für die Schaffung neuer Arbeitsplätze zu verbesserter Nutzung zu verhelfen. Damit wurde zwar nicht das unmittelbare Verhältnis zwischen Arbeitnehmerüberlassung und Arbeitsvermittlung beeinflusst. Ausdruck findet jedoch der Wille des Gesetzgebers, vom Ausnahmecharakter der Leiharbeit zugunsten einer „Normalisierung" dieser Form des Personaleinsatzes Abstand zu nehmen.

2. Reform des Rechts der Arbeitsvermittlung

Mit Aufhebung des strengen Verbots der Arbeitsvermittlung für Private im Jahre 1994[204] wurde auch die Möglichkeit für den Betreiber von Arbeitnehmerüberlas-

[199] So **BAG**, v. 10. Februar 1977, AP Nr. 9 zu § 103 BetrVG 1972 (unter II 2 b der Entscheidungsgründe) = BB 1977, S. 945, 946.

[200] Artikel 8 des Beschäftigungsförderungsgesetzes vom 26. April 1985, BGBl. I, S. 710.

[201] Artikel 2 des Ersten Gesetzes zur Umsetzung des Spar-, Konsolidierungs- und Wachstumsprogramms vom 21. Dezember 1993, BGBl. I, S. 2535.

[202] Artikel 63 des Gesetzes zur Reform der Arbeitsförderung vom 24. März 1997, BGBl. I, S. 594.

[203] Artikel 7 des Gesetzes zur Reform der arbeitsmarktpolitischen Instrumente vom 10. Dezember 2001, BGBl. I, S. 3443.

[204] Artikel 1 des Ersten Gesetzes zur Umsetzung des Spar-, Konsolidierungs- und Wachstumsprogramms vom 21. Dezember 1993, BGBl. I, S. 2353, vgl. dazu auch oben, § 4 A.

sung geschaffen, parallel im Besitz einer Erlaubnis zur Arbeitsvermittlung zu sein.[205] Unterstützt durch die Abschaffung der besonderen Erlaubnis zur Betreibung der Arbeitsvermittlung im Jahre 2002[206] ist es nunmehr unproblematisch möglich, Arbeitnehmerüberlassung und Arbeitsvermittlung zugleich zu betreiben. Hiermit verdeutlichte der Gesetzgeber das Ziel, an der ursprünglichen Alternativität zwischen Arbeitsvermittlung und Arbeitnehmerüberlassung nicht mehr festhalten zu wollen, um zu einer erweiterten Vermittlungseffizienz durch die Beteiligung Privater zu gelangen.

3. Gesetz zur Reform der Arbeitsförderung von 1997

Durch das AFRG 1997[207] wurde die vormals strenge Unzulässigkeit der Synchronisation zwischen Überlassung und dem Bestehen des Arbeitsverhältnisses zwischen Leiharbeitnehmer und Verleiher verändert. Die dem Ziel der Vermeidung einer solchen Synchronisation dienenden Verbote des § 3 Abs. 1 Nr. 3, 4 und 5, sowie des § 9 Nr. 2 und 3 AÜG a.F. sollten danach nur noch Anwendung finden, sofern der Verleiher „wiederholt" dahingehende Vertragsgestaltungen anwandte. Die erstmalige Befristung des Leiharbeitsverhältnisses auf Zeiten des Arbeitseinsatzes in Fremdfirmen oder die einmalige Kündigung und Wiedereinstellung innerhalb von drei Monaten war nunmehr zulässig. Damit war ein weiterer Schritt auf dem Weg der „Normalisierung" der Arbeitnehmerüberlassung getan.

Ferner wurde durch das Gesetz § 13 AÜG a.F. ersatzlos aufgehoben.[208] Da die Gesetzesbegründung bezogen auf diesen Schritt in sich widersprüchlich war,[209] entwickelte sich in der Folgezeit Streit um die Konsequenzen der Aufhebung: Während einige Stimmen in der Literatur die Entstehung eines Arbeitsverhältnisses zum „Entleiher" nunmehr alleine aus § 1 Abs. 2 AÜG herleiten,[210]

---

[205] Durch Art. 1 Nr. 3 a des Beschäftigungsförderungsgesetzes 1994, BGBl. I, S. 1786, wurde § 23 Abs. 7 AFG aufgehoben, nach dessen S. 5 zuvor ein privater Vermittler nicht zugleich Arbeitnehmerüberlassung betreiben durfte.

[206] Artikel 3 des Gesetzes vom 23. März 2002, BGBl. I, S. 1130.

[207] Artikel 63 des Gesetzes zur Reform der Arbeitsförderung vom 24. März 1997, BGBl. I, S. 594.

[208] Artikel 63 Nr. 9 des Gesetzes vom 24. März 1997, BGBl. I, S. 594.

[209] In der Begründung zum RegE hieß es, § 13 AÜG a.F. stelle einen Fremdkörper im AÜG dar, der nach Aufhebung des Vermittlungsmonopols zugunsten der BA seine Existenzberechtigung verloren habe (BR-Drucks. 550/96, S. 250). Im Allgemeinen Teil der Begründung wurde demgegenüber noch betont, die dem Schutz der Leiharbeitnehmer dienenden Vorschriften sollten unberührt bleiben (BR-Drucks. 550/96, S. 247). Gerade in der Fiktion des Arbeitsverhältnisses zum Entleiher hatte jedoch das besondere Schutzelement für den Leiharbeitnehmer bestanden.

[210] Vgl. **Hamann**, BB 1999, S. 1654 ff.; **Hantl/Unthan**, AR-Blattei SD 1840, Rn. 88 ff.; **Mohr/Pomberg**, DB 2001, S. 590, 593 f.; **Düwell**, in: Kasseler Hdb. ArbR, Bd. 2, Kap.

ziehen andere hierzu die Wertungen des § 10 Abs. 1 AÜG analog heran.[211] *Ulber* dagegen spricht dem entsprechenden Änderungsartikel des AFRG 1997 die Verfassungsmäßigkeit ab.[212]

Keiner dieser Ansätze vermag jedoch zu überzeugen. Die Ansicht, die alleine auf § 1 Abs. 2 AÜG verweist, misst dem Umstand, dass zuvor nur aus dem Zusammenwirken von § 1 Abs. 2 mit § 13 a.F. AÜG ein fingiertes Arbeitsverhältnis entstehen konnte, nicht die ausreichende Bedeutung bei.[213] Auch eine analoge Anwendung des § 10 Abs. 1 AÜG ist abzulehnen, da es an einer vergleichbaren Interessenlage fehlt. § 10 Abs. 1 AÜG greift für den Fall ein, dass das Arbeitsverhältnis zum Verleiher aufgrund fehlender Erlaubnis nichtig ist. In der Folge soll der Leiharbeitnehmer nicht ohne die Schutzfunktionen eines Arbeitsverhältnisses stehen, was die Existenz des § 10 Abs. 1 AÜG rechtfertigt.[214] In der hier interessierenden Fallgestaltung dagegen befindet sich der Leiharbeitnehmer auch weiterhin in einer arbeitsvertraglichen Beziehung zum Verleiher, und innerhalb dieser kann der Schutzbedürftigkeit des Leiharbeitnehmers entsprochen werden.[215]

4.5, Rn. 297 ff., vgl. aber auch **ders.**, folgende Fn.; **Silberberger**, AiB 2001, S. 309, 310; **Kreutz**, in: GK-BetrVG, Bd. I, § 7 Rn. 41.

211 **Bauschke**, NZA 2000 , S. 1201, 1207; **Hager**, gemeinsame Anm. zu BAG, v. 15. April 1999 und v. 28. Juni 2000, SAE 2001, S. 317 ff.; **Düwell**, AuA 1997, S. 253, 255; **ders.**, in: Kasseler Hdb. ArbR, Bd. 2, Kap. 4.5, Rn. 314; **Bauer**, in: Küttner Personalbuch 2004, Arbeitnehmerüberlassung, Rn. 26; **Schaub** BB 1998, S. 2106, 2111; in diese Richtung, wenn auch eher unentschieden: **Feuerborn/Hamann**, BB 1997, S. 2530, 2534; **Krüger**, AiB 1998, S. 621, 627.

212 **Ulber**, AÜG Einl. B, Rn. 39 ff.: *Ulber* sieht in Art. 63 Nr. 9 des AFRG 1997 einen Verstoß gegen das Sozialstaatsgebot und führt dabei aus, dem Gesetzgeber sei aus einem „Verbot des sozialen Rückschritts" die entsprechende Gesetzesänderung zu versagen gewesen. Die Annahme einer solchen „Ewigkeitsgarantie" aber würde den Gesetzgeber weiter Teile seiner Reformkompetenz berauben und kann schon daher nicht zu den Grundsätzen des deutschen Verfassungsrechts gezählt werden.

213 Zutreffend **BAG**, v. 28. Juni 2000, AP Nr. 3 zu § 13 AÜG (unter III. 1. der Entscheidungsgründe) mit zust. Anm. **Urban** = BB 2000, S. 2522, 2523 mit zust. Anm. **Boemke**; **Säcker/Kühnast**, ZfA 2001, S. 117, 127 f.; **Wank**, in: ErfKomm., § 13 AÜG, Rn. 4; **Groeger**, DB 1998, S. 470, 471.

214 Vgl. Gesetzesbegründung zu § 10 Abs. 1 AÜG, BT-Drucks. VI/2303, S. 13.

215 Vgl. dazu ausführlich: **Säcker/Kühnast**, ZfA 2001, S. 117, 128 ff; so auch **BAG**, v. 28. Juni 2000, AP Nr. 3 zu § 13 AÜG (unter III. 2. der Entscheidungsgründe) = BB 2000, S. 2522, 2523 f.; **Wank**, in: ErfKomm., § 13 AÜG, Rn. 4; **Groeger**, DB 1998, S. 470, 471.

Auch die von *Behrend* und *Schüren*[216] propagierte Bedeutung des § 1 Abs. 2 AÜG als Beweislastregel, bei der die „vermutete Arbeitsvermittlung“ nicht unmittelbare Rechtsfolge, sondern als ungewisses Element Teil des Vermutungstatbestandes sein soll und bei misslungenem Widerlegungsbeweis kein Arbeitsverhältnis zum Entleiher fingiert werde, sondern lediglich die „Identifikation der wahren Rechtslage“ herbeigeführt werde,[217] verfängt nach Aufhebung des § 13 AÜG a.F. zumindest nicht im Allgemeinen.[218] Diese Ansicht stellt maßgeblich auf das Verhalten des Verleihers ab[219] und würdigt dabei das Verhalten des Entleihers nicht ausreichend. Denn wenn dem Entleiher – was durchaus keine Ausnahme sein muss – das unzulässige Verhalten des Verleihers verborgen bleibt,[220] so kann er zum Widerlegungsbeweis materiell kaum beitragen. Folge ist aber, dass *allein* aufgrund des Fehlverhaltens des Verleihers ein Arbeitsverhältnis zum Entleiher angenommen wird, der Entleiher also für das Fehlverhalten des Verleihers „haftbar“ gemacht wird; ein Schlechterfüllungsanspruch des gutgläubigen Entleihers gegen den Verleiher rechtfertigt diese Vorgehensweise nicht.[221] Im Ergebnis wird alleine in § 1 Abs. 2 AÜG der Grund für die Annahme eines Arbeitsverhältnisses zwischen Entleiher und Leiharbeitnehmer erblickt. Worin dabei der Unterschied zu einer Fiktion zu erblicken sein soll, bleibt verborgen. Der von *Behrend* gegenüber den zuvor genannten Lösungsansätzen – zu Recht – erhobene Einwand, auf dogmatisch zweifelhafte Weise das gewünschte Ergebnis herbeizuführen,[222] muss daher auch gegen ihre eigene Lösung ins Feld geführt werden.

Zusammengefasst: nach der Streichung des § 13 AÜG a.F. ist davon auszugehen, dass die unrechtmäßig betriebene Arbeitnehmerüberlassung nur dies ist und damit die im AÜG angelegten gewerberechtlichen, individualvertraglichen und ordnungswidrigkeitsrechtlichen Sanktionen nach sich zieht. Die (Neu-)

---

216 **Behrend**, Scheinwerkverträge, S. 149 ff.; **dies.**, BB 2001, S. 2641 ff.; **Schüren**, in: Schüren AÜG § 1, Rn. 423 ff., **ders./Behrend**, NZA 2003, S. 521, 525 f.; **ders.**, Jahrbuch des Arbeitsrechts Bd. 41 (2004), S. 49, 67 ff.; **ders.**, in: Festschrift Kollhosser, S. 697, 704 ff.

217 **Behrend**, Scheinwerkverträge, S. 166; **dies.**, BB 2001, S. 2641, 2643; **Schüren**, in: Schüren AÜG § 1, Rn. 442; **ders.**, Jahrbuch des Arbeitsrechts Bd. 41 (2004), S. 49, 70.

218 Anderes kann gelten, soweit es sich um „Strohmannkonstruktionen“ handelt. Vgl. dazu sogleich unter IV.

219 Vgl. **Schüren**, in: Schüren AÜG § 1, Rn. 455 ff.; **Behrend**, BB 2001, S. 2641, 2644.

220 Bsp.: der Verleiher trägt im Allgemeinen nicht das Arbeitgeberrisiko oder verstößt gegen die Gleichstellungsanordnung, indem er nicht „den gleichen Lohn“ zahlt.

221 So aber **Schüren**, in: Schüren AÜG § 1, Rn. 481.

222 **Behrend**, Scheinwerkverträge, S. 148.

Zuordnung eines Arbeitsverhältnisses zum Entleiher ist damit jedoch nicht (mehr) verbunden.[223]

III. Erstes Gesetz für moderne Dienstleistungen am Arbeitsmarkt

Explizite Änderungen am Verhältnis zwischen Arbeitnehmerüberlassung und Arbeitsvermittlung wurden durch das Erste Gesetz für moderne Dienstleistungen am Arbeitsmarkt nicht vorgenommen. So ist die Änderung des § 1 Abs. 2 AÜG rein redaktioneller Art gewesen und stellt nur eine Anpassung an die Neufassung des § 3 Abs. 1 AÜG dar.[224]

Gleichwohl kommt durch die Reform die Überzeugung des Gesetzgebers zum Ausdruck, Arbeitnehmerüberlassung nunmehr weniger als einen Bereich anzusehen, der die Gefahr in sich birgt, zu den mit der Arbeitsvermittlung verfolgten Zielen in Konflikt zu geraten. Vielmehr wird weitergehend als bisher anerkannt, dass Arbeitnehmerüberlassung das Potential in sich trägt, zur Verbesserung der Vermittlungseffizienz einen neuen und eigenen Beitrag zu leisten. Dieser Blickwinkel findet Ausdruck darin, dass der Gesetzgeber durch die Schaffung der Personal-Service-Agenturen nunmehr den Weg beschritten hat, mithilfe staatlicher Subventionen die Effekte der Arbeitnehmerüberlassung für das Zusammenführen von Arbeitsuchenden und (neuen) Arbeitgebern einzusetzen. Es wird damit ein gemeinschaftliches Zusammenwirken dieser beiden Instrumente propagiert, welches über die Bedeutung in der aktiven Arbeitsmarktpolitik hinaus auch seinen Ausdruck in der prinzipiellen Neuregelung der gewerblichen Arbeitnehmerüberlassung findet. Denn der grundsätzliche – und nicht etwa auf die vermittlungsorientierte Arbeitnehmerüberlassung in den Personal-Service-Agenturen allein bezogene – Abbau bisheriger Beschränkungen im Recht der Arbeitnehmerüberlassung geht auf die Annahme zurück, durch diese Flexibilisierung generell die Funktionsfähigkeit des Arbeitsmarktes zu verbessern.[225]

IV. Zusammenfassung und Kritik an der heutigen Fassung des § 1 Abs. 2 AÜG

Das Recht der Arbeitsvermittlung und der Arbeitnehmerüberlassung haben sich innerhalb der letzten 40 Jahre grundsätzlich gewandelt. Ging man noch in den

[223] So im Ergebnis auch **BAG**, v. 28. Juni 2000, AP Nr. 3 zu § 13 AÜG = BB 2000, S. 2522 ff.; **Säcker/Kühnast**, ZfA 2001, S. 117, 131; **Wank**, in: ErfKomm., § 13 AÜG, Rn. 4; **Groeger**, DB 1998, S. 470, 471 f.; **Urban-Crell/Schulz**, Arbeitsvermittlung und Arbeitnehmerüberlassung, Rn. 855 ff.; **Hiekel**, in: Tschöpe, Anwaltshandbuch AR, Teil 6 D, Rn. 51.

[224] Vgl. Gesetzesbegründung, BT-Drucks. 15/25, S. 38.

[225] Vgl. Gesetzesbegründung, BT-Drucks. 15/25, S. 24. Der Umstand, dass der Flexibilitätsgewinn nicht so ausgefallen ist, wie vom Gesetzgeber verlautbart, steht auf einem anderen Blatt. Vgl. dazu oben, § 3 C. II.

60er Jahren des 20. Jahrhunderts aufgrund der negativen Erfahrungen mit der privaten Arbeitsvermittlung davon aus, nur staatliche Stellen dürften hierzu – und zur Arbeitnehmerüberlassung – befugt sein, so wird das heutige Verständnis geprägt durch die Hoffnungen, gerade durch die Beteiligung Privater die Effektivität und Effizienz der Arbeitsvermittlung zu erhöhen. Innerhalb des gleichen Zeitraums hat sich auch das Verständnis der Beziehung, in der Arbeitnehmerüberlassung und Arbeitsvermittlung zueinander stehen, gewandelt. War diese Beziehung in der Zeit nach der Eröffnung der Arbeitnehmerüberlassung für Private noch geprägt von der Überzeugung, privat betriebene Arbeitnehmerüberlassung könne zur Unterminierung der staatlichen Arbeitsvermittlung führen und müsse folglich innerhalb enger Grenzen gehalten werden, so wird der Arbeitnehmerüberlassung heute eine komplementäre, die Ziele der Arbeitsvermittlung unterstützende Rolle zugedacht. Gerade aus diesem Grund wurde die Deregulierung der gesetzlichen Vorschriften betrieben.

Diesem Wandel der Verhältnisse ist § 1 Abs. 2 AÜG jedoch nicht gefolgt: Ihrer inhaltlichen Fassung nach auf dem Stand des Jahres 1972 verweilend sieht die Vorschrift dem Wortlaut nach bis heute in der Arbeitnehmerüberlassung die in engen Grenzen zu haltende Ausnahme von der Arbeitsvermittlung. Dem Umstand, dass heute beide Institute durch Private zulässigerweise parallel betrieben werden dürfen und im Rahmen der Personal-Service-Agentur sogar staatliche Beihilfen dieses Neben- und Miteinander fördern, wird die Vorschrift nicht gerecht. Im Laufe der Zeit hat dieser Paragraph darüber hinaus nicht nur seinen ursprünglichen Zweck – den Schutz des staatlichen Arbeitsvermittlungsmonopols – verloren, sondern ist aufgrund der Gesetzesänderungen an anderer Stelle (Streichung des § 13 AÜG a.F.) nunmehr auch der Funktion beraubt, dem besonderen Schutz des Leiharbeitnehmers dienen zu können. Weiterhin suggeriert § 1 Abs. 2 AÜG, für die Identifizierung einer Personalgestellung als Arbeitnehmerüberlassung oder als Arbeitsvermittlung stichhaltige Abgrenzungskriterien bereitzuhalten. Schon in der Vergangenheit wurde die Norm im Hinblick auf diese Funktion als gesetzestechnisch unbefriedigend und missglückt bezeichnet.[226] Nur einige der durch die Bezugnahme auf § 3 Abs. 1 AÜG a.F. herangezogenen Kriterien waren tatsächlich geeignet, für die Abgrenzung einen sachdienlichen Hinweis zu geben.[227] Durch die Neufassung des § 3 Abs. 1 AÜG spitzt sich diese Kritik noch weiter zu: Die Nichteinhaltung des in § 3 Abs. 1

---

[226] Vgl. **Becker/Wulfgramm** AÜG Art. 1 § 1 Rn. 46, 48; **Hempel**, Das Spannungsverhältnis zwischen dem sozialen Schutz der Arbeitnehmer und den wirtschaftlichen Interessen der Verleiher und der Entleiher bei der Arbeitnehmerüberlassung, S. 135 f.; **Erdlenbruch**, Die betriebsverfassungsrechtliche Stellung gewerbsmäßig überlassener Arbeitnehmer, S. 42 ff.; **Schüren** AÜG [1. Auflage, 1994] § 1 Rn. 518 f.; **Säcker/Kühnast**, ZfA 2001, S. 117, 124; kritisch auch bereits: **Schubel/Engelbrecht** AÜG Art. 1 § 1 Rn. 33 ff.

[227] Vgl. **Säcker/Kühnast**, ZfA 2001, S. 117, 124 f., 152. vgl. auch **Hempel**, a.a.O. (vorgehende Fn.).

Nr. 3 AÜG n.F. geregelten Gleichstellungsgebots, also etwa eine zu niedrig bemessene Vergütung für den eingesetzten Leiharbeitnehmer, ist eine Schlechterfüllung der Pflichten des Arbeitgebers. Daraus folgt die Indizwirkung für die gewerberechtliche Unzuverlässigkeit des Verleihers. Dies führt über § 9 Nr. 2, § 10 Abs. 4 AÜG n.F. zu einem entsprechend angepassten, gesetzlichen Anspruch des Leiharbeitnehmers, erschöpft sich aber auch in dieser Wirkung, da alleine aufgrund entsprechender Verhaltensweise – auch wenn es sich nicht um Einzelfälle handelt – der Verleiher der Vornahme von Arbeitsvermittlung keinen Schritt näher gekommen ist.[228]

Bei der Existenz dieser Vorschrift handelt es sich danach um einen Anachronismus. Aufgrund ihrer mangelnden Aussagekraft, ihrer mangelnden Sanktionswirkung und damit ihrer Bedeutungslosigkeit fehlt ihr die weitere Existenzberechtigung.[229] Damit soll nicht geleugnet werden, dass nach der Reform des AÜG – insbesondere der Aufhebung der Überlassungshöchstdauer – ein dringliches Bedürfnis besteht, Scheinarbeitnehmerüberlassungen zu verhindern, bei denen dauerhaft ein als „Verleiher“ Auftretender durch Personalgestellung gegenüber ein und demselben „Entleiher“ in Wahrheit nicht am Markt auftritt und nicht als Arbeitgeber des Leiharbeitnehmers anzusehen ist.[230] Solche Erscheinungen sind jedoch von materiell anderer Qualität als „bloße“ Verstöße des Verleihers gegen Vorschriften des AÜG:[231] Scheinkonstruktionen erfordern Kollusion. Nur das verdeckte, gemeinschaftliche Zusammenwirken von „Verleiher“ und „Entleiher“ zu Lasten des Leiharbeitnehmers aber rechtfertigt es davon zu sprechen, die „wahre Art der Rechtsbeziehung“ werde aufgedeckt, wenn der

---

228 Ähnlich **Schüren**, in: Schüren AÜG § 1, Rn. 632, wenn auch in diesem Fall von der Berechtigung der „Beweislastwirkung“ des § 1 Abs. 2 AÜG ausgehend.

229 Eine Aufhebung der Norm forderten bereits: **Boemke** AÜG § 1 Abs. 2 Rn. 125; **ders.** Anmerkung zu **BAG** v. 28. Juni 2000, BB 2000, S. 2524 f.; **Urban-Crell/Schulz**, Arbeitnehmerüberlassung und Arbeitsvermittlung Rn. 846, 866; zweifelnd am Sinngehalt der Vorschrift auch: **Wank**, in: ErfKomm. § 1 AÜG, Rn. 54. Eine eigenständige Bedeutung spricht **Kreutz**, Anm. zu BAG, v. 16. April 2003, SAE 2004, S. 168, 172, der Vorschrift ab.

230 Vgl. etwa die von **Schüren**, in: Festschrift Kollhosser, S. 697, 698 ff., genannten Konstruktionen. Ein „Produkt“, welches zur Absenkung der Lohnkosten im Stammbetrieb durch die Gründung einer Arbeitnehmerüberlassungsgesellschaft führen soll, stellen **Melms/Lipinski**, BB 2004, S. 2409 ff. vor. Zu den Risiken einer solchen Konstruktion vgl. die Replik von **Brors/Schüren**, BB 2004, S. 2745. Das Potential von Umgehungskonstruktionen sticht ins Auge; nur mit Arbeitsvermittlung haben diese Fälle nichts zu tun. Viel näher würde es liegen, hier am Merkmal des „Dritten“ in § 1 Abs. 1 AÜG anzusetzen und bei „wirtschaftlicher Verflechtung“ zwischen „Verleiher“ und „Entleiher“ den Tatbestand der Arbeitnehmerüberlassung zu verneinen.

231 Unerheblich ist, ob es sich um einen unmittelbaren Verstoß gegen § 3 Abs. 1 Nr. 3 AÜG handelt – etwa durch Nichtgewährung des „equal pay“ – oder der Verstoß nur mittelbar erfolgt – etwa aufgrund Zuwiderhandlung gegen das TzBfG i.V.m. § 3 Abs. 1 Nr. 1 AÜG.

„Entleiher" als Arbeitgeber des Überlassenen eingeordnet wird. Nur bedarf es dafür nicht der heutigen Fassung des § 1 Abs. 2 AÜG.[232] Es kann hier mit den allgemeinen Grundsätzen gearbeitet werden, nach denen nicht das Scheingeschäft (Arbeitnehmerüberlassung), sondern das dissimulierte Geschäft (Arbeitsverhältnis zwischen „Entleiher" und Überlassenem) angenommen wird, vgl. § 117 BGB[233].

Nicht zuletzt im Sinne des nunmehr propagierten, gemeinschaftlichen Verhältnisses zwischen Arbeitnehmerüberlassung und Arbeitsvermittlung ist dabei *de lege ferenda* anstelle des heutigen § 1 Abs. 2 AÜG eine entsprechende Norm neu zu fassen, die möglichst klare Abgrenzungskriterien gegenüber den genannten Umgehungstatbeständen bietet. Nur ist bei einer solchen Neuregelung das Kind auch beim Namen zu nennen und nicht wiederum inhaltlich unzutreffend auf die bisherige Alternativität zwischen Arbeitnehmerüberlassung und Arbeitsvermittlung abzustellen. Der Gesetzgeber sollte klar formulieren, welche Verhaltensweisen dazu führen, dass der „Entleiher" als Arbeitgeber des Überlassenen anzusehen ist. Solange dies nicht geschieht, sind neben der ordnungsgemäßen Betreibung der Institute auch die jeweils unrechtmäßigen Formen denkbar und ziehen die entsprechenden Sanktionen nach sich, ohne dass die unrechtmäßige Betreibung der Arbeitnehmerüberlassung nach § 1 Abs. 2 AÜG zu einer Neuzuordnung der Arbeitsrechtsbeziehungen führen würde.

§ 5 Arbeitnehmerüberlassung vor dem europäischen Hintergrund

Auch im Bereich der Arbeitnehmerüberlassung (im EU-Sprachgebrauch hat sich der Begriff der „Leiharbeit" eingebürgert) gewinnt die europäische Rechtsetzung an Gewicht. Zwar kennt das europäische Primärrecht keine Regelungen, die speziell die Arbeitnehmerüberlassung betreffen. Gleichwohl werden die grenzüberschreitenden Formen der Arbeitnehmerüberlassung durch die Regelungen zur Freizügigkeit der Arbeitnehmer (Art. 39 ff. EG[234]), sowie der Niederlassungs- und der Dienstleistungsfreiheit (Art. 43 ff. EG, Art. 49 ff. EG) beein-

---

232 **Anders**: **Schüren**, RdA 2004, S. 184, 187 (Anm. zu BAG, v. 16. April 2003), der gleichsam eine Renaissance des § 1 Abs. 2 AÜG für die Identifikation solcher Strohmann-Konstruktionen erblickt. Ähnlich: **ders./Riederer v. Paar**, SAE 2004, S. 61, 64 (Anm. zu BGH, v. 25. Juni 2002).

233 Vgl. dazu etwa: **Medicus**, BGB AT, § 40 I. 2. b. (Rn. 594 f.).

234 Die Zitierweise bezieht sich auf die Fassung des Vertrags zur Gründung der Europäischen Gemeinschaft, die dieser aufgrund der Änderungen durch den Vertrag von Nizza (Amtsblatt C 80, v. 10. März 2001, S. 1 ff.), unterzeichnet am 26. Februar 2001, in Kraft getreten am 01. Februar 2003, erhalten hat. Sofern sich die Zitierung auf andere Fassungen bezieht, wird dies kenntlich gemacht.

flusst.[235] Darüber hinaus steht das Ziel, die Regelungen der Arbeitnehmerüberlassung in den einzelnen Mitgliedsstaaten zu harmonisieren und zu koordinieren, bereits seit längerem auf der Agenda der europäischen Rechtssetzung und wurde neuerlich zum Anlass genommen für den Vorschlag einer Richtlinie über die Arbeitsbedingungen von Leiharbeitnehmern.

A. Bisherige Richtlinien und deren Auswirkung auf die Arbeitnehmerüberlassung

Bereits im Jahre 1980 waren Entschließungen gefasst worden, die zum Inhalt eine gemeinschaftliche Aktion zur Verbesserung der Lage und des Schutzes der Leiharbeitnehmer in der damaligen Europäischen Gemeinschaft hatten.[236] Die weitere Behandlung der Thematik auf europäischer Ebene mündete 1990 in der Vorlage dreier Richtlinienvorschläge, die sich auf Regelungen der atypischen Arbeitsverhältnisse (Teilzeitarbeit, befristete Arbeitsverhältnisse und Leiharbeit) bezogen.[237] Von diesen drei Vorschlägen wurde lediglich derjenige zu Arbeitssicherheit und Gesundheitsschutz als Richtlinie 91/383/EWG verabschiedet[238] und 1996 in deutsches Recht durch Änderung der §§ 11, 12 AÜG umgesetzt.[239]

Im Jahre 1996 wurde ferner die Entsende-Richtlinie 96/71/EG verabschiedet.[240] Regelungsgegenstand ist die Koordinierung[241] der mitgliedsstaatlichen

---

235 Vgl. etwa **EuGH**, v. 25. Oktober 2001 – Rs. C-493/99 (Kommission der EG ./. Bundesrepublik Deutschland) –, AP Nr. 3 zu Art. 49 EG = NZA 2001, S. 1299 ff.

236 Vgl. Amtsblatt Nr. C 2, v. 04. Januar 1980, S. 1 ff.; Amtsblatt Nr. C 260, v. 12. Oktober 1981, S. 54 ff.

237 Vorschlag für eine Richtlinie über bestimmte Arbeitsverhältnisse hinsichtlich der Arbeitsbedingungen (KOM (90) 228/1 endgültig); Vorschlag für eine Richtlinie über bestimmte Arbeitsbedingungen im Hinblick auf Wettbewerbsverzerrungen (KOM (90) 228/2 endgültig); Vorschlag für eine Richtlinie zur Ergänzung von Maßnahmen zur Verbesserung der Sicherheit und des Gesundheitsschutzes von Zeitarbeitnehmern ((KOM (90) 228/3 endgültig) Amtsblatt Nr. C 224 v. 08. September 1990, S. 4 ff. = BT-Drucksache 11/8318, S. 28 ff.). Vgl. zu deren Inhalt: **Schüren** AÜG, 1. Auflage 1994, Einleitung Rn. 482 ff.; **Wank**, RdA 1992, S. 103, 105 ff.

238 Richtlinie 91/383/EWG des Rates zur Ergänzung der Maßnahmen zur Verbesserung der Sicherheit und des Gesundheitsschutzes von Arbeitnehmern mit befristetem Arbeitsverhältnis oder Leiharbeitsverhältnis v. 25. Juni 1991, Amtsblatt Nr. L 206, v. 29. Juli 1991, S. 19 ff. = RdA 1992, S. 143 ff.

239 Art. 2 und 5 des Gesetzes zur Umsetzung der EG-Rahmenrichtlinie Arbeitsschutz und weiterer Arbeitsschutzrichtlinien v. 07. August 1996, BGBl. I, S. 1246.

240 Richtlinie 96/71/EG des Europäischen Parlaments und des Rates v. 16. Dezember 1996 über die Entsendung von Arbeitnehmern im Rahmen der Erbringung von Dienstleistungen, Amtsblatt Nr. L 18, v. 21. Januar 1997, S. 1 ff.

241 Inhalt der Richtlinie ist nicht die Aufstellung materiell-rechtlicher Regelungen, sondern die Korrektur am bestehenden Arbeitskollisionsrecht. Es handelt sich mithin nicht um eine Harmonisierungs-, sondern um eine Koordinierungs-Richtlinie. Vgl. **Birk**, in:

Vorschriften des internationalen Arbeitskollisionsrechts als Teil des Internationalen Privatrechts (IPR).[242] Die bereits zuvor koordinierten Vorschriften aufgrund des „Römer Übereinkommens" aus dem Jahre 1980[243] konnten nicht verhindern, dass im Falle der Arbeitnehmerentsendung regelmäßig nicht das Recht des aufnehmenden Staates, sondern das des entsendenden Staates Anwendung fand (vgl. Art. 30 II EGBGB),[244] was zu erheblichen Spannungen führte.[245] Inhaltlich sieht die Richtlinie daher vor, dass entsandten Arbeitnehmern bestimmte Mindestarbeitsbedingungen (sog. „harter Kern"[246]), die aufgrund von Rechts- oder Verwaltungsvorschriften gelten bzw. in bestimmten Gebieten sich aus allgemeinverbindlichen Tarifverträgen ergeben, gewährt werden müssen (Art. 3 Abs. 1). Die Umsetzung der Richtlinie wurde in Deutschland durch eine Anpassung[247] des bereits im März 1996 in Kraft getretenen Arbeitnehmer-Entsendegesetzes[248] herbeigeführt.

MüHdbArbR, Bd. 1, § 19, Rn. 121; **Feuerborn**, in: Schüren AÜG Einl., Rn. 490; vgl. auch Mitteilung der Kommission zur Durchführung der Entsende-Richtlinie (KOM (2003) 458 endgültig v. 25. Juli 2003), S. 8.

[242] Allgemein zum Arbeitskollisionsrecht: **Birk**, in: MüHdbArbR, Bd. 1, § 20; **Schlachter**, in: ErfKomm., Art. 34 EGBGB; **Martiny**, in: MüKommBGB, Bd. 10, Art. 30 EGBGB; jew. m.w.N.

[243] Übereinkommen von Rom über das auf vertragliche Schuldverhältnisse anzuwendende Recht, Amtsblatt Nr. L 266 v. 9. Oktober 1980, S. 1 ff.; konsolidierte Fassung: Amtsblatt Nr. C 27 v. 26. Januar 1998, S. 34 ff.

[244] Vgl. dazu ausführlich: **Schlachter**, NZA 2002, S. 1242, 1243; und vor dem Hintergrund der Einbeziehung ausländischer Arbeitnehmer in das deutsche Urlaubskassenverfahren: **Wank/Börgmann**, NZA 2001, S. 177 ff.

[245] Vgl. **v. Danwitz**, EuZW 2002, S. 237, 238; **Koberski/Asshoff/Hold/Roggendorff**, AEntG, Einl., Rn. 2 ff. Auch wenn im 5. und 13. Erwägungsgrund der Richtlinie nur auf den Schutz der (entsandten) Arbeitnehmer abgestellt wird, kann das Bestreben, Wettbewerbsvorteile durch Entsendung aus Niedriglohnländern zu neutralisieren, kaum verleugnet werden. Vgl. dazu **Krebber**, IPRax 2001, S. 22, 23 f.; **Rieble/Lessner**, ZfA 2002, S. 29, 42. So auch die Gesetzesbegründung zum AEntG: BR-Drucks. 523/95, S. 1, 4 ff.

[246] Vgl. **Krebber**, Jahrbuch junger Zivilrechtswissenschaftler, 1997, S. 129, 133 f. Es handelt sich hierbei um Höchstarbeitzeiten, Mindestruhezeiten, bezahlter Mindestjahresurlaub, Mindestlohnsätze, Bedingung für die Überlassung von Arbeitskräften (insbesondere durch Leiharbeitsunternehmen), bestimmte Schutz-, Sicherheits- und Gesundheitsschutzmaßnahmen, Gleichbehandlung von Männern und Frauen, sowie die Beachtung weiterer Nichtdiskriminierungsbestimmungen (Artikel 3 Abs. 1 der Richtlinie).

[247] Art. 10 des Gesetzes zu Korrekturen in der Sozialversicherung und zur Sicherung der Arbeitnehmerrechte vom 19. Dezember 1998, BGBl. I, S. 3843.

[248] Gesetz über zwingende Arbeitsbedingungen bei grenzüberschreitenden Dienstleistungen vom 26. Februar 1996, BGBl. I, S. 227.

Für den Bereich der Arbeitnehmerüberlassung – nicht nur in ihrer grenzüberschreitenden Form[249] – ergibt sich aus §§ 1 Abs. 2 a, 7 Abs. 2 AEntG die Verpflichtung zur Gewährung bestimmter tariflicher Mindestarbeitsbedingungen[250] sowie zur Teilnahme an den entsprechenden Sozialkassenverfahren.[251] Aufgrund des vom AEntG unberührt gebliebenen Verbots der Leiharbeit im Bereich des Bauhauptgewerbes (§ 1 b AÜG)[252] beschränken sich die arbeitnehmerüberlassungsrechtlichen Auswirkungen der §§ 1 Abs. 2 a, 7 Abs. 2 AEntG zum heutigen Zeitpunkt[253] jedoch auf Fälle des Leiharbeitseinsatzes im Baunebengewerbe.[254] § 7 Abs. 1 AEntG dagegen normiert generell – und ohne Beschränkung auf das Bauhauptgewerbe[255] – die Geltung der international zwingenden Normen i.S.d. Art. 34 EGBGB,[256] die ohne Rücksicht auf das Arbeitsvertragsstatut Anwendung finden.

B. Richtlinienvorschlag des Europäischen Parlaments und des Rates über die Arbeitsbedingungen von Leiharbeitnehmern

Zur weiteren Harmonisierung legte die Europäische Kommission am 20. März 2002 einen Vorschlag für eine Richtlinie des Europäischen Parlaments und des

---

249 Vgl. zur Funktion von § 1 Abs. 2 a AEntG für die rein nationale Arbeitnehmerüberlassung: oben, § 3 C. III.

250 Es handelt sich hierbei um die in Artikel 3 Abs. 1 der Entsende-Richtlinie geregelten Bereiche. Über die in § 1 Abs. 1 S. 1 AEntG geregelten Mindestentgeltsätze und die Urlaubsregelungen werden über § 7 Abs. 2 AEntG auch die übrigen, in Artikel 3 Abs. 1 der Entsende-Richtlinie aufgezählten Bereiche (sog. „harter Kern“) erfasst.

251 Diese Mindestarbeitsbedingungen können ihre Grundlage in Tarifverträgen finden, die nach § 5 TVG für allgemeinverbindlich, oder die im Rahmen einer Rechtsverordnung nach § 1 Abs. 3 a AEntG für allgemein anwendbar erklärt wurden. Vgl. zu den Einzelheiten: **Schlachter**, in: ErfKomm., § 1 AEntG, Rn. 5 ff.; **Koberski / Asshoff / Hold / Roggendorff**, AEntG, § 1, Rn. 204 ff.

252 Es entspricht der ganz herrschenden Meinung, dass sich das Verbot der Arbeitnehmerüberlassung im Baugewerbe nach § 1 b AÜG nur auf den Bereich des Bauhauptgewerbes i.S.d. § 1 Baubetriebe-Verordnung bezieht. Die in § 2 der Verordnung aufgezählten Betriebe (sog. Baunebengewerbe) sind hiervon jedoch nicht erfasst. Vgl. **Wank**, in: ErfKomm., § 1 b AÜG, Rn. 2; **Boemke/Lembke**, AÜG § 1 b, Rn. 13 ff.; ausführlich zur Begründung dieser restriktiven Gesetzesauslegung: **BGH**, v. 17. Februar 2000, AP Nr. 1 zu § 12 a AFG = NJW 2000, S. 1557 ff.

253 Vgl. zur Diskussion um eine generelle Erweiterung des Anwendungsbereichs des AEntG auf weitere Branchen: § 3 C. III.

254 Vgl. **Sandmann/Marschall**, AÜG, Einl., Rn. 56; **Feuerborn**, in: Schüren, AÜG, Einl., Rn. 502.

255 Vgl. **Schlachter**, in: ErfKomm., § 1 AEntG, Rn. 9; **Krebber**, IPRax 2001, S. 22, 24.

256 Vgl. dazu nur **Birk**, in: MüHdbArbR, Bd. 1, § 20, Rn. 72 ff. und speziell zur Arbeitnehmerüberlassung ebd. Rn. 136 ff.

Rates über die Arbeitsbedingungen von Leiharbeitnehmern vor,[257] dessen Inhalt sich aufgrund der Änderungsanträge des Europäischen Parlaments noch änderte.[258] Auch wenn der deutsche Gesetzgeber im Zusammenhang mit der Reform des Rechts der Arbeitnehmerüberlassung nicht offiziell Bezug auf die Richtlinienentwürfe nahm, deutet doch einiges darauf hin, dass der erste Entwurf bei der Fassung des neuen AÜG Pate gestanden hat.[259]

I. Vorgeschichte

Der Vorschlag für eine Richtlinie des Europäischen Parlaments und des Rates über die Arbeitsbedingungen von Leiharbeitnehmern[260] geht zurück auf die Initiative der Kommission. Vorangegangen waren Verhandlungen der europäischen Sozialpartner[261] über eine Gleichbehandlung von Leiharbeitnehmern im institutionalisierten sozialen Dialog nach Art. 138, 139 EG (seinerzeit: Art. 118 a, b EGV). Eine Vereinbarung unter den Sozialpartnern konnte jedoch nicht erzielt werden, was insbesondere auf Unstimmigkeiten über die Definition des „vergleichbaren Arbeitnehmers“, zu dem Leiharbeitnehmer in Bezug gesetzt werden sollten, zurückzuführen war.[262] Die Arbeitnehmervertreter verfolgten das Ziel, als vergleichbaren Arbeitnehmer des Entleihbetriebes denjenigen heranzuziehen, der gleiche oder doch ähnliche Arbeit wie der Leiharbeitnehmer erbringt. Die Arbeitgebervertreter dagegen sahen dieses Prinzip im Hinblick auf die Länder, in denen der Leiharbeitnehmer ein unbefristetes Arbeitsverhältnis eingeht (was der bisherigen Rechtslage in Deutschland entsprach, vgl. § 3 Abs. 1 Nr. 4, § 9 Nr. 2 AÜG a.F.), für nicht gerechtfertigt an. Infolgedessen erklärten die Sozialpartner im Mai 2001 das Scheitern der Verhandlungen, woraufhin die Kommission sich wiederum des Vorhabens annahm. Aufbauend auf dem bereits teilweise gefundenen Konsens der Sozialpartner entwickelte die Kommission zunächst

---

[257] Dokument KOM (2002) 149 endgültig, v. 20. März 2002, Amtsblatt Nr. C 203 E v. 27. August 2002, S. 1 ff. = BR-Drucks. 319/02, S. 1 ff.

[258] Dokument KOM (2002) 701 endgültig, v. 28. November 2002.

[259] Vgl. die Äußerungen von Bundeswirtschafts- und Arbeitsminister **Clement** in der Debatte vom 07. November 2002 im Bundestag: „Wir wollen die prinzipielle Orientierung auf Equal Pay [...] wie sie eine Richtlinie vorsehen wird, die die Europäische Kommission vorbereitet.“ Ferner: **Clement** anlässlich des Adecco-Symposiums „Flexibilität am Arbeitsmarkt“, am 27. November 2002 in Berlin, im Zusammenhang mit „Equal Pay“: „Ich will hier auch darauf hinweisen, dass die Europäische Kommission völlig unzweifelhaft auf diesem Weg ist und eine entsprechende Richtlinie vorbereitet.“. Die Texte der Reden sind abrufbar unter: www.bmwa.bund.de.

[260] KOM (2002) 149 endgültig, Amtsblatt Nr. C 203 E, v. 27. August 2002, S. 1 ff.; sowie dessen geänderte Fassung in KOM (2002) 701, endgültig, v. 28. November 2002.

[261] Es sind dies die Union der Industrie- und Arbeitgeberverbände Europas (UNICE), der Europäische Zentralverband der Öffentlichen Wirtschaft (CEEP) und der Europäischen Gewerkschaftsbundes (EGB).

[262] Vgl. Begründung der Europäischen Kommission zu KOM (2002) 149 endgültig, S. 10.

den ursprünglichen Vorschlag der Richtlinie (KOM (2002) 149, endgültig), der aufgrund von Änderungsvorschlägen des Europäischen Parlaments[263] nunmehr in geänderter Fassung vorliegt (KOM (2002) 701, endgültig).[264]

II. Inhalt des Vorhabens

Neben Regelungen zum verbesserten Zugang zu sozialen Einrichtungen, Ausbildungsmaßnahmen und Festbeschäftigungen in den entleihenden Unternehmen (vgl. Art. 6), mit Vorschriften zur Interessenvertretung der Leiharbeitnehmer (vgl. Art. 7 f.), wonach Leiharbeitnehmer im Verleiherbetrieb bei den Schwellenwerten zu berücksichtigen sind, im Entleihunternehmen dagegen lediglich berücksichtigt werden können und der Aufforderung an die Mitgliedsstaaten, bestehende Verbote und Einschränkungen der Arbeitnehmerüberlassung zu überprüfen (vgl. Art. 4), bildet Art. 5 mit der Regelung des „Grundsatzes der Nichtdiskriminierung" den Schwerpunkt des Richtlinienvorschlags.

1. Grundsatz der Nichtdiskriminierung

Nach Art. 5 Abs. 1 sind Leiharbeitnehmern während der Dauer einer Überlassung mindestens diejenigen wesentlichen Arbeits- und Beschäftigungsbedingungen einschließlich des Arbeitsentgelts[265] zu gewähren, die ihnen zukämen, wären sie unmittelbar vom entleihenden Unternehmen für den konkret besetzten Arbeitsplatz eingestellt worden. Es wird damit auf eine hypothetische Betrachtungsweise abgestellt, die unmittelbar arbeitsplatzbezogen ist. Der ursprüngliche Vorschlag hatte noch vorgesehen, als Vergleichsperson für den Leiharbeitnehmer einen Angestellten des Entleiherunternehmens heranzuziehen, der im Hinblick auf Berufserfahrung, Qualifikation und Kompetenz einen gleichen oder ähnlichen Arbeitsplatz einnimmt (Art. 3 Abs. 1 Buchst. b des urspr. Vorschlags).[266] Dadurch waren neben der Arbeitsplatzbezogenheit auch persönliche

---

[263] Vgl. Standpunkt des Europäischen Parlaments zum Richtlinienvorschlag KOM (2002) 149 endgültig, v. 21. November 2002, Amtsblatt Nr. C 25 E, v. 29. Januar 2004, S. 368 ff. Vorangegangen waren die Berichte des Ausschusses für Beschäftigung und soziale Angelegenheiten, des Ausschusses für Recht und Binnenmarkt, sowie des Ausschusses für die Rechte der Frau und Chancengleichheit des Europäischen Parlaments zu KOM (2002) 149 – A5-0356/2002, v. 23. Oktober 2002 (Änderungsanträge und Begründungen).

[264] Im Folgenden beziehen sich die Artikelangaben auf die geänderte Fassung des Vorschlags (KOM (2002) 701, endg.). Sofern auf die ursprüngliche Fassung Bezug genommen wird, ist dies gekennzeichnet.

[265] Vgl. dazu: Art. 3 Abs. 1 Buchst. f des aktuellen Entwurfs. Der Ausschuss für Recht und Binnenmarkt des Europäischen Parlaments hatte sich gegen die Erstreckung des Nichtdiskriminierungsgrundsatzes auf das Arbeitsentgelt ausgesprochen (vgl. 4. Änderungsantrag, Bericht des Ausschusses für Recht und Binnenmarkt des Europäischen Parlaments v. 23. Oktober 2002, Dokument A5-0356/2002, S. 48).

[266] Weitergehender waren die Forderungen des Europäischen Wirtschafts- und Sozialausschusses, nach denen über die genannten Faktoren hinaus auch eine Berücksichtigung der

Faktoren angesprochen. Ergänzend hatte der ursprüngliche Vorschlag in Art. 5 Abs. 5 ein abgestuftes Instrumentarium für den Fall vorgesehen, dass eine konkrete Vergleichsperson im Entleiherbetrieb nicht vorhanden wäre. Durch die aktuelle hypothetische Fassung ist diese Regelung überflüssig und gestrichen worden. Einen grundsätzlich anderen Vergleichsmaßstab hatte der Ausschuss für Recht und Binnenmarkt gefordert, indem Vergleichsperson ein Leiharbeitnehmer „in derselben oder einer vergleichbaren Organisation" sein sollte. Folge der Annahme wäre ein verleiherbezogener Vergleichsmaßstab gewesen; dieser Vorschlag wurde jedoch bereits vom Europäischen Parlament verworfen.[267]

2. Wesentliche Arbeits- und Beschäftigungsbedingungen

Als wesentliche Arbeits- und Beschäftigungsbedingungen gelten nach Art. 3 Abs. 1 Buchst. f. Regelungen, die sich auf die Dauer der Arbeit, die Überstunden, Pausen, Ruhezeiten, Nachtarbeit, bezahlten Urlaub, arbeitsfreie Tage und das Arbeitsentgelt beziehen. Eine Einschränkung erfährt dieser abschließend formulierte Katalog dadurch, dass danach lediglich die Bedingungen zu gewähren sind, die durch „Gesetz, Verordnung, Verwaltungsvorschrift, Tarifvertrag und/oder sonstiger Bestimmung allgemeiner Art festgelegt sind". Das Abstellen auf Regelungen, die in allgemeiner Weise Anwendung finden, schließt einzelvertragliche Absprachen über die genannten Faktoren aus. Umfassender war demgegenüber noch die ursprüngliche Formulierung, wonach die genannten Bedingungen – ohne Beschränkung auf die allgemein geltenden Faktoren – zu gewähren sein sollten.[268]

3. Optionen zur Abweichung vom Nichtdiskriminierungsgrundsatz

Der Richtlinienentwurf verlangt keine uneingeschränkte Geltung des Nichtdiskriminierungsgrundsatzes, sondern sieht drei Ausnahmen vor. Zwei der Ausnahmen beziehen sich dabei lediglich auf eine Abweichung im Hinblick auf das Arbeitsentgelt, eine der Ausnahmen gilt umfassend und damit für sämtliche Arbeits- und Beschäftigungsbedingungen. Entgegen der ursprünglichen Fassung des Richtlinienentwurfs ist eine unterschiedliche Behandlung aus sachlichem Grund nicht mehr ausdrücklich gerechtfertigt. Die Ausnahmeoptionen sind danach im aktuellen Richtlinienentwurf abschließend aufgezählt.[269]

---

bisherigen Berufserfahrung gefordert wurde, vgl. Stellungnahme des Ausschusses v. 19. September 2002, Amtsblatt Nr. C 61, v. 14. März 2003, S. 124, 126 (Punkt 4.4.1).

[267] Vgl. Stellungnahme des Europäischen Parlaments v. 21. November 2002, Amtsblatt Nr. C 25 E, v. 29. Januar 2004, S. 368, 375 (Art. 6 Abs. 1).

[268] Vgl. Art. 5 Abs. 1 des urspr. Vorschlags.

[269] Anders noch im ursprünglichen Entwurf: vgl. dessen Art. 5 Abs. 1 S. 1 a.E. Die Streichung dieser Abweichungsmöglichkeit war vom Europäischen Parlament nicht gefordert worden, sondern geht unmittelbar auf die Initiative der Kommission zurück.

Einerseits soll in Bezug auf das Arbeitsentgelt keine Umsetzungspflicht für Mitgliedsstaaten bestehen, in denen ein unbefristetes[270] Leiharbeitsverhältnis besteht und auch in verleihfreien Zeiten entlohnt wird (Art. 5 Abs. 2). Insofern wurde dem Umstand Rechnung getragen, dass Leiharbeitsverhältnisse, deren Bestand über eine konkrete Überlassung hinausgeht und insofern unbefristet (nach deutscher Terminologie: nicht synchronisiert) ist, bereits einen sozialen Schutzstandard aufweisen, der nicht noch durch Gewährung erhöhten Arbeitsentgelts ausgebaut werden sollte.[271]

Weiterhin besteht nach Art. 5 Abs. 4 die Möglichkeit, für die Dauer von sechs Wochen vom Grundsatz der Entgeltgleichheit abzuweichen. Diese Option wird jedoch nur für den Fall wirksam, dass vom Leiharbeitnehmer Tätigkeiten ausgeübt werden, die aufgrund ihrer Dauer oder ihrer Natur nicht mehr als sechs Wochen in Anspruch nehmen. Auf der anderen Seite ist diese Ausnahme nicht einmalig auf sechs Wochen beschränkt, sondern kann unbegrenzt – auch gegenüber ein und demselben Entleiher – wiederholt werden. Die Kommission ist damit nicht einem Änderungsantrag des Ausschusses für Beschäftigung und soziale Angelegenheiten gefolgt, wonach dem Leiharbeitnehmer „ein Basisschutz vom ersten Tag an" gewährt werden sollte und in der Folge die Streichung dieser Ausnahmeregelung gefordert worden war.[272]

Abschließend sieht Art. 5 Abs. 3 die Möglichkeit vor, durch Tarifvertrag von der allgemeinen Geltungserstreckung der wesentlichen Arbeits- und Beschäftigungsbedingungen einschließlich des Arbeitsentgelts abzuweichen. Eine Einschränkung erfährt dieser Ausnahmetatbestand dadurch, dass die Abweichung nur unter dem Vorbehalt der Einhaltung eines „angemessenen Schutzniveaus" gültig sein soll. Auf welche Anforderungen damit konkret abgestellt werden soll, wird dabei nicht erklärt, so dass mit der Auslegung dieser Ausnah-

---

270 Der Ausschuss für Beschäftigung und soziale Angelegenheiten des Europäischen Parlaments hatte demgegenüber eine Ausnahme vom Nichtdiskriminierungsgrundsatz auch für über 18 Monate andauernde, befristete Arbeitsverhältnisse gefordert, da in einer solchen Tätigkeit ein dem unbefristeten Arbeitsverhältnis vergleichbarer Schutz gewährleistet sei. (Vgl. Begründung zum 40. Änderungsantrag, Bericht des Ausschusses für Beschäftigung und soziale Angelegenheiten des Europäischen Parlaments v. 23. Oktober 2002, Dokument A5-0356/2002, S. 30).

271 In Deutschland war das AÜG seit seiner Schaffung im Jahre 1972 durch eine solche Ausgestaltung gekennzeichnet. Das Synchronisationsverbot in § 3 Abs. 1 Nr. 5 AÜG a.F. verdeutlichte dies besonders. Auch nach der Reform durch das Erste Gesetz für moderne Dienstleistungen am Arbeitsmarkt hat sich hieran im Grundsatz nichts geändert; vgl. oben, § 3 C. II. 2.

272 Vgl. 42. Änderungsantrag des Ausschusses für Beschäftigung und soziale Angelegenheiten, S. 31, sowie in der allgemeinen Begründung, ebd., S. 41 f. Vgl. zur Kritik auch die Stellungnahme des Europäischen Wirtschafts- und Sozialausschusses, Amtsblatt Nr. C, v. 14. März 2003, S. 124, 128 (Punkt 5.1.5.1).

me – für den Fall der Verabschiedung – erhebliche Rechtsunsicherheiten verbunden wären.[273]

4. Nichtanwendung im Bereich der aktiven Arbeitsmarktpolitik

Gemäß Art. 1 Abs. 3 des Entwurfs entfaltet die Richtlinie keine Wirkung für Leiharbeitsverhältnisse, die mit öffentlichen oder öffentlich geförderten Stellen bestehen und u.a. die Eingliederung in den Arbeitsmarkt verfolgen. Allerdings gilt nach der aktuellen Fassung des Entwurfs diese Ausnahme nur für den Fall, dass zuvor die entsprechenden Sozialpartner auf der mitgliedsstaatlichen Ebene gehört wurden. Die genaue Formulierung dieser Ausnahmeregelung war jedoch bis zuletzt im Rahmen der Beratungen des Rats der Europäischen Union umstritten.[274] Nach der momentanen Fassung wäre damit die Möglichkeit gegeben, die Rechtsbedingungen für das deutsche Instrument der Personal-Service-Agenturen unabhängig vom Richtlinieninhalt auszugestalten.

5. Vergleich zur Rechtslage nach dem reformierten AÜG

Die Reform des AÜG durch das Erste Gesetz für moderne Dienstleistungen am Arbeitsmarkt hat durch die Regelung des Gleichstellungsgrundsatzes bereits eine Regelung zur „Nichtdiskriminierung“ von Leiharbeitnehmern in deutsches Recht umgesetzt. Dabei ist der deutsche Gesetzgeber jedoch teils über die Vorgaben der geplanten Richtlinie hinausgegangen: Im Hinblick auf das Arbeitsentgelt wäre – nach dem heutigen Stand des Richtlinienentwurfs – eine entsprechende Regelung nicht notwendig gewesen, da in Deutschland nach wie vor[275] im Grundsatz der Leiharbeitnehmer auch in Zeiten des Nichteinsatzes vom Verleiher zu entlohnen ist, Arbeitnehmerüberlassung also nicht im Rahmen eines synchronisierten Arbeitsverhältnisses stattfindet.[276]

Bezogen auf die Abweichungsmöglichkeiten vom Gleichstellungsgrundsatz begegnet die Fassung des reformierten AÜG jedoch Bedenken:[277] Der Richtlinienentwurf in Art. 5 Abs. 4 sieht vor, eine Ausnahme von der Gewährung des *gleichen Entgelts* zuzulassen, sofern aufgrund der Dauer oder der Natur der zu erbringenden Tätigkeit diese nicht mehr als sechs Wochen in Anspruch nimmt. Demgegenüber sieht das neu gefasste AÜG es vor, generell – und ohne Bezug

---

[273] Im 41. Änderungsantrag hatte der Ausschuss für Beschäftigung und soziale Angelegenheiten, S. 30 f., gerade aufgrund solcher Rechtsunsicherheiten die Streichung dieser Regelung gefordert.

[274] Vgl. sogleich III.

[275] Vgl. oben, § 3 C. II.

[276] So auch **Bertram**, ZESAR 2003, S. 205, 207. Vgl. auch **Raab**, ZfA 2003, S. 389, 398. In Bezug auf den RiLi-Entw. KOM (2002), 149, auch: **Hümmerich/Holthausen/Welslau**, NZA 2003, S. 7, 9; **Thüsing**, DB 2003, S. 446.

[277] Zu weiteren Divergenzen zwischen dem Richtlinienentwurf und den heutigen Regelungen im AÜG: **Bertram**, ZESAR 2003, S. 205 ff.

auf die Dauer oder Natur der Tätigkeit – bei der Beschäftigung eines vormals Arbeitslosen für die Dauer von sechs Wochen nicht nur bezüglich des Arbeitsentgelts, sondern auch im Hinblick auf die weiteren Arbeitsbedingungen vom Gleichstellungsgrundsatz abweichen zu können. Dies dürfte nicht den Vorgaben des Richtlinienentwurfs entsprechen.[278] Auch kann dazu nicht auf die Ausnahme in Art. 1 Abs. 3 des Entwurfes rekurriert werden, da die Beschäftigung eines zuvor Arbeitslosen nicht generell als „von öffentlichen Stellen geförderte[s] ... Eingliederungsprogramm" anzusehen ist.

Ferner steht die Möglichkeit zur umfassenden Abweichung vom Nichtdiskriminierungsgrundsatz durch Tarifvertrag in Art. 5 Abs. 3 des Richtlinienentwurfs unter dem Vorbehalt, dass damit ein „angemessenes Schutzniveau" erreicht wird. Inwieweit die heute in Deutschland existierenden Tarifverträge für Arbeitnehmerüberlassung einer solchen Vorgabe entsprechen, ist fragwürdig. Könnte unter gewöhnlichen Umständen unproblematisch darauf verwiesen werden, dass Tarifverträge aufgrund der ihnen immanenten „Richtigkeitsgewähr"[279] ein angemessenes Schutzniveau verwirklichen, so ist fraglich, ob hierauf auch für die Arbeitnehmerüberlassung ohne weiteres verwiesen werden kann: Die Gültigkeit der Tarifabschlüsse begegnet den bereits genannten Zweifeln, die auf den geringen Organisationsgrad und die durchaus zweifelhafte „Mächtigkeit" – insbesondere auch der CGZP – zurückzuführen sind.[280]

III. Rechtmäßigkeit des Vorhabens

Im Hinblick auf die Rechtmäßigkeit des Vorhabens stellt sich die Frage der Kompetenz für den Erlass einer entsprechenden Richtlinie. Aufgrund des Prinzips der begrenzten Einzelermächtigung bedarf es für die Rechtmäßigkeit einer Richtlinie einer Ermächtigungsgrundlage (Art. 5 Abs. 1 EG). Die Kommission verweist insofern auf Art. 137 Abs. 2 EG (Amsterdamer Fassung; heute: Art. 137 Abs. 2 Buchst. b. EG), der zum Richtlinienerlass mit dem Ziel der Verbesserung und Angleichung der Arbeitsbedingungen in den Mitgliedsstaaten nach Art. 136 EG ermächtigt.[281] Umstritten ist jedoch die Handlungskompetenz des Rates im Hinblick auf die Regelung von Entgeltfragen (Art. 137 Abs. 5 EG bzw. Art. 137 Abs. 6 EG (Amsterdamer Fassung)). Die Auseinandersetzung bezüglich der Reichweite dieses Ausnahmetatbestands konzentriert sich dabei auf die Frage, ob der Entgeltbegriff in diesem Zusammenhang als Ausnahme vom Grundsatz der Handlungsfähigkeit hinsichtlich der Arbeitsbedingungen eng aus-

---

278 **Bertram**, ZESAR 2003, S. 205, 210 f.; vgl. auch **Schiek**, KritJ 2003, S. 35, 44 f., 47.

279 Vgl. dazu nur: **Löwisch/Rieble**, in: MüHdbArbR, Bd. 3, § 253, Rn. 1 ff. m.w.N.

280 Vgl. oben, § 3 C. I. 2. a.

281 Vgl. Begründung der Kommission zum Richtlinienvorschlag KOM (2002) 149 endgültig, S. 13 f.

zulegen ist,[282] oder aber, in Übereinstimmung mit dem Entgeltbegriff des Art. 141 EG, in weitem Sinne aufzufassen ist.[283]

Lässt man sich mit Blick auf die Entgeltregelungen der geplanten Richtlinie nicht durch die gewählte Konstruktion einer Antidiskriminierungsvorschrift blenden, sondern betrachtet die damit verfolgte Verbindlichkeitsverpflichtung, Leiharbeitnehmern das Arbeitsentgelt eines vergleichbaren Stammangestellten zu sichern, so besteht der einzige Unterschied zu einer unmittelbaren Mindestlohngesetzgebung darin, dass nicht „statisch" auf einen konkreten Wert verwiesen wird, sondern „dynamisch" das Entgelt der Vergleichsgruppe Verbindlichkeit erlangen soll. Von der Konsequenz aus betrachtet ist diese Regelung insofern andersartig als eine unmittelbare Mindestlohngesetzgebung – die jedenfalls aus dem Kompetenzkatalog auszuschließen ist –[284], als dass die geplante Regelung flexibler und damit bedarfsgerechter regelt. Vom Grundsatz aus betrachtet wird aber so mit gleicher Intensität in den Kernbereich der Arbeitsbedingungen eingegriffen, wie dies bei der allgemeinen Festsetzung eines Mindestlohns der Fall wäre.[285]

Im Hinblick auf die vergleichbare Formulierung der Nicht-Diskriminierungsgrundsätze der Teilzeitrichtlinie[286] und der Befristungsrichtlinie[287] konnte demgegenüber noch auf die mittelbar Frauen diskriminierende Wirkung dieser Beschäftigungsformen, und damit zur Rechtfertigung auf die Verwirklichung eines Ziels nach Art. 13 EG verwiesen werden.[288] Aufgrund des unterge-

[282] Vgl. **Birk**, in: MüHdbArbR, Bd. 1, § 18, Rn. 35; ähnlich **Hanau**, in: Handbuch des europäischen Arbeits- und Sozialrechts, § 19 Rn. 16; vgl. auch **Steinmeyer**, RdA 2001, S. 10, 18.

[283] **Krebber**, in: Callies/Ruffert, EUV/EGV, Art. 137 Rn. 8; **Högl**, in: Groeben/Schwarze, EUV/EGV, Bd. 3, Art. 137 Rn. 42; **Schmidt**, NZA 1998, S. 576, 578 f. (letztere noch zu Art. 2 Abs. 6 des Abkommens über die Sozialpolitik).

[284] Vgl. **Hanau**, in: Handbuch des europäischen Arbeits- und Sozialrechts, § 19 Rn. 16; **Rebhahn**, in: Groeben/Schwarze, EUV/EGV, Bd. 3, Art. 137 EGV, Rn. 23; **Thüsing**, DB 2003, S. 2218, 2220; **Däubler**, FS Hanau, S. 489, 498.

[285] So im Ergebnis auch **Raab**, ZfA 2003, S. 389, 414; **Birk**, in: MüHdbArbR, Bd. 1, § 19, Rn. 103 (zum Diskriminierungsverbot aufgrund der Teilzeitrichtlinie); anders: **Hanau**, in: Handbuch des europäischen Arbeits- und Sozialrechts, § 19, Rn. 16; **Schiek**, KritJ 2003, S. 35, 40 f. Die beiden zuletzt Genannten sprechen sich für eine Kompetenz zur Entgeltfrage durch Anti-Diskriminierungsvorschriften aus.

[286] Vgl. § 4 der EGB-UNICE-CEEP-Rahmenvereinbarung über Teilzeitarbeit, die durch die Richtlinie 97/81/EG für verbindlich erklärt wurde.

[287] Vgl. § 4 der EGB-UNICE-CEEP-Rahmenvereinbarung über befristete Arbeitsverträge, die durch die Richtlinie 1999/70/EG für verbindlich erklärt wurde.

[288] Vgl. **Steinmeyer**, RdA 2001, S. 10, 18.

ordneten Beschäftigungsanteils der Frauen im Bereich der Leiharbeit kommt dieses Argument hier jedoch nicht zum Zuge.[289]

Als Ergebnis ist damit festzustellen, dass die Ermächtigungsgrundlage des Art. 137 Abs. 2 Buchst. b. EG die avisierte Richtlinienerstreckung auf die Entgeltfragen nicht zu decken vermag. Der zukünftige Erlass einer entsprechenden Richtlinie, wäre hinsichtlich der geplanten, weit reichenden Entgeltregelung für die Mitgliedsstaaten demnach nicht rechtsverbindlich.[290]

IV. Stand des Vorhabens

Der Richtlinienentwurf war Beratungsgegenstand auf vier Tagungen des Rats der Europäischen Union.[291] Grundsätzlicher Diskussionsbedarf bestand dabei zunächst hinsichtlich der Regelungen, die sich auf die Überprüfung der Einschränkungen und Verbote (Art. 4), auf die Länge der „Befreiungs- und Toleranzpflicht" (Art. 5 Abs. 4), auf die Erstreckung der Richtlinie auf arbeitsmarktpolitische Ziele (Art. 1 Abs. 3), die Konzeption des vergleichbaren Arbeitnehmers (Art. 5 Abs. 1) und die Rolle der Sozialpartner (Art. 5 Abs. 3) bezogen.[292] Auf der Sitzung vom 6. März 2003 in Brüssel einigte man sich, einen Kompromissvorschlag bezüglich der weiterhin strittigen Punkte zu erarbeiten.[293] Gleichwohl wurde eine endgültige Einigung auf der Ratstagung am 2./3. Juni 2003 in Luxemburg nicht gefunden. Hauptgrund war die uneinheitliche Position der Teilnehmer im Hinblick auf eine Ausnahmeregelung vom Geltungsbereich der Richtlinie in Bezug auf Leiharbeit als arbeitsmarktpolitisches Instrument (Art. 1 Abs. 3 des Vorschlags), auf avisierte Überprüfung bestehender Verbote (Art. 4 des Vorschlags) sowie auf Umfang und generelle Umsetzungspflicht des Nichtdiskriminierungs-Grundsatzes (u.a. Art. 5 Abs. 4 des Vorschlags). Im Hinblick auf den letztgenannten Punkt verharrten Deutschland, Großbritannien, Ir-

---

289 Vgl. **Thüsing**, DB 2002, S. 2218, 2220; **Klebeck**, Gleichstellung der Leiharbeitnehmer als Verfassungsverstoß, S. 205 f., beide unter Verweis auf die Begründung des Richtlinienvorschlags KOM(2002) 149 endgültig, S. 8.

290 So auch **Wank**, NZA 2003, S. 14, 17 f.; **ders.**, RdA 2003, S. 1, 10; **Raab**, ZfA 2003, S. 389, 414; **Bertram**, ZESAR 2003, S. 205, 214; **Rieble/Klebeck**, NZA 2003, S: 23, 27; **Klebeck**, Gleichstellung der Leiharbeitnehmer als Verfassungsverstoß, S. 205; zurückhaltender: **Thüsing**, DB 2002, S. 2218, 2220; **anders** demgegenüber: **Schiek**, KritJ 2003, S. 35, 41: die Ermächtigungsgrundlage sei ausreichend.

291 2470. Tagung des Rates der Europäischen Union (Beschäftigung, Sozialpolitik, Gesundheit und Verbraucherschutz) am 02./03. Dezember 2002 in Brüssel, 2492. Tagung des Rates am 06. März 2003 in Brüssel, 2512. Tagung des Rates am 02./03. Juni 2003 in Luxemburg und 2606. Tagung des Rates am 04. Oktober 2004 in Luxemburg.

292 Vgl. Entwurf eines Protokolls der 2470. Tagung des Rates am 02./03. Dezember 2002 in Brüssel, v. 13. Januar 2003, Rats-Dok. 15071/02, sowie Vermerk des Vorsitzes des Rates, v. 26. November 2002, Rats-Dok. 14681/02.

293 Vgl. Protokoll der 2492. Tagung des Rates am 06. März 2003 in Brüssel, C/03/55, v. 28. März 2003, S. XII.

land und Dänemark auf der Position, dass Gleichbehandlungspflicht in Entgeltfragen nicht vom ersten Tag der Überlassung an, sondern erst nach sechsmonatigem Einsatz als verbindlich festzuschreiben sei. Die Mehrheit der Delegationen dagegen blieb auf dem Standpunkt der verbindlichen Geltung des Nichtdiskriminierungsgrundsatzes vom ersten Tag der Beschäftigung an, konnte jedoch nicht die erforderliche qualifizierte Mehrheit bilden.[294] Ein weiterer, offen gebliebener Streitpunkt war die zeitliche Bemessung einer Ausnahmeregelung von der Frist für die Umsetzungsverpflichtung der Nichtdiskriminierungsvorschrift durch die Mitgliedsstaaten, deren Rechtsordnung keine vergleichbaren Regelungen aufweisen:[295] Während die überwiegende Zahl der Delegationen einer fünfjährigen Übergangsfrist kompromisshalber zustimmen wollte, sprachen sich die vier genannten Delegationen für eine unbegrenzte Dauer der Frist aus. Auch der vom Ratsvorsitz eingebrachte Kompromissvorschlag, die Ausnahmeregelung laufen zu lassen, bis dass der Rat und das Parlament sich neuerlich mit der Richtlinie beschäftigen würden, war nicht konsensfähig.[296]

Die ins Auge gefasste Richtlinie zur Regelung der Leiharbeit ist danach vorerst als gescheitert anzusehen. Das zukünftige Schicksal einer entsprechenden Regelung ist damit ungewiss. Aufgrund der Positionsabweichungen in den angesprochenen, zentralen Fragen des Inhalts der Richtlinie bedarf es neuer Kompromissverhandlungen, die der Ratsvorsitz zwar auf der Basis des bereits gefundenen Konsenses bereits in Aussicht gestellt hatte,[297] die aber auch auf der Tagung im Oktober 2004 zu keinem Ergebnis geführt haben.[298] Nach Berichten wurde zwischenzeitlich überprüft, ob der Richtlinienentwurf wegen mangelnder Erfolgsaussichten zurückgezogen werden solle.[299] Jüngste Zeitungsberichte geben nunmehr an, dass die von England und Deutschland gegen die Richtlinie vorgebrachten Vorbehalte schwinden könnten.[300]

---

[294] Für eine Beschlussfassung im Verfahren der Mitentscheidung nach Art. 251 Abs. 2 UnterAbs. 2 EG muss eine qualifizierte Mehrheit im Ministerrat vorliegen. Im Jahre 2003 kamen den vier genannten Delegationen gem. Art. 205 EG 26 der insg. 87 Stimmen zu, so dass die erforderliche Stimmenmehrheit von 62 Stimmen durch die zahlenmäßige Mehrheit der anderen Delegationen nicht erreicht werden konnte.

[295] Vgl. Art. 12 Abs. 4 des Standpunkts des Europäischen Parlaments, v. am 21. November 2002, Amtsblatt Nr. C 25 E, v. 29. Januar 2004, S. 368, 377.

[296] Vgl. zum Ganzen: Protokoll der 2512. Tagung des Rates am 02./03. Juni 2003 in Luxemburg, C/03/152, v. 02. Juni 2003, S. 15 f.; sowie Pressemitteilung IP/03/796, v. 03. Juni 2003.

[297] Vgl. Protokoll der 2512. Tagung des Rates am 02./03. Juni 2003 in Luxemburg, C/03/152, v. 02. Juni 2003, S. 15.

[298] Vgl. Pressemitteilung C704/264, v. 04. Oktober 2004, S. 11.

[299] Pressemitteilung des BZA vom 28. April 2005, abrufbar unter www.bza.de.

[300] Vgl. FAZ vom 18. September 2007, S. 13.

V. Zusammenfassung

Die Orientierung des deutschen Gesetzgebers für die Reform des AÜG am ersten Richtlinienentwurf zur Leiharbeit könnte sich als problematisch erweisen, da der nunmehr aktuelle Entwurf inhaltlich nicht unerheblich verändert wurde und weitere Änderungen für eine Konsensfindung nicht ausgeschlossen sind. Sollte der Richtlinienentwurf nach Beilegung der genannten Meinungsverschiedenheiten in der heutigen Fassung zu geltendem Recht werden, so wäre die Vereinbarkeit des gerade erst reformierten AÜG – trotz der mangelnden Kompetenz, die vorgesehenen Entgeltfragen auf der europäischen Ebene zentral zu regeln – teils zweifelhaft. Gleichwohl könnte die heutige Fassung des AÜG zumindest für die vermittlungsorientierte Arbeitnehmerüberlassung in der PSA auch weiterhin Anwendung finden, da der Richtlinienentwurf insofern eine Abweichung von den Koordinierungsvorgaben zulässt.

2. TEIL.
ZIELSETZUNG, KONZEPTION UND AUFTRAG DER PERSONAL-SERVICE-AGENTUR

Ziel dieses zweiten Teils der Arbeit ist es, die Funktionsweise und rechtliche Ausgestaltung des Instruments „Personal-Service-Agentur" einer genaueren Betrachtung zu unterziehen, um zu einer verlässlichen Grundlage für die im nachfolgenden Dritten Teil der Abhandlung vorzunehmende Beurteilung der Konsequenzen für die einzelnen, mit der Betreibung der vermittlungsorientierten Arbeitnehmerüberlassung zusammenhängenden Rechtsbeziehungen zu gelangen. Dazu sollen zunächst die Zielvorstellungen, die den Gesetzgeber – seinerseits inspiriert durch die Ergebnisse der Hartz-Kommission – zur Schaffung des § 37 c SGB III bewegten, sowie die generell vorgestellte Funktionsweise der Personal-Service-Agentur dargestellt werden (§ 6), um danach auf die Implementierungsoptionen, die zur Einführung dieses Instruments zur Verfügung gestellt waren und sind, einzugehen (§ 7). Anschließend wird das in den Jahren 2003 bis 2005 geltende[301] Vertragsverhältnis zwischen der Bundesagentur für Arbeit und der einzelnen Personal-Service-Agentur genauer untersucht, um Aufschluss über Inhalt und Grenzen der Vertragspflichten zu erhalten. Auch wird die Rechtsnatur dieses Vertragsverhältnisses beleuchtet und auf mögliche Leistungsstörungen eingegangen. (§ 8). Abschließend wendet sich die Abhandlung den Bedenken zu, die gegen Konzeption und praktische Umsetzung der Personal-Service-Agentur vorgebracht werden. Auch wird ein kurzer Überblick zu bisherigem Verlauf und heutigem Stand des Instruments „Personal-Service-Agentur" gegeben (§ 9).

§ 6 Zielsetzung und Konzept der Personal-Service-Agentur

A. Zielvorstellungen

Mit der Einführung der PSA wird das Ziel verfolgt, ein neues Instrument der aktiven Arbeitsförderung zu schaffen, das es ermöglicht, Arbeitslose über den Einsatz vermittlungsorientierter Arbeitnehmerüberlassung in den ersten Arbeitsmarkt zu integrieren und damit einen besonderen Beitrag zum Abbau der Arbeitslosigkeit zu leisten. Dabei kommt der PSA die Funktion zu, die Vermittlungsbemühungen der BA durch ihre Tätigkeit zu unterstützen, um insgesamt eine erhöhte Vermittlungseffizienz auf dem Arbeitsmarkt zu erreichen. Die PSA als „Modul" der breiter angelegten Reformbestrebungen der Arbeitsmarktpolitik

---

[301] In der ab dem Jahre 2005 durchgeführten, zweiten Ausschreibungsrunde wurden grundlegend abgeänderte Verdingungs- und Vertragsregelungen für den Betrieb von PSAen verwendet. Diese sind nicht Gegenstand der vorliegenden Abhandlung.

strebt an, durch neue Handlungsansätze die „Funktionsfähigkeit des Arbeitsmarktes insgesamt zu verbessern".[302] Auch soll sie dazu dienen, das hohe Volumen bezahlter Überstunden abzubauen, um zusätzliche Beschäftigungspotentiale für bisher Arbeitslose zu erschließen.[303] Der Einsatz vermittlungsorientierter Arbeitnehmerüberlassung soll als „Brücke aus der Arbeitslosigkeit in Beschäftigung" genutzt werden.[304]

B. Gesetzliche Regelung

Die gesetzliche Regelung der PSA befindet sich in § 37 c SGB III.[305] Diese durch das 1. Gesetz für moderne Dienstleistungen am Arbeitsmarkt zum 1. Januar 2003[306] eingeführte Norm ist durch das Fünfte Gesetz zur Änderung des Dritten Buches Sozialgesetzbuch und anderer Gesetze vom 22. Dezember 2005[307] maßgeblich abgeändert worden. Bei Einführung der Regelung bestand noch die Verpflichtung zur flächendeckenden Einrichtung von PSAen, wobei in der ursprünglichen Fassung der Norm die Vorgaben, die sich mit den unterschiedlichen Wegen der Einführung der PSA befassten, vergleichsweise breiten Raum einnahmen. Nach Umwandlung in eine Ermessensvorschrift durch das Änderungsgesetz vom 22. Dezember 2005 ist die Norm stark verkürzt worden. Beiden Fassungen ist jedoch gemeinsam, dass genauere Angaben über die Aufgaben sowie die Anforderungen an die Arbeitsweise der PSA nicht Teil der gesetzlichen Regelung geworden sind, so dass die konkrete Umsetzung der PSA in die Hände der Arbeitsverwaltung gelegt war und auch weiterhin ist.[308] Unverändert begnügt sich § 37 c SGB III im zweiten Satz des ersten Absatzes damit, die Aufgabe der PSA zu umschreiben, indem diese „insbesondere [...] Arbeitnehmerüberlassung zur Vermittlung von Arbeitslosen in Arbeit durchzuführen sowie ihre Beschäftigten in verleihfreien Zeiten zu qualifizieren und weiterzubil-

---

302 Gesetzesbegründung BT-Drucks. 15/25, S. 24 (Allgemeiner Teil).

303 Gesetzesbegründung BT-Drucks. 15/25, S. 23 (Allgemeiner Teil).

304 BT-Drucks. 15/25, S. 23; von der Kommission „Moderne Dienstleistungen am Arbeitsmarkt" wird dies als „Klebeeffekt" der Arbeitnehmerüberlassung bezeichnet. Die vorübergehende Beschäftigung als Leiharbeitnehmer soll zu einer Dauerbeschäftigung beim Entleiher führen: „temp to perm"; vgl. Kommissionsbericht, S. 156.

305 Für die Übergangszeit bis zum 31. Dezember 2003 war weiterhin § 434 g Abs. 5 SGB III zu beachten, der die Vorgabe enthielt, PSA-Verträge nur dann abzuschließen, wenn die Ausgestaltung der Arbeitsbedingungen einschließlich des Arbeitsentgelts sich nach entsprechenden Tarifverträgen für Arbeitnehmerüberlassung richteten.

306 Gesetz vom 23. Dezember 2002, BGBl. Teil I., S. 4607.

307 BGBl. Teil I., S. 3676.

308 So ausdrücklich der Gesetzgeber in der Gesetzesbegründung zur Einführung der Norm: „Die Ausgestaltung des Vertrags mit der Personal-Service-Agentur ist Sache des Arbeitsamtes."; BT-Drucks. 15/25, S. 28 zu § 37 c Abs. 2 SGB III a.F.

den [hat].“ Auch die Gesetzesbegründung konkretisiert Art und Umfang der Aufgaben der PSA nicht entscheidend weitergehend,[309] so dass – hilfsweise und soweit erforderlich – auch die Ergebnisse und Vorstellungen der Kommission Moderne Dienstleistungen am Arbeitsmarkt zu berücksichtigen sind, deren Umsetzung durch das Erste Gesetz für moderne Dienstleistungen am Arbeitsmarkt herbeigeführt werden sollte.[310]

C. Konzept der Personal-Service-Agentur: Funktionsweise und Anreizmechanismen für die Beteiligten

Der grundlegende Gedanke, über vermittlungsorientierte Arbeitnehmerüberlassung Arbeitslose in neue Dauerbeschäftigungsverhältnisse zu überführen, war keine Innovation der Kommission Moderne Dienstleistungen am Arbeitmarkt. Entsprechende Ideen wurden bereits zu Anfang der siebziger Jahre in den Niederlanden entwickelt[311] und in Deutschland in den achtziger Jahren geäußert.[312] Im Jahre 1992 wurde dieses Prinzip – im Rahmen eines ersten Modellversuchs – in Nordrhein-Westfalen erprobt und führte im Jahre 1995 zur Gründung der „START Zeitarbeit NRW GmbH“, die auch noch zum heutigen Zeitpunkt betrieben wird.[313] Weiterhin wurden zwischen 1994 und 1996 aufgrund eines Bundesförderungsprogramms staatliche Zuschüsse an solche Gesellschaften gezahlt, die es sich zur Aufgabe gemacht hatten, schwervermittelbare Arbeitslose über Arbeitnehmerüberlassung in den Arbeitsmarkt zu integrieren.[314] Neu war bei

---

309 BT-Drucks. 15/25, S. 23 f. (Allgemeiner Teil), S. 27 f. zu § 37 c SGB III.

310 Insbesondere im Allgemeinen Teil der Gesetzesbegründung wird häufig auf die Ergebnisse der Hartz-Kommission Bezug genommen. Dabei wird verschiedentlich betont, dass das Gesetz einer weitestgehend direkten Umsetzung der Kommissionsvorschläge dienen sollte. Vgl. BT-Drucks. 15/25, S. 22 ff. Im Eingangssatz der Begründung zu § 37 c SGB III wird ebenfalls auf die direkte Beziehung zwischen den Ergebnissen der Kommission und der gesetzlichen Regelung verwiesen: BT-Drucks. 15/25, S. 27.

311 Im Jahre 1977 gründete das Ministerium für Arbeit und Soziales gemeinsam mit Gewerkschaften und Arbeitgeberverbänden das Projekt „START“, dem das Prinzip eingliederungsorientierter Arbeitnehmerüberlassung zugrunde lag. Vgl. **Schröder**, Arbeitnehmerüberlassung in Vermittlungsabsicht, S. 87; **Schröer**, Einfluss der Regulierung auf die Verbreitung der Arbeitnehmerüberlassung, S. 85.

312 Vgl. **Göbel**, RdA 1980, S. 204 ff. (insb. 207 ff.).

313 Vgl. ausführlich zur Arbeitsweise und den Ergebnissen aus der wissenschaftlichen Begleitforschung zu diesem Projekt: **Vanselow/Weinkopf**, START Zeitarbeit NRW, 2000; **Weinkopf/Krone**, START Zeitarbeit, 1995.

314 „Richtlinie zur Förderung und Eingliederung schwervermittelbarer Arbeitsloser durch Darlehen und Zuschüsse an Gesellschaften zur Arbeitnehmerüberlassung“ (AÜGRi) v. 24. August 1994; vgl. dazu: Neunter AÜG Erfahrungsbericht, BT-Drucks. 14/4220, S. 11 ff.; **Schröer**, Einfluss der Regulierung auf die Verbreitung der Arbeitnehmerüberlassung, S. 89 ff.

Einführung der PSA im Jahre 2003 die bundesweit einheitliche und flächendeckende Einrichtung des Institutes. Die grundsätzliche Funktionsweise vermittlungsorientierter Arbeitnehmerüberlassung war jedoch bereits bekannt, was auch den Umstand erklären mag, weshalb weder der Gesetzgeber noch die Verfasser des Hartz-Kommissionsberichts hierauf besonders detailliert eingingen.[315] Im Folgenden soll das Grundprinzip kurz angesprochen werden, um danach auf die Anreizmechanismen einzugehen, die die besondere Funktionsweise der PSA auszeichnen.

Wie bereits dargelegt wurde,[316] kann auch die rein gewerblich betriebene Arbeitnehmerüberlassung der Anbahnung eines neuen Arbeitsverhältnisses zwischen Leiharbeitnehmer und Entleiher dienen. Handelt es sich dabei – aus der wirtschaftlichen Perspektive des Verleihers betrachtet – eher um einen nachteilhaften Nebenaspekt der Überlassung, so kommt dem im Rahmen vermittlungsorientierter Arbeitnehmerüberlassung die hauptsächliche und gewollte Funktion zu. Arbeitnehmerüberlassung ist hier das Mittel, das zum Zweck der Arbeitsvermittlung eingesetzt wird.[317] Darin ist der wesentliche Vorteil zu erblicken, dass der Entleiher den überlassenen Arbeitnehmer unter den realen Einsatzbedingungen in seinem Betrieb erproben und sich dabei selbst von Arbeitsfähigkeit und -willigkeit überzeugen kann, ohne hierfür selbst die Position eines Arbeitgebers einnehmen zu müssen. Durch begleitende Betreuungs- und Qualifizierungsangebote der PSA sollen darüber hinaus die Vermittlungsaussichten der Leiharbeitnehmer gesteigert werden.

Aufbauend auf diesem Prinzip der vermittlungsorientierten Arbeitnehmerüberlassung sollen Ausgestaltung und Arbeitsweise der PSA für alle Beteiligten Anreize bieten, um das erforderliche Interesse an der Nutzung dieses Instruments zu stimulieren und die erhoffte Wirkung herbeizuführen.

I. Perspektive des vormals Arbeitslosen

Für den vormals Arbeitslosen endet durch den Vertragschluss mit der PSA die Arbeitslosigkeit. Im Rahmen eines sozialversicherungspflichtigen Arbeitsverhältnisses erzielt er ein geregeltes Einkommen und erhält die Möglichkeit, über den Einsatz in Entleiherbetrieben bereits vorhandene Fähigkeiten unter Beweis

---

[315] Vgl. zum Prinzip vermittlungsorientierter Arbeitnehmerüberlassung ergänzend zu den in Fn. 302 bis 305 Zitierten: **Weinkopf**, IAT-Jahrbuch 2003/2004, S. 153 ff.; **Walwei**, IAB-Mitt. 3/2002, S. 6 f.; **Almus/Egeln/Lechner/Pfeiffer/Spengler**, Gemeinnützige Arbeitnehmerüberlassung in Rheinland-Pfalz, MittAB 1998, S. 558 ff.; jeweils m.w.N. Eine Definition des Begriffs – und damit wohl auch der Funktionsweise – der PSA vermissend dagegen: **Peters-Lange**, in: Gagel SGB III, § 37 c, Rn. 4.

[316] Vgl. oben, § 3 B. V.

[317] Vgl. **Weinkopf**, IAT-Jahrbuch 2003/2004, S. 153, 156; **Schröder**, Arbeitnehmerüberlassung in Vermittlungsabsicht, S. 88.

zu stellen und weitere Fähigkeiten zu entwickeln.[318] Über die Tätigkeit der PSA soll der dort Beschäftigte die Chance erhalten, unter den realen Bedingungen eines Arbeitseinsatzes im Entleiherbetrieb zu arbeiten. Damit soll es dem PSA-Beschäftigten ermöglicht werden, seine wahren Fähigkeiten und Qualitäten unter Beweis zu stellen, die aufgrund bestehender Stigmata – beispielsweise Langzeitarbeitslosigkeit oder fortgeschrittenes Alter – bisher nicht zur Geltung kommen konnten.[319] Der PSA kommt hierfür die Aufgabe zu, durch entsprechendes Auftreten die bestehende Zurückhaltung generell entleihwilliger Unternehmen zu entkräften und somit dem PSA-Beschäftigten den Marktzugang zu eröffnen, den dieser weder alleine noch im Rahmen der üblichen Vermittlungsbemühungen der BA erreicht hätte. Darüber hinaus sollen in den verleihfreien Zeiten bei fortlaufender Entlohnung Qualifizierungsmaßnahmen sowie direkte Vermittlungsbemühungen und begleitende Beratungen erbracht werden, um auch außerhalb der Arbeitnehmerüberlassung entsprechende Förderung für eine dauerhafte Anschlussbeschäftigung zu erreichen.

II. Perspektive der Entleiher

Aus der Perspektive der Entleiher-Betriebe bietet die Beschäftigung von PSA-Kräften zweierlei Vorteil: Zunächst ergeben sich aus der Beschäftigung einer PSA-Kraft für den Entleiher keinerlei Arbeitgeberpflichten. Der Entleiher steht nur in vertraglicher Beziehung zum Verleiher – hier der PSA – und ist im Hinblick auf die Beendigung des Überlassungseinsatzes nur an die im Überlassungsvertrag getroffenen Vereinbarungen gebunden. Arbeitsrechtliche Bestandsschutzregelungen sind für den Entleiher nicht zu beachten, woraus sich der besondere Flexibilitätsvorteil dieser Beschäftigungsart ergibt. Diese auch als „Neutralisierung des Kündigungsschutzes“[320] bezeichnete Folge stellt jedoch keine Besonderheit der PSA als solcher dar, sondern gilt generell im Bereich der Arbeitnehmerüberlassung.[321] Ein spezifisch mit der Inanspruchnahme der

---

[318] Vgl. Bericht der Kommission „Moderne Dienstleistungen am Arbeitsmarkt“, S. 155; **Bertelsmann/Bundesanstalt für Arbeit/McKinsey & Company**, Die Personal-Service-Agentur, S. 16 f.: sog. „Training on the Job“.

[319] Vgl. **Baumeister**, in: Jahresbericht 2003 Arbeitnehmerkammer Bremen, S. 9, 31.

[320] Kritisch zu der in der Folge eintretenden Verlagerung der Kosten für die Kündigung auf die PSA und damit indirekt auf die öffentliche Hand: **Sachverständigenrat zur Begutachtung der gesamtwirtschaftlichen Entwicklung**, Jahresgutachten 2002/03, Ziff. 473 (S. 268); **Buchner**, DB 2003, S. 1510, 1512; **Böhm**, NZA 2004, S. 823, 826. Problematisiert wird, dass das „Hemmnis“ Kündigungsschutz hiermit nur umgangen, nicht aber selbst angegangen werde.

[321] Zu weiteren Einzelheiten der Einsatzlogik der Entleihunternehmen vgl. die Ausführungen oben, § 3 B. III. Im Bericht der Kommission „Moderne Dienstleistungen am Arbeitsmarkt“, S. 149, wird diese Folge denn auch nicht nur im Hinblick auf die PSA, sondern generell für die Arbeitnehmerüberlassung genannt. Anstelle der recht kämpferisch anmutenden Formulierung der „Neutralisierung des Kündigungsschutzes“ erscheint es ange-

Dienstleistungen der PSA verbundener Vorteil kann jedoch darin erblickt werden, dass der Entleiher zu vergleichsweise niedrig bemessenen Überlassungsgebühren[322] die Arbeitskraft des PSA-Beschäftigten einzusetzen vermag. Dies wird dadurch möglich, dass die PSA für ihre Tätigkeit staatliche Subventionszahlungen erhält und sich auf diese Weise in einer Position befindet, die es ihr erlaubt, nur einen Teil des benötigten Finanzierungsaufwands über die Entleihgebühren erwirtschaften zu müssen. Die staatlichen Zuschüsse, die unmittelbar der PSA zufließen, stellen demnach mittelbar eine Subventionierung entleihender Unternehmen dar.[323] Dieser Anreiz soll Entleiher dazu bewegen, den PSA-Beschäftigten – trotz der spezifischen Vermittlungshemmnisse, die diese Personengruppe aufweist – eine Bewährungsprobe zu bewilligen.

III. Perspektive der Personal-Service-Agentur

Das PSA-Konzept ist – zumindest für das präferierte Umsetzungsmodell der rein privatwirtschaftlichen Betreibung – so auszugestalten, dass es für die Betreiber die Erwirtschaftung eines unternehmerischen Gewinnes in Aussicht stellt, sofern die unternommenen Vermittlungsbemühungen erfolgreich umgesetzt werden, d.h., sofern ein möglichst schneller, dabei auch nachhaltiger Wechsel in eine Anschlussbeschäftigung erreicht wird.[324] Mit Hilfe der staatlichen Subventionsleistungen soll hier ein Geschäftsfeld eröffnet werden, das bislang aufgrund mangelnder Ertragsaussichten nicht geeignet war, aus rein wirtschaftlicher Zielsetzung betrieben zu werden.

---

bracht, sachlicher von einer „Verlagerung der Kündigungsschutzzuständigkeit" vom beschäftigenden Entleiher hin zum Verleiher zu sprechen.

322 Die Höhe der Überlassungsgebühren unterliegt der vertraglich freien Aushandlung zwischen der PSA und dem Entleiher (vgl. dazu unten, § 11). In einer Modellrechnung wird aufgrund geringer Qualifikationen der PSA-Beschäftigten davon ausgegangen, dass der Verrechnungssatz einer PSA beim doppelten des an den Beschäftigten gezahlten Bruttoentgelts liegt: **Bertelsmann/Bundesanstalt für Arbeit/McKinsey & Company**, Die Personal-Service-Agentur, Schaubild 15, S. 30. Im Bereich der üblichen, gewerblich betriebenen Arbeitnehmerüberlassung bewegen sich die Überlassungsgebühren zwischen 180 – 250 Prozent des an den Leiharbeitnehmer gezahlten Bruttoentgelts. Vgl. § 3 B. II. Inwieweit danach die Schätzung realistisch ist, eine PSA könne Überlassungsgebühren von 200 Prozent des gezahlten Bruttoentgelts realisieren, erscheint zumindest fraglich. Die Ausgestaltung der Überlassungssätze wird nicht offiziell statistisch erfasst, einzelne Meldungen aus der Praxis deuten jedoch auf einen erheblich niedrigeren Verrechnungssatz hin: vgl. FAZ, v. 13. Juni 2003, S. 12; FAZ, v. 04. Dezember 2003, S. 12.

323 Vgl. auch **Reipen**, BB 2003, S. 787, 788.

324 So auch die Gesetzesbegründung: BT-Drucks. 15/25, S. 28; zu einem Kalkulationsmodell: **Bertelsmann/Bundesanstalt für Arbeit/McKinsey & Company**, Die Personal-Service-Agentur, Schaubild 16, S. 31.

IV. Perspektive der Arbeitsverwaltung

Aus Sicht der Arbeitsverwaltung sollen durch die Einschaltung Privater alternative Vermittlungspraktiken erprobt werden, die einerseits nicht zu den hergebrachten Methoden der öffentlichen Arbeitsverwaltung gehören, und zu deren erfolgreicher Durchführung die spezifischen Marktkenntnisse und die personelle Ausstattung nicht vorhanden sein dürfte. Neben dem Ziel, möglichst viele Zielgruppenangehörige in neue Arbeitsverhältnisse zu vermitteln und damit den Haushalt für Lohnersatzleistungen zu entlasten, kann bereits während der Beschäftigung der vormals Arbeitslosen bei der PSA ein Einsparungseffekt eintreten: Da die PSA-Beschäftigten in einem Arbeitsverhältnis zur PSA stehen und infolge dessen keine Lohnersatzleistungen mehr beziehen, hängt es von der Ausgestaltung der Zuschusshöhe, die der PSA als Subventionen gezahlt werden, ab, ob alleine hierdurch Einsparungen möglich sind.[325] Abgesehen von möglichen fiskalischen Entlastungen geht mit der Einschaltung der PSA auch eine gewisse Entlastung der Arbeitsverwaltung einher, da sich die einzelnen Arbeitsagenturen zumindest für die Dauer der Beschäftigung des einzelnen Arbeitslosen bei der PSA auf die übrigen Leistungsempfänger konzentrieren können.[326] Und nicht zuletzt kann der Beschäftigung in der PSA für die Arbeitsverwaltung auch die Funktion zukommen, die Arbeitsbereitschaft des vormals Arbeitslosen zu testen. Dies gehört zwar nicht zu den offiziell verfolgten Zielen, kann aber einen nicht unbedeutenden und durchaus erwünschten Nebeneffekt darstellen.[327]

---

325 Die vereinbarten Grundbeträge, die den Bezugspunkt für die zu zahlenden Fallpauschalen und Vermittlungsprämien bilden, beliefen sich im bundesweiten Durchschnitt im Jahre 2003 auf 1.099 € pro PSA-Beschäftigten: vgl. **Jahn/Windsheimer**, IAB-Kurzbericht Nr. 1/2004, S. 1, 4 (Zahlen basierend auf Daten aus dem Zeitraum zwischen April und November 2003); diese Bezugsgröße müsste in Verhältnis zum zuvor gezahlten Umfang der Lohersatzleistungen gesetzt werden, wobei bis zur Einführung der neuen Vergütungsstrukturen im Jahre 2005 auch die degressive Staffelung des PSA-Honorars, sowie die realisierte Vermittlungsquote berücksichtigt werden müssten. Insgesamt rechnete der Gesetzgeber mit einem Einsparungseffekt durch den Einsatz der PSA. Dessen Bezifferung erfolgte jedoch nicht isoliert auf die PSA bezogen, sondern in Zusammenwirkung mit der Nutzung weiterer Maßnahmen (BT-Druck. 15/25, S. 3). Die Ergebnisse der Expertise von **Kaltenborn**, in: **Bertelsmann/Bundesanstalt für Arbeit/McKinsey & Company**, Die Personal-Service-Agentur, S. 51 ff. und von **Ochel**, ifo-Schnelldienst Nr. 1 2003, S. 21, 25 ff., basieren direkt auf den Vorschlägen der Hartz-Kommission, so dass deren Aussagekraft für die nunmehr verwirklichte Form der PSA allenfalls bedingt verwertbar erscheinen.

326 Der bei der PSA Beschäftigte wird jedoch auch weiterhin als arbeitsuchend i.S.d. § 15 S. 2 SGB III geführt. Vgl. dazu unten, § 14 C.

327 Darauf weisen auch **Bertelsmann/Bundesanstalt für Arbeit/McKinsey & Company**, Die Personal-Service-Agentur, S. 28; **Jahn/Windsheimer**, IAB-Kurzbericht Nr. 2/2004, S. 1, 4, hin.

D. Zusammenfassung

Mit der Einführung der PSA wurde angestrebt, privat betriebene, integrationsorientierte Arbeitnehmerüberlassung als neues Instrument der Arbeitsvermittlung zu etablieren und durch erhöhte Vermittlungseffizienz zu einem Abbau der Arbeitslosigkeit beizutragen. Der Zusammenführung von Leiharbeitnehmern und Entleihern soll dadurch zu besonderer Wirksamkeit verholfen werden. Die gesamte Geschäftstätigkeit der PSA ist darauf hin auszurichten, Arbeitnehmerüberlassung nicht als wirtschaftlichen Selbstzweck zu begreifen, sondern als Mittel zum Zweck der Integration zu praktizieren. Dazu ist unterstützend eine vermittlungsorientierte Beratung und Qualifizierung der PSA-Beschäftigten vorgesehen. Zur Verwirklichung dieses Zieles werden der PSA staatliche Subventionszahlungen zugewandt, die einerseits die PSA befähigen sollen, durch entsprechend niedrig bemessene Überlassungsgebühren im erforderlichen Umfang Überlassungsaufträge akquirieren zu können, und die andererseits einen möglichst hohen Integrationsanreiz bieten sollen.

§ 7 Implementierung der Personal-Service-Agenturen

Bei Einführung der PSA im Jahre 2003 sah die gesetzliche Regelung die Verpflichtung zur flächendeckenden Einführung dieses beschäftigungspolitischen Instruments vor.[328] Zur Umsetzung dieses Auftrages wurde der Arbeitsverwaltung ein dreifach gestuftes Optionsmodell zur Verfügung gestellt, wobei primär eine reine Marktlösung und nur zweit- bzw. drittrangig eine direkt staatliche Beteiligung am Betrieb einer PSA zulässig war (dazu im Folgenden unter A.).

Durch die Änderungen des Fünften Gesetzes zur Änderung des Dritten Buches Sozialgesetzbuch und anderer Gesetze vom 22. Dezember 2005[329] ist der Zwang zur flächendeckenden Einrichtung von PSAen nunmehr aufgehoben. § 37 c Abs. 1 S. 1 SGB III ist seitdem als Ermessensvorschrift ausgestaltet, die es der Arbeitsverwaltung *erlaubt*, das Instrument der PSA einzusetzen (dazu im Folgenden unter B.).

A. Implementierungsoptionen in der Zeit zwischen 2003 und Ende 2005

Das vom Gesetzgeber mit Einführung der PSA im Jahre 2003 verfolgte Ziel sah den bundesweit flächendeckenden Einsatz des Instruments der PSA vor. § 37 c Abs. 1 S. 1 SGB III a.F. stellte dementsprechend die Verpflichtung auf, dass in

[328] § 37 c Abs. 1 S. 1 SGB III a.F. lautete: „Jedes Arbeitsamt hat die Einrichtung mindestens einer Personal-Service-Agentur sicherzustellen.".

[329] BGBl., Teil I., S. 3676.

jedem Arbeitsagenturbezirk zumindest eine PSA einzurichten sei. Hilfsweise konnte auch die arbeitsagenturbezirksübergreifende Einrichtung erfolgen.[330] Die gesetzliche Formulierung suggerierte, die einzelnen Arbeitsagenturen seien Adressaten der Regelung; diese aber stellen lediglich rechtlich unselbständige Untergliederungseinheiten der allein rechtsfähigen BA dar (vgl. § 367 SGB III). Im Ergebnis traf daher die BA selbst die Pflicht, Gewähr für die Einrichtung der jeweiligen PSAen zu übernehmen.[331]

Die Absätze zwei bis fünf des § 37 c SGB III a.F. stellten für diesen „Sicherstellungsauftrag“[332] ein dreifach gestuftes Optionsmodell zur Verfügung, wobei der Gesetzgeber – entsprechend den Ergebnissen der Hartz-Kommission[333] – besonderes Gewicht auf die privatwirtschaftlich betriebene PSA setzte, die das präferierte Umsetzungsmodell darstellte. Nur hilfsweise – nach wiederholt fehlgeschlagenem Versuch, eine reine Marktlösung zu etablieren – durfte eine Beteiligung der BA an bereits bestehenden Verleihunternehmen erfolgen (§ 37 c Abs. 3 SGB III a.F.). Erst wenn auch diese Option nicht verwirklicht werden konnte, war die BA berechtigt, über die jeweilige Arbeitsagentur eine eigene PSA zu gründen (§ 37 c Abs. 4 SGB III a.F.). In beiden Fällen des unmittelbaren Engagements der BA war zumindest jährlich zu überprüfen, ob eine privatwirtschaftliche Betreibung nicht doch verwirklicht werden konnte (§ 37 c Abs. 5 SGB III a.F.).

Bis zum 31. Dezember 2004 war der BA die Einrichtung einer PSA vorbehalten. In einer solchen PSA konnten die von der BA durch die einzelnen Arbeitsagenturen betreuten Empfänger von Arbeitslosengeld (§§ 117 ff. SGB III) und Arbeitslosenhilfe (§§ 190 ff. SGB III a.F.) beschäftigt werden. Durch das Vierte Gesetz für moderne Dienstleistungen am Arbeitsmarkt[334] wurde dann die Zusammenlegung von Arbeitslosenhilfe und Sozialhilfe zur „Grundsicherung für Arbeitsuchende“ im eigens geschaffenen SGB II zum 1. Januar 2005 herbeigeführt.[335] Der erfasste Personenkreis setzt sich aus vormaligen Empfängern der Arbeitslosenhilfe und den als erwerbsfähig eingestuften Sozialhilfeempfängern

---

[330] BT-Drucks. 15/25, S. 27.

[331] So auch Gesetzesbegründung zur ursprünglichen Fassung des § 37 c SGB III: BT-Drucks. 15/25, S. 27; vgl. auch **Rixen**, NZS 2003, S. 401, 404. Entsprechend wurde in § 37 c Abs. 2 S. 1 SGB III a.F. auch die Regelung aufgestellt, dass die einzelne Arbeitsagentur die PSA-Verträge nicht im eigenen Namen, sondern in Vertretung der BA abzuschließen habe.

[332] So **Rixen**, NZS 2003, S. 401, 404; im Ergebnis auch **Rademacher**, in: GK-SGB III, § 37 c, Rn. 12; **Körsten**, in: Klose SGB III, § 37 c, Rn. 6.

[333] Vgl. Bericht der Kommission „Moderne Dienstleistungen am Arbeitsmarkt“, S. 150.

[334] Art. 1 des Gesetzes vom 24. Dezember 2003, BGBl. I, S. 2954.

[335] Vgl. dazu etwa; **Faher**, NZS 2005, S. 75 ff; **Münder**, NJW 2004, S. 3209 ff.; **Quaas**, SGb 2004, S. 723 f.; **Korenke**, SGb 2004, S. 525 ff.; **Palsherm**, ZfS 2004, S. 352 ff.

zusammen (§§ 7 ff. SGB II). Träger der Leistungen des SGB II ist nach dem Grundsatz des § 6 Abs. 1 S. 1 Nr. 1 SGB II die BA; daneben sind die Kommunen Träger einzelner Leistungen des Gesetzes (§ 6 Abs. 1 S. 1 Nr. 2 SGB II). Nach § 44 b SGB II sollen die einzelnen Arbeitsagenturen und Kommunen die einheitliche Leistungserbringung durch Gründung von „Arbeitsgemeinschaften" (ARGE) sicherstellen.[336] Abweichend davon können aufgrund der „Optionsklausel" des § 6 a SGB II bundesweit bis zu 69 Kommunen Träger *sämtlicher* Leistungen des SGB II sein.[337] Ist eine Kommune hierzu zugelassen, tritt sie in die entsprechenden Rechte und Pflichten der Arbeitsagentur ein (§ 6 b Abs. 1 S. 2 SGB II); die Bildung einer ARGE ist danach nicht erforderlich.

Die Beziehergruppe des neuen Arbeitslosengeldes II (§§ 19 ff. SGB II) kann durch die in § 16 SGB II genannten „Leistungen zur Eingliederung" gefördert werden, wozu auch die Arbeit in einer PSA zählt.[338] Zumindest denkbar ist es dabei, dass eine ARGE oder eine der optierenden Kommunen eine eigene PSA gründet oder eine mit bisherigen Arbeitslosenhilfe-Empfängern besetzte/zu besetzende PSA übernimmt, um Bezieher des neuen ALG II darüber zu fördern. Möglich ist auch eine Kooperation zwischen der ARGE/der optierenden Kommune und der örtlichen Arbeitsagentur bei der gemeinsamen Einrichtung oder Betreibung einer PSA, in der dann sowohl die nach dem SGB II Leistungsberechtigten, wie auch die nach dem SGB III zu Fördernden tätig werden. In solchen Fällen gelten die gesetzlichen Vorgaben des § 37 c SGB III auch für die optierende Kommune/die ARGE (§ 6 b Abs. 1, § 44 b Abs. 3 SGB II).

I. Einrichtung einer privatwirtschaftlich betriebenen Personal-Service-Agentur

Geeignete Betreiber waren nach den Vorgaben des Gesetzes unter Anwendung der Regelungen des Vergaberechts zu ermitteln (§ 37 c Abs. 2 S. 2 SGB III a.F.).[339] Dadurch wurde allgemein auf den Teil des Haushaltsrechts verwiesen, der für Beschaffungen durch öffentliche Stellen Anwendung findet.[340] Für den hier angestrebten Vertragsschluss über eine privatwirtschaftlich zu betreibende PSA waren Regelungen zu beachten, die sich aus dem Gesetz gegen Wettbe-

---

[336] Auf damit verbundene rechtliche Probleme geht insb. **Quaas**, SGb 2004, S. 723 ff. ein.

[337] Dazu: **Adamy**, SozSich 2004, S. 332 ff., auch **Faber**, NZS 2005, S. 75, 76.

[338] § 16 Abs. 1 S. 1 SGB II verweist u.a. auf die Leistungen nach dem Dritten Kapitel des SGB III, wozu auch der die PSA regelnde § 37 c SGB III zählt.

[339] Ausführlich zum Vergabeverfahren im Zusammenhang mit der PSA: **Hoffmann /Scheulen**, AuB 2003, S. 129 ff.; **Rixen**, NZS 2003, S. 401, 405 ff.; **Spellbrink**, SGb 2004, S. 153, 156 f. Instruktiv auch **Luthe**, SGb 2002, S. 77, 81 f., zum ähnlich gelagerten Verfahren bei der Beauftragung Dritter nach § 37 a SGB III a.F.

[340] Vgl. allgemein: § 55 Bundeshaushaltsordnung (BHO); § 20 des Gesetzes über die Grundsätze des Haushaltsrechts des Bundes und der Länder (HGrG).

werbsbeschränkungen,[341] aus der Vergabeverordnung[342] und aus der Verdingungsordnung für Leistungen[343] ergeben.

1. Das anzuwendende Vergaberegime

Entscheidend für die Bestimmung der anzuwendenden Regelungen ist nach der deutschen Vergabesystematik[344] der zu vergebende Auftragswert. Für die Einrichtung und den Betrieb einer PSA dürfte davon auszugehen gewesen sein, dass der entscheidende Schwellenwert[345] regelmäßig[346] überschritten wurde, so dass nicht das rein nationalrechtliche Vergabeverfahren, sondern das europäisch vereinheitlichte Verfahren zu beachten war. Es waren mithin die Vorgaben der §§ 97 ff GWB, sowie die Regelungen des VgV und der VOL zu beachten, wovon auch die Gesetzesbegründung ausgegangen ist.[347] Dabei trat die BA, vertreten durch die jeweilige Arbeitsagentur, als öffentliche Auftraggeberin i.S.d.

---

[341] Vierter Teil des Gesetzes gegen Wettbewerbsbeschränkungen (§§ 97 ff. GWB) i.d.F. der Bekanntmachung vom 15. Juli 2005, BGBl. Teil I, S. 2114, zuletzt geändert durch Artikel 7 Abs. 11 des Gesetzes vom 26. März 2007, BGBl., Teil I, S. 358.

[342] Vergabeverordnung (VgV), i.d.F. der Bekanntmachung vom 11. Februar 2003, BGBl., Teil I, S. 169, zuletzt geändert durch Artikel 1 und 2 der Verordnung vom 23. Oktober 2006, BGBl., Teil I., S. 2334.

[343] Verdingungsordnung für Leistungen (VOL) i.d.F. der Bekanntmachung v. 17. September 2002, BAnz. Nr. 216 a, v. 20. November 2002.

[344] Einen allgemeinen Überblick dazu bieten **Koenig/Haratsch**, NJW 2003, S. 2637 ff.

[345] § 100 Abs. 1 GWB verweist hierzu auf die nach §§ 97 Abs. 6, 127 GWB erlassene Vergabeverordnung. Der Schwellenwert für Dienstleistungsaufträge beläuft sich auf 200.000 € (§ 2 Nr. 3 VgV) bzw. bei Vergabe nach Losen auf 80.000 € oder bei Losen unterhalb von 80.000 € auf deren addierten Wert ab 20 vom Hundert des Gesamtwertes aller Lose.

[346] Bei der Berechnung des Schwellenwertes ist nach § 3 VgV, also einer Schätzung der Gesamtvergütung, vorzugehen. Die Berechnung für die PSA ist mit vielen Unbekannten verbunden, da der Finanzierungsaufwand aufgrund der degressiven Staffelung der Fallpauschale, wie auch der Vermittlungsprämie abhängig von der Dauer der PSA-Beschäftigung und vom Zeitpunkt der Vermittlung ist (vgl. dazu unten, § 8 A. II). Nach den Angaben von **Hoffmann/Scheulen**, AuB 2003, S. 129, 130, soll der Schwellenwert ab einer Größenordnung von 30 – 50 PSA-Beschäftigten erreicht sein. Anhand der statistischen Daten (**Jahn/Windsheimer**, IAB-Kurzbericht Nr. 1/2004, S. 4) liegt ein Erreichen des Wertes auch bereits bei kleineren PSAen nahe.

[347] Gesetzesbegründung zu § 37 c SGB III, zu Absatz 2, BT-Drucks. 15/25, S. 28. **Hoffmann/Scheulen**, AuB 2003, S. 129, 130, messen der Gesetzesbegründung lediglich klarstellende Funktion zu. Für kleinere PSAen jedoch, deren Auftragsumfang den Schwellenwert nicht erreicht, kann hierin auch die konstitutive Verpflichtung erblickt werden, unabhängig vom Auftragswert das entsprechende Vergabeverfahren anzuwenden.

§§ 97 Abs. 1, 98 Nr. 2[348] GWB auf, so dass gem. § 4 Abs. 1 VgV die Bestimmungen des 2. Abschnitts der VOL/A Anwendung fanden.[349]

Die Erteilung des Auftrags an eine PSA, vermittlungsorientierte Arbeitnehmerüberlassung zu betreiben und verleihfreie Zeiten entsprechend der gesetzlichen Vorgabe zu nutzen, war dabei als die Beschaffung einer entgeltlichen Dienstleistung i.S.d. §§ 97 Abs. 1, 99 Abs. 1, 4 GWB zu qualifizieren. Dafür war in § 101 GWB als Regelfall die Durchführung des formalisierten, „offenen Verfahrens" vorgesehen.[350] Abweichend von dieser Regel hatte jedoch die BA zunächst die Durchführung eines „freihändigen Verfahrens mit vorgeschaltetem öffentlichen Teilnahmewettbewerb" angeordnet.[351] Ob die dafür erforderlichen Ausnahmetatbestände tatsächlich gegeben waren, war zumindest zweifelhaft.[352] Ließ sich aber die Durchführung des freihändigen Verfahrens in der ersten Implementierungsphase der PSA wohl noch rechtfertigen,[353] so war jedenfalls davon auszugehen, dass für spätere Neuausschreibungen diese Ausnahme nicht mehr in Anspruch genommen werden konnte und die internen Vorgaben der BA zum Vergabeverfahren abzuändern waren.[354]

---

348 Vgl. allgemein zur Einordnung öffentlicher Auftraggeber nach § 98 Nr. 2 GWB: **Marx**, in: Motzke/Pietcker/Prieß, VOB Teil A, § 98 GWB, Rn. 5 ff.; **Dreher**, DB 1998, S. 2579, 2580 ff.

349 Da es sich bei der hier interessierenden Vergabe um eine solche handelt, die zum Gegenstand Leistungen aus dem Bereich der „Arbeits- und Arbeitskräftevermittlung" i.S.d. Anhangs I B der VOL/A hat, finden lediglich die Basisparagraphen, sowie §§ 8 a und 28 a VOL/A Anwendung (§ 1 a Nr. 2. Abs. 2 des 2. Abschnitts der VOL/A).

350 Vgl. zu den unterschiedlichen Verfahrensarten: **Koenig/Haratsch**, NJW 2003, S. 2637, 2639 ff. m.w.N.

351 Vgl. BA-Rundbrief Geschäftsanweisung 52/2003, v. 24. April 2003, Ziff. 5; ebenso bereits BA-Rundbrief Geschäftsanweisung 71/2002, v. 23. Dezember 2002, Ziff. 4.; vgl. § 3 Nr. 1. Abs. 4 des 2. Abschnitts der VOL/A.

352 Die Rechtmäßigkeit dieser Vorgehensweise aufgrund der (europarechtlich motivierten) strengen Anforderungen an Abweichungen vom gesetzlichen Leitbild des „offenen Verfahrens" verneinend: **Hoffmann/Scheulen**, AuB 2003, S. 129, 130 f.

353 Vgl. **Rixen**, NZS 2003, S. 401, 406: § 37 c SGB III, der bereits zum 01. Januar 2003 in Kraft trat, bewirkte für die BA einen besonderen Handlungsdruck, der geeignet sein könnte die Ausnahme zu rechtfertigen; in diese Richtung auch **Rademacher**, in: GK-SGB III, § 37 c, Rn. 18 a; vgl. auch **Spellbrink**, SGb 2004, S. 153, 157: diese Vergabepraxis befinde sich „am Rande der vergaberechtlichen Legalität"; zweifelnd auch **Storost**, NZS 2005, S. 82, 83.

354 Vgl. Unterrichtung des AWA durch das BMWA, Ausschussdrucksache 15(9)1051, v. 02. März 2004, in dem für die Pilotphase der Einrichtung der PSA die freihändige Vergabepraxis der BA verteidigt wird, gleichzeitig jedoch für spätere Verfahren auf die Einhaltung des streng formalisierten Verfahrens verwiesen wird. Nach der Fassung der PSA-Internet-Information, v. 19. April 2004, Ziff. 8, sollte die Vergabe lediglich „vorläufig" freihändig erfolgen. Die heutige Vorgehensweise wird im Folgenden unter B. behandelt.

2. Ablauf des Vergabeverfahrens[355]

Nach Bekanntmachung des Teilnehmerwettbewerbs im Bundesausschreibungsblatt hatten die Interessenten die Möglichkeit, einen Teilnahmeantrag bei der zuständigen Arbeitsagentur zu stellen. Dabei war neben allgemeinen Verpflichtungserklärungen und dem Nachweis der Erlaubnis zur Arbeitnehmerüberlassung eine umfassende Beschreibung bisheriger Erfahrungen im Bereich der Arbeitnehmerüberlassung, der Arbeitsvermittlung oder der erfolgreichen Durchführung integrationsgerichteter Maßnahmen vorzulegen. Auch hatte der Bewerber sachdienliche Nachweise einzureichen, denen Aussagekraft im Hinblick auf einen Erfolg versprechenden Betrieb der PSA zukamen.

In einem ersten Evaluationsprozess untersuchte die Arbeitsagentur die eingereichten Unterlagen und versandte die Vergabeunterlagen, bestehend aus einer genaueren Leistungsbeschreibung und dem PSA-Mustervertrag,[356] an die als geeignet bewerteten Interessenten. Das daraufhin abzugebende Angebot musste folgende Bestandteile enthalten: Zunächst hatte der Interessent seine Bereitschaft zum Abschluss des Mustervertrages zu bekunden, der die bundeseinheitliche Grundlage für das später ggf. zu schließende Vertragsverhältnis zwischen PSA und BA darstellte. Daneben hatte der Interessent sein Preisangebot zu beziffern, welches auf die Zielgruppe der PSA und die regionalen Gegebenheiten des Arbeitsmarktes abzustimmen war. Aus dem Betrag des Preisangebots ergab sich nach erfolgtem Zuschlag der „Grundbetrag", der seinerseits die Bezugsgröße für die spätere Bemessung der einzelnen Honorarzahlungen der BA an die PSA darstellte.[357] Das Preisangebot zum Grundbetrag wurde bezogen auf einen einzelnen, später zu beschäftigenden Arbeitslosen: Es war insofern pauschal ausgestaltet, als pro PSA nur ein Grundbetrag vereinbart wurde.[358] Weiterhin hatte der Interessent ein konkretes PSA-Konzept einzureichen. Gefordert waren hier Angaben zur organisatorischen und personellen Ausstattung der vorgestellten PSA, die Nennung des voraussichtlich zur Anwendung kommenden Tarifvertrags[359], Nachweise zu Marktkenntnis und -anbindung[360], ferner die Be-

---

[355] Die folgenden Ausführungen basieren auf den Angaben der BA zur Ausgestaltung des Vergabeverfahrens, PSA-Internet-Information, v. 19. April 2004, Ziff. 8.

[356] Muster eines „Vertrages über die Einrichtung und den Betrieb einer Personal-Service-Agentur (PSA) auf der Grundlage des § 37 c Sozialgesetzbuch Drittes Buch (SGB III)", Stand: 04. März 2003; dieser Mustervertrag ist im Anhang abgedruckt. Seit Mitte 2005 existiert ein neuer PSA-Mustervertrag mit teilweise erheblich veränderten Vertrags- und Verdingungsregelungen. Aktuelle Verträge können über die Seiten der BA abgerufen werden (www.ausschreibungen.arbeitsagentur.de).

[357] Vgl. unten, § 8 A. II.

[358] Vgl. dazu unten, § 8 A. II.

[359] Seit dem 01. Januar 2004 besteht für die PSA keine gesetzliche Verpflichtung mehr, die Arbeitsverhältnisse ihrer Beschäftigten nach einem Tarifvertrag der Arbeitnehmerüberlas-

schreibung der Strategie zur Akquisition von Arbeitnehmerüberlassungsaufträgen. Daneben hatte der Interessent den erwarteten Umfang verleihfreier Zeiten sowie die während der verleihfreien Zeiten zu entfaltenden Strategien und Leistungen darzulegen. Des Weiteren musste das Angebot eine Einschätzung zur erzielbaren Integrationsquote enthalten, an deren Erreichen sich der Erfolg der PSA bemaß und insofern dann über eine mögliche Vertragsverlängerung zu entscheiden war.

3. Der Zuschlag

Die entsprechend eingereichten Angebote wurden von der Arbeitsagentur nach fachlichen und preislichen Gesichtspunkten bewertet,[361] wobei ausschließlich[362] anhand der Kriterien der Fachkunde, der Zuverlässigkeit und der Leistungsfähigkeit, sowie nach preislichen Kriterien zu beurteilen war[363] (§ 97 Abs. 4 1. HS

---

sung zu richten (Ablauf der Geltungsdauer des § 434 g Abs. 5 SGB III). Eine Pflicht zur Nennung eines Tarifvertrages kann daher nicht mehr bestehen. Gleichwohl bietet nur die Anwendung eines Tarifvertrages die Möglichkeit, vom Gleichstellungsgrundsatz des reformierten AÜG abzuweichen, weshalb in der ganz überwiegenden Zahl der PSAen ein Tarifvertrag Anwendung finden wird.

360 Die Angaben zur Marktkenntnis und –anbindung waren bei Vergaben, die vor dem 19. April 2004 erfolgten, noch nicht erforderlich und sind Folge der Vergabeverfahrensänderung im Anschluss an die „Maatwerk-Pleite"; vgl. dazu unten, § 9 B.

361 Zur Bewertung besteht eine Punkteskala, auf der die Angebote eingeordnet werden und woraus sich die weitere Vorgehensweise der Arbeitsagentur ergibt; vgl. Ausschussdrucksache AWA 15(9)1051, v. 02. März 2004, S. 1.

362 Für den Zeitraum bis zum 31. Dezember 2003 entfaltete die Übergangsregelung des § 434 g Abs. 5 SGB III Geltung, wonach PSA-Bewerber vom Vergabeverfahren ausgeschlossen waren, die die Arbeitsverhältnisse ihrer Anzustellenden nicht nach einem Tarifvertrag der Arbeitnehmerüberlassung richteten. Auf diese „Tariftreueverpflichtung" hat **Reipen**, BB 2003, S. 787, hingewiesen. Tariftreueverlangen verfolgen regelmäßig die Ausblendung des Wettbewerbsfaktors „untertarifliche Vergütung" und weisen insoweit gewisse Parallelen zu den Konsequenzen des AEntG auf (vgl. dazu oben, § 5 A.). Zu den zahlreichen, sich daraus ergebenden Bedenken, die die Pflicht zur Einhaltung vergabefremder Kriterien – also Kriterien, die nicht die Fachkunde, die Zuverlässigkeit oder die Leistungsfähigkeit des Bieters betreffen – zur Folge hat: vgl.: **BGH**, v. 18. Januar 2001, AP Nr. 1 zu § 20 GWB = NZA 2000, 327; **Seifert**, ZfA 2001, S. 1 ff.; **Löwisch**, DB 2001, S. 1090 ff; **Rieble**, NZA 2000, S. 225, 232 ff.; **Kämmerer/Thüsing**, ZIP 2002, S. 596 ff., **Preis/Ulber**, NJW 2007, 465 ff. Das Bundesverfassungsgericht hat die Verfassungsmäßigkeit des Berliner Vergabegesetz, welches Tariftreueverpflichtungen enthält, bejaht (**BVerfG**, Beschluss v. 11. Juli 2006, NJW 2007, S. 51 ff.). Kritisch dazu: **Rieble**, NZA 2007, S. 1 ff.

363 Die BA hat in diesem Zusammenhang darauf hingewiesen, dass in Bezug auf anzuwendende Tarifverträge nur eine Prüfung auf deren generelle Gültigkeit vorzunehmen ist, die Wahl jedoch, welcher Tarifvertrag zur Anwendung kommen soll, nicht in die Bewertung des Angebotes einfließen darf (vgl. PSA-Durchführungsanweisung, 5. Ergänzung v. 29. Juli 2004, Ziff. 4).

GWB; § 25 Nr. 2. Abs. 1 des 2. Abschnitts der VOL/A). Nicht alleine der Preis des Angebots, sondern das Verhältnis zwischen Preis und Leistungsumfang, mithin die Wirtschaftlichkeit des Angebots,[364] war entscheidend (§ 97 Abs. 5 GWB; § 25 Nr. 3 des 2. Abschnitts der VOL/A). Bei dieser Gesamtbewertung der Angebote flossen zunächst der Angebotspreis zu 60 Prozent und die übrigen Kriterien zu 40 Prozent ein. Seit dem Frühjahr 2004 wurden demgegenüber die leistungsbezogenen Kriterien mit 60 Prozent und der Preis mit 40 Prozent gewichtet, um durch Betonung der konzeptionellen Kriterien der Angebote die Erfolg versprechende Arbeitsweise einer PSA besser gewähren zu können.[365] Mit bis zu fünf als geeignet erscheinenden Bewerbern trat die jeweilige Arbeitsagentur danach in Vertragsverhandlungen ein. An dieser Stelle zeigte sich die gegenüber dem streng formalen Vergaberecht vorteilhafte Heranziehung der „freihändigen Vergabe", in deren Rahmen noch über die preisliche Ausgestaltung des Angebots sowie über den von dem Bewerber zu erbringenden Leistungskatalog verhandelt werden konnte.[366] Am Ende dieses Prozesses stand der Zuschlag an einen der Bewerber (vgl. § 97 Abs. 5 GWB, §§ 25 Nr. 3, 28, 28 a des 2. Abschnitts der VOL/A), der gleichzeitig die Erklärung zur Annahme des Vertragsangebots des Bewerbers darstellte und somit das PSA-Vertragsverhältnis entstehen ließ.[367]

II. Der Sicherstellungsauftrag beim Versagen der reinen Marktlösung

Der an die BA gerichtete Sicherstellungsauftrag zur Einführung der PSA sah erst nach dem Scheitern eines zweiten Vergabeverfahrens vor, eine PSA durch staatliche Beteiligung an Verleihunternehmen ins Leben zu rufen oder die Einrichtung durch Gründung einer eigenständig staatlich betriebenen PSA herbeizuführen. Von dieser Option wurde jedoch – soweit ersichtlich – kein Gebrauch

---

[364] Vgl. allgemein dazu: **Marx**, in: Motzke/Pietzcker/Prieß, VOB Teil A, § 97 GWB Rn. 45 ff.; **Dreher**, in: Immenga/Mestmäcker, GWB, § 97 Rn. 143 ff.

[365] Vgl. Ausschussdrucksache AWA 15(9)1051, v. 02. März 2004, S. 1; vgl. auch Antwort des parl. Staatssekretärs R. Schlauch, BMWA, auf die schriftliche Frage des Abgeordneten R. Hochbaum (CDU/CSU), BT-Drucks. 15/2728, v. 19. März 2004, S. 32 f.; nach Presseinformationen hatten insb. Abgeordnete von Bündnis 90/ Die Grünen auf eine solche Neugewichtung hingewirkt, vgl. FAZ, v. 03. März 2004, S. 14.

[366] Im streng formalen („offenen") Verfahren gilt demgegenüber im Grundsatz ein Verbot der Vertragsverhandlung, welches insbesondere auch Verhandlungen über den Preis verhindert (vgl. § 24 des 2. Abschnitts der VOL/A).

[367] Auf die Frage, wie der damit entstehende Vertrag rechtlich zu qualifizieren ist, wird nach der Darstellung des Vertragsinhalts in § 8 D. eingegangen.

gemacht;[368] praktische Erfahrungen oder die gesetzliche Regelung konkretisierende Verlautbarungen der BA sind insofern nicht verfügbar.

1. Einrichtung einer PSA durch die Beteiligung an Verleihunternehmen

Erst im Anschluss an die zweimalig ergebnislose Durchführung des Vergabeverfahrens nach § 37 c Abs. 2 SGB III a.F. war die Möglichkeit gegeben, die Einrichtung einer PSA durch eine Beteiligung an Verleihunternehmen herbeizuführen. Die gesetzliche Formulierung, nach der in diesem Fall eine entsprechende Beteiligung vorgenommen werden „kann", deutete – für sich betrachtet – auf eine unverbindliche Regelung hin.[369] Im Zusammenhang mit Satz 1 des ersten Absatzes der Vorschrift gelesen wurde jedoch deutlich, dass das „kann" der Vorschrift hier wie ein „muss" zu verstehen war, da andernfalls der Einrichtungsauftrag nicht erfüllt worden wäre.[370]

Die einzelne Arbeitsagentur war berechtigt, die Beteiligung namens und somit auf Rechnung der BA durchzuführen, wobei die üblicherweise erforderliche Zustimmung des BMWA und des BMF nach § 370 SGB III entbehrlich war (§ 37 c Abs. 3 S. 4 SGB III a.F.). Eine solche „Public-Private-Partnership"[371] konnte dabei in Form einer Mehrheits-, wie auch einer Minderheitsbeteiligung erfolgen. Entscheidend war nach dem haushaltsrechtlichen Grundsatz des § 65 Abs. 1 BHO nur, dass dabei ein „angemessener Einfluss" ausgeübt wurde, der über ein bereits bestehendes oder erst zu schaffendes Überwachungsorgan wahrzunehmen war (vgl. § 65 Abs. 1 Nr. 3 BHO). Die Einzahlungsverpflichtungen waren dabei auf einen bestimmten Betrag zu begrenzen (§ 65 Abs. 1 Nr. 2 BHO). Zur Vermeidung von Belastungen, die dem Bundeshaushalt zuzurechnen gewesen sein könnten, waren zu erwartende Kreditaufnahmen – zumindest bei mehrheitlicher Beteiligung – nur in Form von Gesellschafterdarlehen der BA zulässig.[372] Gleichzeitig erhielt der Bundesrechnungshof den Prüfungsauftrag über die Haushalts- und Wirtschaftsführung der unter mehrheitlicher Beteiligung stehenden Unternehmen (§ 37 c Abs. 3 S. 3 SGB III).[373] Nach der Gesetzesbe-

---

[368] Vgl. zur Lage im Juli 2003: Antwort der Bundesregierung auf die Kleine Anfrage unterschiedlicher Abgeordneter (BT-Drucks. 15/1256) zu ersten Erfahrungen mit Personal-Service-Agenturen: BT-Drucks. 15/1419, S. 2.

[369] In diese Richtung: **Rixen**, NZS 2003, S. 401, 407.

[370] So auch **Rademacher**, in: GK-SGB III, § 37 c, Rn. 24.

[371] Diese werden auch als „Öffentlich Private Partnerschaften" (ÖPP) bezeichnet. Zum Inhalt dieser Begrifflichkeiten: etwa **Dreher**, NZBau 2002, S. 245 ff., **Kämmerer**, Privatisierung, S. 56 ff.

[372] Vgl. BT-Drucks. 15/25, S. 28; die Problematik steht vor dem Hintergrund von Art. 115 I GG; ausführlich zu diesem Hintergrund: **Rixen**, NZS 2003, S. 401, 407, m.w.N.

[373] Dies ergibt sich für juristische Personen bereits aus § 91 Abs. 1 Nr. 4 BHO. Für Verleihunternehmen, die demgegenüber in der Rechtsform einer BGB-Gesellschaft geführt werden, konstituiert § 37 c Abs. 3 S. 3 SGB III erst die Prüfungszuständigkeit; denn trotz der

gründung durfte die Beteiligung nur „mit Haftungsbeschränkung“ erfolgen.[374] Unklar war dabei, ob eine Haftungsbeschränkung im Verhältnis zu den Mitgesellschaftern gemeint, oder eine Haftung im Außenverhältnis zu vermeiden war, etwa dadurch, dass nur eine Beteiligung an haftungsbeschränkten Unternehmungen zulässig gewesen wäre (also an einer GmbH, AG; auch als Kommanditist einer KG oder KGaA)[375]. Zunächst dürfte davon auszugehen gewesen sein, dass hier nochmals auf die Einhaltung der Vorgabe des § 65 Abs. 1 Nr. 2 BHO hingewiesen wurde,[376] also auf die Pflicht zur Begrenzung der Einzahlungsverpflichtung auf einen bestimmten Betrag. Im Sinne des Ziels, Haushaltsrisiken lediglich in kalkulierbarem Umfang einzugehen, dürfte hierin zugleich die Pflicht zu sehen gewesen sein, Beteiligungen nur an Gesellschaften mit Haftungsbeschränkung im Außenverhältnis einzugehen. Denn die Begrenzung der Einzahlungsverpflichtung schützte nicht vor dem Risiko, das sich aus der Geschäftstätigkeit einer unbeschränkt haftenden PSA ergab.

Für die genauere Ausgestaltung und Handlungsweise des unter öffentlicher Beteiligung stehenden Verleihunternehmens enthielt § 37 c Abs. 3 SGB III a.F. keine Angaben. Es galten danach die Anforderungen, die nach § 37 c Abs. 1 S. 2 SGB III a.F. für jede Form der PSA Anwendung fanden (vgl. dazu unten, § 8). Durch die Zulässigkeit einer Beteiligung an Verleihunternehmen konnte hier der Eindruck entstehen, dass der Auftrag zur Betreibung vermittlungsorientierter Arbeitnehmerüberlassung ohne weiteres *neben* die bisherige, ggf. rein gewerblich betriebene, Arbeitnehmerüberlassung trat. Im Rahmen des Beteiligungsunternehmens wären danach staatlich bezuschusste und rein gewerblich betriebene Arbeitnehmerüberlassung parallel gelaufen. Hier hätte die Gefahr entstehen können, dass die staatlichen Subventionszahlungen bzw. die Mittel aus der staatlichen Beteiligung nicht mehr ausschließlich zu Gunsten der beschäftigten PSA-Arbeitskräfte, sondern für die Finanzierung der gesamten Unternehmung eingesetzt worden wären. Für die rein privatwirtschaftlich betriebene PSA nach Abs. 2 des § 37 c SGB III a.F. galt daher das Gebot, die vermittlungsorientierte Arbeitnehmerüberlassung im Rahmen einer organisatorisch eigenständigen Einheit zu betreiben.[377] Die Prüfung durch den Bundesrechnungshof vermochte hier nur zu einer ex-post Kontrolle zu führen, und dies im Allgemeinen auch nur im Rahmen von Mehrheitsbeteiligungen.[378] Insoweit ergaben sich mit Blick auf einen effektiv zweckgerichteten Mitteleinsatzes mehrere Handlungsmöglichkei-

---

nunmehr anerkannten Außenrechtsfähigkeit der GbR stellt diese keine juristische Person dar: vgl. nur **K. Schmidt**, NJW 2001, S. 993, 1001 f.; **Ulmer**, ZIP 2001, S. 585, 588.

[374] Vgl. BT-Drucks. 15/25, S. 28.

[375] In diese Richtung noch **Kruse**, in: Gagel SGB III [27. ErgLfg. Juni 2004], § 37 c, Rn. 9.

[376] So **Rixen**, NZS 2003, S. 401, 407.

[377] Vgl. zu den Einzelheiten für die privatwirtschaftlich betriebene PSA: unten, § 8 B. I.

[378] Vgl. § 91 Abs. 1 S. 1 Nr. 4 BHO.

ten: Entweder war der „angemessene Einfluss" über eine Mehrheitsbeteiligung herbeizuführen, die einen verantwortlichen Mitteleinsatz zu gewährleisten vermochte; alternativ hätte auch die Beteiligung abhängig gemacht werden können von einer Einstellung der vorherigen, rein gewerblich verfolgten Arbeitnehmerüberlassung. Oder es hätte die gemeinsame Gründung einer neuen Einheit unter staatlicher Beteiligung erfolgen können, in deren Folge ein Verleihunternehmen entstanden wäre, das einzig vermittlungsorientierte Arbeitnehmerüberlassung nach § 37 c SGB III a.F. betrieben hätte.

2. Gründung einer eigenständig staatlich betriebenen Personal-Service-Agentur

In besonderer Weise subsidiär war die Gründung einer in Eigenregie der BA betriebenen PSA, da diese Form der Einrichtung nur zulässig war, soweit zunächst das Ausschreibungsverfahren gescheitert war und auch die Beteiligung an Verleihunternehmen erfolglos versucht worden war (§ 37 c Abs. 4 S. 1 SGB III a.F.). Für eine solche Gründung galten die Regelungen des Abs. 3 a.F. entsprechend. Über die zu wählende Rechtsform einer solchen PSA sagte das Gesetz nichts aus, so dass die Betreibung einer solchen PSA prinzipiell in Privatrechtsform ebenso wie in öffentlich-rechtlicher Rechtsform möglich gewesen ist. Auch hier war der Geschäftszweck auf die Betreibung vermittlungsorientierter Arbeitnehmerüberlassung i.S.d. § 37 c Abs. 1 S. 2 SGB III hin auszurichten. Fraglich erschien jedoch, wie diese Form der PSA personell und sächlich auszustatten war, um für eine erfolgreiche Betreibung der Überlassungstätigkeiten die erforderliche Marktkenntnis zur Verfügung zu stellen. Neben dem Erfordernis, ein effektives Kontrollsystem aufzubauen, wäre darauf zu achten gewesen, erwerbswirtschaftliche Anreize zu schaffen, dem Personal einer solchen PSA also neben einem Grundgehalt etwa erfolgsorientierte Leistungen in Aussicht zu stellen. Für eine bessere Steuerung und Übersicht der wirtschaftlichen Vorgänge in einer solchen PSA hätte es sich angeboten, Abstand von einer rein kameralistischen Haushaltplanung zu nehmen und die PSA nach kaufmännischen Grundsätzen (sog. Doppik[379]) zu führen.

B. Implementierung der PSA seit Anfang 2006

Durch das Fünfte Gesetz zur Änderung des Dritten Buches Sozialgesetzbuch und anderer Gesetze wurde die Verpflichtung zur flächendeckenden Einführung der Personal-Service-Agenturen mit Wirkung vom 31. Dezember 2005 aufgeho-

---

379 Doppik bezeichnet die „Doppelte Buchführung in Konten" im Gegensatz zur einfachen Einnahmen-Ausgaben-Rechnung. Aktuell wird auf kommunaler Ebene in Nordrhein-Westfalen eine entsprechende Umstellung betrieben. Weitere Bundesländer folgen diesem Trend. Vgl. Handelsblatt, v. 23. März 2005, S. 6.

ben.[380] Seit dem ist die Bundesagentur nicht mehr verpflichtet, in jedem Agenturbezirk zumindest eine Personal-Service-Agentur vorzuhalten, vielmehr besteht nunmehr lediglich die Option, dies zu tun. Vor dem Hintergrund der insgesamt ernüchternden Bilanz des Instruments der Personal-Service-Agentur und den dabei regional sehr unterschiedlichen Erfahrungen wollte es der Gesetzgeber der Arbeitsverwaltung ermöglichen, gezielt vor Ort zu prüfen, ob die Einrichtung von Personal-Service-Agenturen Erfolg versprechend sein kann.[381] Durch die Möglichkeit, Einzelumstände im jeweiligen Agenturbezirk bei der Frage nach der Einrichtung einer Personal-Service-Agentur zu berücksichtigen, sollen insgesamt die Integrationsergebnisse des Instruments verbessert werden. Der in der ursprünglichen Regelung des § 37 c SGB III vorgesehene „Sicherstellungsauftrag" zur flächendeckenden Einführung der Personal-Service-Agentur konnte somit entfallen. Die vormaligen Regelungen zum Vorgehen im Falle des Versagens einer reinen Marktlösung wurden daher aufgehoben. Ausweislich der Gesetzesbegründung soll fortan die Einrichtung der Personal-Service-Agenturen ausschließlich im Wege der öffentlichen Auftragsvergabe – und mithin nicht mehr im „freihändigen Verfahren", dessen Voraussetzungen, wie oben dargelegt, auch nicht mehr vorliegen dürften – erfolgen.[382] Die Bundesagentur hat mit einer überarbeiteten Fassung der entsprechenden Verdingungsunterlagen auf diese gesetzliche Änderung reagiert.[383]

Die Öffentlichen Ausschreibungen werden nunmehr durch die Regionalen Einkaufszentren unter Beachtung des Vergaberechts durchgeführt, wobei die Vorgaben der §§ 97 ff GWB, sowie die Regelungen des VgV und der VOL zu beachten sind. Dabei tritt das jeweilige Regionale Einkaufszentrum als Organisationseinheit der BA auf; Vertragspartner aber wird nur die BA. Nach Einreichung der entsprechenden Verdingungsunterlagen, die insbesondere die Leistungsbeschreibung, den zur Anwendung kommenden PSA-Mustervertrag, Vordrucke für die Angebotserstellung sowie das Los- und Preisblatt enthalten,[384] wird zunächst eine formale Prüfung durch das Regionale Einkaufszentrum und im Anschluss eine materielle Angebotsüberprüfung durch die jeweilige Arbeitsagentur vorgenommen. Neben Fachkunde, Leistungsfähigkeit und Zuverlässigkeit des Bieters sind die Ausgestaltung der Bieterkonzepte, die regionale Marktanbindung, das Vorgehen bzw. die Vertriebsstrategie sowie der veranschlagte

[380] Artikel 1 Nr. 3 des Gesetzes vom 22. Dezember 2005, BGBl., Teil I, S. 3676.

[381] Gesetzesbegründung BT-Drucksache 16/109, S. 7.

[382] Gesetzesbegründung BT-Drucksache 16/109, S. 7.

[383] Vgl. „Verdingungsunterlagen zur Öffentlichen Ausschreibung von Personal-Service-Agenturen (PSA) nach § 37 c SGB III / 2007", Stand: 07.06.2006, sowie PSA-Internet-Information, v. 10. Januar 2006 (letztere im Anhang abgedruckt).

[384] Aktuelle Ausschreibungen und die entsprechenden Verdingungsunterlagen können im Internet unter www.ausschreibungen.arbeitsagentur.de abgerufen werden.

Preis Kriterien für den Erfolg eines Angebotes. Auch auf der Grundlage dieser aktuellen Ausschreibungen haben die Bewerber die von ihnen anvisierte Verleih- und Integrationsquote zu bezeichnen. Anders als nach der ursprünglichen Regelung aber ist nunmehr der Betrag der monatlichen Fallpauschale pro PSA-Beschäftigten auf € 500,00 festgelegt. Nur der Umfang der im Vermittlungsfall zu zahlenden Prämie kann vom Bieter frei veranschlagt werden, wobei jedoch die Prämie den Betrag von € 3.500,00 nicht übersteigen darf.

Mit dem Zuschlag beginnt das PSA-Vertragsverhältnis.

§ 8 Das Vertragsverhältnis zwischen der rein privatwirtschaftlich betriebenen Personal-Service-Agentur und der Bundesagentur für Arbeit

Die bisherigen Ausführungen haben ergeben, dass die gesetzliche Regelung in § 37 c SGB III zur konkreten Arbeitsweise einer PSA keine genauen Angaben erhält. Mit der Nennung der Aufgabenstellung in Absatz 1 Satz 2 der Regelung wird lediglich auf das allgemeine Prinzip der vermittlungsorientierten Arbeitnehmerüberlassung Bezug genommen. Die genauere Ausgestaltung der Aufgaben und Arbeitsweise der rein privatwirtschaftlich betriebenen PSA ergibt sich daher erst aus dem Vertragsverhältnis mit der BA. Da auch hierfür keine konkreten Vorgaben gesetzlich geregelt sind, obliegt der BA die Aufgabe, entsprechende Verträge zu schaffen. Diese Delegation der Regelungsbefugnis hatte der Gesetzgeber in der Gesetzesbegründung ausdrücklich angeordnet.[385]

Der Inhalt des Vertrages wird dabei nicht im Einzelnen zwischen den Parteien ausgehandelt, sondern ist inhaltlich weitgehend im bereits angesprochenen PSA-Mustervertrag vorgegeben, der bundesweit einheitlich die Basis des jeweiligen Vertragsverhältnisses bildet und zu dessen Abschluss sich die PSA im Rahmen des Ausschreibungsverfahrens bereit erklärt hat.[386] Nach dem Zuschlag an einen PSA-Bewerber werden die Regelungen des Mustervertrages ergänzt durch die individuell vereinbarten Absprachen der Parteien. So wird zunächst die Zielgruppe der PSA nach personenbezogenen und berufsfachlichen Merkmalen näher umschrieben und die vereinbarte Zielgröße der PSA verbindlich festgesetzt. Weiterhin wird das von der PSA abgegebene Konzept, das die genauere Vorgehensweise der PSA und den erwarteten Umfang verleihfreier Zeiten sowie die angestrebte Vermittlungsquote beschreibt, zum Vertragsbestandteil. Daneben wird der vereinbarte Angebotspreis, der in der Folge die Grundlage für die Bemessung der Vergütung der PSA bildet (sog. Grundbetrag bzw. Fallpauschale), in das Vertragswerk inkorporiert.

---

[385] Vgl. BT-Drucks. 15/25, S. 28.

[386] Vgl. oben, § 7 A. I. 2. / § 7 B.

Die BA hat schon vor der Gesetzesänderung durch das Fünfte Gesetz zur Änderung des Dritten Buches Sozialgesetzbuch und anderer Gesetze nicht nur, wie gezeigt, den Ablauf des Vergabeverfahrens, sondern auch den Inhalt der Verdingungsunterlagen und die Regelungen der verwandten PSA-Musterverträge abgeändert.[387] Dabei wurden wesentliche Vertragsbestandteile der zum Zeitpunkt der Einführung der PSA im Jahre 2003 in den entsprechenden Musterverträgen verwandten Regelungen nicht mehr weitergeführt. So wurden unter anderem die Vorgaben zur Laufzeit der Arbeitsverhältnisse zwischen PSA und vormals Arbeitslosem von vormals 9 bis 12 Monaten auf nunmehr durchgängig 6 Monate reduziert. Auch wird in der aktuellen Vertragsgestaltung nicht mehr eine degressiv gestaffelte Vergütung, sondern eine fixe Fallpauschale von monatlich € 500,00 pro Beschäftigtem an die PSA gezahlt. Lediglich die im Vermittlungsfall gezahlte Prämie ist verhandelbar und unterliegt dem Angebot des Betreiber-Bieters, wobei jedoch ein Maximalbetrag von € 3.500,00 pro Vermittlungsfall gezahlt werden kann.

Die vorliegende Arbeit wurde maßgeblich auf der Grundlage der Vertragsbedingungen aufgebaut, die in der ersten Ausschreibungsrunde zur Einführung der PSA im Jahre 2003 verwandt wurden. Die soeben beschriebene Neugestaltung der Vertragsunterlagen konnte dagegen nicht in die vorliegende Arbeit einbezogen werden, da es sich dabei nicht nur um Anpassungen, sondern teilweise um grundlegende Veränderungen der Vertragssystematik handelt.

Soweit im Folgenden nicht ausdrücklich anders bezeichnet, wird auf der Grundlage des ursprünglichen Mustervertrages aus dem Jahre 2003[388] das Rechtsverhältnis zwischen der PSA und der BA genauer betrachtet. Auf Regelungen, die sich in dem neuen PSA-Mustervertrag nicht mehr befinden oder entscheidend anders geregelt sind, wird verwiesen.

Zunächst wird auf die zentralen Regelungen zur Arbeitsweise und Honorierung der PSA eingegangen (A). Im Anschluss daran werden die weiteren Vereinbarungen der beiden beteiligten Parteien erörtert (B). Basierend auf den daraus gewonnenen Ergebnissen sollen die Grenzen des vermittlungsorientierten Auftrags der PSA dargestellt werden (C), um danach auf die Rechtsnatur dieses Vertragsverhältnisses einzugehen (D). Zum Abschluss werden mögliche Leistungsstörungen dieses Vertragsverhältnisses in den Blick genommen (E).

---

[387] Die zur Zeit der Drucklegung vorliegenden Verdingungsunterlagen befinden sich auf dem Stand des 03. März 2007. Unter www.ausschreibungen.arbeitsagentur.de => Arbeitsmarkt-Dienstleistungen => REZ BB/SAT => Personal-Service-Agenturen können diese abgerufen werden (letzter Abruf am 28. September 2007).

[388] Der Mustervertrag sowie weitere Dokumente der BA mit Bezug auf die PSA sind im Anhang dieser Arbeit abgedruckt.

A. Die zentralen Regelungen des PSA-Vertrages

I. Verpflichtungen der Personal-Service-Agentur

1. Vermittlungsorientierung der Geschäftstätigkeit

Bereits aus der gesetzlichen Regelung des § 37 c Abs. 1 S. 2 SGB III ergibt sich die vermittlungsorientierte Aufgabenstellung der PSA, die ihre Handlungen immer mit Blick auf eine Anschlussbeschäftigung für die unter Vertrag stehenden, ehemals Arbeitslosen durchzuführen hat. Vorrangig soll der Einsatz der PSA-Beschäftigten in Entleiherbetrieben erfolgen.[389] Dabei soll das Potential der Arbeitnehmerüberlassung zur Arbeitsvermittlung genutzt werden, indem der Entleiher die Entliehenen unter den direkten Anforderungen einer Beschäftigung in seinem Betrieb „testen" kann, um sich auf diese Weise von der Eignung der vormals Arbeitslosen zu überzeugen.[390] Daneben ergibt sich bereits aus § 37 Abs. 1 S. 2 SGB III für die PSA die Pflicht, verleihfreie Zeiten – anders als bei üblicher Arbeitnehmerüberlassung – nicht ungenutzt verstreichen zu lassen, sondern in dieser Zeit besondere Leistungen zu erbringen, die geeignet sind, die generelle Vermittlungsfähigkeit der PSA-Beschäftigten zu erhöhen.[391] Der PSA-Mustervertrag dient einer näheren Umschreibung des damit verbundenen Leistungsprogramms, das zusammenfassend als „arbeitsmarktorientierte Integrationsbemühungen"[392] bezeichnet werden kann und im Allgemeinen die Leistungen benennt, die von einer PSA erwartet werden. Die Feinanpassung dieses Pflichtenprogramms an die Besonderheiten und Erfordernisse der jeweiligen Zielgruppe einer PSA ergibt sich erst aus dem konkreten PSA-Vertrag, zu dessen Inhalt auch die einzelnen Leistungspflichten gehören, die der PSA-Bewerber im Laufe des Ausschreibungsverfahrens im sog. „PSA-Konzept" angeboten hatte.[393]

a.) Vermittlungsorientiertheit der Arbeitnehmerüberlassung

Primäre Aufgabe der PSA ist die Betreibung vermittlungsorientierter Arbeitnehmerüberlassung. Dies ergibt sich aus dem Normtext des § 37 c Abs. 1 S. 2 SGB III, nach dem es „insbesondere" zur Aufgabe der PSA gehört, „Arbeitnehmerüberlassung zur Vermittlung von Arbeitslosen in Arbeit durchzuführen". Zunächst wird damit verdeutlicht, dass die PSA nicht als reine Beschäftigungsgesellschaft auszugestalten ist, in der die PSA-Beschäftigten für die Dauer ihres Arbeitsvertrages „geparkt" werden. Ziel einer jeden Beschäftigung soll vielmehr die Übernahme in eine Anschlussbeschäftigung bei einem Dritten sein. Nicht die

---

389 Gesetzesbegründung BT-Drucks. 15/25, S. 27.

390 Bericht der Kommission „Moderne Dienstleistungen am Arbeitsmarkt", S. 149, 154, 156.

391 Vgl. auch Gesetzesbegründung BT-Drucks. 15/25, S. 27 f.

392 Vgl. Ziff. 8, 1. Absatz des PSA-Mustervertrages.

393 Vgl. dazu oben, § 7 A. I. 2. / § 7 B.

reine Gewinnerwirtschaftung durch den Einsatz in Entleihunternehmen ist das Ziel der PSA, sondern ein Einsatz, der neben der Einnahmenerwirtschaftung insbesondere die Chance einer Übernahme durch den Entleiher unterstützt.

Damit unterscheidet sich die Arbeitsweise der PSA grundlegend von der Arbeitsweise solcher Verleiher, die einzig gewerbliche Arbeitnehmerüberlassung betreiben.[394] Für letztere stellt der einzelne Leiharbeitnehmer das Humankapital des Betriebes dar, dessen möglichst ununterbrochener Arbeitseinsatz der Erwirtschaftung der Betriebseinkünfte dient und dessen „Verlust" an den Entleiher es zu verhindern gilt.[395]

Demgegenüber besagt der Ansatz vermittlungsorientierter Arbeitnehmerüberlassung, dass die PSA ihren Beschäftigten einen Wechsel zum Entleiher oder einem anderen Dritten zu jedem Zeitpunkt ermöglichen muss. Die BA verpflichtet die PSA, die Option für ein sofortiges Ausscheiden des PSA-Beschäftigten zum Zwecke des Abschlusses eines Anschluss-Arbeitsverhältnisses oder der Aufnahme einer selbständigen Tätigkeit „ohne Nachteil für den Arbeitnehmer" zu gewähren.[396] Dies bedeutet für die PSA einerseits, dass sie ihren Beschäftigten ohne Einhaltung einer Kündigungsfrist „freizugeben" hat, sofern eine entsprechende Anschlussbeschäftigung gefunden ist. Ferner bedeutet dies, dass die PSA nicht unbeschränkt auf die Durchführung eines Überlassungsauftrags bestehen darf, sondern im Falle einer sich bietenden Anschlussbeschäftigung den PSA-Beschäftigten zu entlassen hat. Konkret umgesetzt wird dies durch eine zeitgleiche Aufhebung sowohl des Überlassungsauftrags wie auch des PSA-Arbeitsverhältnisses. Aufgrund der Anforderung, dies „ohne Nachteil für den Arbeitnehmer" zu gewährleisten, hat die PSA jede Verhaltensweise zu unterlassen, die auch nur entfernt dem Wechsel in das Anschlussarbeitsverhältnis im Wege stehen könnte.[397]

Fraglich ist, ob der vermittlungsorientierte Auftrag der PSA bereits zum Zeitpunkt der Auftrags-Akquisition die Wirkung entfaltet, dass Überlassungen nur vorzunehmen sind, wenn eine reelle Chance zur Übernahme in ein Anschluss-Arbeitsverhältnis besteht. Anders gewendet stellt sich die Frage, ob eine Überlassung auch dann statthaft sein kann, wenn deutlich zutage tritt, dass innerhalb des konkreten Überlassungsauftrags ein Übernahmebegehren des Entleihers ausgeschlossen erscheint, etwa weil der Entleiher nur einen temporären

---

394 Vgl. auch **Rademacher**, in: GK-SGB III, § 37 c Rn. 7 f.; **Weinkopf**, IAT-Jahresbericht 2003/2004, S. 153, 156.

395 In den Grenzen des § 9 Nr. 3 AÜG n.F. kann der Verleiher jedoch die Zahlung einer Vermittlungsprämie vereinbaren und so den wirtschaftlichen Verlust ausgleichen.

396 Vgl. Ziff. 7, 3. Absatz des PSA-Mustervertrages. Entsprechende Regelungen gelten auch in den neuen Verdingungsunterlagen (Ziff. B.2.6.3).

397 Hieraus ergeben sich Konsequenzen für die Ausgestaltung des Rechtsverhältnisses zwischen der PSA und den Entleihunternehmen; vgl. unten, § 11.

Bedarf an der Arbeitskraft des PSA-Beschäftigten hat. Die Unzulässigkeit auch solcher Überlassungen kann jedoch aus dem vermittlungsorientierten Auftrag der PSA nicht abgeleitet werden; die Entscheidung muss demnach eigenverantwortlich von der PSA getroffen werden. Eine Gefährdung der Zielerreichung ist damit nicht verbunden, da sich einerseits auch bei solchen Einsätzen die Möglichkeit bietet, Berufserfahrung zu sammeln und damit die generelle Vermittlungsfähigkeit zu steigern. Ferner schafft die erfolgsorientierte Vergütungsregelung der PSA einen Anreiz, die Entscheidung immer im Hinblick auf die Eignung der Maßnahme für eine spätere Vermittlung zu fällen: nur bei tatsächlicher Vermittlung fällt die entsprechende Prämie an. Weiterhin wird der Erfolg der PSA an ihrer Vermittlungsquote gemessen, so dass bereits daraus ein Anreiz entsteht, eine temporäre Beschäftigung nicht um ihrer selbst willen, sondern mit dem Ziel der Vermittlung zu wählen.

b.) Vermittlungsorientierung außerhalb der Arbeitnehmerüberlassung

aa.) Weiterbildungs- und Qualifizierungsaufgaben

Neben dem vermittlungsorientierten Einsatz der Arbeitnehmerüberlassung gehört es zur Aufgabe der PSA, die verleihfreien Zeiten für Qualifizierung und Weiterbildung zu nutzen (§ 37 c Abs. 1 S. 2 a.E. SGB III). Hierdurch soll die Kompetenz der PSA-Beschäftigten und damit ihre allgemeine Vermittlungsfähigkeit gesteigert werden. Der PSA-Vertrag konkretisiert diese Aufgabe, indem zum Leistungsspektrum der PSA die Gewährung „individuell geeigneter Kurzzeitqualifizierungen" gehört, die in „arbeitsplatznaher Weiterbildung" besteht.[398] Im Falle umfassenden Qualifizierungsbedarfs ist demgegenüber das gängige Instrumentarium der beruflichen Weiterbildung außerhalb der PSA zu nutzten.[399]

Zwar deutet die gesetzliche Formulierung, nach der „zu qualifizieren und weiterzubilden" ist, gemäß der arbeitsförderungsrechtlichen Terminologie darauf hin, dass damit nicht nur die Erlangung zusätzlicher Fähigkeiten zu bereits erlernten Berufen gemeint ist, sondern auch eine erstmalige Berufsausbildung ermöglicht werden soll.[400] Unter Berücksichtigung des primären Auftrags der PSA, durch Arbeitnehmerüberlassung Integration in den ersten Arbeitsmarkt zu erreichen, kann die gesetzliche Fassung des § 37 c SGB III jedoch nicht derart umfassend zu verstehen sein. Bereits im Hinblick auf den zeitlich begrenzten Verbleib der PSA-Beschäftigten ist es kaum möglich, einem vormals Arbeitslosen den Abschluss einer vollständigen Berufsausbildung im Rahmen der PSA zu bieten. Auch die Hartz-Kommission ging davon aus, dass das von der PSA zu

---

[398] Ziff. 8, 1. Absatz des PSA-Mustervertrages; ebenso BA-Rundbrief 71/2002 v. 23. Dezember 2003, Ziff. 2.5.

[399] Ziff. 8, 3. Absatz des PSA-Mustervertrages.

[400] Darauf weist **Rixen**, NZS 2003, S. 401, 403, m.V.a. **Niesel**, in: ders. SGB III, § 109, Rn. 7, hin.

erbringende Angebot lediglich Kurzzeitqualifizierungen umfassen solle.[401] Dies Ergebnis wird ferner gestützt durch Erfahrungen mit anderen Modellen der vermittlungsorientierten Arbeitnehmerüberlassung. So bestand der Hauptinhalt der Qualifizierungsmaßnahmen im Rahmen von START NRW darin, etwa einen Gabelstaplerführerschein zu erwerben oder eine Schweißerprüfung abzulegen.[402] Ein Berufsabschluss konnte dort nicht nachgeholt werden.[403]

Generell kann daher in der PSA keine Qualifizierungs- und Weiterbildungseinrichtung erblickt werden, zu deren Aufgabenbereich der volle Umfang berufsausbildender und weiterbildender Tätigkeiten gehört.[404] Wäre dies der Fall, so würde die PSA die Konturen der ihr zugedachten Aufgabe als unterstützendes Instrument der Arbeitsvermittlung verlieren. Damit verbunden wäre überdies ein nicht unerheblich höherer Finanzierungsaufwand, da die PSA auf einer anderen Kalkulationsgrundlage aufbaut,[405] die nicht unerheblich von den Einnahmen aus der Arbeitnehmerüberlassung abhängt. Verleihfreie Zeiten, die für die Qualifizierung genutzt werden können, müssen entsprechend gering gehalten werden.[406] Der Gesetzeswortlaut ist daher in entsprechender teleologischer Auslegung restriktiv zu verstehen. Der Begriff der „beruflichen Fortbildung" in § 1 Abs. 3 BBiG kommt damit der Aufgabenstellung der PSA am nächsten. Im Sinne der vermittlungsorientierten Aufgabenstellung der PSA hat diese die Qualifizierungsmaßnahmen daher im direkten Hinblick auf die kurzfristige Eignung zur Vermittlungsunterstützung zu wählen. Die damit verbundene, nur begrenzt zu erwartende Qualifikationssteigerung des einzelnen PSA-Beschäftigten ist direkte Folge der gewählten Konzeption der PSA.

bb.) Allgemeine Vermittlungs- und Beratungsaktivitäten

§ 37 c Abs. 1 S. 2 SGB III beschreibt die Aufgaben der PSA nicht abschließend, sondern nennt die Arbeitnehmerüberlassung in Vermittlungsabsicht sowie die Qualifizierung und Weiterbildung in verleihfreien Zeiten lediglich als primäre Aufgabe („insbesondere"). Darüber hinaus soll die PSA die bei ihr Beschäftigten in verleihfreien Zeiten generell dabei unterstützen, eine Beschäftigung außerhalb der PSA zu finden.[407] In diesem Punkt enthält der PSA-Vertrag die

---

401 Bericht der Kommission „Moderne Dienstleistungen am Arbeitsmarkt", S. 154.

402 Vgl. ausführlich **Vanselow/Weinkopf**, START Zeitarbeit NRW, S. 84 ff.

403 **Vanselow/Weinkopf**, START Zeitarbeit NRW, S. 81.

404 Vgl. auch Antwort des parl. Staatssekretärs R. Schlauch, BMWA, auf die mündliche Frage des Abgeordneten U. Petzold (CDU/CSU), Plenarprotokoll 15/37 Anlage 2, S. 3133 f. Anders aber **Rixen**, NZS 2003, S. 401, 403, der die Beschränkung auf Kurzzeitqualifikationen als unvereinbar mit der gesetzlichen Regelung ansieht.

405 Vgl. dazu sogleich unter II.

406 So **Kruse**, in: Gagel SGB III [27. ErgLfg. Juni 2004], § 37 c, Rn. 6.

407 Vgl. Gesetzesbegründung: BT-Drucks. 15/25, S. 28.

Pflicht, „arbeitsmarktorientierte Integrationsbemühungen“ zu verwirklichen.[408] Erfasst davon sind alle Tätigkeiten außerhalb der Arbeitnehmerüberlassung, die geeignet sind, zu einer Vermittlung zu führen oder die Vermittlungsfähigkeit des PSA-Beschäftigten zu stärken. Im Mustervertrag wird beispielhaft von Bewerbungstraining, Coaching und assistierter Vermittlung gesprochen. Dazu gehören auch Aufgaben wie die Akquisition offener Stellen, die Begleitung der Arbeitsuchenden zu Bewerbungsgesprächen oder die Unterstützung bei der Anfertigung ordnungsgemäßer Bewerberunterlagen.[409] Im Ergebnis geht es dabei darum, zwischen der PSA und ihren Beschäftigten ein *vermittlungsorientiertes Betreuungsverhältnis* aufzubauen.

Die Ausgestaltung der Beratungs- und Betreuungsleistungen ist primär auf den Eintritt des Vermittlungserfolges, also den Abschluss eines neuen Arbeitsvertrages ausgerichtet. Im Sinne einer nachhaltigen Wirkung der Vermittlung kann es jedoch angebracht sein, weitere Betreuungsleistungen für den vermittelten PSA-Beschäftigten noch während der Einarbeitungsphase im neuen Betrieb zu erbringen. Solche Leistungen können etwa darin bestehen, dass die PSA auch weiterhin als erste Anlaufstelle bei Fragen und Problemen des Vermittelten in seinem neuen Arbeitsverhältnis dienen kann. Auf die Erbringung solcher Leistungen ist der PSA-Mustervertrag jedoch nicht ausgerichtet. Mangels individueller Absprachen besteht danach keine entsprechende Leistungspflicht. Gleichwohl kann an dieser Stelle die Ausgestaltung der Vermittlungsprämie, die in vollem Umfang erst bei einem zumindest sechsmonatigen Verbleib des PSA-Beschäftigten in seinem neuen Arbeitsverhältnis fällig wird, einen Anreiz für die PSA schaffen, auch solche Leistungen zu erbringen.

c.) Zusammenfassung

Sämtliche Tätigkeiten der PSA sind auf die Integration des vormals Arbeitslosen in eine neue Dauerbeschäftigung hin auszurichten. Die Betreibung der prioritär zu verfolgenden Arbeitnehmerüberlassung muss dabei zu jeder Zeit ein Überwechseln des PSA-Beschäftigten ermöglichen. Auch für die zu erbringenden Qualifizierungs- und Beratungsleistungen gilt, dass diese nicht Selbstzweck, sondern Mittel zum Zweck der Integration sind.

Zwischen der PSA und der BA wird dabei kein detailliertes Leistungsprogramm vereinbart, dessen einzelne Punkte „abzuarbeiten“ wären. Die Vertragsvereinbarung gibt lediglich den allgemeinen Rahmen vor, innerhalb dessen sich die einzelnen Leistungen bewegen. Dies führt zur Einräumung eines Ermessensspielraums für die PSA, die eigenverantwortlich entscheidet, welche Maßnahme

---

[408] Vgl. Ziff. 8 des PSA-Mustervertrages.

[409] Hierzu und zu weiteren Handlungsweisen bei der Arbeitsvermittlung: **Sienknecht**, in: Kasseler Hdb. ArbF, § 25, Rn. 56 ff.; **Rademacher**, in: GK-SGB III, § 37 c SGB III, Rn. 9, 11.

gegenüber welchem ihrer Beschäftigten zu erbringen ist. Die damit verbundene Freiheit könnte eine Gefahr für die effektive Betreuung mit sich bringen, insofern die PSA zugunsten eigener wirtschaftlicher Interessen die erforderliche Intensität der Beratung und Betreuung vernachlässigt. Dem wirkt jedoch die teils erfolgsorientierte Vergütungsausgestaltung für die PSA entgegen, aus der sich ein Anreiz zur vermittlungszielorientierten Beratung und Betreuung ergibt.[410]

2. Aufnahme vorgeschlagener Arbeitsloser

Die PSA ist ferner verpflichtet, von der Arbeitsagentur vorgeschlagene Arbeitslose, deren qualifikatorische und persönliche Merkmale mit den Vorgaben der Zielgruppenvereinbarung korrespondieren, zu der Zahl in Beschäftigungsverhältnisse aufzunehmen, die der vereinbarten Zielgröße der PSA entspricht. Die Beschäftigungsplätze sind dabei im Umfang der vereinbarten Zielgröße bereitzuhalten, für die Dauer des Vertragsverhältnisses aufrechtzuerhalten und dabei möglichst jederzeit mit vorgeschlagenen Arbeitslosen zu besetzen, so dass im Falle des Freiwerdens eines der Plätze ein neuer Beschäftigter aufzunehmen ist. Als Folge dieser Vereinbarungen ist der PSA-Betreiber in seiner Unternehmerfreiheit eingeschränkt. Durch die Zielgruppendefinition wird zunächst das Marktsegment vorgezeichnet, innerhalb dessen die PSA ihre Überlassungsaufträge zu akquirieren hat: Da die Einstellung Arbeitsloser auf Vorschlag der Arbeitsagentur die einzige Möglichkeit zur Besetzung der Beschäftigungsplätze darstellt,[411] hat die PSA mit dieser Personengruppe die vermittlungsorientierte Arbeitnehmerüberlassung zu betreiben. Ferner steht der PSA nicht ohne weiteres die Möglichkeit offen, eine Verkleinerung der Betriebsgröße, also eine Verringerung der Beschäftigtenzahl, herbeizuführen. Wird ein Beschäftigungsplatz frei, ist ein anderer PSA-Beschäftigter einzustellen. Dabei ist die Ablehnung eines vorgeschlagenen Arbeitslosen nach den internen Vorgaben der BA dann nicht statthaft, wenn dies mit mangelnden Überlassungsaufträgen begründet wird.[412]

Da es zur Hauptaufgabe der PSA gehört, die Vorgeschlagenen später durch Arbeitnehmerüberlassung in neue Arbeitsverhältnisse zu vermitteln, sind die

---

[410] Vgl. zur Honorierung sogleich unter II.

[411] Vgl. Ziff. 1, 3. Absatz des PSA-Mustervertrages. Damit soll verhindert werden, dass die PSA die staatlichen Zuschüsse, die sie für die Beschäftigung der Vorgeschlagenen erhält, für nicht förderungsfähige Arbeitskräfte verwendet und damit die effektive Entfaltung der Vermittlungsbemühungen der PSA gefährdet werden könnte. Diese Regelung weist eine Parallele zu der Anforderung auf, die PSA ggf. in einer organisatorisch eigenständigen Einheit zu betreiben, vgl. unten, B. I.

[412] PSA-Durchführungsanweisung, 5. Ergänzung v. 29. Juli 2004, Ziff. 14 b., 2. Absatz. Diese Pflicht gilt es jedoch zu relativieren, vgl. dazu unten, § 10 B. III. 2. c. bb. ii.

Beschäftigungsverhältnisse als Leiharbeitsverhältnisse auszugestalten.[413] Dabei führt noch nicht der Vorschlag der Arbeitsagentur als solcher zur Begründung des Arbeitsverhältnisses. Der Vorschlag stellt seinerseits lediglich einen Akt der Arbeitsvermittlung dar, der zur Aufnahme von Arbeitsvertragsverhandlungen zwischen der PSA und dem Vorgeschlagenen führen soll. Der Vorschlag der Arbeitsagentur weist insoweit große Ähnlichkeit zur Zuweisung eines Arbeitslosen an den Träger einer ABM auf. Auch dabei handelt es sich um einen Akt der Arbeitsvermittlung und auch dort führt die Zuweisung an sich noch nicht zum Abschluss eines Arbeitsvertrages.[414] Entscheidender Unterschied zur Lage bei ABM ist jedoch, dass der Vorschlag der Arbeitsverwaltung gegenüber der PSA keinen Verwaltungsakt darstellt, sondern – rein zivilrechtlich – als vertragliche (Neben-) Leistungserbringung der Arbeitsverwaltung zu beurteilen ist.[415]

Bei diesen Verhandlungen besteht kein Kontrahierungszwang für die PSA; die Zusammengeführten sollen vielmehr zunächst in Vertragsverhandlungen treten und dabei frei über den Abschluss eines vermittlungsorientierten Leiharbeitsvertrages entscheiden. Eine Ablehnung des Vorgeschlagenen durch die PSA bedarf jedoch der schriftlichen Begründung.[416]

II. Verpflichtungen der Bundesagentur für Arbeit

Die Hauptverpflichtung der BA besteht in der Zahlung des mit der PSA vereinbarten Honorars. Ferner ist sie verpflichtet, entsprechend der Zielgruppenvereinbarung mit der PSA geeignete Arbeitslose vorzuschlagen. Die Finanzierung der PSA beruht neben den zu erzielenden Einnahmen aus der Arbeitnehmerüberlassung auf der Gewährung staatlicher Beihilfen.

1. Honorarausgestaltung

Die Honorarleistungen unterteilen sich in die monatlich zu gewährende Fallpauschale und die im Vermittlungsfalle zu zahlende Integrationsprämie. Beide Komponenten basieren auf dem Grundbetrag, der sich nach erfolgtem Zuschlag

---

[413] Vgl. Ziff. 7, 1. Absatz des PSA-Mustervertrages. Aus den Regelungen des AÜG ergibt sich ein entsprechender Rechtsformzwang, wonach Arbeitnehmerüberlassung nur zulässig ist, soweit zwischen dem Verleiher (hier: der PSA) und dem Leiharbeitnehmer (hier: dem vorgeschlagenen Arbeitslosen) eine arbeitsvertragliche Rechtsbeziehung besteht. Vgl. dazu oben, § 3 A. II. Die genaue Ausgestaltung dieses Arbeitsvertragsverhältnisses ist zentraler Gegenstand des nachfolgenden § 10.

[414] Vgl. **Lauterbach**, in: Kasseler Hdb. ArbF, § 19, Rn. 105; **Schmidt-De Caluwe**, in: SGB III Praxiskomm., § 260, Rn. 26; **Henkes/Baur/Kopp/Polduwe**, Hdb. Arbeitsförderung, S. 70 f.

[415] Dies ist begründet in dem Umstand, dass der PSA-Vertrag einzig dem Privatrecht zuzuordnen ist (vgl. unten, D. I.). Da sich die BA damit auf die „zivilrechtliche Ebene" begeben hat, kann sie nicht mehr mittels Verwaltungsakt in diesem Verhältnis agieren.

[416] Vgl. Ziff. 6 und 10, 1. Absatz des PSA-Mustervertrages.

aus dem Angebotspreis der PSA ergibt.[417] Dieser Grundbetrag wird nicht für jeden einzelnen einzustellenden Arbeitslosen vereinbart, sondern besteht pauschal für alle zu Beschäftigenden einer PSA. Die bereits im Gesetzestext angedeutete Möglichkeit zur Pauschalierung des PSA-Honorars[418] hat damit Eingang in den Mustervertrag der BA gefunden. Auch ist dieser Betrag während der Laufzeit der PSA nicht mehr änderbar. Nur bei einer möglichen Verlängerung der zunächst auf 24 Monate bemessenen Laufzeit der PSA kann erneut über den Betrag verhandelt werden.[419]

a.) Fallpauschale

Die PSA erhält die monatlich im Nachhinein zu zahlende Fallpauschale, die pro beschäftigtem Arbeitnehmer und insofern erfolgsunabhängig gewährt wird. Zunächst wurde die volle Fallpauschale für einen Monat gewährt, unabhängig davon zu welchem Zeitpunkt die Einstellung bzw. der Austritt des PSA-Beschäftigten erfolgte. In einigen PSAen waren jedoch Gestaltungen aufgefallen, in denen PSA-Beschäftigte zum Ende eines Monats eingestellt und zum Anfang des Folgemonats wieder entlassen wurden. Diese PSAen hatten damit die Möglichkeit genutzt, zwei volle Fallpauschalen zu liquidieren, obwohl die zuvor Arbeitslosen nur für wenige Tage beschäftigt worden waren. Im Anschluss an die Insolvenz des PSA-Betreibers „Maatwerk" hat die BA die PSA-Einrichtungsmusterverträge abgeändert. PSA-Einrichtungsverträge, die nach dem 24. März 2004 abgeschlossen wurden, sehen vor, dass die monatliche Fallpauschale nur anteilig gewährt wird, wenn in einem Monat dem PSA-Beschäftigten auch nur ein Teil des Arbeitsentgelts gezahlt wurde.[420]

Die Fallpauschale beträgt während der ersten drei Monate der Beschäftigung die volle Höhe des Grundbetrages, verringert sich auf 75 Prozent in den Monaten vier bis einschließlich sechs und beträgt im siebten bis neunten Monat der Beschäftigung noch 50 Prozent des Grundbetrages. Nach Ende des neunten Monats wird keine Fallpauschale mehr gewährt. Die Degression der Fallpauschale

---

[417] Vgl. oben, § 7 A. I. Nach einer Erhebung des IAB, die auf Daten zwischen April und November 2003 beruht, wurde im bundesweiten Durchschnitt ein Grundbetrag von 1.099 € je PSA-Arbeitsplatz vereinbart. Vgl. **Jahn/Windsheimer**, IAB-Kurzbericht Nr. 1/2004, S. 4. Die Spannweite der einzelnen Grundbeträge lag zwischen 325 € für Hilfskräfte und 2.450 € für Ingenieure. Hinzu kommt die gesetzliche Mehrwertsteuer (vgl. Ziff. 9, 2. Absatz des PSA-Mustervertrages). Im Falle von Teilzeitbeschäftigungen ist der Betrag anteilig zu bemessen. Der neue PSA-Mustervertrag sieht nunmehr einen fixen Grundbetrag von € 500,00 vor.

[418] Vgl. § 37 c Abs. 2 S. 5 SGB III.

[419] Vgl. dazu PSA-Durchführungsanweisung, 5. Ergänzung v. 29. Juli 2004, Ziff. 2c.

[420] Vgl. PSA-Durchführungsanweisung, 5. Ergänzung v. 29. Juli 2004, Ziff. 5, sowie PSA-Internet-Information, vom 19. April 2004, Ziff. 6.

soll für die einzelne PSA einen besonderen Anreiz schaffen, die Beschäftigten möglicht frühzeitig in neue Arbeitsverhältnisse zu vermitteln.[421]

aa.) Honorarkürzung

Um zu verhindern, dass Arbeitgeber ihren Beschäftigten kündigen, um diese danach (nunmehr staatlich bezuschusst) über eine PSA wiederum zu beschäftigen (sog. „Drehtüreffekt“[422]), sieht § 37 c Abs. 2 S. 6 SGB III vor, dass das PSA-Honorar zu kürzen ist, wenn der PSA-Beschäftigte innerhalb der letzten vier Jahre zumindest drei Monate lang bei diesem früheren Arbeitgeber beschäftigt war.[423] Der PSA-Mustervertrag konkretisiert diese Regelung, indem für den Fall einer Beschäftigung bei einem früheren Arbeitgeber die monatliche Fallpauschale nicht gewährt wird. Auswirkungen auf die Vermittlungsprämie sind demgegenüber nicht vorgesehen.[424] Zum Zwecke der Kalkulierbarkeit des damit verbundenen Risikos sieht der PSA-Mustervertrag vor, dass bei Einstellung eines Beschäftigten von diesem Informationen über relevante Beschäftigungen innerhalb der letzten vier Jahre zu erheben sind.[425]

bb.) Begriff des früheren Arbeitgebers

Fraglich ist jedoch, wie der Begriff des „früheren Arbeitgebers“ hier zu verstehen ist. Im Allgemeinen gilt als Arbeitgeber, wer in arbeitsvertraglicher Beziehung zum Arbeitnehmer steht und von diesem die Leistung von Arbeit gegen die geschuldete Vergütung fordern kann.[426] Für die Erreichung des vom Gesetzgeber für diese Regelung ausdrücklich genannten Ziels, nämlich den Ausschluss von Mitnahme- und Drehtüreffekten, ist es ausreichend, diesen Arbeitgeberbegriff auch hier anzuwenden; denn wenn es nur darum geht, auszuschließen, dass einem Arbeitnehmer gekündigt wird, um ihn danach über die PSA staatlich sub-

---

421 Vgl. BA-Rundbrief Geschäftsanweisung 71/2002, v. 23. Dezember 2002, Ziff. 2.6.

422 BT-Drucks. 15/25, S. 28.

423 In der Entwurfsfassung des § 37 c Abs. 2 S. 6 SGB III wurde demgegenüber noch ein völliger Ausschluss einer Honorierung für den Fall der Überlassung an einen früheren Arbeitgeber gesprochen (vgl. BT-Drucks. 15/25, S. 10.

424 Vgl. Ziff. 9 des PSA-Mustervertrages. Eine Honorierung für die Vermittlung an einen früheren Arbeitgeber ist danach nicht ausgeschlossen. Für die PSA könnte dies ein lukratives Geschäft aber nur sein, soweit der Entleiher unmittelbar sein Übernahmebegehren kundtut, da nur in diesem Fall das Ausbleiben der monatlichen Fallpauschale keinen Nachteil für die PSA bedeuten würde. Eine solche Situation ist zwar theoretisch wohl denkbar, praktisch aber eher zu vernachlässigen.

425 Vgl. Ziff. 9, 9. Absatz des PSA-Mustervertrages.

426 Vgl. **BAG**, v. 09. September 1982, AP Nr. 1 zu § 611 BGB Hausmeister = RdA 1983, S. 195 f.; **Richardi**, in: MüHdbArbR, Bd. 1, § 30, Rn. 1 ff.

ventioniert weiterbeschäftigen zu können, ist es ausreichend und sachgerecht, alleine auf vorherige arbeitsvertragliche Beziehung abzustellen.[427]

Aber das Ziel, welches mit der Einrichtung und Wirkungsweise der PSA verfolgt wird, geht über den bloßen Ausschluss dieses Mitnahmeeffekts hinaus. Stellt man die Frage, aus welchem Grunde dem Entleiher die Möglichkeit gewährt wird, den vormals arbeitslosen PSA-Beschäftigten zu vergleichsweise günstigeren Bedingungen beschäftigen zu können, als dies im Rahmen der üblichen, gewerblichen Arbeitnehmerüberlassung der Fall wäre, so wurde bereits dargelegt,[428] dass die staatliche Subvention, die vergünstigte Entleihgebühren erst ermöglicht, erbracht wird, damit der Entleiher sich unter realistischen Bedingungen ein Bild von der Leistungsfähigkeit des Überlassenen machen kann, um auf dieser Basis eine gefestigte Entscheidung über mögliche Festanstellung treffen zu können. Dieses Vorteils bedarf nicht derjenige, der den PSA-Beschäftigten zuvor bereits in arbeitsvertraglicher Bindung beschäftigt hatte. Eine unter diesen Voraussetzungen vergleichbare Situation aber stellt sich, wenn der jetzige Entleiher zuvor zwar nicht Arbeitgeber des PSA-Beschäftigten im rechtlichen Sinne war, sich aber in einer arbeitgeberähnlichen Position befand, innerhalb derer er sich von der Leistungsfähigkeit des PSA-Beschäftigten ebenso gut überzeugen konnte, als wäre er Arbeitgeber im rechtlichen Sinne gewesen.[429]

Zu denken ist hier insbesondere an Fälle, in denen der PSA-Beschäftigte zuvor bereits als Leiharbeitnehmer im Betrieb des jetzigen Entleihers tätig war. Dieser Leiharbeitnehmer war demnach in die Betriebsorganisation des Entleihers eingegliedert und unterstand dessen Weisungsrecht im Rahmen des abgeschlossenen Überlassungsauftrags. Damit war der Entleiher zwar nicht Arbeitgeber dieses Leiharbeitnehmers geworden,[430] hatte aber bereits die Möglichkeit, sich von der Eignung des Leiharbeitnehmers zu überzeugen. Der Zweck der staatlichen Förderung gebietet es hier, den Arbeitgeberbegriff des § 37 c Abs. 2 S. 6 SGB III teleologisch zu erweitern. Insofern ist es angebracht, eine Kürzung des PSA-Honorars auch in jenen Fällen vorzunehmen, in denen der betreffende

---

427 So **Bauer/Krets**, NJW 2003, S. 537, 541.

428 Vgl. oben, § 6 C.

429 Aufgrund dieser Erwägungen stellt sich die Ausgangslage hier anders dar, als dies im Zusammenhang mit der Bestimmung des Begriffs des vorherigen Arbeitgebers bei § 14 Abs. 2 S. 2 TzBfG der Fall ist, so dass die dort geltenden Regeln hier nicht übernommen werden können. Auch ist dort die Formulierung anders gewählt, wenn von einem Arbeitsverhältnis „mit demselben Arbeitgeber“ die Rede ist. In dieser Regelung des TzBfG gilt lediglich der Arbeitgeber im rechtlichen Sinne als vom Anwendungsbereich der Norm erfasst. Vgl. dazu: **Backhaus**, in: Ascheid/Preis/Schmidt, KR, § 14 TzBfG, Rn. 397; **Boewer**, TzBfG, § 14 Rn. 235; **Sievers**, TzBfG, § 14 Rn. 224, jeweils m.w.N.

430 Vgl. oben, § 3 A. III.

PSA-Beschäftigte als Leiharbeitnehmer innerhalb der letzten vier Jahre vor Einstellung in die PSA zumindest drei Monate lang beschäftigt war. Auch die PSA-Mustervertragsgestaltung scheint in diese Richtung zu gehen, wenn dort die Anforderung aufgestellt wird, dass in den Verleihfragebogen nicht nur die früheren Arbeitgeber (im rechtlichen Sinne), sondern darüber hinaus auch entsprechende Entleiher aufzunehmen sind.[431]

Eine darüber hinausgehende Ausweitung des Arbeitgeberbegriffs, um auf diese Weise auch in Konstellationen die Honorarzahlung zu kürzen, in denen der betreffende PSA-Beschäftigte zuvor bei einem Unternehmen[432] beschäftigt war, das in Konzernverbundenheit zu dem Unternehmen steht, in dem der Arbeitseinsatz nunmehr stattfinden soll, erscheint dagegen generell nicht angebracht:[433] Da der Konzern selbst nicht Arbeitgeber ist, kommt es im Prinzip nur auf die Arbeitgeberstellung der einzelnen Unternehmung an.[434] Die Verbundenheit mehrerer Unternehmen führt dabei nicht notwendig dazu, dass ein Unternehmen sich die Erfahrungen mit der Person des PSA-Beschäftigten, die von einem anderen Konzern-Unternehmen gemacht wurden, zurechnen lassen müsste. Vom Zweck der Regelung des § 37 c Abs. 2 S. 6 SGB III aus betrachtet ist daher die Konzernverbundenheit mehrerer Unternehmern regelmäßig nicht als schädlich im Hinblick auf den mit der PSA verfolgten Zweck anzusehen; insofern ist keine generelle Honorarkürzung zu rechtfertigen. Gleiches gilt in Fällen, in denen ein Unternehmen durch Umwandlung i.S.d. § 1 UmwG entstanden oder umgestaltet wurde, und der PSA-Beschäftigte bei einem beteiligten Unternehmen vor der Umwandlung beschäftigt war.

In entsprechenden Zweifelsfällen kann nur anders geurteilt werden, sofern sich für die PSA aus den Angaben des PSA-Beschäftigten ernsthafte Zweifel daran ergeben, ob der aktuelle Entleih-Interessent nicht bereits zuvor die Möglichkeit hatte, sich von der Eignung des PSA-Beschäftigten zu überzeugen. Dabei kommt es auf die Umstände des Einzelfalls an: Es wird der PSA zuzumuten sein, in begründeten Zweifelsfällen ein klärendes Gespräch mit dem Entleiher-Interessenten zu führen. Die Anforderungen dürfen hier jedoch nicht überhöht werden, denn aus rein praktischen Erwägungen verbietet bereits der auf schnelle

---

431 Vgl. Ziff. 9, 9. Absatz S. 2 des PSA-Mustervertrages.

432 Zumindest im Zusammenhang mit der Verbindung innerhalb eines Konzerns kann hier der Begriff des Unternehmens und der Person des Unternehmers gleichgesetzt werden mit dem Begriff des Arbeitgebers. Dass dies im Allgemeinen nicht notwendig der Fall ist, soll damit nicht nahe gelegt werden. Vgl. dazu: **Richardi**, in: MüHdbArbR, Bd. 1, § 30, Rn. 4 f.

433 Ein mögliches Bedürfnis für eine solche Ausweitung wird angedeutet von **Hümmerich/Holthausen/Welslau**, NZA 2003, S. 7, 13. Für eine solche Erweiterung spricht sich **Reipen**, BB 2003, S. 787, 789, aus.

434 Vgl. nur **Richardi**, in: MüHdbArbR, Bd. 1, § 32, Rn. 8 m.w.N.

Reaktion gerichtete Personalbedarf eine möglicherweise aufwendige Überprüfung von Konzernverflochtenheiten oder gesellschaftsrechtlicher Vita des Interessenten. Will man die Wirkungsweise der PSA nicht durch bürokratischen Aufwand lähmen, so ist es angebracht, hier auf evidente Fälle abzustellen.

b.) Vermittlungsprämie

Als weitere Vergütungskomponente erhält die PSA eine Vermittlungsprämie, die anfällt, sobald der PSA-Beschäftigte ein Beschäftigungsverhältnis außerhalb der PSA eingegangen ist. Die Vermittlungsprämie, die den erfolgsabhängigen Bestandteil der staatlichen Beihilfe darstellt, wird in zwei Teilen gewährt: Die erste Zahlung erfolgt, sobald der PSA-Beschäftigte in ein zumindest dreimonatiges Beschäftigungsverhältnis außerhalb der PSA aufgenommen worden ist. Die zweite Hälfte wird fällig, wenn die Beschäftigung dort sechs Monate angedauert hat. Nach BA-internen Vorgaben kommt es dabei nicht darauf an, ob während dieser Dauer das Beschäftigungsverhältnis mit ein und demselben Arbeitgeber besteht: Ein Arbeitgeberwechsel ist zulässig, darf aber nicht zu einer Unterbrechung der Beschäftigung führen.[435]

Ebenso wie die Fallpauschale ist auch die Höhe der Vermittlungsprämie degressiv gestaffelt[436] und damit abhängig vom Zeitpunkt der Vermittlung. Für die Integration eines PSA-Beschäftigten in eine Anschlussbeschäftigung während der Monate eins bis drei beträgt sie das Doppelte des Grundbetrages, macht im vierten bis sechsten Monat 150 Prozent des Grundbetrages aus und beläuft sich für eine Vermittlung nach dem sechsten bis zum Ablauf des neunten Monats auf die Höhe des Grundbetrages. Eine danach erfolgte Vermittlung wird seitens der Arbeitsverwaltung nicht mehr honoriert.

aa.) Kausalitätserfordernis zwischen der Vermittlungstätigkeit der Personal-Service-Agentur und dem Fälligwerden der Vermittlungsprämie

Die Fälligkeit der Vermittlungsprämie ist nicht vom bloßen Umstand abhängig, dass der PSA-Beschäftigte einen neuen Arbeitsvertrag geschlossen hat. Gefordert ist vielmehr, dass der neue Arbeitsvertrag gerade aufgrund der Bemühungen der PSA geschlossen wurde und damit die Tätigkeit der PSA für den Vermittlungserfolg in nicht ganz unerheblichem Maße mitursächlich geworden ist.[437]

---

[435] Vgl. PSA-Durchführungsanweisung, 5. Ergänzung v. 29. Juli 2004, Ziff. 5 b.

[436] Eine solche degressive Staffelung ist in den neuen PSA-Musterverträgen nicht mehr vorgesehen.

[437] Vgl. Ziff. 9, 5. Absatz a.E. des PSA-Mustervertrages: „...zu einem Entleiher oder einem anderen *durch die PSA vermittelten* Arbeitgeber überwechselt“ (Hervorhebung durch den Autor). Entsprechende Regelungen sind in dem neuen Mustervertrag enthalten (dessen § 24 Abs. 6). Dies entspricht den Anforderungen, die im allgemeinen Maklerrecht des BGB Anwendung finden; vgl. dazu: **Roth**, in: Münchener Kommentar zum BGB, Bd. 4, § 652 BGB, Rn. 156 f. m.w.N.

Der Vermittlungserfolg muss sich also zumindest auch als Ergebnis des integrationsbezogenen Betreuungsverhältnisses zwischen der PSA und dem PSA-Beschäftigten darstellen.[438]

Ausgehend von der Funktion der PSA als Abschlussvermittler sollen damit Fallgestaltungen von der Prämiengewährung ausgeschlossen werden, in denen sich die Tätigkeit der PSA auf den bloßen Nachweis bestehender Stellenangebote beschränkt hat. Wurde von der PSA etwa durch einen Aushang auf Stellenangebote hingewiesen, so ist dies alleine nicht ausreichend, die Fälligkeit der Vermittlungsprovision auszulösen.[439] Hinzutreten muss vielmehr die Entfaltung gerade der Tätigkeiten, die Ausdruck der besonderen Integrationsbemühungen der PSA sind, also etwa die Begleitung zu einem Vorstellungsgespräch oder die Unterstützung bei der Erstellung der Bewerbungsunterlagen.

Wenn der bloße Nachweis einer Beschäftigungsmöglichkeit durch die PSA kein hinreichender Grund für das Entstehen der Vermittlungsprämie ist, so ist es auch nicht erforderlich, dass der Stellennachweis selbst von der PSA geführt worden ist. Kam daher der Nachweis einer Beschäftigungsmöglichkeit von dritter Seite,[440] hat die PSA jedoch bezogen auf diesen Nachweis Unterstützungshandlungen erbracht, die im Endeffekt zum Abschluss eines Arbeitsvertrages führen, so steht ihr die Vermittlungsprämie zu.

Bekundet ein Entleiher im Anschluss an einen Verleiheinsatz den Willen zur Übernahme des PSA-Beschäftigten, so ist davon auszugehen, dass sich die „Brückenfunktion" der vermittlungsorientierten Arbeitnehmerüberlassung bewährt hat und in der Folge der PSA die Vermittlungsprämie zusteht. Dies muss auch dann gelten, wenn die PSA im Anschluss an die Willensbekundung des Entleihers keine weiteren Tätigkeiten mehr erbracht hat und der neue Arbeitsvertrag selbständig vom PSA-Beschäftigten mit dem Entleiher geschlossen wird.

bb.) Anforderungen an die Anschlussbeschäftigung

Die Vermittlungsprämie wird nur gezahlt, soweit die Anschlussbeschäftigung der Sozialversicherungspflicht des SGB IV unterfällt,[441] im Allgemeinen also nichtselbständig – insbesondere im Rahmen eines Arbeitsverhältnisses – ausgeführt wird und die Arbeitsvergütung mehr als 400 € pro Monat beträgt.

---

438 Vgl. dazu oben, § 8 A. I 1. b.

439 Vgl. PSA-Durchführungsanweisung, 5. Ergänzung v. 29. Juli 2004, Ziff. 5 b.

440 Der Nachweis einer offenen Stelle etwa durch die Arbeitsagentur ist nicht auszuschließen, da der PSA-Beschäftigte zwar nicht mehr arbeitslos, gleichwohl aber weiterhin als „arbeitsuchend" i.S.d. § 15 SGB III geführt wird und demnach in die allgemeinen Vermittlungstätigkeiten der Arbeitsverwaltung einzubeziehen ist. Vgl. BA-Rundbrief Geschäftsanweisung 71/2002, v. 23. Dezember 2002, Ziff. 5.3.

441 Vgl. Ziff. 1 und 9 des PSA-Mustervertrages. Gleiches gilt nach dem neuen Mustervertrag (dessen § 24 Abs. 4).

Entsprechend den allgemeinen Grundsätzen des Maklerrechts muss der Vertragsschluss zur Anschlussbeschäftigung mit einem „Dritten" erfolgen.[442] Die PSA darf daher zum neuen Arbeitgeber nicht derart in tatsächlicher oder rechtlicher Verbindung stehen, dass sich bei genauerer Betrachtung die Vermittlung nicht in der hierfür erforderlichen Dreierbeziehung vollzogen hat, sondern der neue Arbeitgeber in „Verflechtung" zur PSA steht. Für die Beurteilung der Verflechtung kommt es dabei auf eine wirtschaftliche Betrachtungsweise an.[443] Die erforderliche Unabhängigkeit ist nach den Vorgaben der BA u.a. nicht gegeben, wenn der PSA-Betreiber personenidentisch mit dem neuen Arbeitgeber ist.[444]

Weitere Vorgaben sind an die Anschlussbeschäftigung selbst nicht zu stellen. Auch bei der Aufnahme eines Arbeitsverhältnisses bei einem Unternehmen, welches selbst Arbeitnehmerüberlassung betreibt, wird bei Erfüllung der allgemeinen Anforderungen die Vermittlungsprämie fällig.

c.) Zusammenfassung

Sowohl die monatlich zu zahlende Fallpauschale als auch die Vermittlungsprämie sind degressiv ausgestaltet.[445] Beide Komponenten sind dabei die einzigen Beihilfen, die die PSA für ihre Tätigkeit beanspruchen kann.[446] Unabhängig von dem Einsatz des PSA-Beschäftigten – ob nun im Rahmen eines bezahlten Überlassungsauftrags, oder im Falle einer Qualifizierungsmaßnahme – werden keine weiteren finanziellen Unterstützungen durch die Arbeitsverwaltung gewährt.[447] Weder Zuschüsse zu Lohn- oder Maßnahmekosten noch Leistungen bei erfolg-

---

442 Vgl. **Fikentscher/Heinemann**, SchuldR, Rn. 1289; **Sprau**, in: Palandt, BGB, vor § 652, Rn. 6.

443 Vgl. zu den einzelnen Fallgruppen: **Roth**, in: Münchener Kommentar zum BGB, Bd. 4, § 652 BGB, Rn. 115 ff.; **Sprau**, in: Palandt, BGB, § 652, Rn. 16 ff.

444 Weitere vorgesehene Fälle des Ausschlusses von der Prämie: Nicht unerhebliche Gewinn-, oder Kapitalbeteiligung des neuen Arbeitgebers an der PSA bzw. *vice versa;* Beherrschung sowohl des Unternehmens des Arbeitgebers, wie auch Beherrschung der PSA durch ein und denselben Dritten; Identität der Geschäftsführer der PSA und des arbeitgebenden Unternehmens; PSA-Betreiber ist zugleich Arbeitnehmer des neu anstellenden Unternehmens. Vgl. PSA-Durchführungsanweisung, 5. Ergänzung v. 29. Juli 2004, Ziff. 5 b. Entsprechendes ist nunmehr ausdrücklich im neuen PSA-Mustervertrag geregelt (§ 24 Abs. 6 des neuen Mustervertrages). Zum Ausschluss vom Maklerlohn aufgrund Verflechtung unter Einschaltung des Vermittlungsgutscheins nach § 421 g SGB III: **SG Aurich**, v. 26. März 2003, Az: S 5 AL 60/02, JurisDok.Nr.: KSRE061780805; **SG Stralsund**, v. 21. August 2003, Az: S 4 AL 36/03, JurisDok.Nr.: KSRE024580207.

445 Dies gilt nicht mehr für den Betrieb von PSAen auf der Grundlage der neuen Musterverträge.

446 Vgl. BT-Drucksache 15/25, S. 29.

447 Vgl. Ziff. 9, 10. Absatz des PSA-Mustervertrages.

ter Vermittlung aufgrund eines Vermittlungsgutscheines nach § 421 g SGB III können dementsprechend beansprucht werden.

Beide Honorarkomponenten entfallen nach Abschluss des neunten[448] Monats der Beschäftigung eines Arbeitnehmers. Die degressive Staffelung der staatlichen Leistungen soll dabei einen Anreiz für die PSA darstellen, ihre Handlungen auf einen möglichst frühzeitigen Vermittlungserfolg hin auszurichten.[449] Die Abnahme der monatlichen Fallpauschale soll für die PSA mit fortschreitender Verweildauer des PSA-Beschäftigten einen besonderen Anreiz geben, Vermittlungsbemühungen noch zu verstärken, um auf diese Weise der Gefahr zu entgehen, mit den Einnahmen aus der Überlassung und den verminderten staatlichen Zuschüssen das Gehalt des PSA-Beschäftigten nicht mehr finanzieren zu können.[450]

Weiterhin wird mit dem Auslaufen der staatlichen Zuschüsse nach neun bzw. sechs Monaten klargestellt, dass der Beschäftigung in der PSA nur ein vorübergehender Maßnahmencharakter zukommt. Die PSA als Instrument der aktiven Arbeitsförderung soll nicht die dauerhaft subventionierte Beschäftigung Arbeitsloser gewährleisten, sondern innerhalb eines überschaubaren Zeitraums durch staatlich gewährte Zuschüsse unter Zuhilfenahme des verfügbaren Instrumentariums der Vermittlung in ein neues Dauerarbeitsverhältnis dienen. Die besonderen Dienstleistungen der PSA sollen dabei einem möglichst großen Kreis zielgruppenangehöriger Arbeitsloser gewährt werden. Damit ist der zeitliche Rahmen definiert, innerhalb dessen die subventionierte Beschäftigung bei der PSA sich als effektives Instrument zur Unterstützung der Vermittlungsbemühungen der BA erwiesen haben muss. Dem liegt die Einschätzung zu Grunde, dass sich ein entsprechend langer Aufenthalt in der PSA für den einzelnen Arbeitslosen entweder in Form einer erfolgten Vermittlung „ausgezahlt" hat oder ein verlängerter Verbleib in der PSA die Vermittlungschancen nicht mehr signifikant zu steigern vermag und folglich nicht mehr im Verhältnis zum entsprechenden Finanzierungsaufwand stünde.[451]

Von einer Vermittlung, die zur Fälligkeit der vollen Prämie führt, kann ausgegangen werden, soweit das daraus entstehende, sozialversicherungspflichtige Beschäftigungsverhältnis mindestens sechs Monate Bestand hat, der neue Arbeitgeber in keiner Sonderbeziehung zur PSA steht und auch in den zurückliegenden vier Jahren keine Möglichkeit hatte, sich von der Leistungsfähigkeit und Eignung des PSA-Beschäftigten zu überzeugen. Der Begriff des Arbeitgebers ist

---

448 Nach der Regelung in den neuen Musterverträgen bereits nach Abschluss des sechsten Monats.

449 Vgl. BA-Rundbrief Geschäftsanweisung 71/2002, v. 23. Dezember 2002, Ziff. 2.6.

450 Ähnlich **Bertelsmann/Bundesanstalt für Arbeit/McKinsey & Company**, Die Personal-Service-Agentur, S. 41.

451 Vgl. auch Gesetzesbegründung BT-Drucks. 15/25, S. 28.

dabei teleologisch in dem Sinne zu erweitern, dass nicht nur eine Arbeitgeberstellung im arbeitsrechtlichen Sinne, sondern auch andere Verhältnisse nahe legen, dass der Zweck der subventionierten Überlassung nicht mehr erreicht werden kann.

2. Verpflichtung zum Vorschlag von Arbeitslosen

Das Vertragsverhältnis zwischen der PSA und der BA ist darauf gerichtet, die Vermittlungsbemühungen der jeweiligen Arbeitsagentur durch die zielgruppenbezogene Tätigkeit der PSA zu unterstützen. Die PSA ist dabei nicht berechtigt, ihre Beschäftigten auf dem freien Markt anzuwerben; die zu Beschäftigenden rekrutieren sich vielmehr ausschließlich aus dem Pool entsprechender Arbeitsloser, die der Arbeitsverwaltung gemeldet sind. Die zuständige Arbeitsagentur ist insofern verpflichtet, dafür Sorge zu tragen, dass Arbeitslose, deren Merkmale denjenigen der vereinbarten Zielgruppe entsprechen, bei der PSA vorstellig werden, um über den Abschluss eines vermittlungsorientierten Leiharbeitsvertrages zu verhandeln.

B. Weitere Vertragsvereinbarungen

I. Personal-Service-Agentur als organisatorisch eigenständige Einheit

Die PSA ist nach den Vorgaben des Mustervertrages als organisatorisch eigenständige Einheit zu betreiben, in der lediglich solche Arbeitslose aufgenommen werden können, die durch die zuständige Arbeitsagentur vorgeschlagen wurden.[452] Der Grund für diese Ausgestaltung ist darin zu sehen, dass nur so die erwünschte Verwendung der Mittel gewährleistet ist. Würde demgegenüber in einer einzigen organisatorischen Einheit die staatlich geförderte, vermittlungsorientierte Arbeitnehmerüberlassung parallel zur üblichen, gewerblichen Form ausgeübt, so wäre eine „Quersubventionierung" nicht mehr auszuschließen: Die Mittel, die im Interesse der PSA-Beschäftigten einzusetzen sind, könnten der Finanzierung der gewerblichen Tätigkeiten zugeführt werden. Dadurch käme es nicht nur zu Wettbewerbsverzerrungen zugunsten des gewerblichen Teils der Unternehmung, auch die Zielsetzung der PSA insgesamt wäre gefährdet.

II. Erlaubnis zur Arbeitnehmerüberlassung und Arbeitsvermittlungsanmeldung

Der Betreiber der PSA verpflichtet sich weiterhin, eine Erlaubnis zur Arbeitnehmerüberlassung nach § 1 AÜG nachzuweisen.[453] Über Veränderungen in dieser Frage ist die zuständige Arbeitsagentur unverzüglich zu unterrichten. Die-

---

[452] Ziff. 1 und 6 des PSA-Mustervertrages. Entsprechende Regelungen befinden sich auch in der Leistungsbeschreibung der aktuellen Verdingungsunterlagen (Ziffer B.2.6).

[453] Ziff. 3 des PSA-Mustervertrages. § 20 des neuen Mustervertrages.

ser Unterrichtung kommt insofern eine besondere Bedeutung für das Vertragsverhältnis zwischen der PSA und der BA zu, als die Wirkung des Vertrags im Falle des Erlaubnisverlustes automatisch endet.[454] Da die Aktivitäten der PSA darüber hinaus darauf gerichtet sind, Arbeitsvermittlung zu betreiben, ist auch eine entsprechende Vermittlungs-Gewerbeanmeldung nachzuweisen.

Eine Erlaubnis zur Arbeitnehmerüberlassung nach § 1 AÜG benötigt regelmäßig nur derjenige, der gewerbsmäßig handelt.[455] Gleiches gilt für das Erfordernis der Gewerbeanmeldung für die private Arbeitsvermittlung. Gewerbsmäßigkeit ist jedoch kein Wesensmerkmal der PSA. Zumindest denkbar ist es, dass ein Betreiber den Zuschlag zur Einrichtung einer PSA erhält, der die Arbeitnehmerüberlassung und damit verbunden die Arbeitsvermittlung ohne Gewinnerzielungsabsicht und folglich nicht gewerbsmäßig durchführt.[456] Die BA verlangt jedoch auch von solchen, gemeinnützig tätigen PSA-Betreibern die Vorlage der entsprechenden Nachweise.[457]

III. Einschaltung von Subunternehmern

Die konkrete Durchführung der Kurzzeitqualifikationen ist in das Ermessen der PSA gestellt. Sie kann dabei bestimmen, ob diese Maßnahmen durch PSA-eigenes Personal, oder durch Subunternehmer erbracht werden. Ist letzteres geplant, so ist die PSA verpflichtet, die vorherige Zustimmung der Arbeitsagentur einzuholen. Auch in diesem Fall bleibt die PSA gegenüber der Arbeitsagentur für die ordnungsgemäße Durchführung der Maßnahme verantwortlich.[458] Die Beauftragung von Subunternehmern, die sich im Nachhinein als nicht zielführend im Hinblick auf die verfolgte Steigerung der Vermittlungsfähigkeit der PSA-Beschäftigten erwiesen hat, kann damit in die Entscheidung über eine Verlängerung des PSA-Vertrages mit einfließen.

Bei der Vergabe von Leistungen an Subunternehmer ist die PSA über den Einrichtungsvertrag daran gebunden, nach wettbewerblichen Aspekten zu ver-

---

[454] Vgl. Ziff. 14 des PSA-Mustervertrages. Vgl. dazu sogleich unter IV. 2. Eine entsprechende Regelung ist im neuen PSA-Mustervertrag nicht mehr vorgesehen.

[455] Vgl. **Marschall**, in: MüHdbArbR Bd. 2, § 174, Rn. 45; **Hamann**, in: Schüren AÜG § 1, Rn. 276 ff.; **Pods**, in: Henssler/Willemsen/Kalb ArbRKomm AÜG § 1, Rn. 35.

[456] So auch **Kokemoor**, NZA 2003, S. 238, 239. Anders aber **Wank**, in: ErfKomm., § 1 AÜG, Rn. 52, der in der Betreibung einer PSA *per se* eine Gewinnorientierung erblicken will.

[457] Vgl. PSA-Durchführungsanweisung, 5. Ergänzung v. 29. Juli 2004, Ziff. 3; vgl. weiterhin: Antwort der Bundesregierung auf die Kleine Anfrage unterschiedlicher Abgeordneter (BT-Drucks. 15/1256) zu ersten Erfahrungen mit Personal-Service-Agenturen: BT-Drucks. 15/1419, S. 2 f.

[458] Vgl. Ziff. 8, 4. Absatz des PSA-Mustervertrages. Gleiches gilt nach Ziff. A.2 der neuen Verdingungsunterlagen.

fahren.[459] Damit soll in erster Linie verhindert werden, dass die PSA bei der Auswahl willkürlich entscheidet und Aufträge an möglicherweise nahe stehende Einrichtungen vergibt, während Mitbewerber unter wirtschaftlichen Gesichtspunkten u. Ust. ein besseres Konzept verfolgen. Auch ist die PSA damit gehalten, nicht lediglich nach preislichen Gesichtspunkten zu verfahren, sondern auch die Qualität der angebotenen Dienstleistungen in die Auswahlentscheidung mit einzubeziehen. Weiterhin ist die PSA gebunden, bei der Auftragsvergabe keine schlechteren Bedingungen gegenüber den Subunternehmern zu vereinbaren, als dies im Verhältnis zwischen der PSA und der Arbeitsagentur der Fall ist.[460]

IV. Vertragslaufzeit

1. Regelmäßige Vertragslaufzeit und Vertragsverlängerung

Die Laufzeit des PSA-Vertrages ist zunächst auf 24 Monate beschränkt,[461] wobei eine Verlängerung um weitere 24 Monate (bzw. auf Grundlage der neuen PSA-Verträge: 12 Monate) abhängig vom Erfolg der PSA-Tätigkeit einmalig möglich ist. Als Maßstab für die Bemessung des Erfolges wird der Anteil der in den ersten Arbeitsmarkt tatsächlich integrierten PSA-Beschäftigten in Verhältnis gesetzt zu dem von der PSA angestrebten Vermittlungserfolg. Die Bezifferung des angestrebten Vermittlungserfolges ist ihrerseits Vertragsinhalt geworden und basiert auf der Ausgestaltung des von der PSA im Rahmen des Ausschreibungsverfahrens abgegebenen PSA-Konzeptes – also unter Berücksichtigung der Zielgruppe und der regionalen Gegebenheiten des Arbeitsmarktes.[462]

Nach Ablauf der möglichen Vertragslaufzeitverlängerung kann eine PSA nur dann weiter im Sinne des § 37 c SGB III tätig sein, wenn sie im Rahmen einer weiteren Ausschreibungsrunde erneut den Zuschlag erhält und damit ein neuer PSA-Vertrag geschlossen wird. Zwar wird auf diese Weise die längerfristige Planungssicherheit einer PSA beeinträchtigt; auf der anderen Seite wird aber der Anreiz für eine PSA längerfristig aufrechterhalten, positive Vermittlungserfolge durch zielgerichtete Tätigkeit herbeizuführen: eine erfolgreiche Tätigkeit in der Vergangenheit erhöht auch die Chancen auf den Zuschlag in einer neuen Vergaberunde.

---

[459] Ziff. 8, 4. Absatz des PSA-Mustervertrages. Eine solche Regelung ist in den neuen Verdingungsunterlagen nicht mehr ausdrücklich vorgesehen.

[460] Die Nennung dieser Vorgaben dient der Umsetzung von § 10 des 2. Abschnitts der VOL/A.

[461] Vgl. Ziff. 4, 1. Absatz des PSA-Mustervertrages. Gleiches gilt auch für die neuen PSA-Musterverträge.

[462] Vgl. dazu oben, § 7 A. I. 2. / § 7 b.

2. Kündigung des Vertragsverhältnisses[463]

Die ordentliche Kündigung des Vertrages ist für beide Parteien mit einer Frist von drei Monaten zum Monatsende möglich. Darüber hinaus endet die vertragliche Verbindung sofort, wenn die PSA die erforderliche Erlaubnis zur Arbeitnehmerüberlassung nach § 1 AÜG nicht mehr besitzt. Gleiches muss gelten, wenn dem PSA-Betreiber die Ausübung der gewerblichen Arbeitsvermittlung nach § 35 GewO untersagt wird. Ein Sonderkündigungsrecht besteht für die BA für den Fall, dass die PSA innerhalb von zwei Monaten nach Beginn der Vertragslaufzeit noch keinen einzigen Arbeitslosen in ein Beschäftigungsverhältnis übernommen hat.

Die Kündigungsmöglichkeiten nach dem neuen PSA-Mustervertrag sehen für die BA besondere Kündigungsmöglichkeiten im Falle von Vertragsverletzungen seitens der PSA, insbesondere das Nichterreichen der vereinbarten Verleih- und Integrationsquote und eine Nichtbeschäftigung von vormals Arbeitslosen nach zweimonatigem Betrieb der PSA, vor. Daneben ist ein Sonderkündigungsrecht für den Fall der Änderung maßgebender gesetzlicher Vorschriften für die BA vorgesehen (§§ 11, 25 des neuen Mustervertrages).

V. Informationsverpflichtungen der PSA über ihre Geschäftstätigkeit[464]

Um der BA die Überwachung der tatsächlichen Geschäftstätigkeit der PSA zu ermöglichen, sieht der PSA-Vertrag Informationsverpflichtungen vor und räumt der BA Aufsichts- und Prüfrechte ein. Stehen diese Rechte und Pflichten auch primär im Zusammenhang mit der Überwachung der Einhaltung der Vertragsvereinbarungen zwischen PSA und BA, so ist darüber hinaus auch zu beachten, dass durch Einschaltung der PSA die BA nicht vollends ihrer Zuständigkeit und Verantwortlichkeit gegenüber dem Arbeitslosen enthoben ist. Als „Herrin des Verfahrens" der unterstützenden Einschaltung Dritter in Arbeitsvermittlung trifft die BA die Pflicht, die Maßnahmenerbringung überwachend zu begleiten.[465] Dies geschieht nicht zuletzt im Interesse des Arbeitslosen.

Monatlich hat die PSA einen Bericht über ihre Geschäftstätigkeit bei der zuständigen Arbeitsagentur einzureichen.[466] Darin sind für jeden einzelnen PSA-Beschäftigten Angaben über den Anteil der Verleihzeiten und der verleihfreien

---

[463] Vgl. Ziff. 14 des PSA-Mustervertrages.

[464] Vgl. Ziff. 10, 13 des PSA-Mustervertrages. Vgl. Ziff. B.2.6.7 der neuen Verdingungsunterlagen. Vgl. dazu – teils ergänzend – auch die Antwort der Bundesregierung auf die Kleine Anfrage unterschiedlicher Abgeordneter (BT-Drucks. 15/1256) zu ersten Erfahrungen mit Personal-Service-Agenturen: BT-Drucks. 15/1419, S. 4.

[465] Vgl. § 394 Abs. 1 S. 2 Nr. 4 SGB III; dazu: **Sauer**, in: Klose SGB III, § 394, Rn. 3.

[466] Vgl. Ziff. 10, 2. Absatz des PSA-Mustervertrages. Bis zum zehnten Tag des Folgemonats sind diese Berichte für den zurückliegenden Kalendermonat einzureichen. Entsprechendes gilt nach dem neuen Mustervertrag.

Zeiten, sowie über die verwirklichten Aktivitäten in den verleihfreien Zeiten zu machen. Ferner ist für den Fall, dass der PSA-Beschäftigte ein Beschäftigungsverhältnis außerhalb der PSA aufgenommen hat, darzulegen, ob es sich hierbei um eine Vermittlung zu einem vorherigen Entleiher, zu einem anderen Arbeitgeber oder um eine Arbeitsaufnahme aufgrund von Eigenbemühungen des PSA-Beschäftigten gehandelt hat. Die zuletzt genannten Informationen lassen den Schluss über die tatsächliche Integrationswirkung der Arbeitnehmerüberlassung zu: Sie sind erforderlich, um feststellen zu können, inwieweit die Aufnahme der Anschlussbeschäftigung auf die Bemühungen der PSA zurückgeht, was nicht zuletzt für das Fälligwerden der Vermittlungsprämie entscheidend ist.[467]

Im Hinblick auf die von der BA zu gewährenden Vermittlungsprämien hat die PSA die erforderlichen Nachweise dafür vorzulegen, dass der vormals bei der PSA Beschäftigte nunmehr in einem entsprechenden Anschlussarbeitsverhältnis steht.[468] Woraus diese Nachweise zu bestehen haben, ist vertraglich nicht genauer geregelt. Um Missbrauchsfälle zu vermeiden, sind hier handfeste Nachweise zu fordern. Zu denken wäre an entsprechende Lohnbuchhaltungs- oder Lohnsteuerunterlagen. Die PSA steht jedoch nach einem Vermittlungserfolg in keinem vertraglichen Verhältnis mehr zu dem Vermittelten selbst; entsprechende Nachweisunterlagen besitzt die PSA daher nicht ohne weiteres. In ihrem eigenen Interesse liegt es daher, auch nach der Trennung aufgrund einer Vermittlung weiter Kontakt zu dem ehemals Beschäftigten und dessen neuen Arbeitgeber zu halten, um über die weitere Entwicklung des neuen Beschäftigungsverhältnisses informiert zu sein und in dem neuen Arbeitgeber einen Ansprechpartner zu haben, der verlässliche Unterlagen über die Beschäftigung des ehemaligen PSA-Beschäftigten zur Verfügung stellen kann. Hierfür bietet es sich an, bereits im Arbeitnehmerüberlassungsvertrag mit dem Entleiher eine entsprechende Auskunftspflicht zu statuieren, um spätere rechtliche Probleme bei der Beschaffung der Unterlagen zu verhindern.

Weiterhin sind umgehend Informationen über die Gründe der Ablehnung eines vorgeschlagenen Arbeitslosen[469] sowie über Beginn und Ende eines jeden einzelnen Arbeitsverhältnisses zwischen der PSA und ihren Beschäftigten der

---

[467] Vgl. zum Kausalitätserfordernis zwischen den Vermittlungsbemühungen der PSA und der Arbeitsaufnahme durch den PSA-Beschäftigten: oben, A. II. 2. a.

[468] Für die Gewährung der ersten Tranche ist der Nachweis zu führen, dass der betreffende Arbeitnehmer nunmehr eine zumindest auf drei Monate angelegte, sozialversicherungspflichtige Beschäftigung aufgenommen hat. Für die Fälligkeit der zweiten Hälfte der Prämie kommt es darauf an, dass der vormals bei der PSA Beschäftigte zumindest sechs Monate unterbrechungsfrei in entsprechender Beschäftigung gestanden hat. Vgl. oben, A. II. 2. b.

[469] Vgl. dazu bereits die Ausführungen unter § 8 A. I. 2.

zuständigen Arbeitsagentur zuzuleiten.[470] Dabei sind insbesondere die einzelnen Gründe für die Beendigung eines solchen Arbeitsverhältnisses zu nennen. Ist die Beendigung des Arbeitsverhältnisses nicht auf eine Anschlussbeschäftigung zurückzuführen, muss dargelegt werden, welche Tatsachen zur Kündigung oder Aufhebung des Arbeitsverhältnisses geführt haben. Die letztgenannten Informationen dienen der Arbeitsverwaltung einerseits dazu, mögliche leistungsrechtliche Konsequenzen gegenüber dem ehemals bei der PSA Beschäftigten zu ergreifen;[471] andererseits sind sie für die Beurteilung erforderlich, ob die PSA ihre Pflichten aus dem PSA-Vertrag zur Beschäftigung der vorgeschlagenen Arbeitslosen eingehalten hat. Letzteres ist auch von kündigungsrechtlicher Relevanz.[472]

Darüber hinaus kommt der zuständigen Arbeitsagentur ein allgemeines Aufsichts- und Prüfrecht zu,[473] wozu insbesondere das Recht zum Einblick in die Geschäftsunterlagen gehört. Während der Geschäftszeiten ist auch Zutritt zu den Grundstücken und Geschäftsräumen der PSA zu gewähren.

Nach 18 (bzw., nach den Vorgaben der neuen Musterverträge: nach 16) Monaten der Geschäftstätigkeit hat die PSA einen umfassenden Zwischenbericht abzuliefern, worin die einzelnen Verleihaktivitäten sowie die Vermittlungs- und Integrationserfolge ausführlich darzustellen sind. Die Informationen dienen der Entscheidungsfindung über eine Verlängerung der Laufzeit des PSA-Vertrages. Spätestens einen Monat nach dem Ende des PSA-Vertragsverhältnisses ist ein Abschlussbericht vorzulegen.

C. Grenzen des vermittlungsorientierten Auftrags der Personal-Service-Agentur

Solange das Vertragsverhältnis zur BA besteht, ist die PSA verpflichtet, ihre gesamte Geschäftstätigkeit auf die Vermittlung der ihr vorgeschlagenen Arbeitslosen in dauerhafte Anschlussbeschäftigungsverhältnisse auszurichten. Die vormals Arbeitslosen sind möglichst ununterbrochen in Überlassungseinsätzen in Entleiherbetrieben zu beschäftigten, um so zu einer Überleitung in feste Anschlussbeschäftigungen zu führen. Sind entsprechende Einsätze nicht zu realisieren, hat die PSA ihre Beschäftigten durch die Entfaltung von Direktvermittlungsbemühungen, Qualifikations- und Beratungsleistungen zu fördern und so die allgemeinen Vermittlungschancen dieser Personengruppe zu steigern. Diese Leistungen sind auf der Grundlage einer leiharbeitsvertraglichen Beziehung zwischen der PSA und ihren Beschäftigten zu erbringen. Durch den Auftrag der PSA, die Arbeitnehmerüberlassung vermittlungsorientiert durchzuführen und

---

470 Vgl. Ziff. 10, 1. Absatz des PSA-Mustervertrages.

471 Vgl. dazu unten, § 14 D.

472 Vgl. dazu ausführlich unten, § 10 B.

473 Vgl. Ziff. 13 des PSA-Mustervertrages und § 15 des neuen PSA-Mustervertrages.

dabei auch verleihfreie Zeiten in den Dienst der Arbeitsvermittlung zu stellen, wird verdeutlicht, dass die Beziehung der PSA zu ihren Beschäftigten nicht lediglich dem Austausch zwischen Arbeitsleistung und Arbeitsentgelt dienen soll, sondern zusammengefasst ein besonderes, vermittlungsorientiertes *Förderungsverhältnis* aufzubauen ist. Als Gegenleistung erhält die PSA die vereinbarten staatlichen Leistungen (Fallpauschale und Vermittlungsprämie).

Unbeantwortet ist dabei bislang, innerhalb welcher Grenzen sich dieser Auftrag der PSA bewegt: Für welchen Zeitraum und unter welchen Umständen ist die PSA verpflichtet, die Förderungsverhältnisse aufrecht zu erhalten und die damit verbundenen Leistungen zu erbringen?[474]

I. Vorgaben für die Laufzeit der einzelnen Förderungsverhältnisse

Direkte Vorgaben, für welche Dauer die Förderungsverhältnisse von der PSA aufrecht zu erhalten sind, enthält der PSA-Vertrag nicht. Das einzelne Förderungsverhältnis steht jedoch auf leiharbeitsvertraglicher Grundlage, so dass die Laufzeitvorgaben für die Leiharbeitsverhältnisse mittelbar auch die Laufzeit der Förderungsverhältnisse definieren. Im PSA-Vertrag ist geregelt, dass die einzelnen Leiharbeitsverhältnisse „auf mindestens neun Monate befristet" abzuschließen sind, die Befristung „im Regelfall zwölf Monate nicht überschreiten" darf und ferner eine Befristung von weniger als neun Monaten nur dann zulässig sein soll, wenn dies im Zusammenhang mit der Restlaufzeit des PSA-Vertrages selbst steht.[475]

1. Maximale Förderungsdauer eines PSA-Beschäftigten

Diese Befristungsvorgabe verfolgt einerseits das Ziel, die Dauer der einzelnen Förderungsverhältnisse mit der Laufzeit der Förderungsleistungen durch die Arbeitsverwaltung (monatliche Fallpauschale und Vermittlungsprämie) in Einklang zu bringen.[476] Die Begrenztheit der zur Verfügung stehenden öffentlichen Mittel erfordert es, einen zielgerichteten Einsatz der Förderungsleistungen für den einzelnen Arbeitslosen sicherzustellen. Würde die PSA demgegenüber Arbeitsverträge abschließen, deren Laufzeit erheblich über der Dauer der staatlichen Förderung liegt, so wäre nicht auszuschließen, dass Teilbeträge der Förderungsleistungen eingesetzt werden, um die Verpflichtungen aus den Arbeitsverträgen zu den „Alt-" PSA-Beschäftigten zu erfüllen. Durch diese „Querfinanzierung" könnte die Qualität der vertraglich gegenüber der BA vereinbarten Leis-

---

474 Die folgenden Ausführungen gelten **nicht** mehr für PSAen auf der Grundlage der neuen PSA-Musterverträge, da in diesen einerseits die Förderdauer auf 6 Monate festgelegt ist und dazu nunmehr keine degressive Staffelung der Fördergelder mehr zur Anwendung kommt.

475 Ziff. 7, 2. Absatz des PSA-Mustervertrages.

476 Die degressive Staffelung der Förderungsleistungen endet mit Abschluss des neunten Beschäftigungsmonats. Vgl. oben, A. II. 3.

tungen, und damit insgesamt die Effektivität der PSA, leiden. Definiert wird damit der Zeitrahmen, der für die Förderung des PSA-Beschäftigten vorgesehen ist. Konnte innerhalb dieses Zeitraums der Abschluss eines Anschlussarbeitsverhältnisses nicht erreicht werden, so ist davon auszugehen, dass der vermittlungsorientierte Auftrag der PSA im Hinblick auf den konkret Beschäftigten gescheitert ist und auch ein weiterer Verbleib in der Obhut der PSA nicht mehr zu einer Steigerung der Vermittlungschancen führen würde, die in vertretbarem Verhältnis zu den aufzuwendenden Förderungsleistungen stünde.[477]

Eine über neun Monate hinausgehende Verweildauer der PSA-Beschäftigten stünde folglich in Widerspruch zu dem von der PSA verfolgten Ziel, *zeitlich begrenzt* Arbeitnehmerüberlassung mit dem Ziel der Arbeitsvermittlung zu verfolgen. Die maximale Dauer der Leiharbeitsverhältnisse und damit auch der einzelnen Förderungsverhältnisse in der PSA hat damit neun Monate[478] zu betragen. Nach Ablauf dieses Zeitraums ist das Leiharbeitsverhältnis zu beenden.

2. Minimale Förderungsdauer eines PSA-Beschäftigten

Gleichzeitig aber kann der Vorgabe zur Befristung auch die Funktion zukommen, die PSA zu verpflichten, die einzelnen Leiharbeitsverträge für die *Mindestdauer* von neun Monaten aufrecht zu erhalten und daran anknüpfend die besonderen Förderungsleistungen auch für diese Dauer zu erbringen. Auch diese Funktion der Befristungsvorgabe wird durch die Auslegung des PSA-Vertrages gestützt:

Wenn die BA das Ziel verfolgt, die Aufrechterhaltung der Förderungsverhältnisse an die Dauer der staatlich gewährten Förderungsleistungen anzugleichen und deshalb auf den Charakter einer *Höchstbefristung* geschlossen werden konnte, kann aus derselben Zielsetzung auch der Schluss gezogen werden, dass eine verbindliche *Mindestlaufzeit* als vereinbart anzusehen ist. Denn wenn die Vereinbarung der auf neun Monate beschränkten Dauer der Honorarzahlung an die PSA dazu dient, den Zeitraum zu definieren, innerhalb dessen sich die Förderung des Arbeitslosen durch die Beschäftigung bei der PSA entweder „ausgezahlt" haben muss oder weitere Förderung nicht mehr als zweckmäßig erachtet wird, erscheint es ebenso sachgerecht, den Ablauf dieser Zeitdauer „abzuwarten". Denn erst nach Ablauf der neunmonatigen Förderungsdauer steht fest, dass die Beschäftigung in der PSA nicht geeignet war, zu einem neuen, dauerhaften Arbeitsverhältnis für den PSA-Beschäftigten zu führen.

---

477 Vgl. oben, A. II. 3.

478 Zulässig wäre es auch, die Leiharbeitsverträge auf bis zu zwölf Monate zu befristen. Da die staatlichen Beihilfen nach Verstreichen des neunten Beschäftigungsmonats jedoch nicht mehr gewährt werden, erscheint eine solche Praxis eher unrealistisch. Im Folgenden wird daher davon ausgegangen, dass die Arbeitsverträge auf maximal neun Monate abgeschlossen werden; die Möglichkeit einer bis zu zwölfmonatigen Laufzeit bleibt unberührt.

Auch die degressive Staffelung der Honorarvereinbarung legt nahe, dass die PSA verpflichtet sein soll, ihre Leistungen für einen bestimmten Mindestzeitraum zu erbringen. Folge der Degression ist es, dass die Beschäftigung eines vorgeschlagenen Arbeitslosen für die PSA während der ersten Monate aufgrund der in voller Höhe ausgezahlten Zuschüsse der Arbeitsverwaltung, die die erwirtschafteten Einnahmen aus Überlassungsaufträgen ergänzen, verhältnismäßig attraktiv ist. Nimmt aber die Summe der Zuschüsse mit längerer Aufenthaltsdauer bei der PSA ab, so wächst die Gefahr, dass alleine aufgrund der Überlassungseinnahmen die PSA ihre Kosten nicht mehr decken kann. Gerade damit aber soll für die PSA ein Anreiz geschaffen werden, die Vermittlungsbemühungen noch zu intensivieren.[479] Dieser Funktion wäre die Degression enthoben, käme der PSA ohne weiteres die Möglichkeit zu, vorzeitig Arbeitsverhältnis und die Erbringung der Förderungsleistungen zu beenden.

3. Zwischenergebnis

Als Zwischenergebnis lässt sich festhalten, dass die Befristungsvorgabe das Ziel verfolgt, sowohl die Höchst- als auch die Mindestdauer des einzelnen Leiharbeitsverhältnisses und damit zugleich der zu erbringenden Förderungen zu bestimmen. Leiharbeits- und Förderungsverhältnis sollen danach für die Dauer von neun Monaten aufrechterhalten werden.

II. Zulässige Abweichungen von der Laufzeit der Förderungsverhältnisse

Fraglich erscheint vor dem Hintergrund dieses Zwischenergebnisses, ob der PSA-Vertrag die Pflicht enthält, die einzelnen Förderungsverhältnisse *jedenfalls*[480] für die Dauer von neun Monaten aufrecht zu erhalten oder ob es der PSA unter bestimmten Voraussetzungen erlaubt sein kann, auch vor Erreichen dieses Zeitpunktes Leiharbeits- und Förderungsverhältnis zu beenden.

1. Vermittlungserfolg

Die Vorgabe zur Einhaltung der Mindestlaufzeit ist zunächst ohne Zweifel durchbrochen, sofern es der PSA gelingt, ihren Beschäftigten in ein Arbeitsverhältnis zu einem Dritten zu vermitteln. In diesem Fall besteht für die PSA sogar die vertragliche Pflicht, das Arbeitsverhältnis unverzüglich zu beenden.[481] Im Anschluss daran endet auch unweigerlich die Verpflichtung der PSA, ihr beson-

---

[479] Vgl. oben, A. II.

[480] **Reipen**, BB 2003, S. 787, 790, geht davon aus, die PSA habe eine „garantierte Mindestbeschäftigungsdauer von neun Monaten" zu gewährleisten. Von einer neunmonatigen Mindestbeschäftigungsdauer sprechen auch **Körsten**, in: Klose SGB III, § 37 c, Rn. 13; **Sienknecht**, in: Kasseler Hdb. ArbF, § 25, Rn. 65 j; **Jahn/Windsheimer**, IAB Kurzbericht Nr. 1/2004, S. 1, 5.

[481] Vgl. oben, A. I. 1. a.

deres Förderungsprogramm gegenüber dem vermittelten PSA-Beschäftigten aufrecht zu erhalten.

2. Beendigung des Förderungsverhältnisses aufgrund von Faktoren aus Verhalten oder Person des PSA-Beschäftigten

Die effektive Arbeitsweise der PSA ist davon abhängig, dass die PSA-Beschäftigten kooperationsbereit sind. Die Leiharbeitstätigkeit kann nur dann erfolgreich verlaufen, wenn der einzelne Arbeitnehmer den erforderlichen Arbeitswillen zeigt und bereit ist, im Rahmen einzelner Überlassungseinsätze die übertragenen Pflichten zu erfüllen. Mangelnde Flexibilität im Hinblick auf stetig wechselnde Beschäftigungsverhältnisse oder der Unwille, sich in wechselnde Betriebsabläufe einzugliedern, stellen für einen jeden Verleiher Barrieren auf, die außerhalb seines Einwirkungsbereiches liegen, ihm jedoch die ordnungsgemäße Erfüllung der Überlassungsaufträge unmöglich machen. Ähnliches gilt für Personen, die offensichtlich kein Interesse an einer Steigerung ihrer Vermittlungschancen haben oder die nicht hinreichend die Vermittlungsbemühungen der PSA mittragen. Eine Art „Zwangsbeglückung" kann hier nicht zielführend sein. Da die Subventionszahlungen der Arbeitsverwaltung nur dazu bestimmt sind, für arbeitswillige Arbeitslose eingesetzt zu werden, würde eine Weiterbeschäftigung in der PSA kontraproduktiv sein. Verhält sich ein PSA-Beschäftigter entsprechend unkooperativ, ergeben sich daher keine Bedenken aus dem PSA-Vertrag, das Förderungsverhältnis auch vor Erreichen der Regellaufzeit zu beenden.

Ebenso muss der zu Beschäftigende gewisse qualifikatorische Mindestvoraussetzungen in seiner Person erfüllen, um entsprechend der Arbeitsweise der PSA eingesetzt werden zu können. Zwar haben die Arbeitslosen vor Aufnahme der PSA-Tätigkeit bereits das allgemeine „Profiling-Programm" der Arbeitsagentur durchlaufen (vgl. § 6 SGB III[482]) und wurden von dieser als „zielgruppenadäquat" der PSA vorgeschlagen. Tatsächliche Gewähr aber, dass die Vorgeschlagenen im direkten Arbeitseinsatz die entsprechenden Anforderungen erfüllen, kann damit nicht gegeben werden. Sofern ein PSA-Beschäftigter also Qualifikationsdefizite aufweist, die nicht mit den Mitteln der PSA beseitigt werden können, ist eine Beendigung des Förderungsverhältnisses zulässig. Eine entsprechende Wertung findet sich auch im PSA-Vertrag, wonach für den Fall, dass

---

[482] Damit wird generell das Ziel verfolgt, „eine individuelle Chanceneinschätzung" für die Vermittlungsfähigkeit des Arbeitslosen herbeizuführen. Festgestellt werden sollen dabei die „beruflichen und persönlichen Merkmale wie Kenntnisse, Qualifikation, Berufserfahrung, Aktualität der Qualifikation und Kenntnisse, Weiterbildungsfähigkeit und -bereitschaft". Vgl. BT-Drucks. 14/6944, S. 28 f. Das Ergebnis dieses Profiling bildet die Grundlage für die anzuwendende Vermittlungsstrategie der Arbeitsagentur und führt, soweit der einzelne Arbeitslose die Voraussetzungen für den Einsatz in einer PSA erfüllt, zu einem entsprechenden Vorschlag durch die Arbeitsagentur.

sich ein „umfassender Qualifizierungsbedarf" für einen der PSA-Beschäftigten herausstellt, das Arbeits- und Förderungsverhältnis zu beenden ist und das allgemeine Instrumentarium der beruflichen Weiterbildung außerhalb der PSA zu nutzen ist.[483]

3. Beendigung des Förderungsverhältnisses aufgrund wirtschaftlicher Umstände: Die Grenzen des *PSA-Risikos*

Während die Zulässigkeit einer vorzeitigen Beendigung der Förderungsverhältnisse aus den zuvor genannten Gründen in unmittelbarem Zusammenhang mit der effektiven Auftragserfüllung der PSA steht und bereits darin eine Rechtfertigung findet, erscheint es fraglich, ob auch rein wirtschaftliche Gründe eine entsprechende Abweichung von der Regelförderungsdauer zulassen. Eine Antwort auf diese Frage kann nur vor dem Hintergrund einer genaueren Analyse der Risikoverteilung stattfinden, die Ausdruck in den Vereinbarungen des PSA-Vertrags findet.

a.) Degression der staatlichen Zuwendungen

Die Abnahme der staatlich gewährten Subventionszahlungen aufgrund längeren Verbleibs eines Beschäftigten in der PSA kann für sich betrachtet keine Rechtfertigung dafür geben, das vereinbarte Leiharbeits- und Förderungsverhältnis vorzeitig abzubrechen. Mit der degressiven Staffelung der staatlichen Zuschüsse wird das Ziel verfolgt, die PSA möglichst frühzeitig eine Vermittlung in ein Anschlussarbeitsverhältnis herbeizuführen.[484] Dabei ist die Degression der Mittelzuwendung unmittelbarer Inhalt der vertraglichen Regelung zwischen PSA und BA, so dass das Risiko einer weniger erfolgreichen Geschäftstätigkeit in die Sphäre der PSA fällt und folglich keinen Grund für eine vorzeitige Entlastung geben kann.

b.) Überproportionale Zunahme verleihfreier Zeiten

aa.) Lage in üblicher Arbeitnehmerüberlassung

Im Rahmen eines üblichen Leiharbeitsvertrages ist der Verleiher verpflichtet, gegenüber den Leiharbeitnehmern die Position eines Arbeitgebers einzunehmen, womit die Übernahme bestimmter Risiken verbunden ist. Einerseits handelt es sich um das Absatz- oder Verwendungsrisiko als Teil des allgemeinen Wirtschaftsrisikos: Gelingt es dem Verleiher nicht, Abnehmer für die von ihm angebotenen Personaldienstleistungen zu finden, so bleibt die arbeitsvertragliche Pflicht zur Zahlung des Arbeitsentgelts davon unberührt. Für das Leiharbeitsverhältnis wird dies in § 11 Abs. 4 S. 2 AÜG i.V.m. § 615 S. 1 BGB besonders verdeutlicht. Ferner wird durch die Geltung des TzBfG erreicht, dass auch be-

---

[483] Vgl. Ziff. 8, 3. Absatz des PSA-Mustervertrages.

[484] Vgl. oben, A. II. 1.

sondere Arbeitsvertragsgestaltungen nicht zu einer unzulässigen Übertragung dieser Absatzgefahr auf den abhängig beschäftigten Leiharbeitnehmer führen. Daneben trifft den Verleiher das Risiko, unter bestimmten absatzirrelevanten Umständen zur Lohnzahlung verpflichtet zu sein, ohne die Arbeitsleistung verwerten zu können. Es handelt sich dabei um die Fälle im Arbeitsrecht, in denen etwa aufgrund von Krankheit (§ 3 EntgeltforzahlungsG) oder aufgrund vorübergehender Verhinderung (§ 616 BGB) „Lohn ohne Arbeit" zu zahlen ist. *Picker* bezeichnet diese Verpflichtungen treffend als das „Sozialrisiko" des Arbeitgebers.[485] Die Kombination beider Risikokomponenten zeichnet das Arbeitgeberrisiko des üblichen Verleihers aus. Dieses Risiko ist jedoch nicht uneingeschränkt zu tragen, sondern findet seine Schranken in den Grenzen des Kündigungsrechts: Sind die Absatzschwierigkeiten – und resultierend verleihfreie Zeiten – nicht nur von vorübergehender Natur, so kommt der Ausspruch einer betriebsbedingten Kündigung in Betracht.

bb.) Lage in der PSA

Aufgrund der arbeitsvertraglichen Bindung zum Beschäftigten ist das „Sozialrisiko" für die PSA ebenso ausgestaltet wie für den rein gewerblich handelnden Verleiher. Das Absatz- bzw. Verwendungsrisiko dagegen ist für die PSA nur hinsichtlich der umfassten Tatbestände identisch mit der Lage in üblicher Arbeitnehmerüberlassung. Die Vereinbarungen des PSA-Vertrages aber erweitern die Rechtsfolgen für den Fall, dass sich der übernommene Risikofall realisiert: Sofern der PSA-Beschäftigte aufgrund Auftragsmangels nicht überlassen werden kann, ist nicht nur der vereinbarte Arbeitslohn fortzuzahlen, sondern zusätzlich sind die Leistungen zur Qualifizierung, Betreuung und Direktvermittlung zu erbringen und die dafür erforderlichen Geldmittel aufzuwenden. Diese rechtsfolgenseitige Erweiterung des Arbeitgeberrisikos soll hier als das *PSA-Risiko* bezeichnet werden, da die Verpflichtung zur Übernahme dieses Risikos besonderes Kennzeichen von Tätigkeit und Aufgabenstellung der PSA ist. Ferner soll diese Bezeichnung unterstreichen, dass dieses Risiko, anders als das Verwendungs- und Sozialrisiko, nicht unmittelbar aus dem Arbeitsverhältnis zum PSA-Beschäftigten herrührt, sondern in der Vertragsvereinbarung zwischen PSA und BA begründet ist.

Durch Übernahme des PSA-Risikos treffen verleihfreie Zeiten die PSA folglich finanziell härter als übliche Verleiher. Zur Kompensation dient jedoch ein Teil[486] der staatlicherseits gezahlten Subventionsleistungen an die PSA. Dessen ungeachtet führt die monatliche Fallpauschale nicht zu einer vollumfänglichen

---

[485] **Picker**, ZfA 2002, S. 469, 521.

[486] Ein weiterer Zweck, der mit den Subventionszahlungen verfolgt wird, ist es, der PSA einen Markttauftritt zu ermöglichen, der trotz der „Hemmnisse" der PSA-Beschäftigten auf Nachfrage von Entleihern trifft. Vgl. dazu oben, § 6 C.

Subventionierung des Förderungsverhältnisses, sondern ist so bemessen, dass sie *im Zusammenspiel* mit der Erwirtschaftung von Überlassungsgebühren die Kosten der PSA zu decken vermag. Treten verleihfreie Zeiten in einem einzelnen Förderungsverhältnis aber in überdurchschnittlich hohem Umfang auf, so droht dieses Finanzierungsgleichgewicht aus der Balance zu geraten. Eine unbeschränkte Pflicht zur Tragung verleihfreier Zeiten kann daher nicht als zwischen PSA und BA vereinbart gelten. Es stellt sich somit die Frage, bis zu welchem Umfang verleihfreier Zeiten die PSA zur Aufrechterhaltung der einzelnen Förderungsverhältnisse verpflichtet ist.[487]

cc.) Entwicklung einer Lösung anhand der Regelungen des PSA-Vertrages

Eine Antwort kann aus den Vereinbarungen, die Inhalt des PSA-Vertrages geworden sind, abgeleitet werden. Bereits bei der Abgabe des PSA-Angebotes hatte der Bewerber auch Angaben zu machen, in welchem Umfang verleihfreie Zeiten von ihm erwartet wurden.[488] Kam diesen Angaben zunächst im Rahmen der Auswahlentscheidung der Arbeitsverwaltung die Funktion zu, das größten Erfolg versprechende Angebot herauszustellen und daraufhin die Entscheidung über den Zuschlag zu treffen, so kann diese Angabe auch für die Beantwortung der hier aufgeworfenen Frage furchtbar gemacht werden.

Denn einerseits ist diese Angabe nicht unverbindlich geblieben, was Ausdruck darin findet, dass das eingereichte PSA-Angebot – und darin enthalten auch die Einschätzung des Umfangs der erwarteten verleihfreien Zeiten – unmittelbarer Bestandteil des PSA-Vertrages ist.[489] Und weiterhin ist der erwartete Umfang verleihfreier Zeiten – neben den örtlichen Umständen und den Besonderheiten der Zielgruppe der PSA – ein Faktor, der bei der Bemessung der Honorarregelung für die PSA zu berücksichtigen war:[490] Da für die Zuschlagsentscheidung nach Gesichtspunkten der Wirtschaftlichkeit zu verfahren ist und nicht nur das preislich günstigste Angebot entscheidet, sondern das Preisangebot im Verhältnis zur erwünschten Leistung zu beurteilen ist,[491] kommt der Einschätzung der verleihfreien Zeiten eine direkte Bedeutung für die Ausgestaltung des Vertragsverhältnisses zu. Hat danach ein PSA-Bewerber einen vergleichsweise niedrigen Anteil verleihfreier Zeiten in sein Angebot aufgenommen, so konnte daraus ein niedrig bemessener Angebotspreis resultieren. Ein höher ein-

---

487 Auf die kündigungsrechtlichen Konsequenzen dieser Verpflichtung wird ausführlich im dritten Teil der Arbeit eingegangen. Vgl. unten, § 10 B.

488 Vgl. PSA-Internet-Information, v. 19. April 2004, Ziff. 8; vgl. auch oben, § 7 A. II.

489 Vgl. Ziff. 2, 1. Absatz des PSA-Mustervertrages.

490 So auch die Empfehlung der Bertelsmann-Studie zur Einführung der PSA: **Bertelsmann/Bundesanstalt für Arbeit/McKinsey & Company**, Die Personal-Service-Agentur, S. 31.

491 Vgl. § 25 Ziff. 3 VOL/A. Vgl. auch PSA-Internet-Information, v. 19. April 2004, Ziff. 8 a.E.

geschätzter Anteil verleihfreier Zeiten führt auch zu einem höher kalkulierten Angebotspreis. Die zuständige Arbeitsagentur hatte dabei das den höchsten Erfolg versprechende Angebot zu bestimmen. Dabei ist es durchaus realistisch, dass einem Angebot mit niedriger eingeschätztem Umfang verleihfreier Zeiten bei niedrigerem Grundpreis ein Angebot vorgezogen wurde, das diesen Zeiten vergleichsweise höheren Anteil beimaß und resultierend auch einen höheren Preis anbot, dabei aber in der Gesamtkonzeption das überzeugendere Angebot darstellte. Ein Beispiel soll dies verdeutlichen:

Bsp.1: Für den Betrieb einer konkreten PSA haben Bewerber A und Bewerber B ein PSA-Konzept vorgelegt. Bewerber A geht in seiner Kalkulation von einem Umfang von verleihfreien Zeiten i.H.v. 10 v.H. aus. Er legt einen Angebotspreis von 100 vor. Bewerber B dagegen geht bei ansonsten gleichen Annahmen von verleihfreien Zeiten i.H.v. 25 v.H. aus. Sein Angebotspreis liegt bei 120. Die Arbeitsagentur erteilt dem Bewerber B den Zuschlag, da sie dessen Annahmen für den Umfang verleihfreier Zeiten als realistischer einschätzt.

Der erwartete Umfang verleihfreier Zeiten kann ein direkter Anhaltspunkt sein, unter welchen Umständen ausbleibende Verleihmöglichkeiten für die PSA das Recht begründen, das im Vertrag übernommene Förderungsverhältnis vor Ablauf der vereinbarten Mindestlaufzeit zu beenden. Dabei führen die genannten Erwägungen dazu, in der Einschätzung der verleihfreien Zeiten einen verbindlichen und entscheidenden Vertragsbestandteil zu erblicken, der die Bezugsgröße bestimmt, welches Aufkommen verleihfreier Zeiten noch zur vertraglich übernommenen und insofern üblichen Geschäftstätigkeit der PSA zu rechnen ist. Ausgehend von der Solidität der zugrunde liegenden Kostenkalkulation der PSA stellen der vereinbarte Grundbetrag und die davon abhängigen Leistungskomponenten der BA eine Gegenleistung dar, die geeignet ist, die Finanzierung der PSA zu sichern. Der tatsächlich eintretende Umfang verleihfreier Zeiten kann beim PSA-Vertragsschluss nur geschätzt werden – und ist im Hinblick auf die pauschale Ausgestaltung des zielgruppenspezifisch erwarteten Zeitumfangs besonderen Unwägbarkeiten unterworfen. Gelingt es aber der PSA, die verleihfreien Zeiten unterhalb der vereinbarten Größe zu halten, so ist für sie die Erwirtschaftung eines Überschusses möglich. Ist der Erfolg der PSA bei Akquirierung von Überlassungsaufträgen weniger ausgeprägt und mehren sich die verleihfreien Zeiten, so läuft die PSA Gefahr, Verluste realisieren zu müssen. Den Gewinnaussichten stehen damit Verlustgefahren gegenüber; der PSA-Vertrag beinhaltet insoweit die Absprache über die Tragung eines besonderen unternehmerischen Risikos durch die PSA. Dazu ein weiteres Beispiel:

Bsp.2: Bewerber B betreibt die PSA B. Im PSA-Vertrag wurde die Klausel aufgenommen, dass mit verleihfreien Zeiten i.H.v. 25 v.H. gerechnet wird. Die PSA beschäftigt den X und den Y.

a. Der PSA-Beschäftigte X wurde zunächst für zwei Monate verliehen. Darauf folgten zwei Wochen verleihfreier Zeit, bevor ein weiterer Überlassungsauftrag von drei Monaten Dauer realisiert werden konnte und im Anschluss der X vom

Entleiher in ein Beschäftigungsverhältnis übernommen wurde. Der „zu überbrückende" Zeitraum verleihfreier Zeiten war hier nur gering. Erhöhte Überschüsse aus Verleih und Vermittlung konnten erwirtschaftet werden.

b. Der PSA-Beschäftigte Y konnte bislang unmittelbar nach seiner Einstellung bei der PSA für sechs Monate bei einem Entleiher unterbrechungsfrei beschäftigt werden. Danach erblickt die PSA B keine Möglichkeit, den Y weiterhin zu verleihen. Zu einer Weiterbeschäftigung (und Nutzung dieser verleihfreien Zeiten bei fortlaufender Entlohnung und Entfaltung des Maßnahmenprogramms) von zumindest weiteren eineinhalb Monaten (25 Prozent des Zeitraums des bisherigen Verleihs) ist die PSA im Verhältnis zur BA verpflichtet. Größere Teile der aus der vorherigen Überlassung erwirtschafteten Überschüsse sind für die Lohnkosten und für die weiteren Leistungen des vereinbarten Maßnahmenprogramms aufzuwenden. Unter Umständen sind auch Gelder aus der erfolgreichen Beschäftigung des X hierfür notwendig.

Diese Risikoübernahme entspricht den vertraglichen Absprachen zwischen PSA und BA. Damit verbunden aber ist auch, dass nicht bereits das Erreichen des *erwarteten* Umfangs verleihfreier Zeiten die Möglichkeit einräumt, ein Förderungsverhältnis vorzeitig zu beenden. Denn dieser Zustand definiert gerade die von den Vertragsparteien als *üblich* betrachtete Verpflichtung der PSA. Erst wenn dieser Zeitraum abgelaufen ist und auch weiterhin keine Einsatzmöglichkeiten zu erblicken sind, besteht die Verpflichtung aus dem PSA-Vertrag nicht mehr, so dass eine Beendigung des Leiharbeits- und Förderungsverhältnisses in Betracht kommt. Im Hinblick auf die Beendigung des Arbeitsvertrages gelten dann die allgemeinen Regelungen, wie sie auch im üblichen Leiharbeitsvertrag Anwendung finden.[492] Insbesondere sind dabei die Kündigungsfristen zu beachten, für deren Lauf der Arbeitslohn weiter zu zahlen und die Leistungen des Maßnahmenprogramms weiterhin zu erbringen sind.

Bsp. 3: Die PSA B beschäftigt zusätzlich zu den in Bsp. 2 Genannten noch den Z. Dieser wurde für vier Monate verliehen, weitere Überlassungseinsätze ließen sich für den Z nicht akquirieren. Bei Zugrundelegung der vereinbarten verleihfreien Zeiten von 25 v.H. ist der Z einen weiteren Monat bei der PSA B zu beschäftigen. Erst wenn nach Ablauf dieses Zeitraums die anzustellende Prognose ergibt, dass der Z auch weiterhin nicht in Entleiheinsätzen beschäftigt werden kann, besteht für die PSA B die Möglichkeit, das Arbeitsverhältnis und zugleich die Erbringung der Leistungen des Maßnahmenprogramms zu beenden. Die Kündigungsfrist beträgt hier – je nachdem, ob ein Probearbeitsverhältnis vereinbart war, oder nicht – vier (§ 622 Abs. 1 BGB) bzw. zwei Wochen (§ 622 Abs. 3 BGB).[493] Während des Laufens der Kündigungsfrist sind die Leistungen des vereinbarten Maßnahmenprogramms weiterhin zu erbringen. Insgesamt ist damit der Z für

---

[492] Die einzelnen Voraussetzungen, die im Zusammenhang mit der Kündigung des PSA-Beschäftigten stehen, werden in § 10 B. ausführlich behandelt.

[493] Davon kann durch Tarifvertrag abgewichen werden (§ 622 Abs. 4 BGB). Dies ist auch häufig geschehen: vgl. z.B. § 9.3 des Manteltarifvertrags Zeitarbeit zwischen dem BZA und Mitgliedsgewerkschaften des DGB, v. 22. Juli 2003.

sechs Monate bzw. für fünfeinhalb Monate bei der PSA B zu beschäftigen. Dabei war es der PSA B nur für vier Monate möglich, Einnahmen aus der Überlassung des Z zu erwirtschaften.

c.) Ergebnis

Wirtschaftliche Umstände sind nur in beschränktem Umfang geeignet, eine vorzeitige Beendigung der einzelnen Förderverhältnisse zu den Beschäftigten in der PSA zu rechtfertigen. Keine Rechtfertigung kann dabei aus der Degression der Förderungsgelder abgeleitet werden. Gleichwohl ist die Pflicht zur Aufrechterhaltung der einzelnen Förderverhältnisse nicht völlig unabhängig von den wirtschaftlichen Entwicklungen: Auszugehen ist von der Pflicht der PSA zur Tragung des allgemein für die Arbeitnehmerüberlassung verbindlichen Arbeitgeberrisikos, also des Sozial-, des Wirtschafts- und des Absatzrisikos. Diese Risikotragungspflicht ist für die PSA jedoch in zweifacher Hinsicht gegenüber der Lage in üblicher Zeitarbeit erweitert: Einerseits führt der Eintritt des Absatzrisikos – also das Auftreten verleihfreier Zeiten – nicht nur zur Lohnfortzahlungspflicht, sondern erfordert die Aufwendung der Mittel für das vereinbarte, vermittlungsorientierte Förderungsprogramm. Und andererseits ergibt sich aus dem PSA-Vertrag die Pflicht, verleihfreie Zeiten im vereinbarten Umfang zu tragen, bevor eine betriebsbedingte Kündigung zulässig sein kann.

Als Ergebnis lässt sich damit festhalten, dass eine vorzeitige Beendigung der Förderungsverhältnisse aus wirtschaftlichen Gründen nur statthaft sein kann, wenn die Grenzen des *PSA-Risikos* überschritten sind. Der Inhalt dieses *PSA-Risikos* wird im Hinblick auf verleihfreie Zeiten durch die Vereinbarungen im jeweiligen PSA-Vertrag festgelegt und differiert folglich von PSA zu PSA. Als Gegenleistung für die Tragung dieses besonderen Risikos dient ein Teil der Subventionszahlungen der Arbeitsverwaltung.

III. Zusammenfassung

Das Vertragsverhältnis zur BA verpflichtet die PSA nicht, die einzelnen Leiharbeits- und damit zugleich die einzelnen Förderungsverhältnisse für die Dauer von neun Monaten *garantiert* aufrecht zu erhalten. Die Neun-Monatsfrist definiert lediglich die *Regeldauer*, für die die PSA-Beschäftigten in der Obhut der PSA verbleiben. Neben dem Fall eines Vermittlungserfolges rechtfertigt bereits der Auftrag der PSA, durch Arbeitnehmerüberlassung neue Beschäftigungsverhältnisse anzubahnen, eine Abweichung von dieser Regeldauer, sofern der einzelne PSA-Beschäftigte nicht bereit ist, die an ihn gestellten Anforderungen zu erfüllen, oder er grundlegende Qualifizierungsdefizite aufweist, die mit den Mitteln der PSA nicht behoben werden können. Wirtschaftliche Gründe rechtfertigen eine frühzeitige Beendigung der einzelnen Förderungsverhältnisse dagegen nur, sofern diese außerhalb der Grenzen des *PSA-Risikos* liegen.

Das zwischen der PSA und der BA vereinbarte Berichtswesen liefert die Informationen, die zur Überwachung dieser besonderen Verpflichtungen erforderlich sind: Die PSA hat einerseits jeweils monatlich für jeden der bei ihr Beschäftigten den Anteil verleihfreier Zeiten zu übermitteln; sie muss andererseits im Falle der Beendigung eines Arbeitsvertrages die dafür erheblichen Gründe mitteilen.[494] Die Einhaltung dieser Vorgaben gilt es besonders strikt zu überwachen, soll nicht PSA-Betreibern die Möglichkeit eröffnet werden, dem mit der Tätigkeit als PSA übernommenen Risiko trotz der erhaltenen staatlichen Subventions(gegen)leistungen zu entgehen und sich damit – letztlich zu Lasten der PSA-Beschäftigten – ungerechtfertigt zu bereichern.

D. Rechtsnatur des Vertrages zur Einrichtung und Betreibung einer Personal-Service-Agentur[495]

Nach der genaueren Betrachtung des PSA-Vertrages und der sich daraus ergebenden Auftragstellung der PSA kann nunmehr die Rechtsnatur des Vertragsverhältnisses bestimmt werden. Zunächst ist der Frage nachzugehen, ob es sich bei diesem Vertrag um ein zivilrechtliches oder ein öffentlich-sozialrechtliches Rechtsverhältnis handelt. Danach ist zu betrachten, welchem Vertragstypus der PSA-Vertrag zuzuordnen ist und welche rechtlichen Folgen sich aus der Drittbezogenheit der Vertragspflichten zur Erbringung des vereinbarten Maßnahmenprogramms während der verleihfreien Zeiten ergeben.

I. Rechtsregime des PSA-Vertrages: Zivilrechtlicher Vertrag oder öffentlich-rechtlicher Vertrag im Sozialrecht?

Für die Zuordnung des PSA-Vertrages kommt entweder das zivilrechtliche oder das öffentlich-sozialrechtliche Regelungsregime in Frage. Ob alleine aufgrund der Vergaberechtssystematik (nach der aus öffentlicher Vergabe entstehende Vertragsverhältnisse regelmäßig dem Privatecht zuzuordnen sind) eine Antwort auf den Charakter des PSA-Vertrages gefunden werden kann,[496] erscheint zumindest fraglich: Der Umstand, dass entsprechende Verträge regelmäßig[497] dem

---

494 Vgl. dazu oben, § 8 B. V.

495 Die hier gemachten Aussagen gelten auch für die unter dem neuen Vertragsregime betriebenen PSAen.

496 So **Rixen**, NZS 2003, S. 401, 408; **Spellbrink**, SGb 2004, S. 153, 157. Die Kernaussage des sich aus der Systematik des Vergaberechts ergebenden Grundsatzes geht jedoch nicht dahin, dass das entstehende Rechtsverhältnis unweigerlich dem privaten Recht zuzuschreiben wäre, sondern hat zum Inhalt, dass in Deutschland – anders als in Staaten des „dualistischen Systems", wie z.B. Frankreich – Zuschlag und Vertragsschluss begrifflich und zeitlich zusammen fallen und sich damit eine Unterscheidung in einen öffentlich-rechtlichen Zuschlagsakt und einen zivilrechtlichen Vertragsschluss verbieten. Vgl. dazu: **Brinker**, NZBau 2000, S. 174 ff.

497 Vgl. **Reidt/Stickler/Glahs**, Vergaberecht, Vorbem. zu §§ 97 – 101, Rn. 6; **Kuhla/Hüttenbrink**, Verwaltungsprozess, C. Verwaltungsrechtsweg und Zuständigkeiten, Rn. 22.

Zivilrecht unterfallen, dürfte sich weniger aus zwingenden Gründen des Vergaberechts erklären. Dies dürfte vielmehr damit zusammenhängen, dass traditioneller Weise fiskalische Hilfsgeschäfte, die bloße Teilnahme am allgemeinen Wirtschaftsverkehr darstellen, den Gegenstand solcher Leistungen ausmachen. Für solche Geschäfte ist jedoch auch allgemein anerkannt, dass sie durch zivilrechtliches Handeln erfüllt werden.[498] Für den hier interessierenden Vertrag, der die Einrichtung und den Betrieb einer PSA sicherstellen soll, ist es aber fraglich, ob der BA das Recht zusteht, rein zivilrechtlich zu handeln.[499]

Erheblich ist diese Zuordnung, insofern sich anhand dieser entscheidet, ob auf den Vertrag einzig die zivilrechtlichen Vorschriften des BGB anwendbar sind, oder ob die §§ 53 ff. SGB X und nur subsidiär die Vorschriften des BGB Anwendung finden. Weiterhin ist diese Einordnung für den zu wählenden Rechtsweg entscheidend: Handelt es sich um einen rein zivilrechtlich zu beurteilenden Vertrag, so sind die ordentlichen Gerichte nach § 13 GVG für sich ergebende Streitigkeiten zwischen der PSA und der BA zuständig. Handelt es sich demgegenüber um einen öffentlich-rechtlichen Vertrag im Sozialrecht, so ist der Rechtsweg zu den Sozialgerichten nach § 51 SGG eröffnet und zu beschreiten.

Der Gesetzgeber hat sich zu dieser Frage weder im Gesetzestext noch in der Gesetzesbegründung geäußert, so dass keine explizite Rechtswegzuweisung vorgenommen wurde. Für die Abgrenzung ist entscheidend, ob es sich bei dem PSA-Vertrag um ein Rechtsverhältnis „auf dem Gebiet des öffentlichen Rechts" (vgl. § 53 Abs. 1 SGB X) handelt oder ob der PSA-Vertrag ein rein zivilrechtlich zu beurteilendes Rechtsverhältnis darstellt; dies ist nach den allgemeinen Kriterien der Abgrenzung zwischen privat- und öffentlich-rechtlichen Rechtsverhältnissen herauszustellen. In der Verwaltungsrechtslehre ist es allerdings bis heute nicht gelungen, allgemein gültige Kriterien zu bestimmen, die eine eindeutige Abgrenzung – gerade in unklaren und problematischen Konstellationen – herbeiführen.[500] Mit der wohl überwiegend vertretenen Meinung[501] ist jedoch zunächst vom Gegenstand der vertraglichen Regelung aus ein erster Schritt zur Abgrenzung vorzunehmen. Ein öffentlich-rechtlicher Vertrag wird dann ange-

---

498 Vgl. **Ehlers**, in: Schoch/Schmidt-Aßmann/Pietzner, VwGO, § 40, Rn. 277 ff.; **Maurer**, AllgVerwR, § 3 Rn. 7.

499 Kritisch im Hinblick auf eine zwingend zivilrechtliche Qualifikation des Vertrages: **Peters-Lange**, in: Gagel SGB III, § 37 c, Rn. 12 f.

500 Vgl. ausführlich zu den vertretenen Abgrenzungstheorien im Allgemeinen: **Ehlers**, in: Erichsen, AllgVerwR, § 2, Rn. 7 ff.; insb. zur Abgrenzung für vertragliche Regelungen: **ders.**, ebd. § 2, Rn. 53 ff.; **Erichsen**, ebd., § 24, Rn. 1 ff., jeweils mit zahlreichen weiteren Nachweisen.

501 Vgl. etwa: **GmS-OGB**, v. 10. April 1986, BGHZ 97, S. 312 ff. = JZ 1986, S. 1007 f.; **Bonk**, in: Steltkens/Bonk/Sachs, VwVfG, § 54, Rn. 76; **Maurer**, AllgVerwR, § 14, Rn. 10 f.; **Klein**, ThürVBl. 1992, S. 231, 233; **Kunig**, DVBl. 1992, S. 1193, 1195. Sog. „Gegenstandstheorie".

nommen, wenn nach dessen Inhalt auf einen öffentlich-rechtlich *geregelten* Sachverhalt eingewirkt wird.[502]

Vorliegend schließt die BA, vertreten durch die zuständige Arbeitsagentur, ein Vertragsverhältnis mit dem PSA-Bewerber, um auf diese Weise ihrer (zweifelsohne öffentlich-rechtlichen[503]) Verpflichtung – bzw., nach neuem Recht: Option – zur Einrichtung und Betreibung einer PSA in jedem einzelnen Arbeitsagenturbezirk nachzukommen (vgl. § 37 c Abs. 1 S. 1 SGB III). Alleine der öffentlich-rechtliche Charakter dieser Zielvorgabe führt jedoch noch nicht zur öffentlich-rechtlichen Qualifizierung der abgeschlossenen Vertragsverhältnisse.[504] Denn die Aufgabe, die die PSA zu erfüllen hat, ist – wie bereits dargelegt[505] – gesetzlich nur vage vorgezeichnet, so dass von einer „öffentlich-rechtlichen Vorordnung" der Materie, die durch den Vertrag lediglich näher ausgestaltet werden soll, nicht die Rede sein kann.[506] Hierin ist ein entscheidender Unterschied etwa zur Lage bei ABM zu sehen, die zur Begründung eines sozialrechtlichen Leistungsverhältnisses zwischen Arbeitsverwaltung und Maßnahmenträger führen.[507] Anders als im Zusammenhang mit der PSA sind die einzelnen Rechtsbeziehungen bei ABM bereits ausführlich im Gesetz (§§ 260 ff. SGB III) geregelt. Für die PSA hat der Gesetzgeber jedoch die genauere Ausgestaltung der PSA-Verträge an die BA delegiert.[508] Eine Verpflichtung, diese Verträge auf der Grundlage des öffentlichen Rechts zu schließen, ergibt sich damit für die BA nicht.

Es ist an dieser Stelle davon auszugehen, dass der BA für die Ausgestaltung des PSA-Vertrages die „Freiheit der Formwahl"[509] zusteht, es mithin ihr überlassen ist, ob sie die Verträge öffentlich-rechtlich oder rein privatrechtlich ausges-

---

502 Vgl. **Erichsen**, in: ders., AllgVerwR, § 24, Rn. 2; **BVerwG**, v. 06. Juli 1973, BVerwGE 42, 331 ff. = NJW 1973, S. 1895 ff.; **BGH**, v. 25. April 1960, BGHZ 32, 214, 216 = NJW 1960, S. 1457, 1458.

503 Mit § 37 c Abs. 1 S. 1 SGB III und dem darin enthaltenen „Sicherstellungsauftrag" zur Einrichtung der PSAen wird einzig die BA als Trägerin hoheitlicher Gewalt verpflichtet. Auch wird die BA in ihrer hoheitlichen Eigenschaft *als solcher* verpflichtet. Nach der herrschenden „modifizierten Subjektstheorie" ist § 37 c Abs. 1 S. 1 SGB III daher dem öffentlichen Recht zuzuordnen. Vgl. dazu nur: **Maurer**, AllgVerwR, § 3 Rn. 17 ff.

504 In diese Richtung aber **Rademacher**, in: GK-SGB III, § 37 c, Rn. 19. Die Ausführungen von **Ulber**, AuR 2003, S. 7, 14, deuten ebenfalls in diese Richtung.

505 Vgl. oben, § 6 B.

506 Gerade auf eine solche „Vorordnung" kommt es aber nach der „Gegenstandstheorie" an: vgl. **Erichsen**, in: ders., AllgVerwR, § 24, Rn. 2 m.w.N.

507 Vgl. **BSG**, v. 12. Dezember 1985, SozR 4100 § 92 Nr. 1 = NZA 1986, S. 268 ff.; **BAG**, v. 26. April 1995, AP Nr. 4 zu § 91 AFG = NZA 1996, S. 87 ff.

508 Gesetzesbegründung zu § 37 c Abs. 2: BT-Drucks. 15/25, S. 28, rechte Spalte.

509 Vgl. **Ehlers**, in: ders., AllgVerwR, § 2, Rn. 33 ff.; **Maurer**, AllgVerwR, § 3, Rn. 9 ff.

taltet. Diese Formwahl hat die BA vorliegend dadurch ausgeübt, dass nach Ziffer 2 Buchst. e des PSA-Mustervertrages (bzw. § 2 Abs. 1 Ziff. 6 des neuen PSA-Mustervertrages) die gesetzlichen Bestimmungen des BGB als „Vertragsbestandteil" gelten sollen. Auch wenn diese Formulierung eher darauf hindeutet, dass die Regeln des BGB *Anwendung* auf das Vertragsverhältnis finden, so kommt darin doch der hinreichend konkrete Wille[510] zum Ausdruck, die PSA-Verträge dem Regelungsregime des Zivilrechts zuzuordnen.

Der PSA-Vertrag ist somit privatrechtlicher Natur, so dass auf diesen die allgemeinen Regelungen des Zivilrechts Anwendung finden. Zugleich ist damit der Rechtsweg zu den ordentlichen Gerichten für mögliche Rechtsstreitigkeiten aus dem PSA-Vertragsverhältnis bestimmt.

II. Charakterisierung des PSA-Vertrages

1. Vertragstypisierung

Wie die bisherigen Ausführungen gezeigt haben, verpflichtet sich die PSA gegenüber der BA, im Rahmen der abzuschließenden Arbeitsverhältnisse vermittlungsorientierte Arbeitnehmerüberlassung zu betreiben, ferner die verleihfreien Zeiten durch besondere Aktivitäten zur Steigerung der Vermittlungsfähigkeit zu nutzen, schließlich auch Direktvermittlung zu betreiben. Das diesen Aktivitäten gemeinsame Ziel ist die Wiedereingliederung des vormals Arbeitslosen in eine dauerhafte Anschlussbeschäftigung. Fraglich ist, welchem Vertragstypus der PSA-Vertrag zuzuordnen ist. In Betracht kommen dafür der Werkvertrag, der Dienstvertrag und der Maklervertrag.

Das charakteristische Merkmal des Werkvertrages ist die Herbeiführung eines bestimmten Erfolges oder Ergebnisses, zu dem sich der Versprechende verpflichtet. Vorliegend könnte in der tatsächlichen Wiedereingliederung des PSA-Beschäftigten dieser geschuldete Erfolg zu sehen sein. Von der Zielsetzung der PSA aus könnte die Annahme eines werkvertraglichen Charakters des PSA-Kontraktes durchaus nahe liegen. Auch ist durch die Vereinbarung der Vermittlungsprämie zumindest ein Teil der Vergütung der PSA-Tätigkeit erfolgsbezogen ausgestaltet.

Allerdings erscheint es fraglich, ob die PSA gegenüber der BA tatsächlich die Pflicht übernimmt, für die Wiedereingliederung des vormals Arbeitslosen einstehen zu wollen, also den Erfolgseintritt zu versprechen.[511] Denn mit dem geschuldeten Erfolg des Werkvertrages ist nur das unmittelbar herbeizuführende Ergebnis, nicht aber der endgültig erhoffte Eintritt des verfolgten Zieles (hier der

---

[510] Hierauf kommt es bei der Formwahl an: **Erichsen**, in: ders., AllgVerwR, § 24, Rn. 7 m.w.N.

[511] Dies aber ist ein entscheidendes Merkmal des Werkvertrages: vgl. **Fikentscher/Heinemann**, SchR, Rn. 1191; **Busche**, in: Münchener Kommentar zum BGB, Bd. 4, § 631, Rn. 14.

Wiedereingliederung selbst) zu verstehen.[512] Der Abschluss des anschließenden Arbeitsvertrages liegt aber nicht alleine im Vermögen der PSA, sondern ist abhängig von der einzelnen Person des PSA-Beschäftigten und von den allgemeinen Gegebenheiten des örtlichen Arbeitsmarktes. Der PSA-Vertrag legt deshalb besonderen Wert auf die Durchführung der vermittlungsorientierten Arbeitnehmerüberlassung, ebenso auf die Entfaltung des besonderen Beratungs- und Betreuungsverhältnisses. Das Hauptaugenmerk liegt damit auf den einzelnen Maßnahmen, die zur Erreichung des Zieles dienen. Die vertraglichen Pflichten beziehen sich mithin auf die ordnungsgemäße Beschreitung des vereinbarten Weges, nicht aber auf die eigentliche Erreichung des so verfolgten Zieles. Dies deutet eher auf eine dienstvertragliche Vereinbarung hin.

Dem entspricht auch die weitere Vergütungsregelung, nach der die monatlich zu gewährende Fallpauschale als ein erfolgsunabhängiges, lediglich von der Entfaltung der vereinbarten Leistungen abhängiges Entgelt ausgestaltet ist. Der Umstand, dass darüber hinaus im Falle des Abschlusses einer Anschlussbeschäftigung – also im Erfolgsfalle – die Vermittlungsprämie fällig wird, vermag diese Einschätzung nicht zu entkräften.[513] Denn einerseits ist dies nur eine Komponente der Gesamtvergütung der PSA; andererseits ist sie im Vergleich zur Fallpauschale – je nach Beschäftigungsdauer und jedenfalls im Hinblick auf die Gestaltung der alten PSA-Musterverträge – von eher untergeordneter Bedeutung. Diesem Erfolgshonorar kommt lediglich die Bedeutung eines besonderen Anreizmechanismus für die PSA zu und vermag einen werkvertraglichen Charakter des PSA-Vertrages nicht zu begründen.

Die gleichen Erwägungen sprechen hier auch gegen die Annahme, den PSA-Vertrag *einzig* als Maklervertrag anzusehen: Der Vermittlung in ein neues Arbeitsverhältnis haben zwar die einzelnen Tätigkeiten der PSA zu dienen; der Vermittlungserfolg wird dabei besonders honoriert. Der überwiegende Anteil der direkten vertraglichen Verpflichtungen bezieht sich jedoch auf jene vorgelagerte Phase, in der die Voraussetzungen für einen Vermittlungserfolg erst zu schaffen sind. Die Verpflichtung zur Vermittlungstätigkeit ist damit nicht die ausschlaggebende Verpflichtung aus dem Vertragsverhältnis; sie stellt lediglich eine Komponente der Vertragspflichten dar.

Im Ergebnis kann davon ausgegangen werden, dass der PSA-Vertrag im Grundsatz als ein Dienstvertrag einzuordnen ist. Die Pflicht zum Abschluss von Arbeitsverträgen mit den vorzuschlagenden Arbeitslosen ist dabei keine eigentliche Vertragspflicht, sondern ergibt sich als unmittelbare Folge der Dienstvertragsverpflichtung: Da die PSA (vermittlungsorientierte) Arbeitnehmerüberlas-

---

512 **Sprau**, in: Palandt, BGB, Einf. v. § 631, Rn. 1.

513 Vgl. **BGH**, v. 26. Januar 1995, BB 1995, S. 951 f. = DB 1995, S. 2210 f.: Die Vereinbarung eines Erfolgshonorars bei einem Projektsteuerungsvertrag führt nicht notwendig zur Qualifizierung des Vertragsverhältnisses als ein Werkvertragsverhältnis.

sung zu betreiben hat und nach der gesetzlichen Konzeption des Rechts der Arbeitnehmerüberlassung dies nur im Rahmen einer (leih-)arbeitsvertraglichen Beziehung ausgeübt werden darf,[514] handelt es sich bei dieser Nennung im PSA-Vertrag lediglich um eine deklaratorische Regelung. Daneben beinhaltet der Vertrag durch die Bezugnahme auf die tatsächliche Vermittlungsleistung auch eine Maklervertragskomponente. Da im Rahmen dieser Maklervertragskomponente die Pflicht zum entsprechenden Tätigwerden begründet ist, handelt es sich um eine Maklerdienstvertragskomponente.[515] Die dienstvertraglichen und die maklerdienstvertraglichen Komponenten stehen dabei derart in gegenseitiger Abhängigkeit, dass nicht von einer Vertragsverbindung, sondern von einem gemischten Vertrag zu sprechen ist.[516]

2. Drittbezug der Leistungsverpflichtungen

Die dienstvertraglichen und maklerdienstvertraglichen Leistungsverpflichtungen ergeben sich aus dem Vertragsverhältnis zwischen der PSA und der BA. Sie sind so ausgestaltet, dass sie dem einzelnen, anzustellenden Arbeitslosen unmittelbar zu Gute kommen sollen, da er „Empfänger" der Leistungen ist. Die Leistungsverpflichtungen zur Betreibung der vermittlungsorientierten Arbeitnehmerüberlassung sowie die Beratungs-, Qualifizierungs- und Direktvermittlungsleistungen weisen demnach einen Drittbezug auf: der PSA-Vertrag ist in dieser Hinsicht als ein Vertrag zugunsten Dritter ausgestaltet. Dabei ist die BA in der Terminologie des Vertrags zugunsten Dritter als Versprechensempfängerin anzusehen; die PSA ist der Versprechende und der in der PSA zu Beschäftigende der begünstigte Dritte.

Fraglich bleibt jedoch, ob es sich bei der vertraglichen Vereinbarung um einen echten (berechtigenden) oder um einen unechten (ermächtigenden) Vertrag zugunsten Dritter handelt. Entscheidend ist dies für die Antwort auf die Frage, wer als der Gläubiger der entsprechenden Leistungen anzusehen ist: der einzelne PSA-Beschäftigte oder aber die BA selbst? Ist der PSA-Vertrag als ein echter Vertrag zugunsten Dritter zu qualifizieren, so erhält der PSA-Beschäftigte einen eigenen Anspruch auf die Erbringung entsprechender Leistungen. Ist demgegenüber von einem unechten Vertrag zugunsten Dritter auszugehen, so käme der

---

514 Vgl. dazu oben, § 3 A. II.

515 Der Maklerdienstvertrag weicht vom gesetzlich geregelten Maklervertrag insoweit ab, dass der Makler sich zum tatsächlichen Tätigwerden verpflichtet. Gleichwohl ist auch der Maklerdienstvertrag dadurch gekennzeichnet, dass die Vergütungsverpflichtung erst im Erfolgsfalle – also dem Nachweis der Gelegenheit zum Abschluss eines Vertrages (Nachweismaklervertrag) oder der Vermittlung eines Vertrages (Vermittlungsmaklervertrag) – eintritt, also erfolgsabhängig ausgestaltet ist, vgl. **Werner**, in: Erman, BGB, Bd. 1, Vor § 652, Rn. 19 m.w.N.

516 Vgl. dazu: **Fikentscher/Heinemann**, SchR, Rn. 295 ff.; **Gehrlein**, in: Bamberger/Roth, BGB, Bd. 1, § 311, Rn. 20 ff.; **Heinrichs**, in: Palandt, BGB, Einf. v. § 305, Rn. 16 ff.

Leistungserbringung gegenüber dem PSA-Beschäftigten lediglich eine schuldbefreiende Wirkung im Verhältnis zur BA zu.[517]

Die Qualifizierung eines Vertrages als echter oder als unechter Vertrag zugunsten Dritter ist abhängig vom Willen der Vertragsschließenden, so wie dieser entweder ausdrücklich geäußert wurde oder aus den Umständen, insbesondere aus dem Zweck des Vertrages, entnommen werden kann (vgl. § 328 Abs. 2 BGB). Mangels ausdrücklicher Regelung im PSA-Vertrag ist im vorliegenden Fall anhand einer Vertragsauslegung herauszustellen, welche Wirkung hier von den Kontrahenten gewollt ist.[518]

Für die Annahme eines echten Vertrags zugunsten Dritter könnte sprechen, dass der PSA-Beschäftigte ein ausgeprägtes persönliches Interesse an der Leistungserbringung hat: Ihm gegenüber sind die Leistungen zur Steigerung seiner Vermittlungsaussichten zu erbringen; er kommt dabei in die unmittelbare Nähe zur Leistungserbringung und für seinen weiteren beruflichen Werdegang ist dies von besonderer Bedeutung. Diese Umstände sind auch für die PSA und für die BA unmittelbar erkennbar. Die Rechtsprechung nimmt dabei einen echten Vertrag zugunsten Dritter unter der Voraussetzung an, dass der Versprechensempfänger (hier: die BA) die Leistung ausschließlich im Interesse des Dritten (also des PSA-Beschäftigten) vereinbart hat.[519]

Ein solch einseitiges Abstellen auf die Interessenlage des bei der PSA zu Beschäftigenden würde jedoch nur unzureichend jenes Ziel erreichen, welches die BA durch die Verpflichtung der PSA verfolgt. Zwar geht es der BA darum, den tatsächlichen Erfolg der vereinbarten Leistungen dem vormals Arbeitslosen zukommen zu lassen, seine Vermittlungschancen tatsächlich zu steigern. Jedoch ist es dafür nicht notwendig, dem PSA-Beschäftigten einen eigenen Leistungsanspruch gegenüber der PSA einzuräumen; die Vereinbarung eines lediglich ermächtigenden Vertrags zugunsten Dritter ist hierfür ausreichend. Weiterhin ist es nicht das Ziel der BA, die konkrete Erbringung der einzelnen Leistungshandlungen einzig in die Hände des vormals Arbeitslosen zu legen. Gerade dies aber wäre der Fall, erlangte er selbst den entsprechenden Leistungsanspruch: Als eigenständiger Anspruchsinhaber besäße der PSA-Beschäftigte nicht nur das Recht, die vereinbarte Leistung entgegenzunehmen, sondern wäre darüber hinaus berechtigt, die Leistungszeit zu bestimmen, die Annahme einer anderen

---

[517] Vgl. **Fikentscher/Heinemann**, SchR, Rn. 292; **Heinrichs**, in: Palandt, BGB, Einf. v. § 328, Rn. 1.

[518] Vgl. **BGH**, v. 10. Februar 1971, BGHZ 55, S. 307, 309 = NJW 1971, S. 1702; **Gotthard**, in: MüKommBGB, Bd. 4, § 328, Rn. 31 ff.; **Heinrichs**, in: Palandt § 328 Rn. 3, jeweils m.w.N.

[519] Vgl. **BGH**, v. 16. Oktober 1990, NJW 1991, S. 2209 f. = MDR 1991, S. 435, **BGH**, v.17. Januar 1985, BGHZ 93, 271 = NJW 1985, S. 1457 f.; **Jagman**, in: Staudinger BGB, § 328, Rn. 66, m.w.N.

Leistung an Erfüllungs statt oder erfüllungshalber anzunehmen, oder – zumindest hypothetisch – sogar die Verpflichtung zur Leistung zu erlassen.[520] Derartig weit reichende Rechte für den PSA-Beschäftigten aber sind gerade nicht im Interesse der BA; für sie geht es um die tatsächliche Erbringung der ursprünglich im PSA-Vertrag vereinbarten Leistungen und nicht darum, dem einzelnen PSA-Beschäftigten eine möglichst weit reichende Rechtsposition zukommen zu lassen. Weiterhin trifft die BA die Pflicht, den Einsatz ihrer Mittel für die aktive Arbeitsmarktförderung zu überwachen.[521] Folglich hat sie ein eigenes Interesse daran, die ordnungsgemäße Leistungserbringung für die Dauer des Vertragsverhältnisses zu der PSA im Auge zu behalten, um auf der Grundlage der gewonnenen Ergebnisse eine fundierte Entscheidung für eine mögliche Vertragsverlängerung mit der PSA treffen zu können. Der Einschaltung der PSA kommt die Funktion zu, die allgemeinen Arbeitsvermittlungsbemühungen der Arbeitsverwaltung zu unterstützen. Die Überwachung dieser Unterstützungsfunktion kann dabei die BA – vertreten durch die jeweils zuständige Arbeitsagentur – am ehesten durchführen, solange sie selbst „Herrin des Verfahrens" ist und solange sie selbst Gläubigerin der vertraglichen Leistungsansprüche bleibt. All dies könnte gefährdet sein, würde der PSA-Beschäftigte selbst unmittelbarer Anspruchsberechtigter der Leistungen aus dem PSA-Vertrag werden.

Diese Erwägungen lassen den Schluss zu, den entsprechenden Leistungsverpflichtungen des PSA-Vertrages die Wirkung eines unechten (ermächtigenden) Vertrages zugunsten der PSA-Beschäftigten zukommen zu lassen. Dies entspricht dem von der BA verfolgten Ziel der effektiven Handlungsweise der PSA als einem Instrument aktiver Arbeitsmarktpolitik und lässt sich auch mit der gesetzlichen Vorgabe des § 37 c Abs. 1 S. 2 SGB III vereinbaren, da dort nur die Erbringung der Leistungen gefordert wird, nicht aber definiert ist, wer Leistungsberechtigter zu sein hat. Diese Zielsetzung ist für die PSA als Vertragspartner auch hinreichend ersichtlich, so dass die Vertragsauslegung dieses Ergebnis trägt. Für das Dreiecksverhältnis zwischen PSA, BA und PSA-Beschäftigten ergibt sich somit, dass die PSA berechtigt ist, gegenüber dem PSA-Beschäftigten die mit der BA vereinbarten Leistungen zu erbringen. Dabei ist der PSA-Beschäftigte nicht selbst Gläubiger der Leistungsansprüche, sondern aufgrund des unechten Vertrags zu seinen Gunsten lediglich ermächtigt, die zwischen der PSA und der BA vereinbarten Leistungen in Empfang zu neh-

[520] Vgl. zu diesen Einwirkungsrechten: **Raab**, Austauschverträge mit Drittbeteiligung, S. 488 ff.; **Dörner**, Dynamische Relativität, S. 303.

[521] Die allgemeine Pflicht zur Überwachung der Tätigkeit Dritter, die zur Vermittlung durch die Arbeitsverwaltung eingesetzt werden, ergibt sich aus § 394 Abs. 1 S. 2 Nr. 4 SGB III; vgl. **Sauer**, in: Klose SGB III, § 394, Rn. 3.

men.[522] Bei ordnungsgemäßer – also den vertraglichen Regelungen entsprechender – Leistung tritt damit zugleich schuldbefreiende Erfüllung im Deckungsverhältnis zwischen PSA und BA ein.

III. Zusammenfassung

Der PSA-Vertrag ist als ein zivilrechtlicher Vertrag einzuordnen, auf den die allgemeinen Regeln des BGB anzuwenden sind. Entstehende Rechtsstreitigkeiten sind vor den ordentlichen Gerichten zu verhandeln. Der PSA-Vertrag ist als ein gemischter Vertag anzusehen, der aus dienstvertraglichen und maklerdienstvertraglichen Komponenten besteht. Die Verpflichtungen zur Verwirklichung der Leistungen des vereinbarten Maßnahmenkatalogs zur Qualifizierung, Beratung und Direktvermittlung der PSA-Beschäftigten während verleihfreier Zeiten weisen einen Drittbezug auf, in dem sie gegenüber dem PSA-Beschäftigten zu erbringen sind. Die Vertragsauslegung hat dabei ergeben, dass nicht der PSA-Beschäftigte einen eigenen Anspruch auf die Erbringung dieser Leistungen besitzt, es sich mithin lediglich um einen unechten (ermächtigenden) Vertrag zu seinen Gunsten handelt, dessen Gläubiger einzig die BA ist.

E. Leistungsstörungen

I. Von der BA zu vertretende Leistungsstörungen

Als Leistungsstörung auf Seiten der BA kommt zunächst die Nichterfüllung der Honorarzahlungen in Betracht, die jedoch keine weiteren Besonderheiten aufweist. Daneben kann eine Schlechtleistung vorliegen, wenn die BA ihrer Pflicht zum Vorschlag von Arbeitslosen nicht nachkommt. Die PSA, die die vorgesehenen Beschäftigungsplätze einzig mit von der Arbeitsverwaltung vorgeschlagenen Arbeitslosen besetzen darf,[523] ist auf entsprechende Vorschläge angewiesen und hat auch ein Interesse, dass die Vorgeschlagenen in persönlicher wie qualifikatorischer Hinsicht den vereinbarten Merkmalen der Zielgruppe entsprechen. Vollends ausbleibende oder nicht zielgruppenadäquate Vorschläge können zu Schadensersatzforderungen aus §§ 280 ff. BGB führen. Weiterhin stehen der PSA die Rechte aus den §§ 320 ff. BGB zu, wobei an die Stelle des Rücktritts die Kündigung des Vertragsverhältnisses aus wichtigem Grunde tritt, vgl. § 314 BGB.[524]

---

522 Dem PSA-Beschäftigten kommt als „Drittem" damit die Empfangszuständigkeit zu. Der Begriff der Empfangszuständigkeit geht zurück auf **Larenz**, SchR Bd. I AT, § 18 I, und hat sich allgemein durchgesetzt. Vgl.: **Wenzel**, in: MüKommBGB, Bd. 2 a, § 362, Rn. 15; **Raab**, Austauschverträge mit Drittbeteiligung, S. 129 ff.

523 Vgl. oben, A. I. 2.

524 Bereits vor der Schuldrechtsreform, auf die die heutige Fassung des § 314 BGB zurückgeht, entsprach es allgemeiner Ansicht, dass im Rahmen in Vollzug gesetzter Dauerschuldverhältnisse – der PSA-Vertrag erfüllt diese Voraussetzung – an die Stelle des

II. Von der PSA zu vertretende Leistungsstörungen

Von praktisch weitaus größerer Bedeutung dürfte jedoch die Bestimmung der Leistungsstörungen auf Seiten der PSA sein. Aus dem Vertrag zur BA ist die PSA zunächst verpflichtet, im Rahmen der abzuschließenden Leiharbeitsverträge vermittlungsorientierte Arbeitnehmerüberlassung zu betreiben und die verleihfreien Zeiten durch Direktvermittlungsbemühungen, Kurzzeitqualifikationen und weitere Beratungs- und Betreuungsleistungen zu nutzen. Abgesehen von dem damit verfolgten Ziel der Wiedereingliederung der vormals Arbeitslosen in den ersten Arbeitsmarkt sind die Leistungspflichten der PSA inhaltlich weder durch die gesetzliche Regelung des § 37 c SGB III anschaulich umschrieben noch beinhaltet der abgeschlossene PSA-Vertrag exakte Vorgaben, welche konkreten Handlungen im Einzelfall zu erbringen sind. Auch die Leistungsbeschreibung, die der PSA-Bewerber im Zusammenhang mit der Auftragsvergabe vorgelegt hat, und die Teil des PSA-Vertrages geworden ist, ist bezogen auf die allgemeine Geschäftsstrategie der PSA und wird folglich die darin genannten Vermittlungs- und Beratungsschritte eher in allgemeiner Weise beschreiben. Der PSA kommt daher ein eigener Beurteilungsspielraum für die Auswahl der im Einzelfall heranzuziehenden Maßnahmen zu.[525] Zwar hat sie die Aufgabe, unter Berücksichtigung der Besonderheiten des Einzelfalls die den größten Erfolg versprechende Maßnahme auszuwählen; die konkrete Auswahl liegt jedoch in ihrem pflichtgemäßen Ermessen. Abgesehen also von Fällen, in denen die Tätigkeitsentfaltung der PSA offensichtlich ungeeignet oder unqualifiziert ausgeübt wurde,[526] oder in denen schlicht gar keine Tätigkeitsentfaltung festgestellt werden kann, wird die Beurteilung der vertraglichen Leistungen als Schlechterfüllung der Vertragspflichten regelmäßig mit besonderen Schwierigkeiten verbunden sein. Dabei handelt es sich jedoch nicht um eine Besonderheit des PSA-Vertragsverhältnisses, sondern im Grunde um Probleme, die regelmäßig im Zusammenhang mit der Erbringung von Dienstleistungen auftreten und bei deren genauerer Ausgestaltung es dem Dienstverpflichteten obliegt, den konkreten Inhalt möglichst passgenau auf die Besonderheiten des Einzelfalls abzustimmen.[527] Es gibt immer wieder Probleme, die sich aus einer mangelnden Be-

---

Rücktritts das Recht zur Kündigung aus wichtigem Grunde tritt. Vgl. **Gaier**, in: MüKomm BGB, Bd. 2 a, § 314, Rn. 11.

[525] Vgl. oben, A. I. 1. b.

[526] Zu denken wäre etwa an Fallgestaltungen, in denen die „Beratungsleistungen" sich in der Vermittlung von Allgemeinplätzen erschöpft, oder die „Direktvermittlungsbemühungen" einzig darin bestehen, dass den PSA-Beschäftigten allgemeine Stellenanzeigen zur Verfügung gestellt werden oder sie selbständig im Internet nach Stellenangeboten suchen sollen.

[527] Probleme bei der Bestimmung der Mangelhaftigkeit von Dienstleistungen ergeben sich etwa auch im Zusammenhang mit dem als „Outplacement" bezeichneten Beratungs- und Betreuungsverhältnis, welches eingesetzt wird, um die Trennungssituation nach Aus-

stimmtheit der zu wählenden Betreuungsschritte ergeben. Dem könnte begegnet werden durch die konkretisierte Vereinbarung eines „Maßnahmenkatalogs“, zu dessen Verwirklichung sich die PSA mit Rücksicht auf die besondere Lage jedes einzelnen ihrer Beschäftigten gegenüber der BA verpflichtet. Die Ausarbeitung eines solchen Katalogs – will man die Konkretisierung der Leistungsverpflichtungen nicht zu sehr zu Lasten der flexiblen Auswahl der Maßnahme im Einzelfall ausgestalten – wäre jedoch mit einem besonderen personellen Mehraufwand – gerade auch für die Arbeitsverwaltung – verbunden und ist bereits aus diesem Grund nicht als sonderlich realistisch zu beurteilen. Ein eher gangbarer Weg könnte hier in der Anwendung verbindlicher Qualitätsstandards zu erblicken sein, zu deren Einhaltung die PSA sich im PSA-Vertrag zu verpflichten hätte.[528][529] Die Entwicklung eines solchen „Code of best Practice“, der konkret für die Arbeitsweise der PSA auszugestalten wäre,[530] könnte dazu beitragen, klare Richtlinien für die einzelnen PSAen aufzustellen und wäre dann auch geeignet,

---

spruch einer Kündigung möglichst reibungslos und sozialverträglichen zu gestalten und dabei einen raschen Übergang von der alten in eine neue Beschäftigung zu finden. Monographisch zum Konzept und den arbeitsrechtlichen Fragestellungen im Zusammenhang mit „Outplacement-Verträgen“: **Hermann**, Outplacement, Univ. Diss. Frankfurt (Main), 2000; vgl. auch **Kibler**, RdA 1996, S. 366 ff. Zu den Problemen der Feststellung der Mangelhaftigkeit einzelner Beratungsleistungen: insb. **Hermann**, ebd., S. 102 ff.

528 Das BMWA hält demgegenüber die Entwicklung solcher Qualitätsstandards für entbehrlich und verweist einerseits auf die qualitativen Kriterien, die bereits im Vergabeverfahren gestellt wurden und andererseits auf die Möglichkeit der BA, das Vertragsverhältnis zur PSA mit drei-monatiger Kündigungsfrist zu beenden: Antwort der Bundesregierung auf die Kleine Anfrage unterschiedlicher Abgeordneter (BT-Drucks. 15/1256) zu ersten Erfahrungen mit Personal-Service-Agenturen: BT-Drucks. 15/1419, S. 4.

529 Die aktuellen Ausschreibungsunterlagen enthalten die Verpflichtung des PSA-Betreibers, sich an die Qualitätsstandards entsprechend der Entschließung des Deutschen Bundestages vom 15. März 2002 (BT-Drucksache 14/8529) zu halten. Konkrete Vorgehensweise mit Rücksicht auf die Tätigkeit der PSA sind darin jedoch nicht enthalten; vgl. dazu: folgende Fußnote.

530 Ein Katalog von Qualitätsstandards für die private Arbeitsvermittlung wurde im Dezember 2003 beim BMWA von einer größeren Anzahl privater Arbeitsvermittler und deren Interessenorganisationen unterzeichnet. Bereits im Zusammenhang mit der Freigabe der privaten Arbeitsvermittlung im Jahre 2002 hatte der Gesetzgeber dazu aufgerufen, entsprechende Qualitätsstandards zu entwickeln: vgl. Buchst. b der Beschlussempfehlung in BT-Drucks. 14/8529, v. 13. März 2002. Vgl. auch Bericht zur Entwicklung von Qualitätsstandards in der privaten Arbeitsvermittlung, BT-Drucks. 15/2521, v. 13. Februar 2004.

Die „Qualitätsstandards für die private Personal- und Arbeitsvermittlung“, unterzeichnet am 23. Dezember 2003 beim BMWA, sowie eine Kommentierung können auf den Internetseiten der Bundesagentur für Arbeit (http://www.arbeitsagentur.de/nn_27986/zentraler-Content/A04-Vermittlung/A041-Erschliessung/Allgemein/Private-Personal-und-Arbeitsvermittlung.html) abgerufen werden. (Abgerufen am 28. September 2007).

ein Fehlverhalten der PSA unproblematischer als vertragliche Schlechtleistung einzuordnen.

Soweit die Handlungen der PSA danach als nicht vertragsgemäß beurteilt werden können, stehen der BA die allgemeinen Ansprüche auf Schadensersatz aus §§ 280 ff BGB, sowie ggf. die Ansprüche aus §§ 320 ff. BGB zu. Auch für die BA geht die Kündigung aus wichtigem Grunde dem Rücktrittsrecht vor (vgl. § 314 BGB).

Weiterhin hat die PSA die Aufgabe übernommen, im Falle des Übernahmewillens eines Entleihers bzw. generell bei Auftreten der Möglichkeit, eine Anschlussbeschäftigung für den PSA-Beschäftigten zu realisieren, einen sofortigen Wechsel ohne Nachteil für den vormals Arbeitslosen herbeizuführen.[531] Verhaltensweisen, bei denen die PSA einen ihrer Beschäftigten entgegen dieser Vorgabe noch für längere Zeit unter eigenem Vertrag hält – etwa um für gewisse Zeit noch die Leistungen aus der Fallpauschale zu erlangen –, stellen eine PSA-Vertragsverletzung dar und können für die BA zur Rückforderung zu viel gezahlter Förderungsleistungen nach §§ 280 ff. BGB führen. Auch hier ist jedoch festzustellen, dass der Nachweis entsprechender Gestaltungen praktisch ausgesprochen selten sein wird, da sowohl die PSA wie auch ein übernahmewilliger Entleiher ein eigenes wirtschaftliches Interesse daran haben können, einen Wechsel nicht „sofort", sondern erst zu einem späteren Zeitpunkt herbeizuführen.[532]

Der neue PSA-Mustervertrag weist nunmehr auch explizite Regelungen zu Vertragsstrafen und Pflichtverletzungen durch den Auftragnehmer auf. So ist im Falle der verschuldeten Verzögerung des Betriebsbeginns eine Vertragsstrafe an die BA zu zahlen. Auch ist ein Verstoß gegen weitere Vertragspflichten vertragsstrafenbewehrt.[533]

---

[531] Vgl. Ziff. 7, 3. Absatz des PSA-Mustervertrages; dazu oben, A. I. 1. a.

[532] Für die PSA kann sich die „Herauszögerung" der Überleitung des PSA-Beschäftigten insbesondere lohnen, wenn durch den späteren Übergang kein Nachteil aufgrund der Degression der Vermittlungsprämie eintritt, im Übergangszeitraum aber die Leistungen aus der Fallpauschale noch weiter laufen. Für den übernahmewilligen Entleiher kann es attraktiv sein, den zu Übernehmenden zunächst noch als – staatlich subventionierte – Leiharbeitskraft zu beschäftigen.

[533] §§ 9, 10 des neuen PSA-Mustervertrages.

§ 9 Kritik an Konzeption und praktischer Umsetzung des Instruments der Personal-Service-Agenturen sowie Verlauf und heutiger Stand der Umsetzung

A. Konflikt zur etablierten Leiharbeit und mögliche Mitnahmeeffekte

Bereits während des laufenden Gesetzgebungsverfahrens wurden erste Stimmen laut, die Vorwürfe eines staatlich subventionierten Verdrängungswettbewerbs zu Lasten der rein gewerblich tätigen Arbeitnehmerüberlasser gegenüber der Einführung der PSA erhoben.[534] Wiederholt wurde dabei vorgebracht, das Konzept der PSA führe zu einer staatlichen Förderung von Tätigkeiten, die auch ohnehin bereits effektiv von der üblichen Leiharbeitsbranche erfüllt werden könnten und bereits erfüllt würden.[535] Eine Wettbewerbsverzerrung könne hier Folge der Instrumentalisierung der PSA sein, da die Subventionszahlungen die PSA in die Position versetzten, zu vergleichsweise niedrig bemessenen Überlassungsgebühren die Personal-Dienstleistungen am Markt anzubieten.[536]

I. Verfassungsrechtlicher Aspekt

Zunächst ist jedoch davon auszugehen, dass die gesetzliche Regelung zur Umsetzung der PSA jedenfalls keine *verfassungsrechtlich* relevante Beeinträchtigung der Interessen der Betreiber üblicher, rein gewerblich handelnder Arbeitnehmerüberlasser beinhaltet. Von einer Verletzung des Grundrechts der Berufsfreiheit kann hier nicht ausgegangen werden, da Art. 12 Abs. 1 GG nicht vor jeder Form der staatlichen Beteiligung am Wirtschaftsleben schützt. Erforderlich für die Annahme einer verfassungsrechtlichen Relevanz ist vielmehr, dass Folge der staatlichen Betätigung ein Auszehrungs- und Verdrängungswettbewerb ist,

---

534 Vgl. Stellungnahme des Wissenschaftlichen Beirats beim Bundesministerium für Arbeit und Wirtschaft, v. 25. Oktober 2002; aus den Materialien zur öffentlichen Anhörung im AWA, betreffend den Entwurf eines Ersten Gesetzes für Moderne Dienstleistungen am Arbeitsmarkt, Ausschuss-Drucks. 15(9)20, v. 11. November 2002: Stellungnahme des BDA, S. 33; Stellungnahme des DIHK, S. 75; Stellungnahme der Interessengemeinschaft Deutscher Zeitarbeitsunternehmen e.V. (iGZ), S. 86; Stellungnahme des Instituts zur Zukunft der Arbeit (IZA), Bonn, S. 122; Stellungnahme des Instituts für Arbeitsmarkt- und Berufsforschung (IAB), Nürnberg, S. 127. Schon zuvor war die Subventionierung vermittlungsorientierter Arbeitnehmerüberlassung kritisiert worden: vgl. die Äußerungen des BDA im Neunten AÜG-Erfahrungsbericht, BT-Drucks. 14/4220, S. 26.

535 So der Bundesverband Zeitarbeit (BZA) im Neunten AÜG-Erfahrungsbericht, BT-Drucks. 14/4220, S. 12.

536 Vgl. **Wank**, RdA 2003, S. 1, 7; **Sachverständigenrat zur Begutachtung der gesamtwirtschaftlichen Entwicklung**, Jahresgutachten 2003/04, Ziff. 667 (S. 378 f.); **Hillebrand**, UnternehmerThemen – Zeitschrift der IKB Deutsche Industriebank, April 2004, S. 9, 12 f.; vgl. auch **Ochel**, ifo-Schnelldienst 1/2003, S. 21, 25 ff. mit eingehenden Berechnungen zu den möglichen fiskalischen Konsequenzen der Einführung der PSA.

der zu einer Ausschaltung der privaten Konkurrenz führen würde.[537] Eine lediglich „systemimmanente Verschärfung des marktwirtschaftlichen Konkurrenzdrucks" ist demgegenüber verfassungsrechtlich unbedenklich.[538] Auf einem anderen Blatt steht freilich, ob die tatsächliche Verhaltensweise einzelner PSAen, insbesondere im Hinblick auf die von ihnen angebotenen Überlassungsgebühren, den Tatbestand eines sitten- und wettbewerbswidrigen Verhaltens erfüllen, der nach den Regeln des UWG zu beurteilen wäre.[539] Die Einordnung entsprechender Verhaltensweisen ist jedoch immer von den tatsächlichen Umständen des Einzelfalls abhängig und entzieht sich damit der hier anzustellenden, abstrakten Betrachtung.

II. Beschäftigungspolitischer Aspekt

Auch wenn die Intensität der Konkurrenzproblematik nicht die verfassungsrechtlich relevante Grenze überschreitet, bleibt die – *beschäftigungspolitisch* erhebliche – Frage bestehen, ob nicht die Tätigkeit der PSA eine Verschiebung zu Lasten der Betreiber von üblicher Arbeitnehmerüberlassung herbeiführt und in der Folge die aufgewandten staatlichen Zuschüsse verfehlt eingesetzt würden, da im Rahmen der nunmehr substituierten, üblichen Leiharbeitsverhältnisse ähnliche Integrationseffekte hätten erzielt werden können. Eine Antwort auf diese Frage ist jedoch mit Unbekannten verbunden: Für einen direkten Vergleich der Integrationswirkungen der PSA zu denjenigen der üblichen Leiharbeit wären zunächst hierfür verlässliche Ergebnisse beider Formen der Arbeitnehmerüberlassung zu eruieren. Die Integrationswirkung im Rahmen der PSA-Beschäftigung wird in der Statistik der BA seit Oktober 2003 monatlich ausgewiesen.[540] Abgesehen von den Anfangswerten aus dem Jahr 2003 (durchschnittliche Integrationsquote: 44,7 %) lag die Integrationsquote in den Jahren 2004 bis 2006 bei durchschnittlich ca. 33,4 %. Die bisherigen Daten aus dem Jahre 2007 ergeben eine durchschnittliche Quote von ca. 34,4 %. Während damit die Integrationswirkung für die PSA statistisch nachvollziehbar ist, fehlen einheitliche,

---

[537] St. Rechtspr. des **BVerwG**: vgl. **BVerwG**, v. 21. März 1995, NJW 1995, S: 2938, 2939 = DVBl. 1996, S. 152, 153; **BVerwG**, v. 22. Februar 1972, E 39, S. 329, 336 = DB 1972, S. 1332. Vgl. auch **Ossenbühl**, AöR 115 (1990), S. 1, 13; **Breuer**, in: Isensee/Kirchhof, Hdb. StR, Bd. IV, § 148 C II; **Papier**, in: Benda/Maihofer/Vogel, Hdb. VerfR, § 18 II 3., S. 820.

[538] Vgl. **BVerwG**, v. 21. März 1995, NJW 1995, S. 2938, 2939 = DVBl. 1996, S. 152, 153; **BVerwG**, v. 18. April 1985, E 71, S. 183, 193 = NJW 1985, S. 2774, 2776; **Köhler/Piper**, UWG, § 1, Rn. 541.

[539] Vgl. dazu etwa: **BGH**, v. 19. Juni 1986, NJW 1987, S. 60, 61 = GRUR 1987, S. 116, 117 f.

[540] Unter www.pub.arbeitsamt.de/hst/services/statistik/000000/html/start/detail.shtml können die Nachweise der Daten, auf denen die folgenden Angaben beruhen, abgerufen werden (letzter Abruf am 26. September 2007).

offizielle Statistiken über entsprechende Quoten der rein gewerbsmäßig betriebenen Arbeitnehmerüberlassung.[541]

Ungeachtet dessen kann eine unmittelbare Konkurrenzsituation, die Voraussetzung für einen Verschiebungseffekt ist, nur dann zwischen der PSA und rein gewerblich handelnden Verleihern angenommen werden, wenn sich beide Formen der Arbeitnehmerüberlassung in weitgehend demselben Marktsegment bewegen – die von beiden angebotenen Dienstleistungen also ein vergleichbares Nachfragemoment befriedigen. Gerade dieser Umstand aber wurde vom damaligen BMWA abgestritten.

1. Fehlende Konkurrenzsituation aufgrund andersartiger Zielsetzung der PSA?

Die von der PSA angebotenen Personaldienstleistungen entsprechen prinzipiell denjenigen rein gewerblich handelnder Verleiher. Ebenso wie letztere tritt die PSA am Markt auf und bietet Gestellung von Personal an. Dabei ist für die PSA gerade der Arbeitskräfteverleih in Betriebe erwünscht, die ganz gewöhnlich am allgemeinen Wirtschaftsleben teilnehmen. Anders als etwa im Zusammenhang mit Arbeitsbeschaffungsmaßnahmen nach §§ 260 ff SGB III, deren Gegenstand sich nur auf „zusätzliche und im öffentlichen Interesse liegende" Arbeiten beziehen darf,[542] soll das Tätigwerden der PSA primär den Kontakt zu gewöhnlichen Arbeitgebern herstellen, um in der Folge auch ein Anschlussarbeitsverhältnis im ersten Arbeitsmarkt zu erreichen. Zwar weicht die Zielsetzung des Personaleinsatzes der PSA – also der Integrationserfolg – von der Intention ab, welche übliche Arbeitnehmerüberlasser verfolgen – also die bloße Erwirtschaftung von Einnahmen aus der Überlassungstätigkeit. Im Hinblick auf die konkrete Bedienung der Nachfrage des Entleihers aber entspricht sich die eigentliche Durchführung des Arbeitseinsatzes in beiden Fällen. Unter Beachtung dieses Gesichtspunkts macht es sich das BMWA zu einfach, die Möglichkeit der Konkurrenz zwischen der PSA zu üblichen Verleihern mit dem Hinweis der vermittlungsorientierten Arbeitsweise ersterer abzustreiten.[543]

---

541 Die offizielle Statistik der BA beinhaltet keine Angaben über die Integrationseffekte der rein gewerblich betriebenen Arbeitnehmerüberlassung. Eine Studie, die im Jahre 1999 durch die „International Confederation of Temporary Work Businesses – CIETT", den Weltverband Zeitarbeit, durchgeführt wurde, ging für Deutschland von einer Integrationsquote von 29 % aus. Vgl. **CIETT**, Orchestrating the evolution of Private Employment Agencies towards a stronger society, Brüssel, 2000, S. 18. Ähnliche Zahlenwerte werden vom Bundesverband Zeitarbeit (BZA), in: Der Personaldienstleister, Ausgabe März 2002, S. 1, 7 genannt. Für eine tatsächliche Vergleichbarkeit aber müssten sämtliche Erhebungen auf zumindest ähnlicher Datenerhebungsgrundlage stehen.

542 §§ 260 Abs. 1 Nr. 2, 261 Abs. 2, 3 SGB III; vgl. dazu: **Lauterbach**, in: Kasseler Hdb. ArbF, § 19, Rn. 37 ff.; **Henkes/Baur/Kopp/Polduwe**, Hdb. Arbeitsförderung, S. 63 f.

543 Vgl. Unterrichtung zum Stand der Personal-Service-Agenturen, Ausschussdrucksache AWA 15(9)1051, v. 02. März 2004, S. 2 f; gleich lautend auch die Ausführungen der

2. Zielgruppenproblematik

Kann der Konkurrenzproblematik zu rein gewerblich tätigen Verleihern nicht schon aufgrund der andersartigen Zielsetzung der PSA beigekommen werden, so vermag doch die besondere Ausgestaltung der Personalzusammensetzung in der PSA dieses Problem zumindest zu begrenzen. Eine entsprechend ausgestaltete Zielgruppendefinition kann hierfür dienlich sein, wenn gewährleistet ist, dass damit in der PSA vermehrt Personen tätig werden, deren Anteil in der rein gewerblich betriebenen Arbeitnehmerüberlassung weniger ausgeprägt ist. Auch auf dieses Argument stützt das BMWA die Argumentation, dass eine Wettbewerbsverzerrung zu Lasten der üblichen Arbeitnehmerüberlassung durch die PSA „grundsätzlich nicht gegeben" sei.[544]

Problematisch ist dabei jedoch, dass sowohl die gesetzliche Regelung in § 37 c SGB III wie auch die Gesetzesmaterialien jegliche Auseinandersetzung mit einer solchen Definition der Zielgruppe für das Instrument der PSA vermissen lassen. Auch der Abschlussbericht der Kommission für Moderne Dienstleistungen entbehrt hierzu genauerer Angaben.[545] In der Konsequenz ist damit die Festlegung der PSA-Zielgruppe in die Zuständigkeit der BA (sowie ggf. in die Zuständigkeit der nach §§ 6 a, b SGB II optierenden Kommunen, die für sämtliche Leistungen nach dem SGB II zuständig sind) gestellt worden.[546] Nach der vorliegenden internen Geschäftsanweisung der BA an die einzelnen Arbeitsagenturen hatten zunächst diese die Aufgabe, in Absprache mit der BA eine genauere Zielgruppen-Festlegung herbeizuführen.[547] Dabei sollte beachtet werden, dass die Zielgruppe „*ausreichend Chancen für den für einen wirtschaftlichen PSA-Betrieb erforderlichen Arbeitskräfteverleih eröffnet*". Von der PSA-

---

Antwort der Bundesregierung auf die Kleine Anfrage unterschiedlicher Abgeordneter (BT-Drucks. 15/1256) zu ersten Erfahrungen mit Personal-Service-Agenturen: BT-Drucks. 15/1419, S. 5. Federführend war in beiden Fällen das BMWA.

544 Vgl. die Nachweise in der vorangegangenen Fußnote.

545 Im Kommissionsbericht ist lediglich die Rede davon, dass „ein Zielgruppenmix [...] durch die Vertragsgestaltung mit de[r Arbeitsagentur] sichergestellt" wird; S. 147 des Kommissionsberichts. Eine eingehende Auseinandersetzung mit der möglichen Begrenzung der Zielgruppe der PSA findet sich demgegenüber im Gutachten von **Bertelsmann/Bundesanstalt für Arbeit/McKinsey & Company**, Die Personal-Service-Agentur, S. 12 ff. Die dort erarbeiteten Ergebnisse gingen jedoch nicht in die gesetzliche Regelung ein.

546 So auch: **Reipen**, BB 2003, S. 787, 788; **Rixen**, NZS 2003, S. 401, 409.

547 BA-Rundbrief Geschäftsanweisung 71/2002, v. 23. Dezember 2002, Ziff. 4.2. Die aktuellen Angaben in den Verdingungsunterlagen zur Zielgruppe begnügen sich zur Definition der Zielgruppe mit folgender Formulierung: "Als Zielgruppe der PSA sind Arbeitslose vorgesehen, die von der Agentur für Arbeit zwar kurzfristig nicht vermittelbar sind, aber abgesehen von individuellen Vermittlungshemmnissen generell beschäftigungsfähig und für die Arbeitnehmerüberlassung geeignet sind.".

Zielgruppe sollten danach „*kurzfristig vom Arbeitsamt nicht vermittelbare Arbeitslose umfasst [sein], die aber abgesehen von individuellen Vermittlungshemmnissen beschäftigungsfähig sind und im Rahmen ihres Qualifikationsspektrums für Arbeitnehmerüberlassung in Betracht kommen.*“[548] Die BA verbindet damit die Hoffnung, dass die Beschäftigung in der PSA „*auch für Arbeitnehmer ohne Berufsabschluss, Langzeitarbeitslose und von Langzeitarbeitslosigkeit bedrohte, schwer behinderte und ältere Arbeitslose in vielen Fällen Chancen zur [...] Integration in den Arbeitsmarkt*“ ergeben wird.[549] Die Einbeziehung auch der Langzeitarbeitslosen verdeutlicht, dass die Beschäftigung in der PSA nicht den Beziehern von Arbeitslosengeld nach §§ 117 ff. SGB III vorbehalten ist, sondern auch Bezieher von Arbeitslosenhilfe nach §§ 190 ff. SGB III a.F. und ab dem 1. Januar 2005 auch Beziehern des Arbeitslosengeldes II nach dem SGB II offen steht.[550] Insgesamt soll die Festlegung der Zielgruppe nach berufsfachlichen und personenbezogenen Merkmalen erfolgen. Weit gefassten Zielgruppendefinitionen in einigen Arbeitsagenturbezirken stehen besonders enge Zielgruppen-Festlegungen in anderen Agenturbezirken gegenüber.[551] Vergleicht man das verfügbare statistische Zahlenmaterial[552] zur Zusammensetzung der in den PSAen Beschäftigten, so ergibt sich im Vergleich zur Zusammensetzung der in üblicher Leiharbeit Beschäftigten folgendes Bild:

Der Anteil von Frauen, die in PSAen beschäftigt werden, ist mit ca. 32 % stärker vertreten als in der üblichen Leiharbeit (ca. 27 %). In Bezug auf die Zusammensetzung nach Altersgruppen ist auffallend, dass in den PSAen Beschäftigte im Alter von 20 bis 25 Jahren überproportional häufig vertreten sind (ca. 30 % in den PSAen gegenüber ca. 19 % in üblicher Leiharbeit; nach den Angaben im Zwischenbericht der Bundesregierung zur Wirksamkeit moderner Dienstleistungen am Arbeitsmarkt[553] lag die Quote in den Jahren 2003 und 2004 sogar bei 40 %). Die Abweichungen in den übrigen Altersgruppen fallen weniger deutlich aus. Im Hinblick auf die Berufsausbildung sind die PSA-Beschäftigten im Durchschnitt besser qualifiziert als die Beschäftigten in der traditionellen Leih-

---

548 BA-Rundbrief Geschäftsanweisung 71/2002, v. 23. Dezember 2002, Ziff. 2.7; ebenso PSA-Internetinformation, v. 19. April 2004, Ziff. 7.

549 Ebd.

550 Vgl. zu den Neuerungen aufgrund der Zusammenführung von Arbeitslosenhilfe und Sozialhilfe und den damit verbundenen Zuständigkeitsänderungen: oben, § 7 in der Einleitung.

551 Vgl. zu Beispielen aus der Praxis die Nachweise bei **Windsheimer/Jahn**, IAB-Kurzbericht Nr. 1/2004, S. 1, 3.

552 Die folgenden Zahlen basieren auf den Angaben bei **Windsheimer/Jahn**, IAB-Kurzbericht Nr. 2/2004, S. 1 ff. Die Daten beziehen sich auf den Zeitraum zwischen April und Oktober 2003 und werden dem verfügbaren Zahlenmaterial zur Lage in der üblichen Arbeitnehmerüberlassung aus dem Jahre 2002 gegenüber gestellt.

553 BT-Drucksache 16/505 vom 1. Februar 2006.

arbeit; so besitzen ca. 61 % der PSA-Beschäftigten eine betriebliche Ausbildung, während der Anteil dieser Qualifizierung ansonsten bei ca. 54 % liegt. Bezogen auf die Dauer der Arbeitslosigkeit vor der Aufnahme der Beschäftigung sind in den PSAen Langzeitarbeitslose mit ca. 14,1 % stärker vertreten als in der üblichen Leiharbeit, wo deren Anteil bei ca. 8 % liegt.

Zusammenfassend weist demnach die tatsächliche Zusammensetzung der bei den PSAen Beschäftigten insbesondere bezogen auf die Gruppe der 20- bis 25-jährigen, auf die Gruppe der Beschäftigten mit abgeschlossener betrieblicher Berufsausbildung und auf den Anteil von Langzeitarbeitslosen einen stärker ausgeprägten Anteil auf, als dies in der üblichen Leiharbeit der Fall ist. Die Abweichungen können jedoch kaum als derart ausgeprägt bezeichnet werden, dass die Annahme eines Konkurrenzverhältnisses gleichsam ausgeschlossen werden könnte.[554] Die hier aufgezeigten Sozialdaten deuten eher darauf hin, dass aufgrund der Zusammensetzung der bei den PSAen Beschäftigten weitgehend gerade Personen von den PSAen verliehen werden, die auch vom Tätigkeitsfeld der üblichen Verleiher umfasst sind. Die PSAen setzen damit zwar gewisse Akzente im Hinblick auf die Beschäftigung bestimmter Personengruppen, weisen aber global betrachtet eine erhebliche Überschneidung im Vergleich zur üblichen Leiharbeit auf. Eine spezifische Förderung der Problemgruppen auf dem Arbeitsmarkt kann damit nicht ohne Vorbehalt festgestellt werden.[555]

3. Mitnahme- und Drehtüreffekte[556]

Mit dieser Art des Marktauftritts der PSA ist zugleich ein weiteres Problemfeld verbunden: Da Entleihern die Personaldienstleistungen der PSA zu vergleichsweise niedrig bemessenen Überlassungsgebühren angeboten werden können, droht der Eintritt größerer Mitnahmeeffekte.[557] Damit ist der Umstand gemeint, dass Entleiher bewegt sein können, die Dienstleistungen, die die PSAen anbieten, über einen längeren Zeitraum in Anspruch zu nehmen, ohne überhaupt das Ziel zu verfolgen, einen der Überlassenen in ein Anschlussbeschäftigungsverhältnis zu übernehmen. Beschäftigungspolitisch noch nachteilhafter ist der Ein-

---

554 In diese Richtung aber die Äußerungen des BMWA, vgl. obere Fn. 520.

555 Vgl. auch **Konle-Seidl**, BABl. 10/2004, S. 4, 10; kritisch insofern auch: **Reipen**, BB 2003, S. 487, 488.

556 Ausführlich setzt sich der Wissenschaftliche Beirat beim BMWA mit dieser Problematik auseinander; vgl. Gutachten des Wissenschaftlichen Beirats, v. 15./16. November 2002, Dokumentation Nr. 518, S. 2 ff.

557 Vgl. **Sachverständigenrat zur Begutachtung der gesamtwirtschaftlichen Entwicklung**, Jahresgutachten 2003/04, Ziff. 667 (S. 379), **Wissenschaftlicher Beirat beim BMWA**, Brief an Bundesminister für Wirtschaft und Arbeit, Wolfgang Clement, v. 25. Oktober 2002, aufrufbar unter:
www.bmwi.de/BMWi/Navigation/Ministerium/Beiraete/wissenschaftlicher-beirat-veroeffentlichungen.html (zuletzt abgerufen am 26. September 2007).

tritt von „Drehtüreffekten“, womit bildlich der Fall umschrieben wird, dass ein Anreiz für Arbeitgeber entsteht, einen unter Arbeitsvertrag stehenden Angestellten zu entlassen, um den freigewordenen Personalbedarf kontinuierlich mit den Leiharbeitnehmern einer PSA zu bedienen.[558]

Solche Mitnahmeeffekte sind jedoch kein Charakteristikum der PSA, sondern sind im Grunde genommen jeder Art subventionierter Beschäftigung immanent.[559] Sollen aber auf längere Sicht diese Mitnahmeeffekte nicht die erhofften „Klebeeffekte“ konterkarieren, bedarf es einer genaueren Zielgruppendefinition für die PSA.[560]

4. Fazit

Letzten Endes geht es um die rechtspolitische Frage, inwieweit der Gesetzgeber es der BA auch in Zukunft überlassen will, die Zielgruppe der PSA ohne nähere Anhaltspunkte eigenverantwortlich festzulegen. Zwar hat die konkrete Ausgestaltung der Zielgruppen der PSA durch die BA und die Arbeitsagenturen den Vorteil, dass damit einerseits auf die örtlichen und strukturellen Gegebenheiten des Arbeitsmarktes flexibel reagiert werden kann und gerade die BA einen Überblick über den Gesamtarbeitsmarkt hat, so dass sie wohl die Erste ist, die auf übermäßige Verdrängungseffekte reagieren könnte. Gleichzeitig aber kann hier die Sorge nicht von der Hand gewiesen werden, dass BA und Arbeitsagenturen bewegt sein werden, zugunsten kurzfristig realisierbarer Erfolgsmeldungen die Zielgruppen so auszugestalten, dass vermehrte Konkurrenz zur gewerblichen Arbeitnehmerüberlassung entsteht. Der entsprechende Druck zu einer solchen Vorgehensweise wurde nicht zuletzt durch die extrem hohen Erwartungen geschürt, die besonders im Vorfeld der Umsetzung des PSA-Konzeptes kommuniziert wurden. Gerade die längerfristig sinnvolle Verwirklichung des PSA-Konzeptes bedürfte jedoch einer politisch klaren Zielsetzung, derer sich der Gesetzgeber nicht länger entziehen sollte. Das damit verbundene Problem besteht

---

[558] Ein besonderer Fall solcher Drehtüreffekte würde eintreten, wenn der Arbeitgeber einen Arbeitnehmer entlässt und genau denselben Arbeitnehmer – nunmehr über den Umweg der PSA – wiederholt beschäftigt. Dieser Möglichkeit ist jedoch wirksam dadurch ein Riegel vorgeschoben, dass für einen solchen Arbeitnehmer die PSA keine Gelder aus der Fallpauschale erhält und folglich an einer solchen Fallgestaltung nicht mitwirken wird. Vgl. oben, § 8 A. II. 1. a. und b.

[559] Vgl. **Schneider/Zimmermann/Bonin/Brenke/Haisken-DeNew/Kempe**, Beschäftigungspotenziale einer dualen Förderungsstrategie im Niedriglohnbereich, IZA Research Report 2002 No. 5, S. 55 ff.; **Sinn**, ifo-Schnelldienst 2002, No. 3, S. 20, 21; **Sachverständigenrat zur Begutachtung der gesamtwirtschaftlichen Entwicklung**, Jahresgutachten 2004/05, Ziff. 667 f. (S. 486 f.)

[560] Der **Wissenschaftlicher Beirat beim BMWA** hatte sich für eine Begrenzung der Zielgruppe auf „gering Qualifizierte“ ausgesprochen. Vgl. Brief an Bundesminister für Wirtschaft und Arbeit, oben, dritte Fn. zuvor.

darin, dass für die Zielgruppen-Festlegung ein Kompromiss zwischen den widerstreitenden Faktoren eines möglichst schonenden Einflusses auf bereits bestehende Zeitarbeitsfirmen und den Gesamtarbeitsmarkt, einer möglichst attraktiven Geschäftstätigkeit für die einzelne PSA und einer möglichst großen Wirkung für den Abbau der Arbeitslosigkeit gefunden werden müsste. An dieser Stelle deutete schon frühzeitig einiges darauf hin, dass zumindest vom letzten Punkt Abstriche zu machen waren. Dem Instrument „PSA“ konnte also – sollte es wirtschaftlich funktionstüchtig und bezahlbar, sowie möglichst schonend im Hinblick auf Verdrängungs- und Mitnahmeeffekte eingesetzt werden – nicht der anfangs propagierte, große Effekt für einen nachhaltigen Abbau der Arbeitslosigkeit zukommen.[561] Ein Patentrezept war, wie gewichtige Stimmen bereits frühzeitig propagiert hatten, auch im Instrument der PSA nicht zu erblicken.

B. Bisheriger Verlauf und Stand des Instruments „Personal-Service-Agentur“[562]

Nachdem § 37 c SGB III zum 1. Januar 2003 in Kraft getreten war, waren die einzelnen Arbeitsämter (heute: Arbeitsagenturen) zunächst mit den konkreten Vorbereitungen für die Ausgestaltung der Vergabeverfahren beschäftigt. Das Vergabeverfahren startete mit Bekanntgabe im Bundesausschreibungsblatt am 20. Januar 2003. Die ersten Vertragsabschlüsse wurden im April 2003 herbeigeführt. Die Monate Mai und Juni 2003 zeichneten sich durch eine besonders große Anzahl von Vertragsabschlüssen aus, so dass mit 597 PSA-Verträgen zum Ende des Monats Juni das Ziel, die flächendeckende Einführung der PSA bis Mitte 2003 zu gewährleisten, erfüllt wurde.[563] Am Stichtag des 8. Januar 2004 lagen insgesamt 969 laufende PSA-Verträge vor. Im Durchschnitt waren pro Arbeitsamtsbezirk (seinerzeit 180 Bezirke bundesweit) zu diesem Stichtag 5,38 PSAen unter Vertrag genommen. Insgesamt waren damit zum 8. Januar 2004 43.460 PSA-Beschäftigungsplätze bundesweit eingerichtet, so dass man in die Nähe der anvisierten 50.000 Beschäftigungsplätze für das Jahr 2003 geriet. Von diesen Beschäftigungsplätzen waren zum gleichen Stichtag 30.614, also ca. 70,4 Prozent, besetzt. Im Jahr 2003 waren insgesamt 42.955 Arbeitslose in PSAen eingetreten. Im gleichen Zeitraum waren von den 12.346 Austritten aus den

---

[561] Zu ähnlichen Konsequenzen für andere Formen subventionierter Beschäftigungsverhältnisse kommen die zwei Fn. zuvor zitierten Studien. Auch der **Wissenschaftliche Beirat beim BMWA** (vgl. Fn. zuvor) schätzte die Wirksamkeit der PSA für den Abbau der Arbeitslosigkeit als gering ein.

[562] Die folgenden Datenangaben basieren – soweit nicht anders vermerkt – auf den veröffentlichten Angaben der Bundesagentur, die abgerufen werden können unter www.pub.arbeitsamt.de/hst/services/statistik/000000/html/start/detail.shtml (letzter Abruf am 26. September 2007).

[563] **Jahn/Windsheimer**, IAB-Kurzbericht Nr. 1/2004, S. 1, 3.

PSAen 5.439 Austritte in sozialversicherungspflichtige Beschäftigungsverhältnisse zu verzeichnen. Die durchschnittliche Integrationsquote lag damit im Jahr 2003 bei 44,7 Prozent.

Dieser durchaus verheißungsvolle Auftakt der PSA-Einführung wurde Mitte Februar 2004 durch die Insolvenz der „Maatwerk Gesellschaft für Arbeitsvermittlung mbH", der größten PSA-Betreiberin mit 201 Personal-Service-Agenturen und ca. 9.500 PSA-Beschäftigten, nachhaltig gestört.[564] Bereits im Vorfeld der Insolvenz waren Einstellungs- und Kündigungspraktiken in einigen PSAen aufgefallen, nach denen PSA-Beschäftigte zum Monatsende eingestellt und zum folgenden Monatanfang wieder entlassen wurden, um auf diese Weise Fallpauschalen für zwei volle Monate zu erhalten.[565] Auch bewegt durch weitere Unregelmäßigkeiten in der Durchführung der einzelnen PSA-Aufgaben[566] überarbeitete die BA die Ausgestaltung der PSA-Verträge. Für PSA-Verträge, die nach dem 24. März 2004 abgeschlossen wurden, wurde danach die Fallpauschale pro Monat nur noch anteilig gewährt, wenn PSA-Beschäftigte in diesem Monat auch nur anteilig Arbeitsentgelt erhalten hatten.[567] Weiterhin wurden für das Vergabeverfahren die fachlichen Qualitätsmerkmale der Bewerber gegenüber dem abgegebenen Preisangebot höher gewichtet.[568] Daneben hatten PSA-Bewerber von da an genauere Angaben über ihre regionale Marktkenntnis und Marktanbindung darzulegen.[569]

In der Folgezeit brachen in der PSA-Statistik sowohl die Beschäftigtenzahlen, wie auch die Anzahl der laufenden PSA-Verträge ein; auch nahm die durchschnittliche Integrationsquote beträchtlich ab.[570] Erst langsam „erholte" sich die

---

564 Vgl. BA Presse-Info 029, v. 16. Februar 2004; FAZ, v. 17. Februar 2004, S. 13.

565 **Jahn/Windsheimer**, IAB-Kurzbericht 2/2004, S. 1, 6, hatten bereits Mitte Januar 2004 ohne Nennung von „Maatwerk" auf entsprechende Handlungen hingewiesen. Vgl. auch FAZ, v. 18. Februar 2004, S. 11.

566 Vgl. **Weinkopf**, IAT-Jahrbuch 2003/2004, S. 153, 161 ff.; FAZ, v. 18. Februar 2004, S. 11; v. 03. März 2004, S. 14.

567 Vgl. PSA-Internetinformation, v. 19. April 2004, Ziff. 6 Abs. 5.

568 Floss zuvor die Ausgestaltung des Preisangebots zu 60 Prozent und die qualitativen Kriterien zu 40 Prozent in die Angebotsbewertung ein, wurde dieses Verhältnis umgekehrt. Vgl. Unterrichtung zum Stand der Personal-Service-Agenturen, Ausschussdrucksache AWA 15(9)1051, v. 02. März 2004, S. 1; vgl. auch Antwort des parl. Staatssekretärs R. Schlauch, BMWA, auf die schriftliche Frage des Abgeordneten R. Hochbaum (CDU/CSU), BT-Drucks. 15/2728, v. 19. März 2004, S. 32 f.; nach Presseinformationen hatten insb. Abgeordnete von Bündnis 90/ Die Grünen auf eine solche Neugewichtung hingewirkt, vgl. FAZ, v. 03. März 2004, S. 14.

569 Vgl. PSA-Internetinformation, v. 19. April 2004, Ziff. 8.

570 Die Statistik wies im Februar 2004 noch 43.963 PSA-Beschäftigungsplätze bei bundesweit 993 laufenden PSA-Verträgen aus. Im März existierten nur noch 40.101 Beschäftigungsplätze bei bundesweit 919 laufenden PSA-Verträgen. Diese Werte erreichten im Ju-

Statistik, konnte dabei jedoch bis Dezember 2004 nicht die Werte des Vorjahres erreichen.[571]

Zum Ende des Jahres 2004 hatte die BA den Entschluss gefasst, bestehende PSA-Vertragsverhältnisse nicht zu verlängern, sondern auslaufen zu lassen, um nach der Erstellung neuer Vergabekriterien und neuer PSA-Musterverträge eine neue Vergaberunde einzuläuten.[572] Dies war einerseits im Zusammenhang mit den eher ernüchternden Erfahrungen im Jahre 2004 zu sehen. Andererseits war auch vor dem Hintergrund der Zusammenlegung von Arbeitslosen- und Sozialhilfe zur neuen Grundsicherung für Arbeitsuchende durch das Vierte Gesetz für moderne Dienstleistungen am Arbeitsmarkt[573] eine Neuausrichtung der PSA-Verträge angezeigt. Die bisherigen Bezieher von Arbeitslosenhilfe nach §§ 190 ff. SGB III a.F. fielen seit Januar 2005 nicht mehr einzig in die Obhut der BA. BA und Kommunen nehmen seit dem die Betreuung entweder in Kooperation nach § 6 SGB II wahr oder – im Rahmen der sog. „Experimentierklausel" des § 6 a SGB II – einzelne Kommunen übernehmen seit dem sämtliche Aufgaben nach dem neuen SGB II.[574] Damit hatte sich für die BA der Kreis „verfügbarer" Arbeitsloser, für die sie alleine zuständig war, verkleinert. Die Entscheidung der BA, laufende Verträge nicht zu verlängern, sondern eine Neuausschreibung durchzuführen, verfolgte daher offensichtlich auch das Ziel, zunächst erste Erfahrungen mit der gesetzlichen Neuregelung zu sammeln, um nach Abschluss der Einführungsphase erneut über den weiteren Einsatz der PSAen entscheiden zu können. Die von da an verwandten Musterverträge zur PSA-Gründung nahmen von der vormals gewählten, degressiv gestaffelten Vergütungsstruktur der monatlich pro PSA-Arbeitnehmer gezahlten „Fallpauschale" Abstand. Es wurde seitdem eine einheitliche Aufwandspauschale i.H.v. € 500,00 (statt vormals im Durchschnitt ca. € 1.000) gezahlt. Gleichzeitig wurde die

---

ni 2004 mit 34.873 Beschäftigten bei 807 laufenden PSA-Verträgen einen bis dahin unerreichten Tiefststand. Lag die Integrationsquote im Februar 2004 noch bei 40,1 Prozent, so lag sie im März 2004 bei nur noch 31,3 Prozent und ging bis Mai 2004 auf 30,5 Prozent zurück. Nach leichter Erholung im weiteren Verlauf des Jahres 2004 betrug die Quote im Jahresdurchschnitt 32,3 % für das Jahr 2004. Die Zahl der vorgesehenen PSA-Arbeitsplätze lag im Jahresdurchschnitt 2004 bei ca. 38.000, wovon durchschnittlich ca. 72 % besetzt waren.

[571] Im Dezember 2004 existierten 857 laufende PSA-Verträge, wobei 36.009 PSA-Beschäftigungsplätze eingerichtet waren. Die Integrationsquote lag bei 32,6 Prozent.

[572] Diese Informationen entstammen einem veröffentlichten Briefwechsel zwischen dem BPSA e.V. und der BA im Dezember 2004 (veröffentlicht am 07. Dezember 2004). Abrufbar unter www.bpsa.de/aktuell.php. Zur seinerzeit geplanten Neufassung der Musterverträge vgl. auch FAZ, v. 18. Februar 2005, S. 15.

[573] Art. 1 des Vierten Gesetzes für moderne Dienstleistungen am Arbeitsmarkt, v. 24. Dezember 2003, BGBl. I, S. 2954.

[574] Vgl. oben, § 7 in der Einleitung.

Vermittlungspauschale auf bis zu € 3.500,00 angehoben. Auch wurden die Arbeitsverträge von da an auf nur noch sechs Monate befristet.[575] Waren zu Beginn des Jahres 2005 noch 828 PSAen mit 34.346 vorgesehenen Beschäftigungsplätzen tätig, verringerte sich die Zahl zum September 2005 auf 363 PSAen mit 13.285 Beschäftigungsplätzen und erholte sich zum Dezember des Jahres auf 412 PSA mit insgesamt 14.253 Beschäftigungsplätzen. Die durchschnittliche Integrationsquote für das Jahr 2005 betrug dabei ca. 32,6 %. Im Durchschnitt waren im Jahr 2005 ca. 17.000 vormals Arbeitslose bei PSAen beschäftigt, davon 95 % im Bereich des SGB III.[576]

Eine im Frühjahr des Jahres 2005 durchgeführte Befragung von Führungskräften der einzelnen Arbeitsagenturen kam zu dem Ergebnis, dass die Verleihzeiten in den PSAen überwiegend hinter den Erwartungen zurückblieben. Zugleich sahen die befragten Führungskräfte die mit der PSA verbundenen Kosten als zu hoch an (in den Jahren 2003 und 2004 wandte die Arbeitsverwaltung im Durchschnitt je Teilnehmer ca. € 6.939 auf.)[577]

Im Dezember 2005 folgte die Änderung der gesetzlichen Vorschrift des § 37 c SGB III durch das Fünfte Gesetz zur Änderung des Dritten Buches Sozialgesetzbuch und anderer Gesetze.[578] Darin wurde der Zwang, in jedem Arbeitsagenturbezirk zumindest eine PSA vorzuhalten, beseitigt. Der Grund dieser Reform dürfte in den hier zuvor aufgezeigten, negativen Erfahrungen mit der PSA zu erblicken sein. Der Umstand aber, dass das Instrument der PSA nicht vollständig aufgegeben wurde, sondern „die Agenturen für Arbeit vor Ort" von nun an prüfen sollten, „ob die Einrichtung von Personal-Service-Agenturen unter den Gesichtspunkten von Wirksamkeit und Wirtschaftlichkeit, bezogen auf den regionalen Arbeitsmarkt als Eingliederungsinstrument Erfolg versprechend erscheint",[579] verdeutlicht, dass der Gesetzgeber zwar erhebliche Abstriche vom ursprünglich vorgestellten Einsatz der PSA gemacht hat, in begrenztem Umfang aber auch weiterhin Erfolgsaussichten mit der PSA verbindet. Dabei ist zu bedenken, dass die Statistik der BA große regionale Wirkungsunterschiede für das Instrument der PSA aufweist. An den Zahlen der Arbeitsagenturbezirke Bayreuth und Berlin Nord kann dies beispielhaft aufgezeigt werden: So bewegten sich die Integrationsquoten im Zeitraum zwischen Juni 2005 und Mai 2006 zwischen 61,8 % bis 69,0 % in dem einen und zwischen lediglich 20,6 % bis 20,8 %

---

575 Vgl. 10. AÜG-Erfahrungsbericht, BT-Drucksache 15/6008, S. 12.

576 Vgl. Bundesministerium für Arbeit und Soziales, Bericht 2006 zur Wirkung der Umsetzung der Vorschläge der Kommission Moderne Dienstleistungen am Arbeitsmarkt, Langfassung, v. 20. Dezember 2006, S. 118.

577 Ebd., S. 119 f, S. 122.

578 Gesetz vom 22. Dezember 2005, BGBl., Teil I, S. 3676.

579 So die Begründung zum Gesetzentwurf der Fraktionen der CDU/CSU und SPD zum Änderungsgesetz, BT-Drucksache 16/109.

in dem anderen Bezirk. Die im Bundesdurchschnitt unbefriedigenden Zahlenergebnisse sagen daher nicht notwendig etwas über die Wirksamkeit des Instruments in einigen Regionen aus. Andererseits darf aufgrund der auch weiterhin ungeklärten Zielgruppenproblematik[580] nicht ohne weiteres von einer hohen Integrationsquote auf einen wahren beschäftigungspolitischen Erfolg geschlossen werden. Dies gilt insbesondere auch vor dem Hintergrund, dass Wirkungsanalysen der BA ergeben haben, dass Arbeitslose, die in den Jahren 2003 und 2004 in PSAen beschäftigt waren, aufgrund ihrer PSA-Tätigkeit später in den regulären Arbeitsmarkt eingegliedert werden konnten, als Personen der herangezogenen Vergleichsgruppe, wobei nicht festzustellen war, dass die danach gefundene Beschäftigung eine erhöhte Stabilität aufweisen würde.[581] Dieser vernichtende Befund schwebt wie das Schwert des Damokles über der weiteren Zukunft des Instruments der PSA. Hinzu kommt, dass nach einer weiteren Befragung der Arbeitsagentur-Führungskräfte im 1. Quartal 2006 die Mehrheit das Kosten-Nutzen-Verhältnis auch der PSAen, die in Folge der neuen Vertragsbedingungen operieren, als schlecht bezeichnet haben und ca. 60 % der befragten Führungskräfte Eingliederungsleistungen an reguläre Zeitarbeitsfirmen dem weiteren Betrieb von PSAen vorziehen würden.[582] Weitere Effizienzbemühungen und ggf. eine noch genauere Betrachtung, in welchen konkreten Situationen sich der Einsatz der PSA wirklich lohnen kann, werden erforderlich sein. Durch die Gesetzesänderung des § 37 c SGB III steht jedenfalls den Agenturen der erforderliche Spielraum zur Verfügung.

---

[580] Vgl. oben II. 2. und 3.

[581] Vgl. Bundesministerium für Arbeit und Soziales, Bericht 2006 zur Wirkung der Umsetzung der Vorschläge der Kommission Moderne Dienstleistungen am Arbeitsmarkt, Langfassung, v. 20. Dezember 2006, S. 121.

[582] Ebd., S. 122 f.

3. TEIL.
AUSWIRKUNGEN DES ARBEITSFÖRDERUNGSRECHTLICHEN AUFTRAGS DER PERSONAL-SERVICE-AGENTUR AUF DIE RECHTSBEZIEHUNGEN DER BETEILIGTEN AKTEURE

Nachdem im vorangegangenen zweiten Teil der Arbeit der konkrete Inhalt des arbeitsförderungsrechtlich motivierten Auftrags der Personal-Service-Agentur dargestellt worden ist, wendet sich dieser dritte Teil der Arbeit den Auswirkungen zu, die sich für die einzelnen Rechtsbeziehungen, die im Zusammenhang mit der Geschäftstätigkeit der Personal-Service-Agentur stehen, ergeben. Dazu werden zunächst die *individualvertraglichen* Beziehungen zwischen den Akteuren Personal-Service-Agentur, dem dort Beschäftigten Leiharbeitnehmer und dem Entleiher betrachtet. Ferner wird die *betriebsverfassungsrechtliche* Situation in der Personal-Service-Agentur und im Entleiherbetrieb begutachtet.

Im Mittelpunkt des Interesses und daher auch am Anfang der Untersuchung steht dabei die Betrachtung der Auswirkungen auf das Leiharbeitsverhältnis in der Personal-Service-Agentur.

§ 10 Das Rechtsverhältnis zwischen der Personal-Service-Agentur und ihrem Beschäftigten[583]

Der Leiharbeitsvertrag stellt die rechtliche Grundlage des Verhältnisses zwischen der PSA und dem dort beschäftigten, vormals Arbeitslosen dar. Im Folgenden wird der Frage nachgegangen, welche Modifikationen Folge des arbeitsförderungsrechtlichen Auftrags der PSA sind, inwieweit also das PSA-Leiharbeitsverhältnis vom Leiharbeitsverhältnis in üblicher Zeitarbeit abweicht. Zunächst wird dabei auf die Ausgestaltung des PSA-Leiharbeitsvertrages eingegangen, um im Anschluss die kündigungsrelevanten Aspekte zu beleuchten. Diese Betrachtung basiert maßgeblich auf den in der ersten Ausschreibungsrunde im Jahre 2003 verwandten PSA-Musterverträgen und den dazugehörigen Verdingungsunterlagen.[584] Wie bereits im vorherigen Kapitel dargestellt, sind diese Verträge und Unterlagen zwischenzeitlich teils maßgeblich verändert wor-

---

[583] Wenn in diesem Teil der Arbeit vom „Beschäftigten der PSA“ die Rede ist, so ist damit der vormals Arbeitslose gemeint, der durch Arbeitnehmerüberlassung in eine Anschlussbeschäftigung vermittelt werden soll. Je nach Größe einer PSA können weitere *Fest*angestellte im Arbeitsverhältnis zur PSA stehen, die etwa mit Sekretariatsaufgaben, der Personaldisposition oder mit der Erbringung einzelner Qualifizierungs- und Betreuungsleistungen befasst sind. Für diese Personengruppe gilt nicht der besondere Auftrag der PSA und es ergeben sich keine Besonderheiten für ihre Arbeitsverhältnisse; sind sie für die folgenden Betrachtungen von Bedeutung, so wird dies ausdrücklich kenntlich gemacht.

[584] Vgl. dazu die Dokumente im Anhang.

den, was einer Einbeziehung in die vorliegende Abhandlung entgegenstand. Durch die neuen Vorgaben, PSA-Arbeitsverhältnisse nunmehr nur noch für die Dauer von sechs Monaten abzuschließen und durch die Veränderung der Vergütung der PSA, weg von einer zeitlich degressiv gestaffelten Vergütung, hin zu einer gleich bleibenden Fallpauschalvergütung, sind entscheidende Details verändert worden. Damit können die im Folgenden dargestellten Ergebnisse nicht ohne weiteres auf die Lage nach den aktuell verwandten Verträgen für den Betrieb einer PSA übertragen werden. Dies gilt es bei der Lektüre der folgenden Ausführungen dieses Gliederungsparagraphen zu beachten.

A. Der Leiharbeitsvertrag als arbeitsvertragliche Grundlage

I. Prinzipielle Freiheit des Vertragsschlusses

Nachdem die Arbeitsagentur der PSA einen Arbeitslosen vorgeschlagen hat, treten die Zusammengeführten in Verhandlungen über den Abschluss eines PSA-Arbeitsvertrages ein.[585] Dabei sind weder die PSA noch der Arbeitslose verpflichtet, ein solches Arbeitsverhältnis abzuschließen; im Prinzip gilt also der Grundsatz der Abschlussfreiheit.[586] Dies schließt jedoch nicht aus, dass beide Parteien Sachzwängen auf anderer Ebene ausgesetzt sind, wodurch diese Freiheit *de facto* nur in eingeschränktem Maße gilt. Zunächst ist die PSA nur berechtigt, Arbeitsverträge mit Arbeitslosen abzuschließen, die ihr durch die Arbeitsagentur vorgeschlagen wurden. Ferner ist die PSA verpflichtet, die mit der BA vereinbarten Arbeitsplätze auch tatsächlich zu besetzen und nach Ablauf der Anlaufphase (in der Regel drei Monate nach Vertragsschluss) die vereinbarte Beschäftigungsgröße zu erreichen.[587] Die Ablehnung eines Arbeitslosen ist dabei gegenüber der Arbeitsagentur schriftlich zu begründen.[588] Aufgrund der Existenz des Sonderkündigungsrechts der BA für den Fall, dass in den ersten zwei Monaten nach der Gründung der PSA noch gar kein Arbeitsverhältnis abgeschlossen wurde,[589] gilt dieser Druck noch verstärkt. Für den Arbeitslosen ergibt sich ein Sachzwang zum Abschluss eines Arbeitsverhältnisses, da die Ableh-

---

[585] Für die Arbeitsverwaltung handelt es sich hierbei um einen Akt der Arbeitsvermittlung. Der Vorschlag der Arbeitsagentur weist insoweit große Ähnlichkeit zur Zuweisung eines Arbeitslosen an den Träger einer ABM auf. Auch dabei handelt es sich um einen Akt der Arbeitsvermittlung und auch dort führt die Zuweisung an sich noch nicht zum Abschluss eines Arbeitsvertrages. Vgl. **Lauterbach**, in: Kasseler Hdb. ArbF, § 19, Rn. 105; **Schmidt-De Caluwe**, in: SGB III Praxiskomm., § 260, Rn. 26; **Henkes**, Hdb. Arbeitsförderung, S. 70 f.

[586] Ziff. 6 des PSA-Mustervertrages. Vgl. dazu und zum Folgenden auch die Ausführungen in § 8. A. I. 2.

[587] Ziff. 5, 6. Absatz des PSA-Mustervertrages.

[588] Ziff. 6 des PSA-Mustervertrages.

[589] Ziff. 14, 3. Absatz des PSA-Mustervertrages.

nung einer zumutbaren Beschäftigung zu leistungsrechtlichen Konsequenzen führen kann.[590]

II. Vertragsausgestaltung

Grundsätzlich kommt den Kontrahenten auch die Freiheit zu, den Inhalt des Arbeitsvertrages nach eigenem Ermessen auszugestalten. Die Reichweite der Vertragsinhaltsfreiheit ist jedoch weitgehenden Beschränkungen unterworfen. So sind die Arbeitsverträge – entsprechend der primären Aufgabe der PSA nach § 37 c Abs. 1 SGB III, vermittlungsorientierte Arbeitnehmerüberlassung zu betreiben – in der Form von Leiharbeitsverträgen abzuschließen, so dass neben den allgemeinen arbeitsvertraglichen Vorschriften die entsprechenden Sonderregelungen des AÜG zu beachten sind:[591] Darüber hinaus ergeben sich Besonderheiten aus der arbeitsförderungsrechtlich motivierten Arbeitsweise und Zielsetzung des Instruments der PSA und dabei insbesondere aus den Vorgaben des PSA-Vertrages.

1. Arbeitsentgelt und weitere Vereinbarungen im PSA-Arbeitsverhältnis

a.) Arbeitsentgelt

Nach der Reform des Rechts der Arbeitnehmerüberlassung gilt auch für die Arbeitsverhältnisse in der PSA ab dem 1. Januar 2004[592] der neu geregelte Gleichstellungsgrundsatz (§§ 3 Abs. 1 Nr. 3, 9 Nr. 2 AÜG n.F.), also das Prinzip des „gleichen Lohns für gleiche Arbeit“.[593] An dieser Gleichstellung im Hinblick auf Arbeitsbedingungen und Arbeitsentgelt werden jedoch die PSA-Beschäftigten praktisch kaum beteiligt sein; für sie handelt es sich hier um einen hehren legislatorischen Grundsatz, der jedoch *Prinzip ohne Praxis* verbleiben wird.[594] Neben den allgemeinen Problemen, die mit der praktischen Handhabung dieser Regelung einhergehen und die tendenziell auch den Betreiber üblicher Arbeitnehmerüberlassung dazu veranlassen, die Abweichung vom Grundsatz durch An-

---

[590] Dazu unten, § 14 B.

[591] Insofern kann auf die grundlegenden Ausführungen in § 3 C. verwiesen werden.

[592] Vgl. zur Übergangsregelung: § 19 AÜG. Arbeitsverhältnisse in der PSA vor dem 01. Januar 2004 waren gezwungener Maßen tarifvertraglich geregelt, da Verträge zur Einrichtung einer PSA gem. § 434 g Abs. 5 SGB III nur geschlossen werden durften, wenn sich Arbeitsbedingungen und Arbeitsentgelt bis zum 31. Dezember 2003 nach einem Tarifvertrag für Arbeitnehmerüberlassung richteten.

[593] Vgl. dazu oben, § 3 C. I.

[594] Statistisches Zahlenmaterial über den Anteil der PSA-Arbeitsverhältnisse, die durch Tarifvertrag (normativ oder schuldrechtlich) geregelt sind, ist zum heutigen Zeitpunkt nicht verfügbar. Das von **Jahn/Windsheimer**, IAB-Kurzbericht Nr. 1/2004, S. 1, 3, ausgewertete Zahlenmaterial beruht auf einem Berichtszeitraum zwischen April und Mitte November 2003. In diesem Zeitraum war aufgrund der Geltung des § 434 g Abs. V SGB III ohnehin von ausschließlicher tarifvertraglicher Regelung auszugehen.

wendung eines Tarifvertrages[595] zu bewirken,[596] führen im Besonderen die für die PSA geltenden Sachzusammenhänge zu diesem Schluss:

Ausgehend von der Annahme, dass die tarifvertraglichen Regelungen der Arbeitsbedingungen und des Arbeitsentgelts sich auf niedrigerem Niveau befinden, als dies für die Tätigkeit „vergleichbarer Arbeitnehmer" in Entleiherbetrieben der Fall ist, würde es nicht nur im Allgemeinen einen potentiellen Wettbewerbsnachteil im Hinblick auf die Akquirierung von Überlassungsaufträgen für die PSA darstellen, den Gleichstellungsgrundsatz zur Anwendung zu bringen. Darüber hinaus müsste der Bewerber um die „PSA-Lizenz" befürchten, bereits im Ausschreibungsverfahren nicht den Zuschlag zu bekommen, da der eingereichte Angebotspreis im Gleichstellungsfalle höher ausfallen müsste, als wenn eine tarifvertragliche Arbeitsvertragsausgestaltung gewählt wird. Der Angebotspreis ist jedoch von erheblicher Bedeutung für den Zuschlag.[597] Auch ist der Tätigkeitsbereich einer PSA – hat sie den Zuschlag erhalten – bereits einer Reihe von Unwägbarkeiten unterworfen, die sich insbesondere aus der Pflicht ergeben, trotz mangelnder Überlassungsaufträge die einzelnen Arbeitsverhältnisse zugunsten der Erbringung des vereinbarten Maßnahmenprogramms aufrechtzuerhalten. Das damit übernommene Risiko der weiteren Geschäftsentwicklung wäre noch weniger kalkulierbar, änderte sich die Entlohnung des PSA-Beschäftigten in Abhängigkeit vom jeweilig besetzen Arbeitsplatz. Die Anwendung eines Tarifvertrages führt also zu einer verlässlicheren, weil zumindest insoweit konstanten Tatsachengrundlage für die Risikoanalyse. Demgegenüber vermag der Vorteil eines tarifvertragsunabhängigen Arbeitsvertrags, nämlich für insgesamt sechs Wochen des Überlassungseinsatzes ein Nettoarbeitsentgelt in Höhe des dem Beschäftigten zuvor gezahlten Arbeitslosengeldes zuwenden zu können (§ 9 Nr. 2 AÜG), die Zweckmäßigkeit der Tarifanwendung nicht aufzuwiegen. Als praktische Folge werden die im Zusammenhang mit der Anwendung des Gleichstellungsgrundsatzes statuierten Informationsrechte[598] für den Leiharbeitnehmer in der PSA kaum eine Rolle spielen.

b.) Weiterer Inhalt des Leiharbeitsvertrages

Die arbeitsvertraglichen Hauptleistungspflichten sind im PSA-Arbeitsverhältnis nicht grundlegend anders ausgestaltet, als dies in einem üblichen Leiharbeitsverhältnis der Fall ist: Während sich die PSA verpflichtet, die Position eines

---

595 Anders als von der Hartz-Kommission gefordert (vgl. Kommissionsbericht, S. 152) wurden – soweit ersichtlich – keine eigenständigen Tarife für die Beschäftigung in einer PSA abgeschlossen, so dass Arbeitsbedingungen und Arbeitsentgelt sich auch für PSA-Beschäftigte auf dem Niveau der sonstigen Leiharbeit bewegen.

596 Hierzu: oben, § 3 C. I. 2.

597 Zum Ablauf des Vergabeverfahrens und der Bewertung der einzelnen Kriterien: oben, § 7 A. II. und III.

598 Vgl. oben, § 3 C. I. 1. c. aa.

Verleiher-Arbeitgebers einzunehmen und die damit verbundenen Pflichten zu übernehmen, sagt der Arbeitslose verbindlich zu, entsprechend den Anweisungen der PSA seine Arbeitsleistung in Entleihbetrieben zur Verfügung zu stellen. Zwar hat die PSA die zusätzliche Aufgabe übernommen, auftretende verleihfreie Zeiten entsprechend den Vertragsabsprachen mit der BA zur Entfaltung des Maßnahmenprogramms zur Qualifizierung, Direktvermittlung und Betreuung ihrer Beschäftigten zu nutzen. Wie jedoch die Auslegung des PSA-Vertrages ergeben hat, kommt diesen Vereinbarungen die Funktion eines unechten (ermächtigenden) Vertrags zugunsten der PSA-Beschäftigten zu.[599] Der Leiharbeitnehmer hat demnach keinen eigenständigen Leistungsanspruch und das Leiharbeitsverhältnis ist in diesem Aspekt lediglich als Leistungs- oder Vollzugsverhältnis,[600] also als das Rechtsverhältnis anzusehen, in dem die tatsächliche Leistung erbracht wird. Indem die PSA die entsprechenden Leistungen gegenüber dem (empfangsberechtigten) Beschäftigten erbringt, erfüllt sie die vertraglichen Pflichten im Verhältnis zur BA. Es besteht danach auch keine verbindliche Vorgabe für die PSA, ihren Arbeitnehmern einen entsprechenden, eigenen vertraglichen Anspruch einzuräumen.[601] Die Leistungserbringung ist jedoch abhängig von hinreichender Mitwirkung durch den Arbeitnehmer. Insofern ist davon auszugehen, dass eine arbeitsvertragliche Pflicht des PSA-Beschäftigten besteht, sich an den angebotenen Leistungen zur Qualifizierung, Direktvermittlung und Betreuung im gebotenen Maße zu beteiligen. Damit einher geht ein erweitertes Weisungsrecht der PSA: Sie ist befugt, den Beschäftigten einer entsprechenden Maßnahme zuzuweisen, die in den Räumlichkeiten der PSA oder auch außerhalb bei Drittanbietern stattfinden kann.

2. Befristung des Leiharbeitsvertrages

Die Aufhebung der Sonderregelungen im AÜG betreffend das Synchronisationsverbot und die komplementären Verbote (§ 3 Abs. 1 Nr. 3 bis 5 AÜG a.F., § 9 Nr. 2, 3 AÜG a.F.) führt für die Zulässigkeit einer Befristung des Leiharbeitsverhältnisses zur allgemeinen und unbeschränkten Anwendung des

---

599 Vgl. oben, § 8 D. II. 2.

600 Eine einheitliche Terminologie besteht insoweit nicht. **Fikentscher/Heinemann**, SchR, Rn. 293, sprechen vom Leistungsverhältnis, **Jagmann**, in: Staudinger BGB, § 328, Rn. 26, spricht vom Vollzugsverhältnis. Zu weiteren Bezeichnungen: **Gottwald**, in: MüKommBGB, Bd. 2 a, § 328 BGB, Rn. 29 m.w.N.

601 Die PSA ist jedoch frei in der Entscheidung, eine entsprechende Klausel in den PSA-Arbeitsvertrag aufzunehmen. Eine solche Vereinbarung wäre jedoch als *zusätzlicher* Leistungsanspruch des PSA-Beschäftigten zu qualifizieren, da nur so gewährleistet werden kann, dass die BA „Herrin des Verfahrens“ bleibt und als solche die Position inne hat, die PSA-vertraglich korrekte Leistungserbringung zu überwachen. Nur in diesem Fall kann gewährleistet sein, dass die PSA ihre gesetzlich vorgezeichnete und durch den PSA Vertrag konkretisierte Aufgabe ordnungsgemäß wahrnimmt. Vgl. hierzu auch die obigen Ausführungen, § 8 D. II. 2.

TzBfG.[602] Für das Leiharbeitsverhältnis in der PSA ergeben sich jedoch Besonderheiten. So ist die PSA verpflichtet, das Arbeitsverhältnis zum vormals Arbeitslosen regelmäßig auf neun Monate zu befristen, wobei Abweichungen von dieser Vorgabe nur zulässig sind, sofern dies mit der Restlaufzeit des PSA-Vertrages zu begründen ist.[603] Damit wird der Regelzeitraum definiert, für den der PSA-Beschäftigte in den Genuss der besonderen Leistungen des PSA-Maßnahmenprogramms kommen soll;[604] insbesondere wird damit im Sinne des verfolgten Ziels, eine dauerhafte Integration des vormals Arbeitslosen in den ersten Arbeitsmarkt zu erreichen, die unmittelbare Synchronisierung zwischen der Laufzeit von Leiharbeitsverhältnis und Überlassungsauftrag verhindert.[605]

§ 14 Abs. 2 TzBfG[606] erlaubt es unproblematisch, den Leiharbeitsvertrag in der PSA auf die vorgegebenen neun Monate zu befristen, ohne hierfür das Vorliegen eines sachlichen Grundes zu fordern. Die Frage der Rechtfertigungsmöglichkeit einer Befristung durch sachlichen Grund nach § 14 Abs. 1 TzBfG stellt sich in der PSA im Regelfall nicht. Auch wenn die Frage damit wohl eher theoretischer Natur sein dürfte und nur ausgesprochen begrenzte Bedeutung in der Praxis haben wird, ist ein solcher Fall nicht völlig ausgeschlossen.[607] Dann bietet es sich an, analog zur Lage bei ABM-Arbeitsverhältnissen zu entscheiden: Wie das BAG in ständiger Rechtsprechung betont hat, kann die Befristung eines solchen Arbeitsvertrages zulässig sein, wenn die Dauer der Befristung mit der Dauer der Zuweisung der ABM-Kraft korrespondiert.[608] Zwar tritt der PSA-

---

602 Vgl. oben, § 3 C. II. 2.

603 Ziff. 7, 2. Absatz des PSA-Mustervertrages.

604 Vgl. ausführlich: oben, § 8 C.

605 Gesetzesbegründung zu § 37 c Abs. 1 SGB III, BT-Drucks. 15/25, S. 28. Vgl. auch **Ulber**, AuR 2003, S. 7, 14.

606 Daneben kann für eine PSA auch die erweiterte sachgrundlose Befristung nach § 14 Abs. 2 a TzBfG in Betracht kommen. Dies jedoch nur für den Fall, dass die PSA als Unternehmen neu gegründet wurde. Bestand das Unternehmen schon zuvor und ist die PSA nur als Betrieb neu gegründet, so findet § 14 Abs. 2 a TzBfG keine Anwendung. Vgl. **Bader**, NZA 2004, S. 65, 76; **Backhaus**, in: Ascheid/Preis/Schmidt, KR, § 14 TzBfG, Rn. 415 e.

607 Realistischerweise könnte eine solche Konstellation eintreten, wenn ein PSA-Beschäftigter bereits nach kurzer Dauer in ein Anschlussbeschäftigungsverhältnis übergewechselt ist, sein Arbeitsverhältnis jedoch nach kürzerer Zeit wieder beendet wurde und gute Chancen bestehen, über einen erneuten Aufenthalt in derselben PSA nunmehr tatsächlich eine dauerhafte Anschlussbeschäftigung zu erlangen.

608 **BAG**, v. 03. Dezember 1982, AP Nr. 72 zu § 620 BGB Befristeter Arbeitsvertrag = RdA 1983, S. 259 ff. und etwa **BAG**, v. 15. Februar 1995, AP Nr. 166 zu § 620 BGB Befristeter Arbeitsvertrag = NZA 1995, S. 987 ff.; **BAG**, v. 20. Dezember 1995, AP Nr. 177 zu § 620 BGB Befristeter Arbeitsvertrag = NZA 1996, S. 642 ff. Dabei entspricht es wohl allgemeiner Ansicht, dass diese zu ABM nach §§ 91 ff. AFG ergangene Rechtsprechung auch auf die ABM nach den §§ 260 ff. SGB III anzuwenden ist. Vgl. auch **Lauterbach**,

Beschäftigte nicht durch Zuweisung, sondern durch Vorschlag der Arbeitsagentur in Kontakt zur PSA, in beiden Fällen aber wird ein Arbeitsverhältnis nach den allgemeinen Regeln des Arbeitsrechts vereinbart und in beiden Fällen besteht eine staatliche Förderung zur Wiedereingliederung in den ersten Arbeitsmarkt, wobei sowohl für ein PSA-Arbeitsverhältnis, wie auch für das Arbeitsverhältnis einer ABM-Kraft die Einstellung nur aufgrund des Vertrauens in den zeitlich befristeten Bestand der staatlichen Förderung vorgenommen wird.[609] Ob dieser sachliche Grund unter einen der benannten Gründe des § 14 Abs. 1 TzBfG zu subsumieren ist[610] oder es sich um einen unbenannten sachlichen Grund handelt,[611] kann dabei dahinstehen. Die Befristung des PSA-Arbeitsverhältnisses kann somit in jedem Fall nahtlos in Einklang mit den Regelungen des TzBfG gebracht werden.

III. Exkurs: Bedeutung der Reform des Rechts der Arbeitnehmerüberlassung für das Arbeitsverhältnis in der Personal-Service-Agentur

Nach den Empfehlungen der Hartz-Kommission sollte das Recht der Arbeitnehmerüberlassung vom Synchronisationsverbot und den diese Vorschrift unterstützenden Regelungen (§ 9 Nr. 2, 3, § 3 Abs. 1 Nr. 3 bis 5 AÜG a.F.) befreit werden, um u.a. eine effektive Arbeitsweise der PSA sicherzustellen.[612] Der dem zugrunde gelegte Zusammenhang zwischen der Tätigkeit der PSA und den bisherigen Restriktionen im AÜG a.F. verwundert jedoch: Weder das Synchronisationsverbot alter Fassung, noch die unterstützenden Verbote hätten der Tätigkeit der PSA im Wege gestanden. Unabhängig davon, inwieweit die vormals explizit durch das AÜG untersagten Handlungsweisen heute im Bereich der Arbeitnehmerüberlassung zulässig sein können, würden entsprechende Handlungsweisen in Widerspruch zu dem Prinzip der PSA stehen, ein kontinuierliches Arbeitsverhältnis zum vormals Arbeitslosen herbeizuführen und verleihfreie Zeiten zur

---

in: Kasseler Hdb. ArbF, § 19, Rn. 106; **Bieback**, in: Gagel SGB III, § 260, Rn. 209 ff.; **Backhaus**, in: Ascheid/Preis/Schmidt, KR, § 14 TzBfG, Rn. 133.

609 Im Hinblick auf ABM: **BAG**, v. 02.12.1998, AP Nr. 8 zu § 625 BGB. Ebenso: **Bieback**, in: Gagel SGB III, § 260, Rn. 209 ff.; **Preis**, in: Staudinger BGB, § 620, Rn. 152; **Backhaus**, in: Ascheid/Preis/Schmidt, KR, § 14 TzBfG, Rn. 125. Für die PSA so auch: **Pelzner**, in: Thüsing AÜG, § 3, Rn. 109; **anders: Reipen**, in: Schüren AÜG § 37 c SGB III, Rn. 93 ff.: Befristung sei aus persönlichen Gründen des PSA-Beschäftigten gerechtfertigt; **Boemke/Lembke**, Nachtrag zum AÜG, § 9 Rn. 105: aus Gründen in der Person des PSA-Beschäftigten gerechtfertigt.

610 In der Person des Arbeitnehmers liegender Sachgrund nach § 14 Abs. 1 S. 2 Nr. 6 TzBfG. So: **Müller-Glöge**, in: ErfKomm., § 14 TzBfG, Rn. 104; **Lipke**, in: GK-KSchG, § 14 TzBfG, Rn.185, 196.

611 So **Preis**, in: Staudinger BGB, § 620, Rn. 152; eine Entscheidung offen lassend: **Backhaus**, in: Ascheid/Preis/Schmidt, KR, § 14 TzBfG, Rn. 79, 124 ff.

612 Bericht der Kommission „Moderne Dienstleistungen am Arbeitsmarkt", S. 157.

Qualifizierung und Direktvermittlung zu nutzen. Gleiches gilt für die Aufhebung der Höchstüberlassungsdauer: Die bisherige Zulässigkeit eines Überlassungseinsatzes für 12 bzw. 24 Monate (§ 3 Abs. 1 Nr. 6 i.V.m. § 10 Abs. 5 AÜG a.F.) hätte unproblematisch das auf 9 bzw. nunmehr 6 Monate beschränkte Förderungsprogramm in der PSA ermöglicht. Aus dieser Perspektive betrachtet war die Reform des AÜG ohne Bedeutung für die Arbeitsweise der PSA.

Isoliert betrachtet wäre die Verwirklichung des Gleichstellungsgrundsatzes im neuen AÜG für die Arbeit der PSA sogar kontraproduktiv gewesen. Würden die PSA-Beschäftigten Arbeitsbedingungen und Arbeitsentgelt vergleichbarer Stammangestellter im Entleiherbetrieb erhalten, so hätten die öffentlichen Zuschüsse an die PSA noch erheblich höher ausfallen müssen, um es der PSA zu ermöglichen, ihre Dienstleistungen auf dem Markt anbieten zu können. Die Abweichung vom Gleichstellungsgrundsatz aufgrund Tarifvertrags führt insoweit zu einer Kostenreduzierung des Instruments der PSA für die Arbeitsverwaltung. Inwieweit der einzelne PSA-Beschäftigte dadurch jedoch besser gestellt ist, als dies nach der bisherigen Rechtslage der Fall gewesen wäre, kann bezweifelt werden: Das Tarifniveau im Bereich der Arbeitnehmerüberlassung ist – gerade im Segment der geringer Qualifizierten – nicht erheblich gegenüber der vorherigen Lage verändert worden.[613] Auf der anderen Seite wurden in den heutigen Tarifwerken der Arbeitnehmerüberlassung auch keine speziellen Entgeltgruppen für Langzeitarbeitslose vereinbart; eine Absenkung des Entgeltniveaus speziell für Beschäftigte in der PSA ist nicht eingetreten.

Die Bedeutung der Reform des AÜG für das Instrument der PSA beschränkt sich daher – ähnlich wie die Bedeutung der Reform für die Arbeitnehmerüberlassung im Generellen – darauf, dass im Falle einer allgemeinen Steigerung der Akzeptanz der Arbeitnehmerüberlassung in Deutschland indirekte Vorteile erzielt werden können, wenn allgemein die Nachfrage nach den Dienstleistungen der Arbeitnehmerüberlassung gesteigert werden. In der Folge wären auch die Dienstleistungen der PSA stärker nachgefragt und Arbeitslose könnten vermehrt die Chance erhalten, durch Arbeitnehmerüberlassung eine neue Dauerbeschäftigung zu finden. Diese Einschätzung steht jedoch unter demselben Vorbehalt wie die Einschätzung der Entwicklung der Arbeitnehmerüberlassung im Generellen:[614] Nur unter der Voraussetzung, dass die zukünftige Entwicklung des Tarifniveaus den erforderlichen Ausgleich zwischen den Bedürfnissen der Leiharbeitnehmer und denen der Entleiherbetriebe sichert und ferner eine befriedigende Lösung der heutigen Unsicherheiten um die Geltung der einzelnen Tarifverträge erzielt werden kann, wird Arbeitnehmerüberlassung im Allgemeinen einen Bedeutungszuwachs erzielen können, der sich dann auch zum Vorteil des Instruments PSA auswirken könnte. Zugleich gilt es zu verhindern, dass durch ei-

---

[613] Vgl. oben, § 3 C. III.

[614] Vgl. oben, § 3 C. III.

ne uneingeschränkte Erweiterung des Anwendungsbereichs des AEntG für die Mehrheit der Leiharbeitnehmer in PSAen der Tarifvertrag der Entleiherbetriebe anzuwenden ist.[615]

B. Kündigung des Arbeitsverhältnisses

Ein PSA-Beschäftigter hat bei einer Kündigung die generellen oder die besonders vereinbarten Kündigungsfristen zu beachten. Eine solche, arbeitnehmerseitige Kündigung kann jedoch zu nachteiligen sozialrechtlichen Konsequenzen führen.[616] Ferner ist zu beachten, dass die PSA gegenüber der BA verpflichtet ist, den Beschäftigten sofort den Wechsel zu einer Anschlussbeschäftigung bei einem Entleiher oder einem Dritten zu ermöglichen.[617] In einem solchen Vermittlungsfall muss die Trennung ohne Einhaltung der üblichen oder vereinbarten Kündigungsfristen erfolgen.

Anders stellt sich die Lage für die Kündigung des Arbeitsverhältnisses durch die PSA dar. Die mit der BA vereinbarte Arbeitsweise sieht einen bestimmten Ablauf des Förderungsverhältnisses zum PSA-Beschäftigten vor und hat damit Einfluss auf die Kündbarkeit des Arbeitsverhältnisses zum vormals Arbeitslosen. Die sich daraus ergebenden Konsequenzen werden im Folgenden behandelt.

I. Außerordentliche Kündigung und generelle Zulässigkeit der ordentlichen Kündigung

Das Arbeitsverhältnis zwischen der PSA und ihrem Beschäftigten ist zeitlich befristet ausgestaltet. Folge ist nach § 15 Abs. 3 TzBfG, dass die ordentliche Kündbarkeit des Arbeitsverhältnisses im Regelfall ausgeschlossen ist,[618] wobei die Möglichkeit, aus wichtigem Grunde nach § 626 BGB außerordentlich zu kündigen, davon unberührt bleibt.[619] Abweichend von § 15 Abs. 3 TzBfG kann die ordentliche Kündbarkeit jedoch einzelvertraglich vereinbart werden oder in einem anwendbaren Tarifvertrag vereinbart sein. Zumindest letzteres dürfte für PSA-Arbeitsverhältnisse regelmäßig der Fall sein, da einerseits die Verbandstarifverträge im Bereich der Leiharbeit die ordentliche Kündbarkeit auch des be-

---

615 Vgl. oben, § 3 C. III.

616 Auf die Folgen der Kündigung für das öffentlich-rechtliche Leistungsverhältnis der Arbeitslosenversicherung wird unten, in § 14 D. III., eingegangen.

617 Vgl. oben, § 8 A. I. 1. a.

618 Vor Inkrafttreten des TzBfG am 01. Januar 2001 wurde dieselbe Konsequenz – Ausschluss der ordentlichen Kündbarkeit – aus § 620 Abs. 2 BGB gefolgert. Dies entsprach der allgemeinen Meinung: vgl. nur: **BAG**, v. 19. Juni 1980, AP Nr. 55 zu § 620 BGB Befristeter Arbeitsvertrags mit Anmerkung **Kraft** = NJW 1981, S. 246 ff.

619 **Backhaus**, in: Ascheid/Preis/Schmidt, KR, § 15 TzBfG, Rn. 18; **Hesse**, in: MüKommBGB, Bd. 4, § 15 TzBfG, Rn. 26.

fristeten Arbeitsverhältnisses für zulässig erklären[620] und ferner der ganz überwiegende Anteil der PSA-Arbeitsverträge zumindest auf einen entsprechenden Tarifvertrag verweist.[621]

Die individual- oder tarifvertragliche Vereinbarung einer ordentlichen Kündbarkeit des PSA-Arbeitsvertrages entspricht auch den Vorgaben, die der PSA-Vertrag aufstellt: Obgleich die PSA-Arbeitsverhältnisse „auf bestimmte Zeit" abzuschließen sind, also eine Kombination aus Höchst- und Mindestlaufzeit im Regelfall gefordert ist, ist die PSA nicht verpflichtet, eine Mindestvertragslaufzeit zu *garantieren*; wie die Auslegung des PSA-Vertrages ergeben hat, ist eine vorzeitige Beendigung des Arbeitsverhältnisses zum PSA-Beschäftigten unter bestimmten Voraussetzungen zulässig.[622] Im Folgenden ist darzustellen, wie sich dies auf die arbeitgeberseitige Kündigung in der PSA auswirkt.

II. Arbeitsvertragliche Kündigungsrelevanz der Vorgaben des PSA-Vertrages

1. Vorgaben des PSA-Vertrages

Die PSA hat sich im Vertrag mit der BA verpflichtet, ein Förderungsverhältnis zum PSA-Beschäftigten zu begründen und dieses für die Regellaufzeit von neun Monaten aufrecht zu erhalten. Dabei hat die PSA die Aufgabe übernommen, primär vermittlungsorientierte Arbeitnehmerüberlassung zu betreiben und in verleihfreien Zeiten Kurzzeitqualifikationen anzubieten, Direktvermittlung zu betreiben und für eine allgemeine vermittlungsorientierte Betreuung des Arbeitsuchenden zu sorgen. Die Bemühungen der PSA sind dabei so lange aufrecht zu erhalten, wie dies noch als zielführend anzusehen ist. Davon ist – wie die Auslegung des PSA-Vertrages ergeben hat – nicht mehr auszugehen, wenn das Verhalten des Beschäftigten die Bemühungen der PSA vereitelt, wenn sich in der Person des PSA-Beschäftigten ein umfassender, nicht mit den Mitteln der PSA behebbarer Qualifikationsbedarf herausstellt oder wenn der Umfang verleihfrei-

---

620 Vgl. § 9 des Manteltarifvertrags Zeitarbeit zwischen dem BZA und Mitgliedsgewerkschaften des DGB, v. 22. Juli 2003; § 2 des Manteltarifvertrags Zeitarbeit zwischen der iGZ und Mitgliedsgewerkschaften des DGB, v. 29. Mai 2003; Ziffer 20 des Manteltarifvertrags zwischen der CGZP und der INZ, v. 30. November 2004; § 20 des Manteltarifvertrags zwischen der CGZP und der MVZ, v. 24. Juni 2003; Ziffer 20 Manteltarifvertrag zwischen der CGZP und der AMP, v. 29. November 2004; § 6 des Tarifvertrags B.O.L.E.R.O.-Zeitarbeit zwischen der CGZP und der Tarifgemeinschaft Zeitarbeitsunternehmen im BVD, v. 15. Oktober 2003; § 2 des Rahmentarifvertrags zwischen dem Unternehmerverband IndustrieService + Dienstleistungen e.V. und der IG BAU, v. 18. Dezember 2003. Eine Übersicht der aktuellen Tarifverträge für Zeitarbeit kann unter www.personalordner.de abgerufen werden.

621 Vgl. oben, A. II. 1.

622 Vgl. oben, § 8 C. III.

er Zeiten erheblich von den vertraglichen Vereinbarungen abweicht und insofern die Grenzen des vereinbarten PSA-Risikos überschreitet.[623]

2. Bedeutung für die Kündbarkeit des PSA-Arbeitsvertrags

Diese Vorgaben entspringen dem Vertragsverhältnis zwischen PSA und BA, so dass sich Auswirkungen für das Arbeitsverhältnis zum PSA-Beschäftigten nur dann ergeben können, wenn eine solche Wirkung von den Parteien des PSA-Vertrages gewollt ist, wenn den Vorgaben also der erforderliche Drittbezug zukommt und gerade auch der Schutz des einzelnen Arbeitsverhältnisses bezweckt wird.[624] Ob dies der Fall ist, muss die Auslegung ergeben: Die BA verfolgt ersichtlich das Ziel, vertragsgemäßes Handeln der PSA sicherzustellen. Ihr Interesse ist jedoch nicht darauf gerichtet, lediglich die Vertragspflichten im Binnenverhältnis zur PSA zu regeln, sondern den Bestand des Arbeitsverhältnisses für den PSA-Beschäftigten zu sichern. Im Sinne einer möglichst effektiven Förderung sollen Arbeitsverhältnis und Maßnahmenprogramm nur dann beendet werden können, wenn die soeben genannten Voraussetzungen vorliegen. Dies kann nur erreicht werden, wenn die Vorgaben *unmittelbar auf die Möglichkeit zur Kündigung des Leiharbeitsverhältnisses einwirken.*

Diese Vereinbarungen zwischen PSA und BA verfolgen demnach das Ziel, im Regelfall das einzelne Beschäftigungsverhältnis für neun Monate andauern zu lassen und eine vorzeitige Beendigung durch Kündigung nur dann zuzulassen, wenn einer der genannten Gründe vorliegt. Im Prinzip ist damit ein *genereller Kündigungsverzicht* vereinbart, der unter dem Vorbehalt steht, dass eine Kündigung aufgrund der genannten Umstände *gerechtfertigt* ist. Es handelt sich also um eine *Kündigungsbeschränkung auf die genannten Fälle.*

Dieser Kündigungsbeschränkung kommt für das Arbeitsverhältnis in der PSA nicht lediglich schuldrechtliche Wirkung in dem Sinne zu, dass eine entgegen dem Verzicht ausgesprochene Kündigung zwar wirksam wäre, aber eine Schadensersatzpflicht nach sich zöge.[625] Das für die PSA erkennbare Interesse[626] der BA geht vielmehr dahin, dieser Kündigungsbeschränkung dingliche Wirkung zukommen zu lassen: Einer entgegen den Voraussetzungen ausgesprochenen Kündigung ist daher der Rechtserfolg versagt.[627] Rechtskonstruktiv lässt

---

623 Zu den Einzelheiten: oben, § 8 C. II.

624 **BAG**, v. 07. Dezember 2000, AP Nr. 113 zu § 1 KSchG 1969 Betriebsbedingte Kündigung (III. 3. a. der Gründe) = NZA 2001, S. 495, 497 f.; **BAG**, v. 17. Juni 1999, AP Nr. 103 zu § 1 KSchG 1969 Betriebsbedingte Kündigung = NZA 1999, S. 1157 ff.

625 Zu einer solchen Möglichkeit: **BAG**, v. 08. Oktober 1956, AP Nr. 1 zu § 620 BGB Schuldrechtliche Kündigungsbeschränkung mit Anm. **A. Hueck** = NJW 1960, S. 67 ff.

626 Die Interessenlage ist hier entscheidend: **Kania**, in: Küttner, Personalbuch 2004, Unkündbarkeit, Rn. 4; **Pauly**, AuR 1997, S. 94, 96.

627 Vgl. nunmehr **BAG**, v. 25. März 2004, AP Nr. 60 zu § 138 BGB = BB 2004, S. 2303 ff.; so bereits zuvor: **Preis**, in: Stahlhacke/Preis/Vossen, Rn. 330; **Friedrich**, in: GK-KSchG,

sich dieser antizipierte[628] Kündigungsverzicht als eine (Teil-)Verfügung über das Gestaltungsrecht der Kündigung zugunsten des PSA-Beschäftigten qualifizieren. Zwar ist es im Allgemeinen umstritten, ob eine Verfügung zugunsten eines Dritten in Analogie zu § 328 BGB überhaupt zulässig sein kann.[629] Die gegen eine solche Zulässigkeit erhobenen Bedenken (mangelndes Bedürfnis einer Analogie;[630] dogmatische Bedenken) greifen im hier interessierenden Fall jedoch nicht durch: Einerseits besteht hier ein tatsächliches Bedürfnis, der Vereinbarung Verfügungscharakter zukommen zu lassen, da auf andere Weise das von den Vertragspartnern verfolgte Ergebnis nicht erreicht werden kann. Und ferner ergeben sich hiergegen auch keine dogmatischen Bedenken aus einer Umgehung oder Beeinträchtigung schuldrechtlicher oder sachenrechtlicher Vorschriften oder Prinzipien.[631] Festzuhalten ist damit, dass der Kündigungsverzicht dinglich wirkende Verfügung zugunsten des PSA-Beschäftigten ist und als solcher die Kündigung nur im Falle besonderer Umstände zulässt.

III. Kündigung im Anwendungsbereich des Kündigungsschutzgesetzes

1. Allgemeine Voraussetzungen für die Anwendbarkeit des KSchG

Das KSchG modifiziert die generelle Kündigungsfreiheit,[632] indem die Wirksamkeit einer Kündigung vom Vorliegen sozial rechtfertigender Gründe abhängt (§ 1 Abs. 2 KSchG). Der Anwendungsbereich des KSchG ist dabei sowohl von bestimmten sachlichen Voraussetzungen (Anhaltspunkt ist die Betriebsgröße) wie auch von bestimmten persönlichen Voraussetzungen des Beschäftigten (Erfüllung der Wartezeit) abhängig.

---

§ 13 KSchG, Rn. 270; **Neumann**, in: Staudinger BGB, Vorbem. zu §§ 620 ff., Rn. 81; **Kania/Kramer**, RdA 1995, S. 287, 294.

628 Antizipiert ist die Kündigungsbeschränkung, da sie bereits beim Abschluss des PSA-Vertrages vereinbart ist, ihre Wirkungen jedoch erst im Rahmen der später abzuschließenden Arbeitsverträge entfaltet.

629 Dies verneint der BGH in st. Rechtspr. grundsätzlich: vgl. **BGH**, v. 29. Januar 1964, BGHZ 41, S. 95 ff. = NJW 1964, S. 1124 f.; **BGH**, v. 08. Juli 1993, BGHZ 123, S. 178 ff. = NJW 1993, S. 1962 ff. Weitgehend folgend: **Heinrichs**, in: Palandt BGB, Einf. v. § 328, Rn. 8 f.; **Hadding**, in: Soergel BGB, Bd. 2, § 328, Rn. 106 ff. Die Gegenansicht bestimmt die Zulässigkeit der Verfügung zugunsten Dritter differenzierter: vgl. **Jagman**, in: Staudinger BGB, Vorbem. zu § 328 ff., Rn. 49 ff.; **Gottwald**, in: MüKommBGB, Bd. 2 a, § 328, Rn. 182 ff.; **H. P. Westermann**, in: Erman BGB, Bd. I, § 328, Rn. 3; **Fikentscher/Heinemann**, SchR, Rn. 295 ff.

630 So insb. **Heinrichs**, in: Palandt BGB, Einf. v. § 328, Rn. 8; **Janoschek**, in: Bamberger/Roth BGB, Bd. I, § 328, Rn. 4; **Hadding**, in: Soergel BGB, Bd. 2, § 328, Rn. 116.

631 Vgl. hierzu: **Jagman**, in: Staudinger BGB, Vorbem. zu § 328 ff., Rn. 60 ff.; **Gottwald**, in: MüKommBGB, Bd. 2 a, § 328, Rn. 190 f.

632 Zum Inhalt dieser „beschränkten" Freiheit: vgl. unten, IV. 1.

a.) Betriebsgröße

Die Regelungen zum allgemeinen Kündigungsschutz des Ersten und Zweiten Abschnitts des KSchG können nur in einem Betrieb zur Anwendung gelangen, in dem die erforderliche Anzahl von Arbeitnehmern beschäftigt ist. Nach § 23 Abs. 1 S. 2 KSchG sind Betriebe mit fünf oder weniger Angestellten als Kleinbetriebe einzuordnen, in denen die Vorschriften keine Anwendung finden. Für Betriebe, die zwar mehr als fünf, jedoch weniger als elf Arbeitnehmer beschäftigen, gilt es aufgrund der neuerlichen Änderungen des § 23 KSchG durch das Gesetz zu Reformen am Arbeitsmarkt[633] zu differenzieren: Arbeitnehmer, deren Arbeitsverhältnis bereits vor dem 31. Dezember 2003 begonnen hatte, genießen auch weiterhin[634] – ohne zeitliche Begrenzung – den Kündigungsschutz dieses Gesetzes. Arbeitnehmer dagegen, deren Arbeitsverhältnis erst nach dem 31. Dezember 2003 begonnen hat, sind aus dem Anwendungsbereich ausgeschlossen, es sei denn, der Betrieb beschäftigt mehr als zehn Arbeitnehmer - unabhängig von deren Eintrittstermin. Das daraus entstehende Bedürfnis, zwischen „Alt-" und „Neu-" Verträgen zu differenzieren,[635] entfällt für die PSAen jedoch im Regelfall ab 1. Januar 2005, da die einzelnen Arbeitsverträge mit den vormals Arbeitslosen auf neun Monate zu befristen sind und folglich nach dem 31. Dezember 2004 kein „Alt-" PSA-Arbeitsvertrag mehr bestehen dürften. Von da an kann ein PSA-Kleinbetrieb nur vorliegen, wenn in diesem weniger als zehn Arbeitnehmer[636] beschäftigt werden.

Für eine PSA als Betrieb des privaten Rechts kommt es darauf an, ob zum Zeitpunkt des Ausspruchs der Kündigung *in der Regel* der entsprechende Schwellenwert an Arbeitnehmern erfüllt wird.[637] Durch diese Formulierung wird verdeutlicht, dass es bei der Frage nach dem Erreichen des Schwellenwertes nicht um den mehr oder minder zufälligen Bestand zum Kündigungszeitpunkt ankommt, sondern auf die übliche Beschäftigtenzahl abzustellen ist, die für den

---

[633] Artikel 1 des Gesetz v. 24. Dezember 2003, in Kraft getreten zum 01. Januar 2004, BGBl. I, S. 3002. Die damit verbundenen Neuregelungen stellen dar: **Bader**, NZA 2004, S. 65 ff.; **Bauer/Krieger**, NZA 2004, S. 77 ff.; **Preis**, DB 2004, S. 70 ff.; **Willemsen/Annuß** NJW 2004, S. 177 ff.

[634] Die Weitergeltung ist jedoch abhängig davon, dass zum Kündigungszeitpunkt mehr als fünf Arbeitnehmer im Betrieb beschäftigt sind, deren Arbeitsvertrag bereits vor dem 01. Januar 2004 begonnen hat. Dies ergibt sich unmittelbar aus dem Zusammenspiel von Satz 2 und 3 des § 23 Abs. 1 n.F. Vgl. **Bader**, NZA 2004, S. 65, 67.

[635] Vgl. dazu: **Preis**, DB 2004, S. 70, 78; **Bauer/Preis/Schunder**, NZA 2004, S. 195.

[636] Je nach Größe einer PSA wird auch eine bestimmte Zahl von Angestellten dort beschäftigt werden, um etwa als Sekretärin oder Personaldisponent tätig zu sein. Hierbei handelt es sich nicht um Leiharbeitnehmer. Bei der Prüfung der Betriebsgröße zählen diese Arbeitnehmer uneingeschränkt mit.

[637] **Kiel**, in: ErfKomm., § 23 KSchG, Rn. 13; **v. Hoyningen-Huene/Linck**, KSchG, § 23, Rn. 16.

Betrieb im Allgemeinen kennzeichnend ist.[638] Insofern liegt es nahe, für die PSA auf die im Vertrag mit der BA vereinbarte Zielgröße der zu Beschäftigenden zurückzugreifen. Nahezu alle PSA-Verträge sind auf eine Zielgröße von 20 und mehr PSA-Beschäftigten ausgelegt,[639] so dass danach unproblematisch der Schwellenwert – gleich ob nach § 23 Abs. 1 S. 2 oder 3 KSchG n.F. – erfüllt wäre. Zu beachten ist jedoch, dass rein tatsächlich nicht jeder der vereinbarten Beschäftigungsplätze besetzt ist. So lag die bundesdurchschnittliche Besetzungsquote im April 2005 bei 66,2 Prozent.[640] Insofern begegnet es Bedenken, ohne weiteres mit der vertraglich vereinbarten Zielgröße zu operieren. Für jede einzelne PSA ist daher – wie für § 23 KSchG üblich[641] – ein Rückblick auf die bisherige personelle Situation und eine Einschätzung der zukünftigen Entwicklung anzustellen. Durch die statistische Dokumentation der BA ist hier die Beweisführung – zumindest für die Vergangenheit – erleichtert.

b.) Wartezeit

Nach § 1 Abs. 1 KSchG kommt dem Beschäftigten nur dann der allgemeine Kündigungsschutz nach §§ 1 ff. KSchG zugute, wenn dessen Arbeitsverhältnis in demselben Betrieb ohne Unterbrechung länger als sechs Monate bestanden hat. Da die Arbeitsverträge zwischen der PSA und den zu Beschäftigenden auf neun Monate befristet sind, arbeiten die PSA-Beschäftigten zu einem zeitlich erheblichen Teil, ohne in den Genuss des allgemeinen Kündigungsschutzes zu kommen. Gleichwohl ist gerade der Zeitabschnitt, der dem Erreichen der Wartezeit folgt, potentiell durch ein erhöhtes Kündigungsrisiko geprägt: Die zeitlich degressive Staffelung der Subventionszahlungen soll zwar in erster Linie einen besonderen Anreiz für die PSA schaffen, die Integrationsbemühungen zu intensivieren;[642] mit der Abnahme der staatlichen Zuwendungen – bei gleich bleibender Entlohnung des PSA-Beschäftigten – verringert sich jedoch zugleich das wirtschaftliche Interesse an der Weiterbeschäftigung durch die PSA. In der Folge kann die PSA gerade ab dem siebten Beschäftigungsmonat besonders bewegt sein, sich durch eine Kündigung der ggf. wenig attraktiven Verpflichtung zur

---

638 Vgl. **BAG**, v. 31. Januar 1991, AP Nr. 11 zu § 23 KSchG 1969 = NZA 1991, S. 562 f.; **Moll**, in: Ascheid/Preis/Schmidt, KR, § 23 KSchG, Rn. 29; **v. Hoyningen-Huene/Linck**, KSchG, § 23, Rn. 16.

639 Vgl. die Erhebung von **Jahn/Windsheimer**, IAB-Kurzbericht Nr. 1/2004, S. 1, 4. Danach lagen die vereinbarten Zielgrößen lediglich in 13 von 982 Fällen bei unter 20 Beschäftigungsplätzen. Die kleinste dokumentierte PSA hatte eine Zielgröße von nur 10 Beschäftigungsplätzen.

640 Vgl. „Aktuelle Arbeitsmarktdaten" der BA für den Monat April 2005. Abrufbar unter www.pub.arbeitsamt.de/hst/services/statistik/detail/f.html. Abgerufen am 18. Mai 2005.

641 Vgl. **BAG**, v. 22. Januar 2004, NZA 2004, S. 479, 480; **Moll**, in: Ascheid/Preis/Schmidt, KR, § 23 KschG, Rn. 29 m.w.N.

642 Vgl. dazu die obigen Ausführungen, § 8 A. II. 3.

Weiterbeschäftigung zu entziehen. Hier entfaltet der Bestandsschutz nach dem KSchG seine Bedeutung.

2. Gründe für die soziale Rechtfertigung einer Kündigung

Der Kündigung eines Arbeitsverhältnisses, welches in den betrieblichen und personellen Anwendungsbereich des Kündigungsschutzgesetzes fällt, kann nur dann Rechtswirkung zukommen, wenn ein berechtigtes Kündigungsinteresse besteht.[643] Dieser Grundsatz, der die Abkehr von dem Prinzip der Kündigungsfreiheit beschreibt, findet in § 1 Abs. 1 KSchG Ausdruck, indem der „sozial ungerechtfertigten" Kündigung die Rechtswirkung versagt wird und im Gegenschluss für die Wirksamkeit der Kündigung das Vorliegen eines rechtfertigenden Grundes verlangt wird. Diese Regelung ist vor dem verfassungsrechtlichen Hintergrund der aus der Berufsfreiheit nach Art. 12 Abs. 1 GG folgenden Schutzpflicht zu begreifen:[644] Dem Ausgleich des grundlegenden Konflikts zwischen dem Interesse des Arbeitnehmers, seinen Arbeitsplatz als Grundlage seiner wirtschaftlichen Existenz zu erhalten und dem Interesse des Arbeitgebers, den „Faktor Arbeit" flexibel und produktiv einsetzen zu können,[645] dienen die Regelungen des KSchG;[646] die Anforderung, dass einer Kündigung nur beim Vorliegen eines rechtfertigenden Grundes Wirksamkeit zukommt, stellt die einfachgesetzliche Konkretisierung des Ausgleichs dieses Interessenwiderspruchs dar.

Dabei wird der rechtstechnische Begriff der sozialen Unrechtfertigung über § 1 Abs. 2 KSchG konkretisiert,[647] indem eine soziale Rechtfertigung nur angenommen werden kann, wenn die Kündigung durch personen- oder verhaltensbezogene Faktoren des Arbeitnehmers oder aufgrund dringender betrieblicher Erfordernisse *bedingt* ist. Das Abstellen auf diesen Bedingungszusammenhang verdeutlicht, dass die Kündigung immer nur als letztes Mittel (*ultima ratio*) in Betracht kommt und zuvor anderen personellen Maßnahmen der Vortritt einzuräumen ist.[648] Hierin findet der das Kündigungsschutzrecht beherrschende Grundsatz der Verhältnismäßigkeit Ausdruck.[649]

---

[643] Vgl. ausf. **Preis**, Prinzipien, S. 52 ff., **ders.**, in: Ascheid/Preis/Schmidt, KR, Grundlagen G, Rn. 9.

[644] Vgl. **BVerfG**, v. 27. Januar 1998, AP Nr. 17 zu § 23 KSchG 1969 = NZA 1998, S. 470 ff.; **BVerfG**, v. 21. Februar 1995, AP Nr. 44 zu Einigungsvertrag Anlage I Kap. XIX = NZA 1995, S. 619 ff.; E 97, S. 169 ff.

[645] Vgl. **BVerfG**, v. 27. Januar 1998, a.a.O. (B. I. 3. der Gründe); **Preis**, in: Ascheid/Preis/Schmidt, KR, Grundlagen G, Rn. 1.

[646] Vgl. **BVerfG**, v. 27. Januar 1998, a.a.O. (B. I. 3. b. cc. der Gründe).

[647] Vgl. **BAG**, v. 20. Januar 1961, AP Nr. 7 zu § 1 KSchG Betriebsbedingte Kündigung = NJW 1961, S. 940 f.; **BAG**, v. 12. Januar 1961, AP Nr. 10 zu § 620 BGB Änderungskündigung = NJW 1961, S. 939 f.

[648] **BAG**, v. 22. Februar 1980, AP Nr. 6 zu § 1 KSchG 1969 Krankheit, mit Anm. **G. Hueck** = NJW 1981, S. 298, 300; **BAG**, v. 17. Januar 1991, AP Nr. 25 zu § 1 KSchG 1969 =

Diese Grundsätze gelten auch für das Arbeitsverhältnis des PSA-Beschäftigten: Sind die Voraussetzungen der Anwendbarkeit des KSchG gegeben, so bedarf die Kündigung eines rechtfertigenden Grundes. Aufgrund der besonderen Aufgaben aber, die der PSA im Rahmen der Arbeitsförderung zukommen, ist die Möglichkeit zur Kündigung zusätzlichen Beschränkungen unterworfen. Der Kündigungsverzicht, den die PSA mit der BA vereinbart hat, wirkt sich hier ergänzend aus. Soweit sich dabei Überschneidungen der Rechtfertigungsanforderungen ergeben, bietet es sich an, die unbestimmten Rechtsbegriffe des KSchG (z.B. „Dringlichkeit“, „Zumutbarkeit“ etc.) mit den Vorgaben des PSA-Vertrages anzureichern. Im Ergebnis entsteht daraus eine inhaltlich modifizierte Prüfung der Kündigungsrechtfertigung.

a.) Personenbedingte Kündigung

aa.) Allgemeine Begriffsbestimmung

Die personenbedingte Kündigung ist sozial gerechtfertigt, wenn aufgrund der persönlichen Eigenschaften des Arbeitnehmers, also Eigenschaften, die seiner Sphäre entstammen, die künftigen vertraglichen Verpflichtungen ganz oder teilweise nicht mehr erfüllt werden können.[650] Dabei gilt es als entscheidendes Merkmal in Abgrenzung zur verhaltensbedingten Kündigung, dass dem Arbeitnehmer die Steuerbarkeit dieser Faktoren fehlt[651] („er will, kann aber nicht“).[652] Aufgrund der personenbedingten Mängel muss es zu einer konkreten und nachhaltigen Störung der Vertragsbeziehung kommen,[653] wobei es auf eine Prognoseentscheidung ankommt, deren Ergebnis es sein muss, dass mit einer baldigen

---

NZA 1991, S. 557, 558; **Kittner**, in: K/D/Z, KSchR, § 1 KSchG Rn. 50; **Löwisch/Spinner**, KSchG, § 1 Rn. 70; **Preis**, in: Ascheid/Preis/Schmidt, KR, Grundlagen H, Rn. 70.

649 Zum Grundsatz der Verhältnismäßigkeit im Kündigungsrecht ausführlich: **v. Hoyningen-Huene/Linck**, KSchG, § 1, Rn. 139 ff.; **Preis**, in: Ascheid/Preis/Schmidt, KR, Grundlagen H, Rn. 63 ff.

650 Vgl. **BAG**, v. 21. November 1985, AP Nr. 12 zu § 1 KSchG 1969 = NZA 1986, S. 713; **BAG**, v. 13. März 1987, AP Nr. 37 zu § 1 KSchG 1969 Verhaltensbedingte Kündigung = NZA 1987, S. 629 ff.; **Dörner**, in: Ascheid/Preis/Schmidt, KR, § 1 KSchG, Rn. 118; **Hergenröder**, in: MüKommBGB, Bd. 4, § 1 KSchG, Rn. 134; **Preis**, in: Stahlhacke/Preis/Vossen, Rn. 1193 ff.

651 **Berkowsky**, in: MüHdbArbR, Bd. 2, § 136, Rn. 3; **Hergenröder**, in: MüKommBGB, Bd. 4, § 1 KSchG, Rn. 136.

652 So prägnant: **v. Hoyningen-Huene/Linck**, KSchG, § 1, Rn. 185 b; **Berkowsky**, in: MüHdbArbR, Bd. 2, § 136, Rn. 3.

653 Vgl. **BAG**, v. 20. Juli 1989, AP Nr. 2 zu § 1 KSchG 1969 Sicherheitsbedenken = NJW 1990, S. 597 ff.; **BAG**, v. 26. September 1991, AP Nr. 28 zu § 1 KSchG 1969 Krankheit = NZA 1992, S. 1073 ff.

Wiederherstellung der Fähigkeiten nicht zu rechnen ist.[654] Weiterhin gilt es darzulegen, dass für den entsprechenden Arbeitnehmer keine Weiterbeschäftigungsmöglichkeit auf einem anderen freien Arbeitsplatz gegeben ist.[655] Sprechen die genannten Faktoren für die Rechtfertigung der personenbedingten Kündigung, ist im Anschluss eine umfassende Interessenabwägung anzustellen. Dabei sind die aus den mangelnden Fähigkeiten des Arbeitnehmers resultierenden betrieblichen oder wirtschaftlichen Nachteile für den Arbeitgeber, die ihn zur Beendigung des Arbeitsverhältnisses bewegen, in Relation zu setzen zu dem Interesse des Arbeitnehmers an einer Fortsetzung des Arbeitsverhältnisses. Nur wenn die Fortsetzung des Arbeitsverhältnisses danach nicht mehr billigenswert und angemessen – also unzumutbar – ist, kann die Kündigung im Ergebnis Rechtswirksamkeit erlangen.[656]

bb.) Die personenbedingte Kündigung in der Personal-Service-Agentur

Als Anknüpfungspunkt für eine personenbedingte Kündigung kommt generell eine ganze Reihe von Einzelgründen in Betracht. Besondere Auswirkungen für die Handhabung im Rahmen der PSA kann dabei jedoch nur die Fallgruppe der personenbedingten Kündigung aufgrund mangelnder Fähigkeiten oder Eignung des Arbeitnehmers zukommen, denn nur im Hinblick auf die sich daraus ergebenden Fragen weist die Kündigungsbeschränkung aufgrund des PSA-Vertrages besondere Relevanz auf. Für die Behandlung weiterer personenbedingter Kündigungsgründe kann es beim üblichen Prüfungsmaßstab verbleiben, so dass insoweit auf die Fallgruppen in der einschlägigen Literatur verwiesen werden kann.[657]

---

654 Vgl. **BVerfG**, v. 21. Februar 1995, AP Nr. 44 zu Einigungsvertrag Anlage I Kap. XIX = NZA 1995, S. 619, 621; vgl. **BAG**, v. 04. Juni 1997, AP Nr. 137 zu § 626 BGB mit Anm. Felderhoff = NZA 1997, S. 1281, 1283 f.; **BAG**, v. 20. Januar 2000, AP Nr. 38 zu § 1 KSchG 1969 Krankheit = NZA 2000, S. 768, 770; vgl. weiterhin: **v. Hoyningen-Huene/Linck**, KSchG, § 1, Rn. 176 a: die personenbedingte Kündigung hat keinen Sanktionscharakter.

655 **BAG**, v. 20. Mai 1988, AP Nr. 9 zu § 1 KSchG 1969 Personenbedingte Kündigung mit Anm. **Kothe** = NZA 1989, S. 464, 466; **v. Hoyningen-Huene/Linck**, KSchG, § 1, Rn. 178 ff.

656 Vgl. zur Interessenabwägung bei der personenbedingten Kündigung: **v. Hoyningen-Huene/Linck**, KSchG, § 1, Rn. 180 ff. m.w.N. Ausführlich zum allgemeinen Prinzip der Interessenabwägung im Kündigungsrecht: **Preis**, in: Ascheid/Preis/Schmidt, KR, Grundlagen H, Rn. 42 ff.

657 Zur Typologie vgl. nur: **Dörner**, in: Ascheid/Preis/Schmidt, KR, § 1 KSchG, Rn. 134 ff. zur krankheitsbedingten Kündigung, sowie Rn. 224 ff. zu weiteren Fallgruppen. Für die Beschäftigung bei der PSA ist jedoch zu bedenken, dass aufgrund der zeitlich nur begrenzten Beschäftigungsdauer eines PSA-Beschäftigten einige der Fallgruppen praktisch nicht zur Anwendung kommen können (so wird insbesondere die Problematik der ver-

Für eine personenbedingte Kündigung aufgrund mangelnder Fähigkeit oder Eignung gilt es zunächst darzulegen, dass Leistungs- oder Fähigkeits*mängel* vorliegen, also das arbeitnehmerbezogene – individuell nicht steuerbare; ansonsten handelt es sich um eine verhaltensbedingte Frage – Leistungsprofil vom arbeitsvertraglich vereinbarten Anforderungsprofil abweicht. Dabei kann jedoch nicht jede Differenz zur Annahme einer mangelnden Eignung führen; erforderlich ist vielmehr eine Abweichung in signifikantem Umfang.[658]

Zunächst gilt es herauszustellen, worin genau die arbeitsvertraglich vereinbarte Leistung eines Arbeitnehmers besteht. Auch der PSA-Beschäftigte schuldet als Arbeitnehmer nach zutreffender Ansicht nicht die Erbringung einer „Normalleistung", also einer *objektiv* bestimmten Leistung mittlerer Art und Güte im Rechtssinne des § 243 Abs. 1 BGB.[659] Die geschuldete Arbeitsleistung bestimmt sich vielmehr gerade unter Berücksichtigung der persönlichen Fähigkeiten und Möglichkeiten des Arbeitnehmers, weshalb sich der Inhalt seines Leistungsversprechens nach dessen – angemessen angespanntem – individuellen Leistungsvermögen, also anhand eines *subjektivierten* Maßstabs, bemisst.[660] Hat der Arbeitnehmer sich im erforderlichen Umfang bemüht, entsprechende Arbeitsleistungen zu erbringen, kann das Nichterreichen bestimmter Ziele zwar nicht als Verstoß gegen eine direkte Vertragspflicht angesehen werden. Wie das BAG in jüngster Rechtsprechung jedoch herausgestellt hat, kann eine erhebliche Minderleistung die dem Arbeitsvertrag zugrunde liegende Erwartung der Vertragsparteien, dass Leistung und Gegenleistung in annähernder Gleichwertigkeit zueinander stehen, erheblich erschüttern.[661] In der Folge einer solchen Äquivalenzstörung kann daher eine personenbedingte Kündigung zulässig sein, wenn

---

minderten Leistungsfähigkeit aufgrund des *angestiegenen* Lebensalters in diesem Zusammenhang keine Relevanz aufweisen können).

658 So auch im Normalarbeitsverhältnis: **Dörner**, in: Ascheid/Preis/Schmidt, KR, § 1 KSchG, Rn. 245.

659 So aber etwa: **v. Hoyningen-Huene/Linck**, KSchG, § 1, Rn. 253 ff.; **Berkowsky**, in: MüHdbArbR, Bd. 2, § 137, Rn. 18 ff.; **Hunold**, BB 2003, S. 2345, 2346.

660 Vgl. etwa: **BAG**, v. 11. Dezember 2003, NZA 2004, S. 784 ff. = DB 2004, S. 1506 ff.; **BAG**, v. 21. Mai 1992, AP Nr. 3 zu § 1 KSchG 1969 Verhaltensbedingte Kündigung = NZA 1992, S. 1028, 1029; **Richardi**, in: Staudinger BGB, § 611, Rn. 329 ff.; **Dörner**, in: Ascheid/Preis/Schmidt, KR, § 1 KSchG, Rn. 248; **Ascheid/Oetker**, in: ErfKomm., § 1 KSchG, Rn. 261; **Blomeyer**, in: MüHdbArbR, Bd. 1, § 48, Rn. 66.

661 **BAG**, v. 11. Dezember 2003, NZA 2004, S. 784, 788 f. = DB 2004, S. 1506, 1508 (III. 2. der Entscheidungsgründe). Dazu die zust. Anm. **Hunold**, BB 2004, S. 1286 f. Vgl. auch **BAG**, v. 03. Juni 2004, NZA 2004, S. 1380 ff. = BB 2005, S. 48 ff. Das BAG verweist im Hinblick auf das Äquivalenzinteresse auf die einem gegenseitigen Vertrag typischerweise zugrunde liegende Ausgewogenheit der Leistungen und sieht darin auch für den Arbeitsvertrag die Vertragsgrundlage, deren Erschütterung hier zum Recht der personenbedingten Kündigung führen kann.

die Unterschreitung der Gleichwertigkeitserwartung derart ausgeprägt ist, dass ein weiteres Festhalten am Arbeitsvertrag als *unzumutbar* zu bezeichnen ist.[662]

An dieser Stelle wirken sich die Besonderheiten aus, die für das Arbeitsverhältnis des PSA-Beschäftigten gelten. Hierbei gilt es zu bedenken, dass die Erwartungen der PSA an das Leistungsvermögen des dort Beschäftigten sich nicht ohne weiteres an den Erwartungen orientieren können, die ausschlaggebend für ein übliches Leiharbeitsverhältnis sind. Es stellt gerade ein Charakteristikum der PSA dar, dass ihre Zielgruppe Personen umfasst, die aufgrund von bestimmten „Defiziten" Vermittlungshemmnisse aufweisen, die die Arbeitsagenturen erst zur Zuweisung in die Obhut der PSA veranlasst haben. Dabei soll der Aufenthalt des vormals Arbeitslosen in der PSA gerade dazu dienen, diese „Defizite" zu beseitigen oder doch zumindest zu vermindern.

Die PSA ist jedoch nicht verpflichtet, jegliche Mängel in der Person des PSA-Beschäftigten hinzunehmen, das Arbeitsverhältnis aufrecht zu erhalten und Qualifizierungsleistungen zu erbringen. Der vereinbarte Kündigungsverzicht geht vielmehr nur soweit, wie die zu erbringenden Qualifizierungsleistungen für die PSA noch als zumutbar anzusehen sind. Der PSA-Vertrag sieht daher vor, dass im Falle „umfassenden Qualifizierungsbedarfs" das Instrumentarium der beruflichen Weiterbildung außerhalb der PSA zu nutzen ist.[663] Stellt sich ein solcher Fall heraus, so soll nach der Formulierung des PSA-Vertrages eine einvernehmliche Auflösung des Arbeitsverhältnisses erfolgen.[664] Ist eine solche Lösung jedoch nicht zu erzielen, kann die PSA berechtigt sein, eine personenbedingte Kündigung aussprechen. Das Merkmal des „umfassenden Qualifizierungsbedarfs" ist im Hinblick auf die vertraglich vereinbarte Arbeitsweise der PSA auszulegen. Danach kann von einem umfassenden Qualifizierungsbedarf erst ausgegangen werden, wenn die entsprechend zu erbringende Qualifikationssteigerung außerhalb des Rahmens liegt, der von der PSA nach den Absprachen im Vertrag zur BA noch zu erbringen ist. Davon ist zunächst auszugehen, wenn sich ein Qualifizierungsbedarf herausstellt, der ohnehin nicht mit den Mitteln der PSA behoben werden kann. Auch weniger grundlegende Makel können jedoch eine personenbedingte Kündigung rechtfertigen: Da während der Erbringung von Qualifizierungsleistungen ein vergüteter Überlassungseinsatz nicht zu realisieren ist, sind auch Zeiten der Qualifizierung aus der Perspektive der PSA „verleihfreie Zeiten". Im Anschluss an die Vereinbarung über den zu tragenden Umfang entsprechender verleihfreier Zeiten[665] kann daher von einem der PSA *unzumutbaren* Qualifizierungsbedarf auch dann ausgegangen werden, wenn al-

---

[662] **BAG** v. 11. Dezember 2003, NZA 2004, S. 784, 788 f. = DB 2004, S. 1506, 1508.

[663] Vgl. Ziff. 8, 3. Absatz des PSA-Mustervertrages sowie die obigen Ausführungen, § 8 C. II. 2.

[664] PSA-Mustervertrag, ebd.

[665] Vgl. oben, § 8 C II 3. b. bb.

leine der dafür erforderliche Zeitraum den vereinbarten (und ggf. noch verbleibenden[666]) Umfang verleihfreier Zeiten ausschöpfen würde. Kommt die anzustellende Prognose der PSA daher zu dem Ergebnis, dass es sich im Einzelfall um einen „umfassenden Qualifizierungsbedarf" in diesem Sinne handelt, so ist eine personenbedingte Kündigung – mit Wirkung zu dem Zeitpunkt, der der Vereinbarung über die zu tragenden verleihfreien Zeiten entspricht – möglich. Dazu ein Beispiel:

Die PSA hat mit der BA vereinbart, verleihfreie Zeiten im Umfang von 25 v.H. der Verleihzeiten zu tragen; als Zielgruppe waren Arbeitslose aus dem kaufmännischen Bereich vereinbart worden. Der Arbeitslose A wurde von der PSA eingestellt und war bei vier unterschiedlichen Entleihern für insgesamt vier Monate tätig. Jeder der Entleiher hatte bemängelt, dass der A nicht über ausreichend aktuelle EDV-Kenntnisse verfügt. Die PSA prognostiziert, dass eine entsprechende Schulung den Zeitraum von zwei Monaten einnehmen würde. Dieser Zeitraum geht über den von der PSA zu tragenden Umfang verleihfreier Zeiten hinaus (hier: nur ein Monat), es handelt sich also um einen *unzumutbaren, umfassenden Qualifizierungsbedarf* im genannten Sinne. Eine personenbedingte Kündigung ist jedoch zu diesem Zeitpunkt noch nicht möglich; die PSA hat vielmehr noch für einen Monat den A unter Vertrag zu halten und – sofern sich keine Überlassungen realisieren lassen – die Bemühungen auf die Direktvermittlung zu konzentrieren. Erst wenn diese Zeit überbrückt wurde, kann die Kündigung der PSA wirksam werden.

Wird der soeben beschriebene Weg beschritten, erübrigt sich eine weitere Prüfung der im Allgemeinen zu beachtenden Punkte zur Rechtfertigung einer ordentlichen personenbedingten Kündigung. Die dort anzustellenden Erwägungen sind im hier beschriebenen Weg bereits enthalten und werden quasi „konsumiert": Ein „umfassender Qualifizierungsbedarf" im genannten Sinne bedeutet zunächst, dass mit einer baldigen Herstellung der Eignung des Beschäftigten nicht zu rechnen ist und die vorliegenden Mängel zu einer konkreten Störung des Arbeitsverhältnisses führen, da ein weiteres Festhalten am Arbeitsverhältnis für die PSA unzumutbar wäre. Die Voraussetzungen eines Weiterbeschäftigungsanspruchs nach § 1 Abs. 2 S. 3 KSchG liegen in der PSA ohnehin nicht vor.[667] Ferner gehen die Voraussetzungen, die ansonsten im Rahmen der Interessenabwägung zu beachten sind, in dem Erfordernis der „Zumutbarkeit" der Qualifizierungserbringung auf. Da Folge dieses Weges ein *erhöhter* Schutz für den PSA-Beschäftigten ist, stehen einer solchen Abweichung vom üblichen Prüfungsablauf auch keine allgemeinen Bedenken entgegen.

---

[666] Da der allgemeine Kündigungsschutz erst nach Ablauf der sechsmonatigen Wartefrist Wirkung entfaltet, und sich unter Umständen bereits während dieser Zeitspanne verleihfreie Zeiten ergeben haben, ergibt sich für die PSA im Hinblick auf den konkreten Beschäftigten gegebenenfalls nur noch ein verringerter Anteil zu tragender verleihfreier Zeiten. Vgl. dazu auch die obigen Beispiele, § 8 C II. 3. b. cc.

[667] Vgl. dazu sogleich unter d.).

b.) Verhaltensbedingte Kündigung

aa.) Allgemeine Begriffsbestimmung

Neben der personenbedingten Kündigung kann sich auch aus dem Verhalten des Arbeitnehmers eine soziale Rechtfertigung der Kündigung ergeben. In Abgrenzung zur personenbedingten Kündigung setzt dieser Kündigungsgrund ein steuer- und zurechenbares Verhalten voraus,[668] welches zu einer Verletzung arbeitsvertraglicher (Haupt- oder Neben-) Pflichten führt.[669] Aufgrund der Zukunftsbezogenheit der Kündigung ist eine Prognose anzustellen, deren Ergebnis es sein muss, dass die begründete Gefahr einer Wiederholung des vertragswidrigen Verhaltens gegeben ist oder aber bereits der zurückliegende Verstoß von solchem Gewicht war, dass dieser sich auch künftig entsprechend belastend auswirkt.[670] Da die verhaltensbedingte Kündigung ein steuerbares Verhalten voraussetzt, erfordert es der *ultima-ratio*-Grundsatz regelmäßig, dass vor dem Ausspruch einer solchen Kündigung eine Abmahnung erfolgt.[671] Auch darf nicht die Möglichkeit bestehen, den Arbeitnehmer auf einem anderen freien Arbeitsplatz weiterbeschäftigen zu können.[672] Im Anschluss ist auch bei der Kündigung aufgrund des Verhaltens des Arbeitnehmers eine umfassende Interessenabwägung vorzunehmen, deren Ergebnis es sein muss, dass auch ein ruhig und verständig

---

668 „Der Arbeitnehmer kann, will aber nicht." Vgl. **v. Hoyningen-Huene/Linck**, KSchG, § 1, Rn. 270; **Dörner**, in: Ascheid/Preis/Schmidt, KR, § 1 KSchG, Rn. 265; **Berkowsky**, in: MüHdbArbR, Bd. 2, § 137, Rn. 5. Ob darüber hinaus auch ein Verschulden in Form von Vorsatz oder Fahrlässigkeit erforderlich ist, ist umstritten: stets für ein solches Verschuldenserfordernis: **Ascheid/Oetker**, in: ErfKomm., § 1 KSchG, Rn. 291; **Löwisch/Spinner**, KSchG § 1 Rn. 94 ff.; unter besonderen Umständen darauf verzichtend: **BAG**, v. 27. Juli 1961, AP Nr. 24 zu § 611 BGB Ärzte, Gehaltsansprüche = NJW 1961, S. 2085 f.; **BAG**, v. 21. Januar 1999, AP Nr. 151 zu § 626 BGB mit Anm. **v. Hoyningen-Huene** = NZA 1999, 863 ff.; **Etzel**, in: GK-KSchG, § 1 KSchG, Rn. 396, 400 ff.; **Dörner**, in: A-scheid/Preis/Schmidt, KR, § 1 KSchG, Rn. 276.

669 **Berkowsky**, in: MüHdbArbR, Bd. 2, § 137, Rn. 8; **Dörner**, in: Ascheid/Preis/Schmidt, KR, § 1 KSchG, Rn. 269; **Preis**, in: Stahlhacke/Preis/Vossen, Rn. 1168; weitergehend und für die Annahme, alleine die konkrete Störung des Arbeitsverhältnisses – mithin auch ohne Verstoß gegen eine arbeitsvertragliche Pflicht – sei ausreichend: **BAG**, v. 04. November 1981, AP Nr. 4 zu § 1 KSchG 1969 Verhaltensbedingte Kündigung mit Anm. **v. Hoyningen-Huene** = BB 1977, S. 1856; **Etzel**, in: KR § 1 KSchG Rn. 399 ff.

670 **BAG**, v. 04. Juni 1997, AP Nr. 137 zu § 626 BGB = NZA 1997, S. 1281 ff.; **Dörner**, in: Ascheid/Preis/Schmidt, KR, § 1 KSchG, Rn. 272 m.w.N.

671 **BAG**, v. 25. April 1996, AP Nr. 18 zu § 1 KSchG 1969 Personenbedingte Kündigung = NZA 1996, S: 1201 ff.; BAG v. 17. Februar 1994, AP Nr. 116 zu § 626 BGB = NZA 1994, S. 656 ff.; **v. Hoyningen-Huene/Linck**, KSchG, § 1, Rn. 280 ff.; **Berkowsky**, NZA-RR 2001, S. 57, 70 ff.

672 Vgl. **v. Hoyningen-Huene/Linck**, KSchG, § 1, Rn. 276 m.w.N.

urteilender Arbeitgeber zum Ausspruch der Kündigung veranlasst sein würde, dass die Kündigung also im Ergebnis billigenswert und angemessen erscheint.[673]

bb.) Die verhaltensbedingte Kündigung in der Personal-Service-Agentur

Generell kommen auch bei der verhaltensbedingten Kündigung die im Allgemeinen entwickelten Fallgruppen in Betracht,[674] also Störungen im Leistungsbereich, Verstöße gegen die betriebliche Ordnung, Störungen im persönlichen Vertrauensbereich, sowie die Verletzung arbeitsvertraglicher Nebenpflichten. Als Besonderheit können sich für den PSA-Beschäftigten – so wie für einen anderen Leiharbeiter – die Gründe für eine Kündigung sowohl aus dem unmittelbaren Verhältnis zum Verleiher (der PSA) wie auch mittelbar aus dem Verhältnis zum Entleiher ergeben. So können etwa Schlechtleistungen, mangelnde Zuverlässigkeit, Unpünktlichkeit, mangelnder Kooperationswillen, mangelnde Flexibilität, sich in den Betriebsablauf beim Entleiher einzugliedern oder schlichte Nichtleistung im Einsatz bei einem Entleiher auftreten. Daneben kann der PSA-Beschäftigte durch sein Fehlverhalten gegenüber der PSA selbst entsprechend negativ auffallen. Speziell für die Beschäftigung bei der PSA kann neben dem allgemeinen Fehlverhalten auch eine Kündigung in Betracht kommen, wenn die Mitwirkung an angebotenen Qualifizierungs- und Beratungsleistungen nicht im erforderlichen Maß erfolgt, oder die Bereitschaft fehlt, etwa bei assistierten Bewerbungsgesprächen im erforderlichen Maße zu kooperieren.

Liegt ein entsprechendes Fehlverhalten vor, so gelten für eine verhaltensbedingte Kündigung in der PSA keine anderen Maßstäbe, als dies im Normal(leih)arbeitsverhältnis der Fall ist. Je nach Intensität des Fehlverhaltens kommt auch eine außerordentliche Kündigung nach § 626 Abs. 1 BGB in Betracht. Zwar hat die PSA gegenüber der BA die Aufgabe übernommen, durch die Erbringung der vereinbarten Qualifizierungs- und Betreuungsleistungen die „Hemmnisse" des PSA-Beschäftigten zu beseitigen, die einer Direktvermittlung durch die Arbeitsagentur im Wege stehen. Für den feststehenden Fall aber, dass der PSA-Beschäftigte „kann, aber nicht will", mithin die Störung verhaltensbedingt ist und auch eine Abmahnung diesen Zustand nicht beseitigen konnte, macht es keinen besonderen Sinn, eine weitere Förderung dieser Person über die PSA zu erbringen. Der mangelnde Wille, die gestellten Anforderungen zu erfüllen, kann daher – mangelnde Weiterbeschäftigung auf einem anderen Arbeitsplatz und die ordnungsgemäße Durchführung der Interessenabwägung vorausge-

---

673 **BAG**, v. 22. Juli 1982, AP Nr. 5 zu § 1 KSchG 1969 Verhaltensbedingte Kündigung = NJW 1983, S. 700 f.; **BAG**, 01. Oktober 1954, AP Nr. 5 zu § 1 KSchG = NJW 1954, S: 1904; vgl. auch: **Etzel**, in: GK-KSchG, § 1, Rn. 409.

674 Vgl. dazu: **Berkowsky**, NZA-RR 2001, S. 1 ff; **ders.**, NZA-RR 2001, S. 57 ff.; **v. Hoyningen-Huene/Linck**, KSchG, § 1, Rn. 304 ff.

setzt – nach Ablauf der Kündigungsfrist zur Beendigung des Arbeitsverhältnisses und ggf. zu weiteren sozialrechtlichen Konsequenzen führen.[675]

c.) Betriebsbedingte Kündigung

aa.) Allgemeine Begriffsbestimmung

Die betriebsbedingte Kündigung ist nur dann sozial gerechtfertigt, wenn dringende betriebliche Gründe dies verlangen und einer Weiterbeschäftigung entgegenstehen. Kommt aufgrund betrieblicher Gründe die Kündigung eines von mehreren Arbeitnehmern in Betracht, so sind dabei die Grundsätze der Sozialauswahl zu beachten (§ 1 Abs. 3 KSchG).

Dem Ausspruch einer jeden betriebsbedingten Kündigung geht eine unternehmerische Entscheidung voraus.[676] Dabei ist theoretisch zwischen drei unterschiedlichen Ebenen zu unterscheiden:[677] Zunächst ist zu beachten, dass der Unternehmer aufgrund einer bestimmten Motivation bewegt sein kann, die momentane Situation seines Betriebes kritisch zu überdenken, etwa aufgrund eines veränderten Kosten- und Konkurrenzdrucks. Aufgrund der veränderten Umstände kann sich das Bedürfnis entwickeln, durch Strukturveränderungen im Betrieb (etwa der Betriebsteilschließung, der Umstellung der Produktion, etc.) zu reagieren, also eine „unternehmerische Entscheidung" zu treffen. Auf der dritten Ebene geht es dann um die konkrete Umsetzung dieser Unternehmerentscheidung. Erst an dieser Stelle wird die Frage aktuell, ob zur Umsetzung der Entscheidung eine betriebsbedingte Kündigung erforderlich ist und rechtswirksam ausgesprochen werden kann.

Im Hinblick auf die Entscheidungsfindung, wie auf die veränderten Umstände (Motive) zu reagieren ist, kommt dem Unternehmer nach der Rechtsprechung des BAG[678] und der herrschenden Literaturmeinung[679] eine umfassende Freiheit zu, die darin Ausdruck findet, dass diese Reaktionsentscheidung nicht auf ihre Zweckmäßigkeit oder sachliche Rechtfertigung hin überprüft werden kann, son-

---

[675] Vgl. zu den sozialrechtlichen Konsequenzen: unten, § 14 D. III.

[676] Vgl. **v. Hoyningen-Huene/Linck**, KSchG, § 1, Rn. 366, 427; **Preis**, NZA 1995, S. 241, 244 f.; ausführlich: **Walker**, ZfA 2004, S. 501, 514 ff.

[677] So auch **Walker**, ZfA 2004, S. 501, 515 f.; zuvor etwa: **v. Hoyningen-Huene**, NZA 1994, S. 1009, 1010 f.

[678] Vgl. **BAG**, v. 30. April 1987, AP Nr. 42 zu § 1 KSchG 1969 Betriebsbedingte Kündigung = NZA 1987, S. 776 ff.; **BAG**, v. 29. März 1990, AP Nr. 50 zu § 1 KSchG 1969 Betriebsbedingte Kündigung = NZA 1991, S. 181 ff.; **BAG**, v. 10. Oktober 2002, AP Nr. 123 zu § 1 KSchG 1969 Betriebsbedingte Kündigung = DB 2003, S. 506 f.

[679] Vgl. etwa: **Ascheid/Oetker**, in: ErfKomm., § 1 KSchG, Rn. 401 ff.; **v. Hoyningen-Huene/Linck**, KSchG, § 1, Rn. 371 ff.; **Kiel**, in: Ascheid/Preis/Schmidt, KR, § 1 KSchG, Rn. 463; **Etzel**, in: GK-KSchG, § 1 KSchG, Rn. 522 ff.

dern nur eine Grenze in offenbarer Unsachlichkeit, Unvernünftigkeit oder Willkürlichkeit findet.[680]

Führt die aufgrund der getroffenen Unternehmerentscheidung gewählte Umsetzungsmaßnahme jedoch zu dem Ergebnis, dass der aktuelle Personalbestand des Betriebes größer als der aktuelle Personalbedarf ist, mithin ein Personalüberhang besteht, so hat der Arbeitgeber – nunmehr gerichtlich vollständig nachprüfbar – substantiiert darzulegen, dass nur eine Kündigung das geeignete und erforderliche Mittel darstellt, die Unternehmerentscheidung umzusetzen. Erst an dieser Stelle greift damit das Kündigungsschutzgesetz in die Unternehmerfreiheit ein, indem die Kündigung nur sozial gerechtfertigt sein kann, wenn dringende betriebliche Gründe die Kündigung erfordern („bedingen"), mithin keine andere Maßnahme auf technischem, organisatorischem oder wirtschaftlichem Gebiet Abhilfe zu verschaffen vermag.[681] Als Ausdruck des Verhältnismäßigkeitsgrundsatzes ist damit die betriebsbedingte Kündigung nur als das letzte Mittel (*ultima ratio*) zulässig.

Führt die Unternehmerentscheidung zu einer betrieblichen Umstrukturierung (sog. „innerbetrieblicher Kündigungsgrund"[682]), so hat der Arbeitgeber darzulegen, dass die entsprechende Maßnahme (also z.B. die Betriebsteilstilllegung) auch tatsächlich erfolgt ist bzw. bereits derart greifbare Formen angenommen hat, dass für die Weiterbeschäftigung des gekündigten Arbeitnehmers kein Bedürfnis mehr besteht.[683] Hierauf bezieht sich der gerichtliche Prüfungsmaßstab.

---

680 So ist es dem Unternehmer unbenommen, etwa auf den Umsatzrückgang durch vermehrte Werbung, die Umstellung der Produktpalette oder die Verbesserung der bisher angebotenen Produkte zu reagieren. Auch steht es ihm offen, zunächst gar nicht zu reagieren und den Dingen ihren Lauf zu lassen. Gleichrangig daneben steht dem Unternehmer jedoch auch das Mittel zur Verfügung, auf verminderten Umsatz – ohne Änderung der Betriebsstruktur – durch bloße Verringerung der Beschäftigtenzahlen zu reagieren. Vgl. **Ehmann/Krebber**, Anm. zu BAG, v. 17. Juni 1999, AP Nr. 101, 102 zu § 1 KSchG 1969 Betriebsbedingte Kündigung.

681 Vgl. **BAG**, v. 07. Dezember 1978, AP Nr. 6 zu § 1 KSchG 1969 Betriebsbedingte Kündigung = NJW 1979, S. 1902 f.; **BAG**, v. 26. Juni 1997, AP Nr. 86 zu § 1 KSchG 1969 Betriebsbedingte Kündigung = NZA 1997, S. 1286 ff.; weiterhin etwa: **Kiel**, in: Ascheid/Preis/Schmidt, KR, § 1 KSchG, Rn. 561 ff.; **v. Hoyningen-Huene/Linck**, KSchG, § 1, Rn. 408 ff, jeweils m.w.N.

682 Das BAG fasst in st. Rechtspr. etwa Rationalisierungsmaßnahmen oder die Umstellung oder Einschränkung der Produktion als „innerbetriebliche Kündigungsgründe" zusammen, während Faktoren wie Auftragsmangel oder Umsatzrückgang als „außerbetriebliche Kündigungsgründe" verstanden werden. Vgl. etwa: **BAG**, v. 17. Juni 1999, AP Nr. 103 zu § 1 KSchG 1969 Betriebsbedingte Kündigung = NZA 1999, S. 1157, 1159 f. m.w.N.

683 **BAG**, v. 07. Dezember 1978, AP Nr. 6 zu § 1 KschG 1969 Betriebsbedingte Kündigung = NJW 1979, S. 1902 f.; **BAG**, v. 30. Mai 1985, AP Nr. 24 zu § 1 KSchG 1969 Betriebsbedingte Kündigung; **BAG**, v. 17. Juni 1999, AP Nr. 101 zu § 1 KSchG 1969 Betriebsbe-

Manifestiert sich demgegenüber die Unternehmerentscheidung nicht in einer Umstrukturierungsmaßnahme, sondern ist die Reaktion des Arbeitgebers allein darin zu erblicken, dass etwa auf mangelnde Nachfrage direkt durch die Verminderung der Personalstärke reagiert wird (sog. „verdeckte Unternehmerentscheidung“[684]), so fällt es schwer, die Organisationsentscheidung von dem bloßen Kündigungsentschluss – der für sich gesehen nie zu einer sozialen Rechtfertigung führen kann – zu unterscheiden.[685] Um gleichwohl die betriebliche Dringlichkeit der Kündigung darzulegen, ist vom Arbeitgeber zu verlangen, dass er die außerbetrieblichen Gründe besonders eingehend schildert und konkrete Angaben dazu macht, wie sich die prognostizierte Entwicklung auf den betrieblichen Arbeitskräftebedarf auswirkt und inwiefern gerade einem Arbeitnehmer gekündigt wurde, dessen Beschäftigungsmöglichkeit betroffen ist.[686] Nur wenn sich aus der anzustellenden Prognose ergibt, dass mit einiger Sicherheit zumindest bis zum Ablauf der Kündigungsfrist ein Arbeitskräfteüberschuss und damit kein Weiterbeschäftigungsbedarf besteht, kann der Kündigung Wirksamkeit zukommen.[687]

Ist danach eine betriebsbedingte Kündigung – für sich gesehen – sozial gerechtfertigt, so gilt die Kündigung gleichwohl als sozial ungerechtfertigt, wenn die Grundsätze der Sozialauswahl nach § 1 Abs. 3 KSchG n.F.[688] missachtet

---

dingte Kündigung m. Anm. **Ehmann/Krebber** = NZA 1999, 1098 ff. **v. Hoyningen-Huene/Linck**, KSchG, § 1, Rn. 376 ff.; **Franzen**, NZA 2001, S. 805, 809 f.

684 Vgl. **v. Hoyningen-Huene/Linck**, KSchG, § 1, Rn. 369, m.w.N.; **BAG**, v. 30. Mai 1985, AP Nr. 24 zu § 1 KSchG 1969 Betriebsbedingte Kündigung; terminologisch anders: **Ascheid/Oetker**, in: ErfKomm., § 1 KSchG, Rn. 388 ff. („selbstbindende Unternehmerentscheidung“ im Gegensatz zur „gestaltenden Unternehmerentscheidung“).

685 **BAG**, v. 17. Juni 1999, AP Nr. 101 zu § 1 KSchG 1969 Betriebsbedingte Kündigung m. Anm. **Ehmann/Krebber** = NZA 1999, S. 1098 ff.; bestätigt durch: **BAG**, v. 12. April 2002, EzA Nr. 117 zu § 1 KSchG Betriebsbedingte Kündigung = NZA 2002, S. 1075; vgl. auch **Ascheid/Oetker**, in: ErfKomm., § 1 KSchG, Rn. 391; **v. Hoyningen-Huene/Linck**, KSchG, § 1, Rn. 370 a.

686 **BAG**, v. 17. Juni 1999, AP Nr. 101 = NZA 1999, S. 1098, 1100; **BAG**, v. 15. Juni 1989, AP Nr. 45 zu § 1 KSchG 1969 Betriebsbedingte Kündigung = NZA 1986, 155 f.; **Ascheid/Oetker**, in: ErfKomm., § 1 KSchG, Rn. 391; **ders.** DB 1987, S. 1144, 1147 f.; **Kiel**, in: Ascheid/Preis/Schmidt, KR, § 1 KSchG, Rn. 486. Dies geschieht im Rahmen einer abgestuften Beweislast. Vgl. dazu **BAG**, v. 17. Juni 1999, a.a.O., II. 2. e. der Urteilsgründe; vgl. auch **Kiel**, a.a.O., Rn. 465 ff., 486.

687 Vgl. **BAG**, v. 12. April 2002, AP Nr. 120 zu § 1 KSchG 1969 Betriebsbedingte Kündigung = NZA 2002, S. 1205 ff.; **BAG**, v. 11. März 1998, AP Nr. 43 zu § 111 BetrVG 1972 = NZA 1998, S. 879, 880; **v. Hoyningen-Huene/Linck**, KSchG, § 1, Rn. 406.

688 Durch Artikel 1 des Gesetz v. 24. Dezember 2003, in Kraft getreten zum 01. Januar 2004, BGBl. I, S. 3002, wurden im Wesentlichen die Regelungen des Arbeitsrechtlichen Beschäftigungsförderungsgesetztes, v. 25. September 1996, BGBl. I, S. 1476, wieder aufgenommen. Vgl. zu der neuen Regelung: **Bader**, NZA 2004, S. 65 ff.; **Preis**, DB 2004,

wurden. Die erforderliche Sozialauswahl dient der personellen Konkretisierung der betriebsbedingten Kündigungsgründe und führt insoweit zu einer verbindlichen Beachtung sozialer Interessen, die aufgrund der nicht durchzuführenden Interessenabwägung im Rahmen der betriebsbedingten Kündigung nicht bereits bei der Bestimmung des Kündigungsgrundes berücksichtigt wurden.[689] Für die Durchführung der Sozialauswahl kann hier auf das einschlägige Schrifttum verwiesen werden.[690]

bb.) Die betriebsbedingte Kündigung in der Personal-Service-Agentur

Für die betriebsbedingte Kündigung in der PSA gelten im Prinzip die soeben dargestellten Grundsätze. Da die PSA jedoch kein übliches Gewerbe betreibt, sondern Instrument der aktiven Arbeitsmarktpolitik ist, deren Geschäftstätigkeit durch die Vereinbarungen im PSA-Vertrag teils vorgegeben ist, ist bei den einzelnen Prüfungsschritten zu berücksichtigen, inwieweit sich Abweichungen gegenüber den soeben dargestellten Grundsätzen ergeben. Weiterhin sind die Konsequenzen zu beachten, die aus dem vereinbarten Kündigungsverzicht resultieren.

(i.) Betriebsbedingt-kündigungsrelevante Motivation

Ebenso wie für den üblichen Unternehmer spielt es für den Betreiber einer PSA keine Rolle für die Beurteilung der sozialen Rechtfertigung einer betriebsbedingten Kündigung, welche eigentliche Motivation überhaupt erst zur Erwägung einer kündigungsrelevanten Reaktion geführt hat.[691] Neben den allgemeinen „äußeren" Motiven, die sich in einem Auftragsmangel manifestieren, oder „inneren" Motiven, wie dem Entschluss, eine begonnene Tätigkeit nur noch einge-

S. 70 ff.; **Willemsen/Annuß** NJW 2004, S. 177 ff. Zur Normgeschichte: **Kiel**, in: Ascheid/Preis/Schmidt, KR, § 1 KSchG, Rn. 654 ff.

[689] Vgl. **v. Hoyningen-Huene/Linck**, KSchG, § 1, Rn. 371 d, 380; **Kiel**, in: Ascheid/Preis/Schmidt, KR, § 1 KSchG, Rn. 651 ff.; jeweils m.w.N., auch zur abweichenden Praxis des BGH bis zum Anfang der 80er Jahre.

[690] Vgl. zur Sozialauswahl nach der aktuellen Fassung des KSchG, zusätzlich zu den in der vorletzten Fußnote Genannten etwa: **Kiel**, in: Ascheid/Preis/Schmidt, KR, § 1 KSchG, Rn. 663 ff.; **Ascheid/Oetker**, in: ErfKomm., § 1 KSchG, Rn. 458 ff.; **Däubler**, NZA 2004, S. 177, 181 f.; **Gaul/Lunck**, NZA 2004, S. 184 ff.; **Löwisch**, BB 2004, S. 154 ff.; **Thüsing/Stelljes**, BB 2003, S. 1673 ff.. Zur „Herausnahme von sog. Leistungsträgern" aus der Sozialauswahl: **Thüsing/Wege**, RdA 2005, S. 12 ff.

[691] Es ist gerade Ausdruck auch der unternehmerischen Freiheit, dass der übliche Arbeitgeber sowohl aus heteronomen, wie auch aus autonomen Motiven betriebsrelevante Maßnahmen herbeiführen kann. So ist es dem Unternehmer unbenommen, eine begonnene Tätigkeit gerade nicht mehr im bisherigen Umfang fortzuführen, oder diese gar völlig einzustellen. Ob hierfür äußere Umstände ausschlaggebend sind (etwa mangelnder Markterfolg), oder das Motiv aus der Person des Unternehmers selbst hervorgeht (etwa der willkürliche Entschluss, ab einem bestimmten Lebensalter nur noch eingeschränkt beruflich tätig sein zu wollen), ist für die Beurteilung einer Kündigung belanglos.

schränkt ausüben zu wollen, kann sich in der PSA ein weiteres Motiv daraus ergeben, dass die staatlichen Zuschüsse degressiv gestaffelt sind und mit zunehmender Beschäftigungsdauer eines vormals Arbeitslosen die Attraktivität gerade dieses Beschäftigungsverhältnisses abnimmt.

(ii.) Unternehmerentscheidung

Dem „freien“ Unternehmer steht die Wahl offen, mit welchen Mitteln er auf die zugrunde liegenden Motive reagiert und also eine Unternehmerentscheidung fällt: So könnte er im Hinblick auf eine schlechte Auftragslage zunächst die Entscheidung treffen, keine betrieblichen Änderungen vorzunehmen und die Lager „für bessere Zeiten“ mit Waren zu füllen. Auch wäre er befugt, den Betrieb so umzustrukturieren, dass ein anderes, attraktiveres Marktsegment bedient werden kann. Weiterhin könnte mit einer dauerhaften oder vorübergehenden Betriebseinschränkung reagiert werden. Die Freiheit der Entscheidung ist dabei nicht abhängig von der zugrunde liegenden Motivation: auch die nicht durch äußere Umstände motivierte Entscheidung steht dem „freien“ Unternehmer zu.

Gewiss gilt auch für die PSA der Grundsatz, dass eine getroffene Unternehmerentscheidung nicht gerichtlich auf ihre Zweckmäßigkeit hin überprüft werden kann und alleine deshalb einer Kündigung die Rechtswirksamkeit abgesprochen würde. Die Entscheidungsfindung ist jedoch durch die Vorgaben des PSA-Vertrages, die deren Geschäftsbetrieb regeln, besonderen Beschränkungen unterworfen. Zwar kann ein Verstoß gegen *diese* Vorgaben nicht zur Unwirksamkeit der Kündigung führen, da sie nur darauf gerichtet sind, das Binnenverhältnis zwischen PSA und BA zu regeln und ihnen folglich nicht die Funktion zukommt, den Bestand des einzelnen Arbeitsverhältnisses zu sichern.[692] Gleichwohl verengen diese Vorgaben für die PSA die Wahl der Reaktionsmöglichkeiten, will sie sich gegenüber der BA vertragskonform verhalten. Auf die Folgen, die die Kündigung des PSA-Vertrages für die betriebsbedingte Kündigung der Arbeitsverhältnisse hervorruft, wird gesondert eingegangen.[693]

So ist zunächst davon auszugehen, dass die PSA eine Unternehmerentscheidung nicht auf den mit der Zeit abnehmenden Umfang der staatlichen Subventionsleistungen stützen kann. Der Umstand, dass sich die staatlichen Zuschüsse

---

692 Gerade darauf kommt es jedoch für die Beurteilung an, ob der Verstoß gegen Vereinbarungen außerhalb des Arbeitsverhältnisses zur Unwirksamkeit der Kündigung führen kann: **BAG**, v. 07. Dezember 2000, AP Nr. 113 zu § 1 KSchG 1969 Betriebsbedingte Kündigung (III. 3. a. der Gründe) = NZA 2001, S. 495, 497 f.; **BAG**, v. 17. Juni 1999, AP Nr. 103 zu § 1 KSchG 1969 Betriebsbedingte Kündigung = NZA 1999, S. 1157 ff. Vgl. zu ähnlich gelagerten Fällen, in denen der Arbeitgeber durch eine Unternehmerentscheidung gegen arbeitsvertragliche oder gesellschaftsrechtliche Regelungen verstößt und die allein deswegen als sozial ungerechtfertigt anzusehen sind: **Kiel**, in: Ascheid/Preis/Schmidt, KR, § 1 KSchG, Rn. 467 a ff.; **Kittner**, in: K/D/Z, KSchR, § 1, Rn. 271 ff.

693 Vgl. unten, B. V.

für die PSA bei längerer Dauer des Beschäftigungsverhältnisses vermindern, wurde vertraglich zwischen der PSA und der BA vereinbart, so dass die Abnahme dieser Leistungen in der Natur der PSA-Tätigkeit begründet ist und nicht dazu dienen kann, einen dringenden betrieblichen Grund i.S.d. Kündigungsschutzgesetzes darstellen. Weiterhin ist die Entscheidungsfindung schon dadurch begrenzt, dass es der PSA als Verleihunternehmer nicht möglich ist, wie bei der Güterfertigung „auf Halde" zu produzieren; der Leiharbeitnehmer kann entweder eingesetzt werden oder es treten „verleihfreie Zeiten" auf.

Ferner ist die PSA nicht befugt, eine Betriebsumstrukturierung mit dem Ziel durchzuführen, in einem anderen, attraktiveren Marktsegment tätig zu werden. Einerseits ist es ihre vertraglich übernommene Aufgabe, für die Dauer des Vertragsverhältnisses zur BA vermittlungsorientierte Arbeitnehmerüberlassung zu betreiben und weiterhin ist sie dabei an die von der Arbeitsagentur vorgeschlagenen Arbeitslosen gebunden, die die Spezifika der *Zielgruppendefinition* erfüllen (also etwa: Arbeitslose aus dem Helfersegment) und damit mögliche alternative Tätigkeitsfelder eng begrenzen.

Im Hinblick auf eine Betriebseinschränkung ist zu berücksichtigen, dass die PSA durch die *Zielgrößenvereinbarung* und die Pflicht, die vorhandenen Arbeitsplätze besetzt zu halten, zumindest nicht dauerhaft durch einen reduzierten Marktauftritt reagieren kann. Auch eine vorübergehende Betriebseinschränkung – bis zur Verbesserung der Auftragslage – begegnet jedoch Bedenken. So soll die Ablehnung eines vorgeschlagenen Arbeitslosen nach den internen Vorgaben der BA nicht statthaft sein, wenn dies mit mangelnden Überlassungsaufträgen begründet wird.[694] Folgte man der Formulierung der Durchführungsanweisung, so müsste der PSA eine betriebsbedingte Kündigung aufgrund mangelnder Aufträge gänzlich versagt sein. Dies aber entspricht nicht dem inhaltlichen Umfang der vereinbarten Kündigungsbeschränkung: Wie die Auslegung des PSA-Vertrages ergeben hat, ist gerade nicht eine Beschäftigungs*garantie* übernommen worden, die auch betriebsbedingte Kündigungen kategorisch ausschließen würde.[695] Auch rein praktisch betrachtet ließe sich eine solche Vorgabe nicht effektiv durchsetzen. Da für die PSA nicht die Verpflichtung besteht, vorgeschlagene Arbeitslose tatsächlich unter Vertrag zu nehmen,[696] wäre es für sie ein Leichtes, die Vorgeschlagenen aus anderen Gründen zurückzuweisen, im Ergebnis aber die gleiche Lage herbeizuführen.[697] Entgegen der Formulierung der

694 PSA-Durchführungsanweisung, 5. Ergänzung v. 29. Juli 2004, Ziff. 14 b., 2. Absatz.

695 Vgl. zur Auslegung des PSA-Vertrages: oben, § 8 C.

696 Es besteht weder für die PSA noch für den vorgeschlagenen Arbeitslosen ein Kontrahierungszwang. Vgl. oben, § 8 A. I. 2.

697 In der Praxis scheint diese Vorgabe der genannten Durchführungsanweisung auch nicht stringent beachtet zu werden: So lag die Besetzungsquote der PSA-Beschäftigungsplätze im bundesweiten Durchschnitt im Dezember 2004 bei 76,4 Prozent. Auch wenn dabei un-

Durchführungsanweisung ist folglich davon auszugehen, dass der PSA zumindest die unternehmerische Entscheidung zur Auswahl steht, durch eine *vorübergehende Betriebseinschränkung* auf mangelnde Nachfrage zu reagieren.

Zusammenfassend ergibt sich aus den Vorgaben des PSA-Vertrages, die den Geschäftsbetrieb der PSA regeln, eine Begrenzung der Freiheit der Unternehmerentscheidung. Einzig im Hinblick auf mangelnde Überlassungsaufträge besteht danach überhaupt eine Entscheidungsfreiheit, die indes verengt ist auf die Entscheidung, entweder ganz auf betriebliche Reaktionen zu verzichten, sich vermehrt um neue Aufträge zu kümmern und die nicht einsetzbaren Beschäftigten in das Maßnahmenprogramm für verleihfreie Zeiten umzusetzen oder aber eine vorübergehende Betriebseinschränkung vorzunehmen und in der Folge zur Kündigung zu schreiten.

(iii.) Umsetzung der Unternehmerentscheidung

Innerbetrieblich ist in der PSA – ebenso wie in einem üblichen Arbeitnehmerüberlassungs-Betrieb[698] – davon auszugehen, dass die getroffene unternehmerische Entscheidung mit der bloßen Kündigungserklärung zeitlich zusammenfällt, also eine unmittelbare Reaktion auf die verminderte Marktnachfrage darstellt. Es handelt sich damit um eine „verdeckte Unternehmerentscheidung".[699] Wie bereits dargelegt, ist in einem solchen Fall der Arbeitgeber aufgerufen, die dringenden Gründe, die ihn zum Ausspruch der Kündigung bewegt haben, besonders eingehend zu schildern. Weiterhin ist von ihm darzulegen, wie sich die prognostizierte Entwicklung auf den weiteren betrieblichen Arbeitskräftebedarf auswirkt und inwiefern gerade einem Arbeitnehmer gekündigt wurde, dessen Beschäftigungsmöglichkeit betroffen ist. Dabei ist von ihm auch nachzuweisen, dass einer Weiterbeschäftigung dieses Arbeitnehmers die genannten Gründe unweigerlich entgegenstehen, eine Kündigung also die einzige Reaktionsmöglichkeit darstellt und insofern durch die betrieblichen Erfordernisse „bedingt" ist.

An dieser Stelle wirkt sich nunmehr der Kündigungsverzicht aus, den die PSA eingegangen ist: Da das Arbeitsverhältnis zwischen der PSA und ihren Beschäftigten kein bloßes Austauschverhältnis zwischen Arbeitsleistung (im Entleiherbetrieb) und Arbeitslohn ist, sondern die PSA die Aufgabe übernommen hat, verleihfreie Zeiten durch Leistungen zur Qualifizierung und Direktvermittlung zu nutzen, können mangelnde Kundenaufträge nicht *per se* einer Weiterbeschäftigung entgegenstehen und damit eine betriebsbedingte Kündigung recht-

---

klar ist, aus welchem Grunde eine Besetzung der Stellen nicht erfolgt ist, kann doch zumindest gemutmaßt werden, dass zu einem Teil auch mangelnde Überlassungsaufträge hierfür verantwortlich sind.

[698] Vgl. **Dahl**, DB 2003, S. 1626, 1628.

[699] Vgl. oben, B. III. 2 c. aa.

fertigen. Die Vorgaben des PSA-Vertrages modifizieren an dieser Stelle den Inhalt des Begriffs der erforderlichen „Dringlichkeit“ der betrieblichen Erfordernisse, die eine Kündigung bedingen. Der übliche, rein gewerblich handelnde Verleiher hat anhand einer Negativprognose darzulegen, dass bis zum Ablauf der jeweiligen Kündigungsfrist für einen seiner Beschäftigten kein weiterer Überlassungseinsatz zu realisieren ist.[700] Ist dieser Nachweis geführt, so ist von dringenden betrieblichen Erfordernissen auszugehen. Der Auftragsmangel in der PSA kann dagegen erst dann als „dringlich“ bezeichnet werden, wenn gegenüber dem zu Kündigenden bereits der mit der BA vereinbarte Umfang verleihfreier Zeiten durch das Maßnahmenprogramm der PSA genutzt wurde, die Grenzen des vereinbarten PSA-Risikos also bereits erreicht sind. Erst dann hat die PSA ihre Aufgabe gegenüber der BA vertragsgemäß erfüllt und aufgrund der Drittbezogenheit dieser Regelung kann erst dann die Kündigung gerechtfertigt sein. Je nach dem vereinbarten Umfang dieser verleihfreien Zeiten hat die PSA ihren Beschäftigten also auch bei mangelnder Einsetzbarkeit unter Vertrag zu halten, dabei die vereinbarten Kurzzeitqualifikationen zu erbringen und die Bemühungen auf die Direktvermittlung für eine bestimmte Zeit zu konzentrieren. Ist *danach* aufgrund der anzustellenden Prognose auch weiterhin kein Überlassungseinsatz absehbar, so kann die PSA zum *Ausspruch* der betriebsbedingten Kündigung schreiten. Wirksamkeit kommt der Kündigung erst zu, wenn die geltenden Kündigungsfristen abgelaufen sind.[701] Der Weiterbeschäftigungsanspruch nach § 1 Abs. 2 S. 3 KSchG führt hier zu keinem anderen Ergebnis.[702]

(iv.) Sozialauswahl

Der Sozialauswahl nach § 1 Abs. 3 KSchG kommt für die betriebsbedingte Kündigung in der PSA keine entscheidende Rolle zu. Aufgrund der Besonderheiten, die für die PSA gelten, kann eine betriebsbedingte Kündigung nur dann wirksam werden, wenn der zu Kündigende bereits für die vereinbarte Dauer verleihfreier Zeiten „gehalten“ wurde und auch weiterhin für ihn aufgrund Auftragsmangels keine Beschäftigungsmöglichkeit in Aussicht steht. Damit ist der

---

700 Vgl. zu den Problemen der Prognose gerade im Bereich der Arbeitnehmerüberlassung – und mithin auch für die PSA – die Ausführungen von **Dahl**, DB 2003, S. 1626 ff. Das Bundesarbeitsgericht hat nunmehr für die rein gewerblich betriebene Arbeitnehmerüberlassung entschieden, dass ein dauerhafter Auftragsrückgang – und nicht lediglich eine kurzfristige Auftragsschwankung – darzulegen ist. Die noch auf § 9 Nr. 3 AÜG a.F. bezogene Forderung, dass der Verleiher auch bei dauerhaftem Auftragsrückgang für mindestens drei Monate das Arbeitsverhältnis aufrecht zu erhalten habe (so **LAG Köln**, v. 10. Dezember 1998, EzAÜG KSchG Nr. 10, **Schüren**, in: ders., AÜG, Einl. Rn. 230), findet nach der Streichung dieses „Wiedereinstellungsverbotes“ nunmehr keine Anwendung mehr, **BAG**, v. 18. Mai 2006, SAE 2006, S. 134 = ArbRB 2006, S. 161.

701 Vgl. dazu die Beispiele in § 8 C. II. 3 b. cc.

702 Dazu sogleich unter d.).

Kreis vergleichbarer[703] PSA-Beschäftigter für die Sozialauswahl beschränkt auf Personen, die für die gleiche Dauer bei der PSA beschäftigt sind und dabei im gleichen Umfang nicht im Entleih eingesetzt werden konnten. Nur wenn eine dieser Personen im Zeitpunkt des Kündigungsausspruchs sich im Entleiheinsatz befindet, sind die im Gesetz genannten Sozialdaten zu vergleichen. Dies ist jedoch nur dann angezeigt, wenn die PSA mit dem Entleiher vereinbart hat, dass der Überlassungsauftrag nicht durch einen bestimmten Beschäftigten zu bedienen ist, sondern die PSA auch einen anderen, vergleichbaren Leiharbeitnehmer mit dem Auftrag betrauen darf, die PSA also das Recht hat, den entsandten Leiharbeitnehmer gegen einen anderen auszutauschen. Ist der Vertrag zwischen der PSA und dem Entleiher jedoch so ausgestaltet, dass ein bestimmter Leiharbeitnehmer zu überlassen ist, so könnte ein Austausch nur geschehen, wenn die PSA ihre Vertragspflichten gegenüber dem Entleiher verletzte. Dies kann jedoch nicht von der PSA gefordert werden.[704]

d.) Exkurs: Weiterbeschäftigung aufgrund zumutbarer Umschulungs- oder Fortbildungsmaßnahme nach § 1 Abs. 2 S. 3 KSchG

Die bisherigen Ausführungen haben ergeben, dass sowohl bei der personenbedingten wie auch bei der betriebsbedingten Kündigung in Betracht zu ziehen ist, ob die PSA vor dem Ausspruch der Kündigung zunächst insb. Qualifizierungsmaßnahmen zu erbringen hat, sie also trotz der personenbedingten Mängel ihres Angestellten oder der mangelnden Überlassungsaufträge für bestimmte Zeit das Arbeitsverhältnis aufrecht zu erhalten hat. Der daraus entstehende Weiterbeschäftigungsanspruch ist jedoch zu unterscheiden von dem Weiterbeschäftigungsanspruch, der sich im Rahmen einer jeden Kündigung aus § 1 Abs. 2 S. 3 KSchG ergeben kann: Die dafür erforderlichen Voraussetzungen sind qualitativ anders ausgestaltet und auch die Folgen dieses Weiterbeschäftigungsanspruchs weichen von denen aufgrund der besonderen Pflichtenstellung der PSA ab. So gehört es zu den Voraussetzungen des Anspruchs nach § 1 Abs. 2 S. 3 KSchG, dass die Absolvierung einer Fortbildungs- oder Umschulungsmaßnahme für den Arbeitgeber zumutbar ist, was sich aus einer umfassenden Interessenabwägung[705] ergibt. Im Ergebnis handelt es sich daher bei diesem Weiterbeschäftigungsanspruch um eine besondere Ausgestaltung des Verhältnismäßigkeits-

---

[703] Vgl. hierzu nur: **Ascheid/Oetker**, in: ErfKomm., § 1 KSchG, Rn. 468 ff.; **Kiel**, in: Ascheid/Preis/Schmidt, KR, § 1 KSchG, Rn. 663 ff.

[704] So auch **Dahl**, DB 2003, S. 1626, 1629, zur Lage in der üblichen Arbeitnehmerüberlassung.

[705] Dabei sind Faktoren wie die voraussichtliche Dauer der Maßnahme, die Maßnahmenerfolgsaussichten, deren Kosten, die wirtschaftliche und organisatorische Lage des Betriebes, sowie Beschäftigungsdauer und weitere soziale Umstände in der Person des zu Kündigenden zu beachten. Vgl. **Birk**, FS Kissel, S. 51, 58 ff.; **Gaul**, BB 1995, S. 2422, 2424 ff.; **Ascheid/Oetker**, in: ErfKomm., § 1 KSchG, Rn. 546.

grundsatzes im Rahmen der Kündigung.[706] Der PSA-spezifische Weiterbeschäftigungsanspruch geht demgegenüber nicht auf den Verhältnismäßigkeitsgrundsatz zurück, sondern ergibt sich bereits aus den Verpflichtungen, die die PSA im Vertrag mit der BA eingegangen ist. Ferner geht es bei § 1 Abs. 2 S. 3 KSchG darum, ob *nach* dem Ende der Maßnahme ein freier Arbeitsplatz zur Verfügung steht, auf dem die Weiterbeschäftigung erfolgen kann; für die Dauer der Maßnahme ist das Arbeitsverhältnis jedoch *suspendiert.*[707] Grundlegend Anderes gilt für die Qualifizierung aufgrund der Pflichtenstellung der PSA: Einerseits laufen die Hauptleistungsverpflichtungen unverändert weiter, so dass insbesondere auch der Arbeitslohn unverändert fortzuzahlen ist. Und weiterhin ist die Frage, ob eine Qualifizierungsmaßnahme zu erbringen ist, nicht abhängig vom – zukünftigen – Bestehen eines freien Arbeitsplatzes. Geht es also beim Anspruch nach § 1 Abs., 2 S. 3 KSchG um die Frage, ob durch die Maßnahme der kündigungsrelevante Umstand behoben werden kann, so fehlt ein solcher Bedingungszusammenhang bei der spezifischen Qualifizierungs- und der sich daraus entwickelnden Weiterbeschäftigungspflicht der PSA.

Aufgrund der zeitlich eng begrenzten Verweildauer eines Beschäftigten in der PSA kann nicht davon ausgegangen werden, dass die PSA – nachdem sie bereits das spezifische Qualifizierungsprogramm erbracht hat – noch zu weiteren Leistungen verpflichtet ist und diese Umstände der Wirksamkeit einer Kündigung im Wege stehen könnten. Die Betriebszugehörigkeitsdauer von unter einem Jahr ist schlicht zu gering, um einen solchen Anspruch aus dem Verhältnismäßigkeitsgrundsatz zu begründen. Der Weiterbeschäftigungsanspruch nach § 1 Abs. 2 S. 3 KSchG kann folglich für die PSA keine Rolle spielen.

3. Zusammenfassung

Um unter den Anwendungsbereich des KSchG zu fallen, müssen in einer PSA in der Regel mehr als zehn Arbeitnehmer (vormals Arbeitslose und Festangestellte) beschäftigt sein. Ob diese Regelgröße erfüllt ist, kann nicht unter Verweis auf die Zielgrößenvereinbarung mit der BA bemessen werden, sondern entscheidet sich anhand eines Rückblicks auf die bisherige Situation und eine Einschätzung auf die zukünftige Entwicklung. Erst wenn zusätzlich das Arbeitsverhältnis eines PSA-Beschäftigten zumindest sechs Monate ununterbrochen bestanden hat, ist eine Kündigung auf ihre soziale Rechtfertigung nach den Regelungen des KSchG zu überprüfen.

Bei der personenbedingten Kündigung aufgrund mangelnder Eignung führt die vereinbarte Kündigungsbeschränkung zu einer inhaltlichen Modifikation des Begriffs der Zumutbarkeit der eingetretenen arbeitsvertraglichen Äquivalenzstörung. Aufgrund der Verpflichtungen, die die PSA im Vertragsverhältnis zur BA

---

[706] Vgl. **Birk**, FS Kissel, S. 51, 54 f.

[707] **Birk**, FS Kissel, S. 51, 69; abweichend: **Gaul**, BB 1995, S. 2422, 2427.

eingegangen ist, können nur besonders schwerwiegende Mängel in der Person des Beschäftigten eine solche Kündigung rechtfertigen. Erst wenn diese Mängel derart ausgeprägt sind, dass es der PSA – unter Berücksichtigung ihrer Verpflichtung zur Qualifizierung der Beschäftigten – nicht mehr zumutbar ist, die Qualifikationsdefizite zu beheben, kann von einer unzumutbaren Äquivalenzstörung ausgegangen werden und eine personenbedingte Kündigung statthaft sein. Unzumutbar in diesem Sinne sind Qualifikationsdefizite, die entweder gar nicht mit den Mitteln der PSA beseitigt werden können oder die derart ausgeprägt sind und der dazu erforderliche Zeitaufwand so bemessen wäre, dass der mit der BA vereinbarte Umfang verleihfreier Zeiten überschritten würde. Im Hinblick auf die weiteren Fallgruppen der personenbedingten Kündigung verbleibt es dagegen auch in der PSA beim üblichen Prüfungsablauf.

Für die verhaltensbedingte Kündigung gelten die allgemeinen Grundsätze des KSchG und es ergeben sich keine Besonderheiten aus den Vereinbarungen des PSA-Vertrages. Anders als im Normal(leih)arbeitsverhältnis kann sich ein kündigungsrelevantes Fehlverhalten jedoch auch im Zusammenhang mit den angebotenen Qualifizierungs- und Beratungs- sowie Vermittlungsleistungen ergeben, nämlich dann, wenn die erforderliche Mitwirkung des PSA-Beschäftigten unterbleibt.

Im Hinblick auf die betriebsbedingte Kündigung ist zunächst zu beachten, dass die Vorgaben des PSA-Vertrages die Unternehmerfreiheit der PSA einschränken und in der Folge nur beim Mangel von Überlassungsaufträgen eine Entscheidungsfreiheit eröffnen. Auch diese Freiheit ist jedoch begrenzt auf die Wahl, den betreffenden Arbeitnehmer unter Erbringung der vereinbarten Leistungen zur Steigerung der Vermittlungsfähigkeit weiterzubeschäftigen oder den Entschluss zu fassen, eine Kündigung auszusprechen. Um im Falle des Kündigungsentschlusses zu verhindern, dass eine betriebsbedingte Kündigung ausgesprochen wird, die in Widerspruch zu den vertraglichen Obligationen zur vermittlungsorientierten Nutzung der verleihfreien Zeiten gerät, hat die PSA nicht nur die näheren Umstände der ausbleibenden Nachfrage darzulegen, sondern darüber hinaus den Nachweis zu führen, dass sie den zu kündigenden Beschäftigten bereits im vereinbarten Umfang weiterbeschäftigt hat, obwohl Überlassungseinsätze nicht zu realisieren waren und statt eines Überlassungseinsatzes Qualifizierungsmaßnahmen und Vermittlungsleistungen erbracht wurden. Erst wenn im Anschluss daran die von der PSA anzustellende Prognose zum Zeitpunkt der Kündigungserklärung ergibt, dass bis zum Ablauf der Kündigungsfrist kein weiterer Überlassungseinsatz möglich erscheint, kann die erforderliche Dringlichkeit der betrieblichen Gründe angenommen werden und in der Folge eine betriebsbedingte Kündigung sozial gerechtfertigt sein. Die Sozialauswahl erlangt dabei keine besondere Relevanz, da es regelmäßig an einem vergleichbaren PSA-Beschäftigten mangeln wird, auf den sich die Sozialauswahl beziehen könnte.

IV. Kündigung außerhalb des Kündigungsschutzgesetzes

Das Arbeitsverhältnis des PSA-Beschäftigten unterfällt zum überwiegenden Anteil nicht dem allgemeinen Kündigungsschutz des KSchG. Eine soziale Rechtfertigung, wie sie nach § 1 Abs. 2 KSchG verlangt wird, ist daher vor dem Erreichen der sechsmonatigen Wartefrist nicht Wirksamkeitsvoraussetzung der Kündigung. Gleichwohl ist auch diese Zeitperiode nicht schrankenlos dem Prinzip der Kündigungsfreiheit unterstellt: es gibt einen Kündigungsschutz auch außerhalb des Kündigungsschutzgesetzes.[708] Abgesehen von den Grenzen, die aufgrund dieses „Kündigungsschutzes 2. Klasse“[709] im Allgemeinen zu beachten sind, tritt für die Kündigung des Arbeitsverhältnisses in der PSA die Bedeutung des vereinbarten Kündigungsverzichts in den Vordergrund.

1. Ausgestaltung der Kündigungsfreiheit außerhalb des KSchG

Vor der grundlegenden Frage stehend, weshalb im Arbeitsverhältnis überhaupt ein Recht zur ordentlichen Kündigung existiert, ist zunächst davon auszugehen, dass kein unmittelbarer Zusammenhang zum Prinzip der Vertragsfreiheit besteht. Die Vertragsfreiheit besagt fürs Erste, dass Abschluss und Ausgestaltung einer Vertragsbindung im Belieben der Parteien stehen.[710] Folge dieser ausgeübten Freiheit ist der Grundsatz der Vertragstreue – *pacta sunt servanda*: Die Arbeitsvertragsparteien haben sich – sofern sie keinen Endzeitpunkt vereinbart haben – auf Dauer gebunden. Die Vertragsfreiheit gewährleistet, die Verpflichtung durch den *actus contrarius*, also durch den Aufhebungs*vertrag*, wieder außer Kraft zu setzen. Zur Vermeidung überobligatorischer Verpflichtung dient das – unabdingbare[711] – Recht zur außerordentlichen Kündigung.[712] Um jedoch eine Ewigkeitsbindung zu verhindern – die ihrerseits eine Freiheitsbeschränkung darstellen würde – ist der Grundsatz der Vertragstreue im Dauerschuldverhältnis, und damit auch im Arbeitsverhältnis, immanent durch das Recht zur ordentlichen Kündigung begrenzt. Die Freiheit zur Eingehung eines Dauerschuldverhältnisses geht einher mit der Freiheit der einseitigen Beendigung, also der (ordentlichen) Kündigung.[713]

---

[708] So das Resümee von **Oetker**, AuR 1997, S. 41, 53.

[709] So die Formulierung von **Hanau**, ZRP 1996, S. 349, 353.

[710] **Larenz**, SchR Bd. I AT, § 4; **Oetker**, Dauerschuldverhältnis und Beendigung, S. 18 ff.

[711] Dies entspricht der ganz überwiegend vertretenen Position: vgl. **BAG**, v. 06. November 1956, AP Nr. 14 zu § 626 BGB mit Anm. **Bötticher** = BAGE 3, S. 168 ff.; **Fischermeier**, in: GK-KSchG, § 626 BGB, Rn. 57 f.; **Preis**, in: Staudinger BGB, § 626 BGB, Rn. 38 ff.; **Henssler**, in: MüKommBGB, Bd. 4, § 626 BGB, Rn. 48. Abweichend: **Gamillscheg**, AuR 1981, S. 105 ff.

[712] Vgl. **Oetker**, Dauerschuldverhältnis und Beendigung, S. 265 ff.; **Preis**, Prinzipien, S. 174 f., 475 f.

[713] **Oetker**, Bestandsschutz und Grundrechtsordnung, S. 17 ff., m.w.N., definiert dieses Recht als ein Annexinstitut zur Vertragsfreiheit bei Dauerschuldverhältnissen: Anders als

Die einseitige Beendigung des Arbeitsvertrages außerhalb des KSchG ist gleichwohl nicht in das Belieben des Arbeitgebers gestellt. Zwar bedarf eine solche Kündigung zu ihrer Rechtswirksamkeit keines sozial rechtfertigenden Grundes i.S.d. § 1 Abs. 2 KSchG, dessen ungeachtet ist die Freiheit der Kündigung zunächst in formaler Hinsicht den Grenzen unterworfen, die sich einerseits aus dem Schriftformerfordernis des § 623 BGB ergeben und die ferner aufgrund der verbindlichen Kündigungsfristen des § 622 BGB zu beachten sind. Der dadurch gewährte Schutz vor der Kündigung führt jedoch nicht zu einem Bestandsschutz des Arbeitsverhältnisses, sondern nur zu einem zeitlich begrenzten Schutz, berührt damit jedoch nicht den Grundsatz der Kündigungsfreiheit.[714] Betrachtet man alleine diese Grenzen der Kündigung, so kann mit *Dietz* der Begriff der Kündigungsfreiheit im Arbeitsrecht präzisiert werden als das „Prinzip der wertfreien Kündigung".[715]

Die Kündigungsfreiheit im deutschen Arbeitsrecht entspricht jedoch nicht einem solchen Prinzip. Weitere Beschränkungen ergeben sich – abgesehen von den Grenzen, die durch den spezialgesetzlichen[716] Kündigungsschutz etabliert sind – aus den zivilrechtlich normierten Grundsätzen der guten Sitten (§ 138 BGB, § 13 Abs. 2 KSchG) sowie von Treu und Glauben (§ 242 BGB). Spätestens seit der „Warteschleifen-Entscheidung" des BVerfG[717] ist zudem anerkannt, dass die aus Art. 12 Abs. 1 GG abzuleitenden grundrechtlichen Schutzpflichten über diese Generalklauseln Eingang auch in den allgemeinen Kündigungsschutz außerhalb des KSchG finden.[718] Dabei darf jedoch die Entscheidung des Gesetz-

bei Vertragsverhältnissen, die eine einmalige Leistungserbringung verfolgen, und bei denen die Vertragsfreiheit aus dem Recht der Vertragsabschluss- und Vertragsinhaltsfreiheit besteht, wird beim Dauerschuldverhältnis die Vertragsfreiheit um die Komponente der Beendigungsfreiheit ergänzt. Die Beendigungsfreiheit dient dabei dem Schutz des Selbstbestimmungsrechts, das durch eine uneingeschränkte Geltung des Grundsatzes *pacta sunt servanda* nur unzureichend geschützt wäre. Vgl. auch **ders.**, Dauerschuldverhältnis und Beendigung, S. 248 ff., 272 ff.; **Preis**, in: Ascheid/Preis/Schmidt, KR, Grundlagen G, Rn. 3; **Urban**, Kündigungsschutz außerhalb des Kündigungsschutzgesetzes, S. 41 ff.

714 **Oetker**, Dauerschuldverhältnis und Beendigung, S. 281; **ders.**, AuR 1997, S. 41, 42; **Preis**, Prinzipien, S. 54; **ders.**, in: Ascheid/Preis/Schmidt, KR, Grundlagen G, Rn. 5.

715 **Dietz**, NJW 1951, S. 941.

716 Neben dem besonderen öffentlich-rechtlichen und betriebsverfassungsrechtlichen Kündigungsschutz und den allgemeinen Diskriminierungs- und Benachteiligungsverboten war bis zum 31. Dezember 2002 nach § 9 Nr. 3 AÜG a.F. der „nachwirkende Kündigungsschutz" nach wiederholter Kündigung und Wiedereinstellung für Leiharbeitsverhältnisse zu beachten.

717 **BVerfG**, v. 24. April 1991, AP Nr. 70 zu Art. 12 GG = NJW 1991, S. 1667 ff.

718 Vgl. **BVerfG**, v. 27. Januar 1998, AP Nr. 17 zu § 23 KSchG 1969 = NZA 1998, S. 470 ff.; **Hergenröder**, in: MüKommBGB, Bd. 4, Einl. KSchG, Rn. 20; **Preis**, in: Ascheid/Preis/Schmidt, KR, Grundlagen A, Rn. 22; **Oetker**, AuR 1997, S. 41, 49 ff.

gebers über den Anwendungsbereich des KSchG nicht dadurch *contra legem* unterlaufen werden, dass über die zivilrechtlichen Generalklauseln ein vergleichbares, allgemeines Bestandsschutzkonzept eingeführt wird.[719] Im kündigungsschutz*gesetz*freien Raum kann daher nicht verlangt werden, der Arbeitgeber müsse – ähnlich oder doch abgeschwächt wie bei § 1 Abs. 2 KSchG – sachliche Gründe für eine Kündigung darlegen.[720] § 242 BGB, in der Gestalt, die der Schutzzweck des Art. 12 Abs. 1 GG verlangt, führt nur dann zu einer Beschränkung der Kündigungsfreiheit, wenn eine der allgemein anerkannten Fallgruppen einschlägig ist, die als solche nicht bereits durch das KSchG kodifiziert sind.[721] Vom Grundsatz aus betrachtet ist der Arbeitgeber jedoch nicht verpflichtet, die ordentliche Kündigung – wie auch immer inhaltlich ausgestaltet – zu rechtfertigen. Zumindest darin besteht das Prinzip der Kündigungsfreiheit fort.[722]

Gegen diese Lösung ließe sich einwenden, dem Arbeitnehmer sei damit eine prozessuale Beweisführung praktisch unmöglich gemacht: Es liege hiernach gleichsam in den Händen des Arbeitgebers, ob er so unvernünftig ist, die rechtsmissbräuchlichen Umstände einer Kündigung offen zu legen oder diese gerade zu verschweigen, gerade damit aber dem Arbeitnehmer die Beweisführung zu erschweren. Diese Bedenken sind jedoch nicht geeignet, das Prinzip der nichterforderlichen Rechtfertigung der Kündigung außerhalb des KSchG in das Gegenteil zu wenden und prozessual zu einer Umkehrung der Beweislast zu füh-

[719] **BAG**, v. 06. Februar 2003, AP Nr. 30 zu § 23 KSchG 1969 (unter II. 2. a. der Gründe) = NZA 2003, 717, 718; **BAG**, v. 21. Februar 2001, AP Nr. 12 zu § 242 BGB Kündigung (unter B. II. 4. d. aa. der Gründe) = NZA 2001, 833, 836; **Preis**, Prinzipien, S. 398 f.; **Löwisch**, BB 1997, S. 782, 786 f.

[720] So aber **Oetker**, Bestandsschutz und Grundrechtsordnung, S. 37 f., 48; **ders.**, AuR 1997, S. 41, 51 ff.: es müssten „sachbezogene Gründe vorliegen, die mit dem Arbeitsverhältnis im Zusammenhang stehen"; ähnlich: **Lakies**, DB 1997, S. 1078, 1081 f.; **Kittner**, AuR 1997, S. 182, 190; **Wank**, in: MüHdbArbR, Bd. 2, § 122, Rn. 33 ff, 72 f.; in diese Richtung, wenn auch weiter abgeschwächt: **Lettl**, NZA-RR 2004, S. 57, 60 ff.: „irgendwelche einleuchtenden Gründe für die Rechtsausübung".

[721] **Preis**, in: Ascheid/Preis/Schmidt, KR, Grundlagen J, Rn. 22 ff.; **ders**. NZA 1997, S. 1256, 1266 ff.; **Löwisch**, BB 1997, S. 782, 785 ff., nennt hier widersprüchliches Verhalten, unangemessene Form und den Einsatz zu vertragsfremden Zwecken. Ähnlich: **Berkowski**, in: MüHdbArbR, Bd. 2, § 132, Rn. 76.

[722] Für die Geltung dieses Prinzips der Kündigungsfreiheit: **Boemke**, NZA 1993, S. 532, 537; **ders.**, WiB 1997, S. 617, 619; **Löwisch**, BB 1997, S. 782, 786; **Urban**, Der Kündigungsschutz außerhalb des Kündigungsschutzgesetzes, S. 44 f. Kritisch gegenüber der Kündigungsfreiheit als Prinzip, Grundwertung oder Auslegungsmaxime des deutschen Arbeitsrechts: **Preis**, Prinzipien, S. 56 f. **Preis** sieht das Recht des Arbeitgebers nur noch als „historisches Phänomen" und als Überbleibsel eines geschichtlich überkommenen, liberalen Kündigungsmodells: **ders.** Prinzipien, S. 69; **ders.**, in: Ascheid/Preis/Schmidt, Grundlagen G, Rn. 6 ff., 9.

ren;[723] eine interessengerechte Lösung kann über eine Modifizierung der Beweislast herbeigeführt werden.[724]

So ist im Grundsatz auszugehen von der Beweislastverteilung nach der *Rosenberg'schen* Normtheorie: darlegungspflichtig ist die Prozesspartei, der das Vorliegen einer Norm zum Vorteil gereicht.[725] Der Arbeitnehmer ist also in der Initiative. Bedingt durch die Grundrechtsrelevanz, die der praktischen Handhabung verfahrensrechtlicher Vorschriften zukommt,[726] ist für den Kündigungsschutzprozess außerhalb der Geltung des KSchG zunächst davon auszugehen, dass die Beweislast nach § 138 Abs. 2 ZPO abzustufen ist: Danach hat der Arbeitnehmer zunächst Tatsachen vorzutragen, die den Verstoß gegen eine der zivilrechtlichen Generalklauseln oder gegen ein Diskriminierungs- oder Benachteiligungsverbot *als nicht ausgeschlossen, sondern als zumindest wahrscheinlich* erscheinen lassen; er ist also verpflichtet, substantiiert vorzutragen.[727] Der Arbeitgeber hat sich nun zu den dargelegten Tatsachen nach § 138 Abs. 2 ZPO zu erklären, wobei ihm zuzumuten ist, die von ihm angestellten Kündigungsüberlegungen darzulegen.[728] Kommt der Arbeitgeber dieser Obliegenheit nicht nach, gilt der Vortrag des Arbeitnehmers als zugestanden (§ 138 Abs. 3 ZPO). Erst im Anschluss daran ist der Arbeitnehmer verpflichtet, den Gegenbeweis zum substantiierten Vortrag des Arbeitgebers zu führen.

Die hier vorzunehmende Beweislasterleichterung führt zu einer Verteilung der Beweislast, die vor dem verfassungsrechtlichen Hintergrund des Art. 12 Abs. 1 GG dem Schutzbedürfnis des Arbeitnehmers ausreichenden Platz einräumt. Dabei bleibt es möglich, einerseits das Prinzip der Kündigungsfreiheit aufrecht zu erhalten und andererseits die Beweisführung für den Arbeitnehmer nicht über Gebühr zu erschweren.

2. Besonderheiten des Leiharbeitsvertrages mit der Personal-Service-Agentur

Die soeben dargestellte Ausformung des Prinzips der Kündigungsfreiheit, nach der die Kündigung durch den Arbeitgeber außerhalb des Anwendungsbereichs des KSchG keiner Rechtfertigung bedarf, ist für das Arbeitsverhältnis in der

---

[723] In diese Richtung aber **Oetker**, AuR 1997, S. 41, 53.

[724] **BAG**, v. 06. Februar 2003, AP Nr. 30 zu § 23 KSchG 1969 (unter II. 2. c. der Gründe) = NZA 2003, S. 717, 718 f.; **BAG**, v. 21. Februar 2001, AP Nr. 12 zu § 242 BGB Kündigung (unter B. II. 4. d. cc.) = NZA 2001, S. 833, 836; ebenso: **Lettl**, NZA-RR 2004, S. 57, 64 f. So bereits zuvor: **Preis**, NZA 1997, S. 1256, 1268 ff.

[725] Vgl. nur **Rosenberg**, Die Beweislast, 5. Aufl., 1965, § 9 II 1. (S. 98).

[726] **BVerfG**, v. 27. Januar 1998, AP Nr. 17 zu § 23 KSchG 1969 (unter B. I. 3. b. cc. der Gründe) = NZA 1998, S. 470, 472; vgl. auch: **BVerfG**, v. 16. November 1993, AP Nr. 9 zu § 611 a BGB (unter C. I. 2. e. der Gründe) mit Anm. **Schlachter** = NZA 1994, S. 745, 746.

[727] **BAG**, a.a.O.; **Preis**, NZA 1997, S. 1256, 1269, 1270.

[728] Sog. „sekundäre Behauptungslast": **BAG** a.a.O.; **Preis**, a.a.O., 1270 m.w.N.

PSA vor dem Hintergrund des zwischen PSA und BA vereinbarten Kündigungsverzichts zu betrachten. Wie dargestellt, gehen PSA und BA im Grundfall davon aus, dass die Arbeitsverhältnisse in der PSA für neun Monate aufrechterhalten werden. Nur unter besonderen Umständen kann eine Kündigung PSA-vertragskonform sein. Andere Fälle können aufgrund der dinglichen Wirkung der Kündigungsbeschränkung nicht zur Rechtswirksamkeit der Kündigung führen. Das Prinzip der Kündigungsfreiheit wird somit durch die vereinbarte Kündigungsbeschränkung modifiziert. Da im PSA-Arbeitsverhältnis die Kündigung als Ausnahme von der Regel zu betrachten ist und nur beim Vorliegen der genannten Gründe zulässig ist, wird die Kündigungsfreiheit auch im kündigungsschutz*gesetz*freien Raum *de facto* beseitigt und durch ein materielles Bestandsschutzkonzept abgelöst.

Während jedoch das KSchG durch eine besondere Ausformung des Verhältnismäßigkeitsgrundsatzes vor dem verfassungsrechtlichen Hintergrund der staatlichen Schutzpflicht aus Art. 12 Abs. 1 GG beherrscht wird,[729] ergibt sich der Bestandsschutz im PSA-Arbeitsverhältnis außerhalb des KSchG aus den Vereinbarungen zwischen PSA und BA. Inhaltlich wirkt sich dieser Unterschied aus, indem der Kündigungsverzicht hier nicht zur Einführung des allgemeinen Bestandsschutzkonzepts nach § 1 Abs. 2 KSchG führt. Die „qualifizierten" Rechtfertigungsvoraussetzungen des allgemeinen Kündigungsschutzes nach dem KSchG – also die Prinzipien etwa des *ultima-ratio*-Grundsatzes, des Prinzips der Interessenabwägung oder des Grundsatzes der sozialen Auswahl bei betriebsbedingter Kündigung – finden daher keine Anwendung auf die Prüfung der Rechtmäßigkeit einer Kündigung in der PSA. Es ist vielmehr nur die – wenn man so will: „unqualifizierte" – Rechtfertigungsvoraussetzung zu erfüllen, dass ein rechtfertigender Grund für die Kündigung tatsächlich besteht und der Arbeitgeber (die PSA) das Vorliegen dieses Grundes darzulegen hat. Nur in dieser Hinsicht ähnelt daher die Kündigung außerhalb des KSchG in der PSA der Kündigung nach dem allgemeinen Kündigungsschutz nach § 1 Abs. 2 KSchG.

Für die Rechtswirksamkeit der Kündigung hat die PSA darzulegen, dass entweder aufgrund des Verhaltens oder der Eignung des Beschäftigten eine Kündigung erfolgt oder dass der Umfang verleihfreier Zeiten in einem Arbeitsverhältnis über die Grenzen des übernommenen PSA-Risikos hinaus unzumutbar angewachsen ist. Ebenso wie im Zusammenhang mit der Kündigung im Anwendungsbereich des KSchG ist dabei vor dem Hintergrund der vertraglichen Vereinbarungen herzuleiten, ob ein solcher Fall gegeben ist. Für die Kündigung aufgrund des Verhaltens des PSA-Beschäftigten ergeben sich dabei keine Besonderheiten; kann die PSA darlegen, dass das Verhalten des Beschäftigten eine ordnungsgemäße Maßnahmenerbringung verhindert, kann der Kündigung Wirksamkeit zukommen. Die Kündigung aufgrund mangelnder Eignung kann dage-

---

[729] Vgl. oben III. 2.

gen rechtswirksam nur erfolgen, wenn der PSA-Beschäftigte Leistungsmängel aufweist, die mit den Mitteln der PSA zur Qualifizierung entweder gar nicht oder nur in unzumutbarer Weise beseitigt werden können. Die Unzumutbarkeit bemisst sich dabei ausschließlich vor dem Hintergrund der vertraglichen Vereinbarungen zwischen PSA und BA, wobei auch die Vereinbarung über den Umfang verleihfreier Zeiten bedeutsam ist.[730] Eine Kündigung aufgrund erhöhter verleihfreier Zeiten ist nur dann wirksam, wenn die PSA darlegt, dass sie den Beschäftigten in der Vergangenheit trotz verleihfreier Zeiten bereits in dem Umfang weiterbeschäftigt hat, der den vertraglichen Vereinbarungen zur BA entspricht und auch die Prognose ergibt, dass bis zum Ablauf der Kündigungsfrist kein erneuter Überlassungseinsatz möglich erscheint.[731]

V. Sonderfall: Auswirkung der Beendigung des Vertragsverhältnisses zwischen der Bundesagentur und der Personal-Service-Agentur auf die Arbeitsverhältnisse

Das Vertragsverhältnis zwischen PSA und BA definiert die arbeitsförderungsrechtliche Aufgabenstellung der PSA. Wie die bisherigen Ausführungen ergeben haben, kommt diesem Vertragsverhältnis erheblicher Einfluss auf die Kündbarkeit der einzelnen Arbeitsverträge zwischen der PSA und ihren Beschäftigten zu. Wurden dabei bisher die Auswirkungen beleuchtet, die sich aus den veränderten Umständen der üblichen Geschäftstätigkeit der PSA ergeben können, gilt es nunmehr der Frage nachzugehen, welchen Einfluss die Beendigung des PSA-Vertragsverhältnisses selbst auf die Kündbarkeit der PSA-Arbeitsverträge hat.

1. Ordentliche Kündigung des PSA-Vertragsverhältnisses durch PSA oder BA

Sowohl die BA wie auch die PSA haben das vertragliche Recht zur ordentlichen Kündigung des PSA-Vertrages, wobei eine Kündigungsfrist von drei Monaten zu beachten ist.[732] Mit der Beendigung dieses Vertragsverhältnisses ist die Unternehmung des bisherigen PSA-Betreibers *keine PSA i.S.d. § 37 c SGB III* mehr. Da die Pflichten der PSA zur vermittlungsorientierten Arbeitnehmerüberlassung und dem damit einhergehenden Maßnahmenprogramm sich aus dem PSA-Vertrag – und gerade nicht aus dem einzelnen Arbeitsvertrag – ergeben, teilen diese Pflichten das Schicksal des gesamten PSA-Vertrages und entfalten *ex nunc* mit Kündigungseintritt keine Wirkung mehr. Gleiches gilt für die vereinbarte Kündigungsbeschränkung der PSA-Arbeitsverhältnisse. Zwar handelt es sich bei diesem antizipierten Kündigungsverzicht um eine Vereinbarung, der unmittelbare und dingliche Wirkung für das einzelne Arbeitsverhältnis zukommt.[733] Allein aus diesem Umstand kann jedoch nicht der Schluss gezogen

[730] Vgl. zu den Details der Unzumutbarkeit der Qualifizierung: oben, III. 2. a. bb.

[731] Vgl. dazu: oben III. 2. c. bb. (iii.).

[732] Ziff. 14, 2. Absatz des PSA-Mustervertrages. Vgl. auch oben, § 8 B. IV. 1.

[733] Vgl. oben, B. II. 2.

werden, Kündigungsbeschränkung und PSA-Vertrag seien derart voneinander abstrahiert, dass das beschränkte Kündigungsrecht auch nach Ablauf des PSA-Vertrages noch Geltung beanspruchen könnte. Es ist vielmehr davon auszugehen, dass der partielle Kündigungsverzicht unter der Voraussetzung vereinbart wurde, dass die PSA *als solche* weiterhin tätig sein wird. Dies entspricht dem Zweck der Vereinbarung, die vertragsgemäße Leistungserbringung der PSA zu gewährleisten. Durch den Kündigungseintritt entfällt diese Prämisse und auch der Kündigungsverzicht kann keine Auswirkungen mehr zeigen.

Unerheblich welche Partei sich zur Kündigung des PSA-Vertrages entschlossen hat, wird der PSA-Betreiber mit Wirksamkeit der Kündigung den Betrieb stilllegen. Der Zeitraum zwischen Ausspruch und Wirksamwerden der Kündigung (hier: drei Monate) wird jedoch noch durch die üblichen Pflichten der PSA bestimmt. Eine unmittelbare Kündigung der PSA-Arbeitsverhältnisse ist daher im Anschluss an die Kündigungserklärung des PSA-Vertrages nicht zulässig. Die Beschäftigten sind also weiterhin zu verleihen, zu qualifizieren etc. Abhängig von der Betriebsgröße und der Beschäftigungsdauer des Arbeitnehmers richtet sich die Zulässigkeit einer Kündigung ggf. nach den Vorschriften des KSchG. Dabei hat die PSA nicht erst den tatsächlichen Kündigungseintritt des PSA-Vertrages abzuwarten, sondern ist berechtigt, aufgrund der beabsichtigten Betriebsstilllegung eine betriebsbedingte Kündigung auszusprechen.[734] Der dafür erforderliche Nachweis, dass der Entschluss zur Stilllegung ernsthaft und endgültig gefasst worden ist, kann ohne weiteres durch den Hinweis auf die Kündigung des PSA-Vertrages geführt werden. Damit besteht auch die Möglichkeit, die tatsächliche Beendigung der Arbeitsverhältnisse mit dem Ende der Tätigkeit *als PSA* zu synchronisieren. Eine Pflicht, die Stilllegung erst tatsächlich umzusetzen und erst danach die Kündigung – unter Beachtung der jeweiligen Kündigungsfristen – auszusprechen, kann aufgrund des bevorstehenden Endes des PSA-Vertragsverhältnisses nicht mehr abgeleitet werden. Für die Arbeitsverhältnisse, die nicht dem Anwendungsbereich des KSchG unterfallen, gilt im Ergebnis das Gleiche.

2. Auswirkung des Verlusts der Erlaubnis zur Arbeitnehmerüberlassung

Das Vertragsverhältnis zwischen PSA und BA endet *eo ipso* mit dem Verlust der Erlaubnis der PSA zur Betreibung der Arbeitnehmerüberlassung.[735] Neben dem Verlust aufgrund der Rücknahme einer rechtswidrig erteilten Erlaubnis nach § 4 AÜG ist auch der Widerruf einer zunächst rechtmäßig erteilten Erlaubnis nach § 5 AÜG möglich. Dabei kommt § 5 Abs. 1 Nr. 3 AÜG besondere Relevanz zu, da die zuständige Regionaldirektion (vormals: Landesarbeitsamt) hiermit auf unzulässige Geschäftspraktiken eines Verleihers reagieren kann und

[734] Dazu: **Ascheid/Oetker**, in: ErfKomm., § 1 KSchG, Rn. 443; **v. Hoyningen-Huene/Linck**, KSchG, § 1, Rn. 415 f.; jeweils m.w.N., auch aus der Rechtsprechung.

[735] Ziff. 14, 1. Absatz des PSA-Mustervertrages. Vgl. auch oben, § 8 B. IV. 2.

hierfür auf die Erlaubnisversagungsgründe des § 3 AÜG zurückzugreifen hat.[736] Bei nachhaltigem Verstoß[737] etwa gegen die erforderliche Zuverlässigkeit oder gegen arbeitsrechtliche Pflichten kann die Erlaubnis widerrufen werden. Danach führt insbesondere auch die Eröffnung des Insolvenzverfahrens zum Widerruf der Überlassungserlaubnis.[738]

Mit dem Verlust der Verleiherlaubnis ist jedoch noch nicht klargestellt, welche Auswirkungen dies für die Arbeitsverhältnisse in der PSA entfaltet. Zunächst führen weder Rücknahme noch Widerruf der Erlaubnis zu einer unmittelbaren Beendigung der einzelnen Leiharbeitsverhältnisse. In beiden Fällen wird die Verleiherlaubnis für erlaubt abgeschlossene Überlassungsverträge für einen zwölfmonatigen Abwicklungszeitraum fingiert (§ 4 Abs. 1 S. 2, § 5 Abs. 2 S. 2 i.V.m. § 2 Abs. 4 S. 4 AÜG),[739] so dass sich zumindest keine gesetzliche Notwendigkeit einer sofortigen Auflösung der Arbeitsverträge ergibt. Die Beendigung des PSA-Vertrages nimmt der bisherigen PSA jedoch ihren besonderen arbeitsförderungsrechtlichen Auftrag und die daraus entstehenden Verpflichtungen.[740] Die Kündigung der Arbeitsverhältnisse kann daher nach den üblichen Regeln der Arbeitsvertragskündigung vonstatten gehen – der besondere Kündigungsverzicht kann naturgemäß keine Auswirkungen mehr entfalten.

Da anders als bei der ordentlichen Kündigung des PSA-Vertrages keine Frist läuft, sondern das Vertragsverhältnis mit Eintritt dieser auflösenden Bedingung unmittelbar beendet ist, kann die PSA nicht durch eine frühzeitig ausgesprochene Kündigung der Arbeitsverträge die zeitliche Deckung vom Ende der Arbeitsverhältnisse und der Beendigung des PSA-Vertrages herbeiführen. Insbesondere rechtfertigt die Beendigung des PSA-Vertrages aufgrund des Verlusts der Über-

---

736 **Wank**, in: ErfKomm., § 5 AÜG, Rn. 13; **Sandmann/Marschall**, AÜG, Art. 1 § 5, Rn. 5; **Ulber**, AÜG, § 5, Rn. 8.

737 Aufgrund des Verhältnismäßigkeitsgrundsatzes ist zunächst zu erwägen, ob nicht durch Auflagen oder Bedingungen ein rechtmäßiger Zustand herbeigeführt werden kann. Der Widerruf der Erlaubnis aufgrund eines Verstoßes gegen die Pflichten des § 3 AÜG kann nur dann zulässig sein, wenn dieser schwerwiegend ist oder aber eine Mehrzahl geringfügiger Verstöße festzustellen ist: vgl. **Schüren**, in: ders. AÜG, § 3, Rn. 35 ff.; **Sandmann/Marschall**, AÜG, Art. 1 § 3, Rn. 11; **a.A.: Ulber**, AÜG, § 3 Rn. 15 f.

738 So geschehen im Fall der „Maatwerk-Pleite" (vgl. dazu oben, § 9 B.). Zu den weiteren Gründen, die nach § 5 Abs. 1 Nr. 3 i.V.m. § 3 AÜG zum Widerruf führen: ausführlich **Schüren**, in: ders. AÜG, § 3, Rn. 32 ff. Zu den weiteren Gründen des Widerrufs: **Schüren**, in: ders. AÜG, § 5, Rn. 10 ff.; **Sandmann/Marschall**, AÜG, Art. 1 § 5, Rn. 1 ff. Zur Rücknahme der Erlaubnis nach § 4 AÜG: **Schüren**, in: ders. AÜG, § 4, Rn. 5 ff.; **Sandmann/Marschall**, AÜG, Art. 1 § 4, Rn. 3 ff.

739 Zu dieser Nachwirkung: **Wank**, in: ErfKomm., § 2 AÜG, Rn. 12 ff.; **Boemke/Lembke**, AÜG, § 2, Rn. 32 ff.; **Schüren**, in: ders. AÜG, § 2, Rn. 72.

740 Vgl. oben, B. V. 1.

lassungserlaubnis nicht den Ausspruch einer außerordentlichen Kündigung.[741] Die Kündigung muss dabei ggf. die Rechtfertigungsvoraussetzungen nach dem KSchG erfüllen.

VI. Ergebnis: Modifizierte Zulässigkeit der Arbeitsgeberkündigung in der Personal-Service-Agentur

Trotz der Befristung des Arbeitsverhältnisses in der PSA auf neun Monate ist die Kündigung – eine eindeutige individualvertragliche oder tarifvertragliche Regelung vorausgesetzt – abweichend von § 15 Abs. 3 TzBfG möglich. Das Kündigungsrecht ist dabei durch die Vorgaben des Vertragsverhältnisses zwischen PSA und BA überlagert. Die Einhaltung der neunmonatigen Laufzeit gilt als Regelfall, wovon durch Kündigung nur unter bestimmten Gründen abgewichen werden kann. Dies ist der Fall, wenn das Verhalten des PSA-Beschäftigten dazu Anlass gibt, wenn besonders erhebliche Leistungs- oder Eignungsmängel in der Person des Beschäftigten vorliegen oder wenn aufgrund schlechter Auftragslage auch über den vereinbarten Zeitraum verleihfreier Zeiten keine Überlassungsaufträge realisiert werden können und insofern die Grenzen des eingegangenen PSA-Risikos überschritten werden. Der Beschränkung der Kündigung auf diese Fälle kommt für das PSA-Arbeitsverhältnis dingliche Wirkung zu, so dass einer diesen Vorgaben zuwiderlaufenden Kündigung die Rechtswirksamkeit versagt ist.

Im kündigungsschutz*gesetz*freien Raum ist davon auszugehen, dass der üblicherweise bestehenden Kündigungsfreiheit für das PSA-Arbeitsverhältnis keine Geltung zukommt. Aufgrund des generellen Kündigungsverzichts, der nur unter dem Vorbehalt des Eingreifens der genannten Ausnahmen durchbrochen ist, wird auch in diesem Bereich das Erfordernis einer sachlichen Rechtfertigung für die Wirksamkeit der Kündigung etabliert. Der daraus resultierende Bestandsschutz findet seine Grundlage jedoch – anders als im KSchG – nicht im grundrechtlich durch Art. 12 Abs. 1 GG motivierten Ausgleich der schutzbedürftigen Interessen zwischen Arbeitgeber und Arbeitnehmer, sondern ist unmittelbare Konsequenz der Regelungen des PSA-Vertrages. Daher sind die besonderen Ausformungen des Verhältnismäßigkeitsgrundsatzes (*ultima-ratio*-Grundsatz, Prinzip der Interessenabwägung etc.) hier nicht zu beachten. Einer Kündigung kann danach Rechtswirksamkeit zukommen, wenn die genannten Voraussetzungen erfüllt sind.

Liegen die betrieblichen und persönlichen Voraussetzungen vor, so sind auf ein PSA-Arbeitsverhältnis im Grundsatz die Regelungen des KSchG anzuwen-

---

[741] Ähnlich wie im Falle einer behördlichen Anordnung zur Betriebsschließung oder im Falle der Insolvenz gehört es zu dem von der PSA zu tragenden unternehmerischen Risiko, die Arbeitsverhältnisse bis zum Ablauf der einschlägigen Kündigungsfristen aufrecht zu erhalten. Vgl. **Preis**, in: Staudinger BGB, § 626, Rn. 231, 236. Vgl. auch zur Lage in der Arbeitnehmerüberlassung: **Schüren**, in: ders., AÜG § 2, Rn. 84.

den, so dass insbesondere das dieses Gesetz beherrschende Prinzip der Verhältnismäßigkeit sowie dessen gesetzlich konkretisierte Ausformungen zu beachten sind. Die Kündigungsbeschränkungen aufgrund des KSchG und die Folgen des Kündigungsverzichts der PSA kumulieren hier zu einer insgesamt modifizierten Prüfungsabfolge. Dabei werden teils die unbestimmten Rechtsbegriffe des KSchG abgewandelt: Eine personenbedingte Kündigung aufgrund mangelnder Qualifikation oder Eignung kann nur Rechtswirksamkeit zukommen, wenn die Leistungs- oder Eignungsmängel derart ausgeprägt sind, dass sie entweder gar nicht oder nur in für die PSA unzumutbarer Weise beseitigt werden können. Das Merkmal der Zumutbarkeit wird dabei durch den Umfang verleihfreier Zeiten definiert, den PSA und BA vereinbart haben: Ist der Zeitaufwand für die Beseitigung eines Mangels größer als der Umfang zu tragender verleihfreier Zeiten, so ist von einer unzumutbaren Qualifizierungsbedarf auszugehen. Für die weiteren Fallgruppen der personenbedingten Kündigung und für die verhaltensbedingte Kündigung verbleibt es demgegenüber bei den üblichen Prüfungsanforderungen des KSchG.

Im Hinblick auf die betriebsbedingte Kündigung ist zunächst davon auszugehen, dass die Freiheit des Unternehmers, auf bestimmte Motivationen durch eine ungebundene Entscheidungsfindung zu reagieren, in der PSA aufgrund der Vorgaben des Vertrags zur BA darauf beschränkt ist, auf mangelnde Überlassungsaufträge mit der Entscheidung zur Weiterbeschäftigung oder zur Kündigung zu reagieren. Im Falle eines Kündigungsentschlusses wird das Tatbestandsmerkmal der „Dringlichkeit" insofern umgestaltet, dass mangelnde Überlassungsaufträge erst dann eine Kündigung rechtfertigen können, wenn die PSA zuvor bereits den mit der BA vereinbarten Umfang verleihfreier Zeiten durch ihr Maßnahmenprogramm genutzt hat.

Weder die ordentliche Kündigung des PSA-Vertrages noch die Beendigung des Vertragsverhältnisses aufgrund des Eintritts der auflösenden Bedingung eines Verlusts der Verleiherlaubnis führen zu einer unmittelbaren Beendigung der PSA-Arbeitsverhältnisse. In beiden Fällen steht vielmehr einzig die ordentliche Kündigung für die PSA offen. Im Falle der ordentlichen Kündigung des PSA-Vertrages (gleich ob durch die PSA oder durch die BA) ist es möglich, das Ende der Arbeitsverträge mit dem Endzeitpunkt des PSA-Vertrages zu synchronisieren. Im Falle der Beendigung des PSA-Vertrages aufgrund des Verlusts der Überlassungserlaubnis besteht diese Möglichkeit nicht, so dass die Arbeitsverhältnisse für die Dauer der jeweiligen Kündigungsfristen aufrecht zu erhalten sind.

C. Zusammenfassung: Konsequenzen für das Leiharbeitsverhältnis in der Personal-Service-Agentur

In der Entscheidung, ein PSA-Leiharbeitsverhältnis abzuschließen, sind sowohl die PSA wie auch der vorgeschlagene Arbeitslose rechtlich ungebunden. Eine

Abweichung zur Lage in üblicher Arbeitnehmerüberlassung ergibt sich hier alleine aus faktischen Zwängen, denen beide Parteien ausgesetzt sind. Dabei können Arbeitsbedingungen und Arbeitsentgelt im Rahmen der Regelungen des AÜG prinzipiell frei ausgehandelt werden. Nur im Hinblick auf die Befristung des Leiharbeitsverhältnisses ist die PSA nicht nur an die Regeln des TzBfG gebunden, sondern hat generell ein Leiharbeitsverhältnis von neunmonatiger Dauer abzuschließen. Auch wenn die Aufgabe der PSA, verleihfreie Zeiten in den Dienst der Arbeitsvermittlung zu stellen, nicht zu einem gegenüber der Lage in üblicher Zeitarbeit erweiterten Leistungsanspruch des PSA-Beschäftigten selbst führt, so ist dieser doch arbeitsvertraglich verpflichtet, an den Maßnahmen zur Steigerung seiner Qualifizierung und seiner Vermittlungschancen im erforderlichen Maße mitzuwirken. Besonders ausgeprägt wirken sich die Vorgaben des PSA-Vertrages auf die Kündbarkeit des Leiharbeitsvertrages – insbesondere für die betriebsbedingte Kündigung – aus: sowohl im Anwendungsbereich des KSchG wie auch außerhalb dessen gilt ein im Vergleich zur Situation in üblichen Zeitarbeit erhöhter Bestandsschutz.

§ 11 Das Rechtsverhältnis zwischen Personal-Service-Agentur und Entleiher

Das Rechtsverhältnis zwischen PSA und Entleihern entspricht im Grundsatz dem Rechtsverhältnis des Verleihers zum Entleiher im Rahmen der üblichen Arbeitnehmerüberlassung. Es sind demnach im Allgemeinen die Regelungen des AÜG zu beachten. Wie jedoch bereits im ersten Teil der Arbeit dargestellt,[742] enthält sich das AÜG weitestgehend genauerer Vorgaben für die Ausgestaltung des Überlassungsvertragsverhältnisses, so dass dem Grundsatz nach Vertragsfreiheit gilt.

Dies gilt insbesondere auch im Hinblick auf die Ausgestaltung der Vergütungsvereinbarung, die frei zwischen den Kontrahenten des Überlassungsvertrages ausgehandelt werden kann. Auch die PSA ist bei der Bemessung der Überlassungsgebühren weder durch gesetzliche Regelungen noch durch Vorgaben des PSA-Vertrages gebunden.[743] Auch hier gilt daher die grundsätzliche Freiheit der Vertragsgestaltung. Rein tatsächlich wird die PSA jedoch bestrebt sein, niedriger bemessene Gebühren für ihre Personalgestellung zu verlangen, als dies bei üblicher Arbeitnehmerüberlassung der Fall ist, um auf diese Weise den Entleiher

---

742 Dazu oben, § 3 A. I.

743 Vgl. auch Antwort der Bundesregierung auf die Kleine Anfrage unterschiedlicher Abgeordneter (BT-Drucks. 15/1256) zu ersten Erfahrungen mit Personal-Service-Agenturen: BT-Drucks. 15/1419, S. 5.

zu bewegen, die angebotenen PSA-Beschäftigten trotz deren „Vermittlungshemmnissen" zu entleihen und zu beschäftigen. Ermöglicht wird dies durch die staatlichen Subventionszahlungen, die der PSA von der Arbeitsverwaltung zugewandt werden: Da die PSA nur einen Teil ihrer Einnahmen aus den erwirtschafteten Überlassungsgebühren zu bestreiten hat, vermag sie mit vergleichsweise niedrigen Gebührenforderungen am Markt aufzutreten. Gerade dieser Umstand stellt einen mit der Einführung der PSA verfolgten Anreizmechanismus für die erwünschte Marktnutzung dieses Instruments dar.[744] Zugleich muss die PSA jedoch auch darauf achten, die Überlassungsgebühren so zu berechnen, dass diese geeignet sind, die Gesamtfinanzierung der PSA, insbesondere vor dem Hintergrund der Verpflichtungen aus der Übernahme des PSA-Risikos,[745] sicherzustellen.

Ebenso wie der Betreiber üblicher Arbeitnehmerüberlassung geht auch die PSA im Überlassungsvertrag die Pflicht ein, dem Entleiher die unselbständigen Dienste des überlassenen Arbeitnehmers zu verschaffen.[746] Dabei trifft auch die PSA die Pflicht, einen Arbeitnehmer, der qualifikatorisch den Vereinbarungen des Überlassungsvertrages entspricht, für die Überlassungsdauer dem Entleiher zur Verfügung zu stellen. Da die PSA die Verpflichtung trifft, ihre Beschäftigten im Falle einer Anschlussbeschäftigungsmöglichkeit sofort freizugeben,[747] sollte in den Überlassungsverträgen nicht die Überlassung eines konkret bezeichneten Arbeitnehmers vereinbart, sondern allgemein die Gestellung eines Arbeitnehmers vorgesehen werden, der geeignet ist, die spezifizierten Anforderungen des Entleihers zu erfüllen. Durch die Vereinbarung einer solchen „Ersetzungsbefugnis" gerät die PSA im Falle der Vermittlung eines ihrer Beschäftigten nicht in Konflikt zu den Vereinbarungen des Überlassungsvertrages. Auch im Hinblick auf einen solchen „Ersatz-" Leiharbeitnehmer hat die PSA darauf zu achten, dass der Überlassene nicht bereits zuvor in einer Beziehung zum Entleiher stand, die geeignet war, den Erprobungszweck der PSA-Überlassung zu unterlaufen; in der Folge droht auch hier die Kürzung der Honorarzahlung durch die BA.[748]

Für den Betreiber üblicher, rein gewerblich ausgeübter Arbeitnehmerüberlassung ist es nach § 9 Nr. 3, 1. HS. AÜG n.F. unzulässig, Vereinbarungen mit dem Entleiher zu treffen, die es ihm untersagen, den entliehenen Arbeitnehmer nach Beendigung des Überlassungsauftrags selbst einzustellen. Geradezu eine Selbstverständlichkeit ist es, dass auch die PSA derartige Vereinbarungen nicht treffen darf. Neben der gesetzlichen Regelung ergibt sich dies bereits aus der

---

744 Vgl. oben, § 6 C. II. Zu den damit im Zusammenhang stehenden Vorwürfen eines staatlich bezuschussten „Dumping-Wettbewerbs": oben, § 9 A. II. 2.

745 Vgl. dazu oben, § 8 C. II.

746 Siehe oben, § 3 A. I.

747 Vgl. oben, § 8 A. I. 1. a.

748 Vgl. oben, § 8 A. II. 1. a.

Aufgabenstellung der PSA, deren gesamte Geschäftstätigkeit gerade darauf gerichtet ist, den PSA-Beschäftigten in ein Anschlussarbeitsverhältnis zu vermitteln.

Weniger eindeutig ist demgegenüber die Lage im Hinblick auf die Frage, ob es der PSA – so wie üblichen Verleihern – gestattet sein kann, von der nach § 9 Nr. 3, 2. HS AÜG n.F. bestehenden Möglichkeit Gebrauch zu machen, von dem Entleiher im Fall der Übernahme des Leiharbeitnehmers eine Vermittlungsprovision zu verlangen. § 9 Nr. 3, 2. HS AÜG n.F., der erst durch das Dritte Gesetz für Moderne Dienstleistungen am Arbeitsmarkt geschaffen wurde,[749] erlaubt ein solches Vorgehen nunmehr im Allgemeinen ausdrücklich. Für die PSA könnte jedoch eine solche Vorgehensweise in Konflikt geraten mit ihrer Verpflichtung aus dem PSA-Vertrag, einen Wechsel zum übernahmewilligen Entleiher „ohne Nachteil für den Arbeitnehmer" zu ermöglichen.[750] Insofern stellt sich hier eine ähnliche Problematik, wie sie vor der Neufassung von § 9 AÜG[751] bestand. Seinerzeit war es umstritten, ob die Vereinbarung einer entsprechenden Vermittlungsprovision vom gesetzlich unmittelbar geregelten Verbot der Vereinbarung eines Abwerbungsverbotes (heute: § 9 Nr. 3, 1. HS AÜG) mit erfasst war.[752] Dabei hatte der BGH noch kurz vor Inkrafttreten der Neuregelung eine solche Vermittlungsprovision für unzulässig erachtet, da diese geeignet sei, den tatsächlichen Wechsel des Leiharbeitnehmers zum Entleiher nicht unwesentlich zu erschweren, und mithin die freie Wahl des Arbeitsplatzes als Ausdruck der Berufsfreiheit für den Leiharbeitnehmer beeinträchtigt sei.[753] Während der Gesetzgeber mit der Schaffung des § 9 Nr. 3, 2. HS AÜG n.F. nunmehr zum Ausdruck gebracht hat, dass in einer „angemessenen" Vermittlungsprovision im Allgemeinen ein solcher Nachteil für die Leiharbeitnehmer gerade nicht erblickt werden kann,[754] ist im Hinblick auf die Lage für die PSA anders zu entscheiden:

---

[749] Artikel 93 Nr. 1 a des Gesetzes vom 23. Dezember 2003, BGBl. I, S. 2848. Mit dieser Neuregelung befassen sich **Böhm**, DB 2004, S. 1150 ff., und **Benkert**, BB 2004, S. 998 ff.

[750] Vgl. Ziff. 7, 2. Absatz des PSA-Mustervertrages.

[751] Bis zum 31.Dezember 2002 war die dem heutigen § 9 Nr. 3, 2. HS AÜG entsprechende Regelung in § 9 Nr. 4 AÜG verortet. In der Folge der Reform durch das Erste Gesetz für Moderne Dienstleistungen am Arbeitsmarkt wurde die Regelung ohne inhaltliche Änderung in § 9 Nr. 3 AÜG aufgenommen. Seit dem 01. Januar 2004 enthält § 9 Nr. 3 AÜG den hier interessierenden, zweiten Halbsatz.

[752] Eine umfassende Übersicht zu den divergierenden Auffassungen findet sich bei **Rambach/Begerau**, BB 2002, S. 937 ff.; vgl. auch **Dahl**, DB 2002, S. 1374 ff.

[753] **BGH**, v. 03. Juli 2003, NZA 2003, S. 1025 ff = DB 2003, S. 2125 f. Mit diesem Urteil setzt sich **Thüsing**, DB 2003, S. 2122 ff., kritisch und im Ergebnis ablehnend auseinander.

[754] Vgl. Begründung des federführenden Ausschusses für Wirtschaft und Arbeit, BT-Drucks. 15/1749, S. 29.

Während der übliche, rein gewerblich handelnde Überlasser ein nunmehr gesetzlich anerkanntes, wirtschaftliches Interesse an einer Kompensation für die „Abwerbung“ seines Beschäftigten hat,[755] erhält die PSA eine – rein wirtschaftlich betrachtet – entsprechende Vergütung bereits aufgrund der Vereinbarung der Vermittlungsprämie im PSA-Vertrag. Darüber hinaus gehört es gerade zu den direkten Aufgaben der PSA, sämtliche Einzelschritte ihres Geschäftsablaufes auf die Vermittlung des PSA-Beschäftigten in eine Anschlussbeschäftigung auszurichten. Während der Eintritt eines Vermittlungserfolges für den Betreiber üblicher, rein gewerblicher Arbeitnehmerüberlassung eher ein mehr oder minder gewollter Nebeneffekt seiner eigentlichen Tätigkeit ist, ist die möglichst effektive Vermittlung durch die Bemühungen der PSA deren Hauptziel. Für die PSA kann es daher im Hinblick auf die Zulässigkeit der Vereinbarung einer solchen Vermittlungsprovision mit dem Entleiher nicht – wie in der üblichen Form der Arbeitnehmerüberlassung – darum gehen, ob durch die Provision „*faktisch* de[r] durchaus erwünschte Wechsel“ zum Entleiher erschwert wird.[756] Jede Handlungsweise, die auch nur entfernt geeignet ist, die Möglichkeit zum Wechsel zu beeinträchtigen, ist der PSA zu untersagen.[757]

§ 12 Das Rechtsverhältnis zwischen dem Leiharbeitnehmer der Personal-Service-Agentur und dem Entleiher

A. Das Beschäftigungsverhältnis während des Überlassungseinsatzes

Das Verhältnis zwischen dem überlassenen PSA-Leiharbeitnehmer und dem Entleiher wird weder durch § 37 c SGB III noch durch die Vertragsabsprachen zwischen der PSA und der BA beeinflusst. Es handelt sich daher um ein für die Leiharbeit typisches Beschäftigungsverhältnis ohne zugrunde liegendes Arbeitsvertragsverhältnis. Entsprechend ergeben sich keine Abweichungen gegenüber der Lage im Rahmen der üblichen Leiharbeit.[758] Der weitgehend dem Weisungsrecht des Entleihers unterstehende PSA-Beschäftigte wird für die Dauer der Überlassung in die betrieblichen Abläufe des Einsatzbetriebes integriert und ist verpflichtet, die zugewiesenen Arbeitsabläufe entsprechend der erteilten Weisungen zu erfüllen. Weder der Entleiher noch der Leiharbeitnehmer sind dabei

[755] Vgl. BT-Drucks. 15/1749, S. 29.

[756] Auf diese faktische Erschwerung stellt die Gesetzesbegründung bei der Statuierung der im Allgemeinen zulässigen Provisionsvereinbarung ab: BT-Drucks. 15/1749, S. 29 (Hervorhebung durch den Autor).

[757] Auf einem anderen Blatt steht freilich, ob sich ein Entleiher überhaupt dazu bereit erklären würde, eine solche Vereinbarung einzugehen, da auch ihm bewusst ist, dass die PSA von der BA eine entsprechende Vergütung erhält.

[758] Vgl. oben, § 3 A. III.

besonderen Verpflichtungen für die Durchführung und Ausgestaltung des Arbeitseinsatzes unterworfen.

B. Übernahme in ein Anschlussarbeitsverhältnis

I. Vertragsverhandlungen

Der Entleiher ist bei der Entschlussfassung völlig frei, ob er den Leiharbeitnehmer in ein Anschlussarbeitsverhältnis übernehmen möchte. Weder der Abschluss des Überlassungsvertrags mit der PSA noch die Durchführung des Überlassungseinsatzes führen für den Entleiher zu einer Verpflichtung, den Entliehenen später in Festeinstellung zu übernehmen. Hat er aber den Willen zur Übernahme des PSA-Beschäftigten gefasst, so tritt der Entleiher mit dem Entliehenen in Vertragsverhandlungen, die ihrerseits keinen besonderen Vorgaben unterworfen sind, sondern sich nach den allgemeinen Regeln des Arbeitsrechts richten. Dabei ist die PSA nicht förmlich an einem Vertragsschluss zu beteiligen, sondern nur von der Übernahmebereitschaft des Entleihers zu unterrichten; einer „Freigabe" ihres Arbeitnehmers hat die PSA die Zustimmung ohnehin zu erteilen, da sie verpflichtete ist, den Arbeitgeberwechsel ohne Nachteil für den PSA-Beschäftigten herbeizuführen.[759] Möglich, wenn auch nicht zwingend, ist eine Unterstützung des Leiharbeitnehmers bei den Vertragsverhandlungen durch die PSA. Dem neuen Arbeitgeber werden bei der Festeinstellung des PSA-Beschäftigten keine weiteren Leistungen der Arbeitsförderung (z.B. Eingliederungszuschüsse nach §§ 217 ff. SGB III) zugewandt.[760]

II. Befristung

Der neue Arbeitsvertrag kann auch befristet abgeschlossen werden. Neben der Sachgrundbefristung nach § 14 Abs. 1 S. 2 TzBfG bietet § 14 Abs. 2 S. 1 TzBfG die Möglichkeit, das Arbeitsverhältnis auf bis zu zwei Jahre zu befristen oder in dieser Zeitspanne ein kürzer befristetes Arbeitsverhältnis bis zu dreimal zu verlängern. Dem steht auch nicht entgegen, dass der vormalige PSA-Beschäftigte bereits für gewisse Dauer seine Arbeitsleistung im Betrieb seines neuen Arbeitgebers erbracht hat. Der Wortlaut des § 14 Abs. 2 S. 2 TzBfG schließt die erleichterte Befristung nur aus, wenn zuvor mit „demselben Arbeitgeber [...] ein [...] Arbeitsverhältnis bestanden hat". In Übereinstimmung mit der Vorgängernorm des § 1 Abs. 3 S. 1 BeschFG[761] und der dazu ergangenen Rechtsprech-

---

[759] Vgl. oben, § 8 A. I. 1. a.

[760] Vgl. BA-Rundbrief Geschäftsanweisung 71/2002, v. 23. Dezember 2002, Ziff. 5.2.

[761] Gesetz über arbeitsrechtliche Vorschriften zur Beschäftigungsförderung, vom 26. April 1985, BGBl. I, S. 710, i.d.F. vom 25. September 1996. Dieses Gesetz wurde mit Wirkung vom 01. Januar 2001 durch Art. 3 des Gesetzes über Teilzeitarbeit und befristete Arbeitsverträge vom 21. Dezember 2000, BGBl. I, S. 1966, aufgehoben.

ung[762] stellt auch § 14 Abs. 2 S. 2 TzBfG auf den rechtlichen Arbeitgeberbegriff ab.[763] Da aber der PSA-Beschäftigte für die Dauer des Überlassungsauftrags nicht in einem Arbeitsverhältnis zum Entleiher stand, ist die erleichterte Befristung nach § 14 Abs. 2 S. 1 TzBfG – wie bei jedem anderen Leiharbeitnehmer – möglich.[764] Ob daneben auch eine Befristung nach § 14 Abs. 1 S. 2 Nr. 5 TzBfG (Befristung zur Erprobung) ermöglicht ist, ist daher nicht von praktischem Interesse und kann an dieser Stelle dahinstehen.

§ 13 Betriebsverfassungsrecht

Das Ziel der Mitbestimmung auf betrieblicher Ebene ist es, die einseitige Leitungsmacht des Arbeitgebers durch ein System abgestufter Teilhaberechte abzumildern und zu begrenzen. Der Arbeitnehmer, der sich bei Abschluss des Arbeitsvertrages nicht zur Erfüllung einer ins Detail bezeichneten Leistung, sondern einer mehr oder minder grob umschriebenen Aufgabe verpflichtet, die erst durch das Direktionsrecht des Weisungsbefugten konkretisiert wird, soll – durch eigene Rechte oder repräsentiert durch die Organe der Betriebsverfassung – an den Entscheidungen, die seinen Arbeitsalltag bestimmen, beteiligt und damit geschützt werden.[765]

Abweichend von der üblichen Lage im Arbeitsverhältnis zeichnet sich das Leiharbeitsverhältnis durch die Aufspaltung der Arbeitgeberrechte aus. So vereinbart der Leiharbeitnehmer mit dem Verleiher als seinem Vertrags-Arbeitgeber, dass die tatsächliche Arbeitsleistung im Betrieb und unter dem unmittelbaren Weisungsrecht eines Entleihers stattfinden soll. Betriebsverfassungsrechtlich ist der Leiharbeitnehmer gleichwohl nach § 14 Abs. 1 AÜG dem Verleiherbetrieb zugeordnet, woran auch der (ggf. langfristige)[766] Einsatz im Fremdbetrieb nichts ändert. Grundsätzlich bestehen damit die betriebsverfassungsrechtlichen Rechte des Leiharbeitnehmers sowie die durch den Betriebsrat vermittelte Interessenwahrnehmung auf der Ebene des Verleiherbetriebs. Die weitgehende Weisungsbefugnis des Entleihers, die tatsächliche Einordnung in dessen Betriebsorganisation und die mangelnde Kompetenz des Verleiherbe-

---

762 **BAG**, v. 08. Dezember 1988, AP Nr. 6 zu § 1 BeschFG 1985 = NZA 1989, S. 459 ff.; **BAG**, v. 25. April 2000, AP Nr. 10 zu § 1 BeschFG 1985 = NZA 2001, S. 1384 ff.

763 **Backhaus**, in: Ascheid/Preis/Schmidt, KR, § 14 TzBfG, Rn. 395; **Boewer**, TzBfG, § 14, Rn. 232; **Preis**, in: Staudinger, § 620, Rn. 160.

764 **Backhaus**, in: Ascheid/Preis/Schmidt, KR, § 14 TzBfG, Rn. 399; **Müller-Glöge**, in: ErfKomm., § 14 TzBfG, Rn. 122; **Maschmann**, in: Annuß/Thüsing, TzBfG, §14, Rn. 77.

765 **Wiese**, in: GK-BetrVG, Bd. 1, Einleitung Rn. 70 ff.; **Richardi**, in: Richardi BetrVG, Einleitung Rn. 1; **Koch**, in: Schaub ArbRHdb. § 210, Rn. 1 ff.; **v. Hoyningen-Huene**, in: MüHdbArbR, Bd. 3, § 297, Rn. 4.

766 Nach Aufhebung der Höchstüberlassungsdauer in § 3 Abs. 1 Nr. 6 AÜG a.F. (24 Monate) ist nunmehr der unbegrenzte Überlassungseinsatz im Entleihbetrieb zumindest zulässig.

triebsrates, über die Grenzen der eigenen betrieblichen Ebene hinaus tätig werden zu können, lassen jedoch eine Modifikation dieses Grundsatzes für notwendig erscheinen. Dies geschieht – fragmentarisch und nicht abschließend[767] – durch § 14 Abs. 2, 3 AÜG, indem einzelne Rechte durch den Leiharbeitnehmer auch im Entleihbetrieb wahrgenommen werden können und die Zuständigkeitsverteilung zugunsten des Entleiherbetriebsrats abgewandelt wird. Darüber hinaus ist davon auszugehen, dass der Verleiherbetriebsrat im Hinblick auf Fragen zuständig ist, die an das Bestehen eines Arbeitsvertrages oder an das verbleibende Verleiher-Weisungsrecht anknüpfen, der Entleiherbetriebsrat dagegen die Rechte wahrnimmt, die sich aus der Eingliederung in den Entleiherbetrieb oder aus der Wahrnehmung des eingeräumten Weisungsrechts ergeben.[768]

Ziel der folgenden Ausführungen ist nicht die Wiedergabe sämtlicher betriebsverfassungsrechtlicher Einzelheiten, die Folge der Aufteilung der Mitbestimmungszuständigkeiten sind. Die Darstellung soll vielmehr einen Überblick geben und sich auf Besonderheiten konzentrieren, die sich für die PSA und den Entleiher aus Beschäftigung und Einsatz eines PSA-Leiharbeitnehmers ergeben. Für die weiteren Details wird auf die einschlägigen Kommentierungen zum BetrVG und zum AÜG verwiesen.

A. Betriebsverfassungsrecht in der Personal-Service-Agentur

I. Betriebsratsfähigkeit der Personal-Service-Agentur

1. Allgemeine Betriebsratsfähigkeit

Die allgemeine Betriebsratsfähigkeit richtet sich nach § 1 Abs. 1 BetrVG. Danach *kann* ein Betriebsrat gewählt werden, sofern es sich um einen Betrieb im Sinne des BetrVG handelt, in dem in der Regel mehr als vier ständig wahlberechtigte Arbeitnehmer beschäftigt sind und von denen mindestens drei wählbar

---

767 Allgemeine Meinung: vgl. **BAG**, v. 15. Dezember 1992, AP Nr. 7 zu § 14 AÜG = NZA 1993, S. 513 ff.; **Ulber**, AÜG, § 14, Rn. 62; **Boemke**, AR-Blattei SD 540, Rn. 52; **Hamann**, in: Schüren AÜG § 14, Rn. 137; **Wank**, in: ErfKomm., § 14 AÜG, Rn. 15; **Fitting**, BetrVG, § 5, Rn. 238; **Kreutz**, in: GK-BetrVG, Bd. 1, § 7, Rn. 40; so auch bereits die Gesetzesbegründung zu § 14 AÜG: BT-Drucks. 9/847, S. 9.

768 Auch dies entspricht heute der allgemeinen Ansicht: vgl. **BAG**, v. 19. Juni 2001, AP Nr. 1 zu § 87 BetrVG 1972 Leiharbeitnehmer mit zust. Anm. **Marschall** = NZA 2001, S. 1263 ff.; **Boemke/Lembke**, AÜG, § 14, Rn. 28; **Hamann**, in: Schüren AÜG § 14, Rn. 212, 334; **ders.**, NZA 2003, S. 526, 530; **Ulber**, AÜG, § 14, Rn. 10; **Urban-Crell/Schulz**, Arbeitnehmerüberlassung und Arbeitsvermittlung, Rn. 941 f., 979 f.; **Thüsing**, in: ders. AÜG, § 14, Rn. 21; **Wank**, in: ErfKomm., § 14 AÜG, Rn. 15; **Fitting**, BetrVG, § 5, Rn. 238 f.; **Raab**, in: BetrVG-GK, Bd. I, § 5, Rn. 65; **Trümner**, in: Däubler/Kittner/Klebe BetrVG, § 5, Rn. 27 a; **Rost**, NZA 1999, S. 113, 118 f.; **Dewender**, Betriebsfremde Arbeitnehmer, S. 105, 117; **Franzen**, ZfA 2000, S. 285, 317.

sind. Die PSA als privatrechtliche Organisation[769] erfüllt die Voraussetzungen, die an einen Betrieb im Sinne des BetrVG gestellt werden.[770] Insbesondere kann nicht aufgrund der von vornherein zeitlich auf 24 bzw. 48 Monate begrenzten Laufzeit des PSA-Vertrages[771] das Vorliegen eines Betriebes verneint werden. Einerseits besteht für den Betreiber einer PSA auch nach Ablauf des PSA-Vertrages die Möglichkeit, im Rahmen einer weitern Ausschreibungsrunde erneut den Zuschlag zu erhalten[772] und ferner ist es in der Literatur allgemein anerkannt, dass auch reine „Kampagnebetriebe", also Arbeitsstätten, die nur für einige Monate im Jahr ihren Betriebszweck verfolgen, als Betriebe im Sinne des BetrVG anzusehen sind.[773] Nicht erforderlich ist danach eine auf unbestimmte Zeit verfolgte Betriebstätigkeit.

In Bezug auf die betriebsverfassungsrechtlich erhebliche Regelgröße einer PSA gilt zunächst das zur Regelgröße für die Anwendung des KSchG Ausge-

---

[769] Die einzige Ausnahme stellt hier eine PSA dar, die nach § 37 c Abs. 4 SGB III eigenständig und namens der BA gegründet wurde und für die eine öffentlich-rechtliche Rechtsform gewählt wurde. Sollte dies der Fall sein, findet nicht das BetrVG, sondern das PersVG Anwendung. Auf die Darstellung der sich daraus ergebenden Besonderheiten muss hier – aufgrund der nur sehr begrenzten praktischen Bedeutung – verzichtet werden.

[770] Ein Betrieb i.S.d. BetrVG ist die organisatorische Einheit, innerhalb derer der Unternehmer allein oder zusammen mit seinen Mitarbeitern mit Hilfe sächlicher und immaterieller Mittel bestimmte arbeitstechnische Zwecke fortgesetzt verfolgt. St. Rechtspr.: vgl. **BAG**, v. 18. März 1997, AP Nr. 16 zu § 1 BetrAVG Betriebsveräußerung = NZA 1998, S. 97 ff; **BAG**, v. 14. September 1988, AP Nr. 9 zu § 1 BetrVG 1972 = NZA 1989, S. 190 ff. Für die PSA als Verleiherbetrieb besteht die Besonderheit, dass die Arbeitnehmer nicht in der unmittelbaren räumlichen Sphäre des Vertragsarbeitgebers dauerhaft beschäftigt sind, sondern an unterschiedlichen Einsatzorten ihre Arbeitsleistung erbringen, damit jedoch auch den arbeitstechnisch verfolgten Zweck des Verleihers fördern. Das Bestehen einer räumlichen Einheit, innerhalb derer die Arbeitsleistung erbracht wird, ist zwar Indiz für das Bestehen eines Betriebes, stellt jedoch keine notwendige Voraussetzung dar: **Fitting**, BetrVG, § 1, Rn. 74; **Richardi**, in: ders. BetrVG, § 1, Rn. 32. Es entspricht der heute ganz überwiegend vertretenen Meinung, dass bei der unechten Arbeitnehmerüberlassung ein Verleiher-*Betrieb* i.S.d. BetrVG besteht. Dies ergibt auch bereits die Formulierung des § 14 Abs. 1 AÜG. Vgl. des weiteren: **Richardi**, in: ders. BetrVG, § 1, Rn. 123 ff.; **Dewender**, Betriebsfremde Arbeitnehmer, S. 53, jeweils m.w.N.; **a.A.**: **Joost**, in: MüHdbArbR, Bd. 3, § 304, Rn. 58; **Trümner**, in: Däubler/Kittner/Klebe BetrVG, § 5, Rn. 22.

[771] Der PSA-Vertrag hat eine regelmäßige Laufzeit von 24 Monaten; die einmalig zulässige Vertragsverlängerung kann die Laufzeit auf insgesamt maximal 48 Monate ausdehnen. Dabei ist nicht nur die Existenz *als PSA i.S.d. § 37 c SGB III* abhängig vom Laufen des PSA-Vertragsverhältnisses. Auch rein praktisch wird der Betreiber mit Auslaufen des PSA-Vertrages seine bisherige Tätigkeit aufgrund der nunmehr ausbleibenden staatlichen Subventionen nicht mehr aufrechterhalten können.

[772] Vgl. oben, § 8 B. IV. 1.

[773] Vgl. **Fitting**, BetrVG, § 1, Rn. 77; **Hess**, in: H/S/W/G BetrVG, § 1 Rn. 28; **Kraft**, in: GK-BetrVG, Bd. 1, § 4, Rn. 19.

führte entsprechend: Es ist nicht auf die vereinbarte Zielgröße der PSA, sondern auf die tatsächliche Personalentwicklung, also die den Betrieb kennzeichnende Zahl abzustellen. Diese Zahl ist durch einen Rückblick auf die Vergangenheit und eine Prognose über die zukünftige Entwicklung zu bestimmen.[774] Darüber hinaus aber ist eine *ständige Wahlberechtigung* der Arbeitnehmer verlangt. Die allgemeine Wahlberechtigung der Leiharbeitnehmer im Verleiherbetrieb ergibt sich aus ihrer unstreitig bestehenden Betriebszugehörigkeit zum Verleiherbetrieb (§ 7 S. 1 BetrVG).[775] In der PSA ist jedoch fraglich, ob die dort beschäftigten Leiharbeitnehmer,[776] deren Arbeitsverträge zeitlich auf neun Monate befristet sind, das Merkmal der *ständigen* Wahlberechtigung erfüllen. Denn im Prinzip ist davon auszugehen, dass das Merkmal der „ständigen Wahlberechtigung" für von vornherein zeitlich begrenzt Beschäftigte nicht erfüllt ist, so dass ein Zeitvertrag zunächst gegen die Annahme einer „ständigen Wahlberechtigung" spricht.[777] Anders ist jedoch zu entscheiden, wenn der befristet Beschäftigte einen Dauerarbeitsplatz im Betrieb besetzt, damit nicht nur einen vorübergehenden Arbeitsmehrbedarf abdeckt und die Befristungsabsprache nicht nur für einen unerheblichen Zeitraum besteht.[778] Diese Voraussetzungen erfüllen auch die bei der PSA beschäftigten, vormals Arbeitslosen, so dass – die Existenz dreier

---

774 Vgl. zur mangelnden Aussagekraft der mit der BA vereinbarten Zielgröße der PSA in Bezug auf den Schwellenwert des KSchG: oben, § 10 B III. 1. a. Für die allgemeine Bestimmung der Betriebsgröße im BetrVG: **BAG**, v. 16. April 2003, AP Nr. 1 zu § 9 BetrVG 2002 (II. 2. d. aa. der Gründe mit weiteren Nachweisen aus der Rechtsprechung) = NZA 2003, S. 1345, 1347; **Hess**, in: H/S/W/G BetrVG, § 1, Rn. 28 m.w.N. aus der Literatur.

775 Auch vor dem Hintergrund der Qualifizierungs- und Betreuungsaufgaben der PSA gibt die Rechtsprechung des BAG zur mangelnden betriebsverfassungsrechtlich relevanten Arbeitnehmereigenschaft von Angestellten, die in *reinen* Ausbildungsbetrieben beschäftigt sind (u.a. **BAG**, v. 20. März 1996, AP Nr. 9 zu § 5 BetrVG 1972 Ausbildung = NZA 1997, S. 326 f.), keinen Anlass, an der betriebsverfassungsrechtlichen Arbeitnehmereigenschaft der PSA-Beschäftigten zu zweifeln. Denn durch ihre Arbeitsleistung im Rahmen der Überlassungseinsätze unterstützen sie den Betriebszweck der PSA. Anders kann die Lage für Bezieher von Strukturkurzarbeitergeld nach § 175 SGB III sein; vgl. dazu: **Rieble/Klumpp**, NZA 2003, S. 1169 ff.

776 Im Hinblick auf die bei der PSA fest angestellten Arbeitnehmer ergeben sich keine Besonderheiten.

777 **Kraft**, in: GK-BetrVG, Bd. 1, § 1 Rn. 62; vgl. auch: **Trümner**, in: Däubler/Kittner/Klebe, BetrVG, § 1, Rn. 181; **Hess**, in: HSWG-BetrVG, § 1 Rn. 27.

778 **Fitting**, BetrVG, § 1, Rn. 276; **Richardi**, in: ders., BetrVG, § 1 Rn. 111 ff.; **Kraft**, in: GK-BetrVG, Bd. 1, § 1 Rn. 62; **Trümner**, in: Däubler/Kittner/Klebe, BetrVG, § 1, Rn. 181; **Eisemann**, in: ErfKomm., § 1 BetrVG, Rn. 22; **Hess**, in: HSWG-BetrVG, § 1 Rn. 27. **Stege/Weinspach/Schiefer** BetrVG, § 1, Rn. 32. Vgl. auch **LAG Berlin**, v. 06. Dezember 1989, DB 1990, S. 538 f. = AuR 1990, S. 263 f.

wählbarer Arbeitnehmer vorausgesetzt – im Allgemeinen keine Gründe gegen die Betriebsratsfähigkeit der PSA bestehen.

2. Faktische Hindernisse der Betriebsratswahl und der Betriebsratsarbeit in der PSA

Ungeachtet der generellen Betriebsratsfähigkeit ist die tatsächliche Durchführung einer Betriebsratswahl einerseits praktisch unwahrscheinlich und ferner im Hinblick auf den Sinngehalt der Betriebsratsarbeit in der PSA ausgesprochen problematisch:[779]

Ebenso wie in üblichen Verleiherbetrieben befinden sich auch die PSA-Beschäftigten nur für einen vergleichsweise geringen Zeitanteil im räumlichen Bereich ihres Vertragsarbeitgebers. Die Folge des dauerhaften Fremdbetriebseinsatzes ist, dass sich nur schwerlich eine Betriebsgemeinschaft in der PSA bilden kann.[780] Für die PSA-Beschäftigten kommt hinzu, dass ihnen von Beginn der Arbeitsaufnahme der nur vorübergehende Charakter ihres Beschäftigungsverhältnisses bewusst ist. Beide Faktoren zusammengenommen verhindern nachhaltig die für eine Betriebsratswahl erforderliche Initiative der Arbeitnehmer.[781]

Ferner sind betriebsangehörige Arbeitnehmer erst nach sechsmonatiger Betriebszugehörigkeit wählbar (§ 8 Abs. 1 S. 1 BetrVG). Für die Betriebsratsarbeit in der PSA würde dies bedeuten, dass der gewählte Betriebsrat höchstens drei Monate seine Tätigkeit aufrechterhalten könnte, da nach § 24 Nr. 3 BetrVG die Mitgliedschaft im Betriebsrat mit der Beendigung des Arbeitsverhältnisses (für die PSA-Beschäftigten spätestens nach dem neunten Beschäftigungsmonat) erlischt. Normalerweise würden in einem solchen Fall die Ersatzmitglieder nach § 25 BetrVG in die freigewordene Position aufrücken. Da jedoch auch die Ersatzmitglieder wählbar gewesen sein müssen, sind auch sie zu diesem Zeitpunkt bereits aus der PSA ausgeschieden. Mangels verfügbarer Ersatzmitglieder müss-

---

[779] Auch insoweit ist nochmals zu betonen, dass sich die im Folgenden dargestellten Probleme nur im Hinblick auf die angestellten Leiharbeitnehmer ergeben. Sind bei der PSA demgegenüber fest angestellte, übliche Arbeitnehmer in entsprechender Anzahl beschäftigt, so können diese die Initiative zur Betriebsratswahl ergreifen, sie können sich zur Wahl aufstellen lassen und dann auch ohne weitere Besonderheiten als Funktionsträger tätig werden.

[780] Vgl. **Hamann**, in: Schüren AÜG, § 14, Rn. 113; ähnlich **Urban-Crell/Schulz**, Arbeitnehmerüberlassung und Arbeitsvermittlung, Rn. 908 f.; auf dieses Problem weisen auch **Vanselow/Weinkopf**, START NRW, S. 19, sowie die Bundesregierung im Achten AÜG-Erfahrungsbericht, BT-Drucks. 13/5498, S. 19, hin.

[781] § 1 Abs. 1 BetrVG, der davon spricht, dass beim Vorliegen der allgemeinen Betriebsratsfähigkeit Betriebsräte gewählt „werden", ist sachlich nicht zutreffend formuliert, da tatsächlich eine Initiative von Arbeitnehmern oder einer im Betrieb vertretenen Gewerkschaft nach § 17 Abs. 2, 3, 4 BetrVG erforderlich ist.

te demnach eine Neuwahl erfolgen (§ 13 Abs. 2 Nr. 2 BetrVG). In der PSA würden also in kurzer zeitlicher Folge dauerhafte Betriebsratswahlen stattfinden, was eine effektive Betriebsratstätigkeit kaum erlauben und darüber hinaus aufgrund des mit einer Betriebsratswahl verbundenen Aufwands auch eine unzumutbare Belastung für die PSA als Arbeitgeberin darstellen würde. Insofern erscheint es hier angebracht, eine teleologische Extension der Voraussetzungen des Begriffs der Wählbarkeit nach § 8 Abs. 1 BetrVG vorzunehmen: Da einerseits eine effektive Interessenwahrnehmung für die Arbeitnehmerschaft bei derart kurzer Betriebsratstätigkeit kaum stattfinden kann und der Arbeitgeber in seinen Interessen über Gebühr durch die Folgen sich ständig wiederholender Betriebsratswahlen beeinträchtigt würde, könnte das mit der Zusammenarbeit zwischen Betriebsrat und Arbeitgeber durch das BetrVG verfolgte Ziel, zum Wohl der Arbeitnehmer und zum Wohl des Betriebes vertrauensvoll zusammenzuarbeiten (§ 2 Abs. 1 BetrVG[782]), nicht verwirklicht werden. Die ehemals Arbeitslosen können daher – auch wenn sie bereits über sechs Monate in der PSA beschäftigt sind – nicht als wahlberechtigt im Sinne des § 8 BetrVG angesehen werden. Nur § 8 Abs. 2 BetrVG, der eine Ausnahme von der Anforderung der sechsmonatigen Betriebszugehörigkeitsdauer für die Wählbarkeit in neu gegründeten Betrieben vorsieht, kann hier zu keinem anderen Ergebnis führen. In den ersten sechs Monaten nach Gründung der PSA steht folglich auch den vormals Arbeitslosen das passive Wahlrecht zu. Der Betriebsrat könnte dann zumindest theoretisch neun Monate seine Arbeit erbringen. Ohne Auswirkung verbleiben die hier genannten Ausnahmen selbstverständlich im Hinblick auf Angestellte, die in einem gewöhnlichen Arbeitsverhältnis mit der PSA stehen.

II. Betriebsverfassungsrechtliche Stellung und Rechte des Beschäftigten in der Personal-Service-Agentur

Die grundsätzliche Zuordnung des Leiharbeitnehmers zum Verleiherbetrieb ergibt sich aus § 14 Abs. 1 AÜG und gilt unabhängig vom tatsächlichen Ort, an dem die Arbeitsleistung erbracht wird, also auch während des Verleiheinsatzes. Als Folge dieser Zuordnung kommen einem Leiharbeitnehmer sämtliche Rechte des Betriebsverfassungsgesetzes in seinem Verleiherbetrieb zu.[783] Für den PSA-Beschäftigten gilt dies nicht anders: ihm steht das Recht zur Teilnahme an Sprechstunden (§ 39 BetrVG, ggf. § 69 BetrVG) und Betriebs- und Abteilungsversammlungen (§§ 42 ff. BetrVG) zu.[784] Ferner gelten für ihn die Unterrich-

---

782 Zu Bedeutung und Inhalt der Verpflichtung zur vertrauensvollen Zusammenarbeit: **v. Hoyningen-Huene**, in: MüHdbArbR, Bd. 3, § 300, Rn. 28 ff.; **Zöllner/Loritz**, ArbR, § 44 VII. (S. 503 ff.).

783 Vgl. **Boemke/Lembke**, AÜG, § 14, Rn. 14; **Urban-Crell/Schulz**, Arbeitnehmerüberlassung und Arbeitsvermittlung, Rn. 907; **Ulber**, AÜG, § 14, Rn. 11.

784 Zur – im Einzelnen umstrittenen – näheren Ausgestaltung dieser Rechte und zu den unterschiedlichen Positionen, ob Ver- oder Entleiher die daraus entstehenden Kosten zu tragen

tungs-, Erörterungs-, Anhörungs- und Beschwerderechte nach §§ 81 ff. BetrVG sowie das Recht zur Einsicht in die Personalakten nach § 83 BetrVG.[785] Auch ist der PSA-Beschäftigte im Verleiherbetrieb aktiv wahlberechtigt nach § 7 S. 1 BetrVG. Sofern das BetrVG einzelne Beteiligungsrechte des Betriebsrats vom Erreichen gewisser Schwellenwerte abhängig macht, ist der PSA-Beschäftigte – bei Erfüllung ggf. weiterer Voraussetzungen – uneingeschränkt zu berücksichtigen. Lediglich das passive Wahlrecht nach § 8 BetrVG kann dem PSA-Beschäftigten – abweichend von der Lage eines üblichen Leiharbeitnehmers – nach der hier vertretenen Auffassung nicht zukommen.

III. Allgemeine betriebsverfassungsrechtliche Aufgaben und Beteiligungsrechte des Betriebsrats in der Personal-Service-Agentur

1. Allgemeine Aufgaben

Der PSA-Betriebsrat hat hinsichtlich der beschäftigten Leiharbeitnehmer die allgemeinen Aufgaben nach § 80 BetrVG wahrzunehmen. Dabei besteht die Besonderheit, dass der Betriebsrat nach § 80 Abs. 2 BetrVG die Vorlage der mit Entleihern geschlossenen Überlassungsverträge verlangen kann, um die betriebsverfassungsrechtlichen Aufgaben erfüllen zu können.[786] Ferner ist der Betriebsrat gegenüber der PSA berechtigt, die Entsandten an ihrem aktuellen Arbeitsort aufzusuchen, auch wenn sich daraus kein unmittelbares Zugangsrecht zum Entleiherbetrieb ergibt.[787] Ebenfalls aus § 80 Abs. 2 BetrVG folgt für den Betriebsrat in der PSA das Recht, zur Erfüllung der Aufgaben Einsicht in die mit der BA abgeschlossenen Vertragsunterlagen zu verlangen; dies kann insbesondere im Hinblick auf die Mitwirkungsrechte bei der Kündigung nach § 102 BetrVG relevant werden.[788]

2. Beteiligungsrechte

Aufgrund der prinzipiellen Zuordnung der Leiharbeitnehmer zum Betrieb des Verleihers kommen dem dort bestehenden Betriebsrat sämtliche Beteiligungsrechte nach dem BetrVG zu; durchbrochen ist dieser Grundsatz, soweit es um Angelegenheiten geht, die sich aus der Eingliederung in den Entleiherbetrieb ergeben und im Zusammenhang mit der unter dem Weisungsrecht des Entleihers

---

haben: vgl. nur: **Hamann**, in: Schüren AÜG § 14, Rn. 117 ff.; **Boemke/Lembke**, AÜG, § 14, Rn. 16 ff.

[785] **Hamann**, in: Schüren AÜG § 14, Rn. 123 ff.; **Boemke/Lembke**, AÜG, § 14, Rn. 18 ff.

[786] **Boemke/Lembke**, AÜG, § 14, Rn. 27; **Thüsing**, in: ders., AÜG, § 14, Rn. 25.

[787] **BAG**, v. 13. Juni 1989, AP Nr. 36 zu § 80 BetrVG 1972 (B. II. 2. der Gründe) = NZA 1989, S. 934, 935; **Boemke/Lembke**, AÜG, § 14 Rn. 27; **Hamann**, in: Schüren AÜG § 14, Rn. 350.

[788] Vgl. dazu sogleich unter 2. d.

zu erbringenden Arbeitsleistung stehen. Hierfür kann dem Verleiherbetriebsrat keine Beteiligungskompetenz zukommen.[789]

Sind danach die Beteiligungsrechte des Betriebsrats in einem üblichen Verleiherbetrieb *de facto* von geringer praktischer Bedeutung, da die Betriebsorganisation auf den möglichst unterbrechungsfreien Verleih der Arbeitnehmer ausgerichtet ist und die Arbeitsleistung unter dem Weisungsrecht des Verleihers im Verleiherbetrieb nur die Ausnahme darstellt,[790] gilt teilweise anderes für die PSA: Da sie sich zur Nutzung der verleihfreien Zeiten verpflichtet hat, können sich die PSA-Beschäftigten für einen nicht unerheblichen Zeitraum im Verleiherbetrieb selbst befinden. Zwar werden sie dort nicht zur Arbeit im sächlich-produktiven Sinn eingesetzt; gleichwohl nehmen sie an Qualifizierungsmaßnahmen, Schulungs- und Informationsveranstaltungen teil und unterliegen dabei dem Weisungsrecht der PSA. Auf der anderen Seite muss die Ausübung der Beteiligungsrechte auch der besonderen Ausgestaltung und Arbeitsweise der PSA gerecht werden.

a.) Mitbestimmungsrechte in sozialen Angelegenheiten (§ 87 BetrVG)

Im Grundsatz fallen sämtliche der in § 87 Abs. 1 BetrVG genannten Angelegenheiten in den Bereich der Mitbestimmungszuständigkeit des Verleiherbetriebsrates. In verleihfreien Zeiten, in denen sich der PSA-Beschäftigte im räumlichen Bereich der PSA befindet, gilt dies uneingeschränkt. Zu beachten ist jedoch, dass die Mitbestimmungsrechte im Katalog des § 87 Abs. 1 BetrVG regelmäßig nur ausgelöst werden, soweit ein kollektiver Bezug besteht.[791] Besondere Anweisungen der PSA gegenüber einem einzelnen Leiharbeitnehmer – etwa die Aufforderung, an einer Schulungsmaßnahme außerhalb der PSA teilzunehmen, deren zeitliche Lage von den üblichen Arbeitszeiten in der PSA abweicht – unterliegen daher nicht der Mitbestimmung des Betriebsrates.

---

789 Vgl. **Hamann**, in: Schüren AÜG § 14, Rn. 333; **Thüsing**, in: ders., AÜG, § 14, Rn. 21; **Boemke/Lembke**, AÜG, § 14, Rn. 23.

790 Häufig existieren Arbeitszeitkonten, die es erlauben, während eines Verleiheinsatzes angesammelte Überstunden in überlassungsfreien Zeiten durch Freizeit auszugleichen. Die Tarifverträge im Bereich der Arbeitnehmerüberlassung sehen die Einrichtung solcher Konten vor; vgl. etwa: § 4 des Manteltarifvertrags Zeitarbeit zwischen dem BZA und Mitgliedsgewerkschaften des DGB, v. 22. Juli 2003. Auch bietet es sich an, verleihfreie Zeiten bei der Urlaubsplanung zu berücksichtigen. Möglich ist es daneben ferner, den Leiharbeitnehmer, etwa für Verwaltungsaufgaben, im Verleihbetrieb einzusetzen.

791 **BAG**, v. 16. Juli 1991, AP Nr. 44 zu § 87 BetrVG 1972 Arbeitszeit = NZA 1992, S. 70 ff.; **BAG GS**, v. 03. Dezember 1991, AP Nr. 51 zu § 87 BetrVG 1972 Lohngestaltung (C. III. 3. b. der Gründe) = NZA 1992, S. 749, 756; **Fitting**, BetrVG, § 87, Rn. 14 ff. Jedenfalls für die in Nr. 5 und Nr. 9 genannten Fälle bedarf es eines kollektiven Bezugs nicht. Ausführlich: **Raab**, ZfA 2001, S. 31 ff., der die Reichweite der einzelnen Mitbestimmungsrechte anhand einer zweckorientierten Auslegung bestimmt.

Befindet sich der PSA-Beschäftigte demgegenüber im Verleiheinsatz, so konzentrieren sich die Betriebsratszuständigkeiten – wie auch in der üblichen Form der Arbeitnehmerüberlassung – auf die in § 87 Abs. 1 Nr. 4, 5, 10 und 11 genannten Fragenkomplexe, da im Hinblick auf die übrigen Fragenkreise dem Verleiherbetriebsrat die Regelungskompetenz fehlt.[792]

b.) Allgemeine personelle Angelegenheiten und Mitwirkungsrechte bei der Berufsbildung (§§ 92 ff. BetrVG)

Der Beteiligung des Betriebsrates an allgemeinen personellen Angelegenheiten nach §§ 92 ff. BetrVG wird in der PSA keine größere Bedeutung zukommen. Eine entsprechenden Maßnahmen zugrunde liegende, längerfristige und vorausschauende Planung tritt in der PSA nicht auf. So stehen der PSA schon keine echten Spielräume zu, innerhalb derer sie über den künftigen Personalbedarf frei entscheiden könnte. Die PSA hat sich im Vertrag mit der BA vielmehr verpflichtet, Beschäftigungsplätze in der vereinbarten Zielgröße einzurichten und aufrecht zu erhalten.[793] Eine Personalplanung nach § 92 BetrVG oder damit im Zusammenhang stehende Fragen der Beschäftigungssicherung nach § 92 a BetrVG sind also weder erforderlich noch überhaupt planerisch-gestaltend zulässig. Die Aufstellung von Auswahlrichtlinien nach § 95 BetrVG macht jedenfalls im Hinblick auf Fragen der Kündigung keinen Sinn: Die PSA ist aufgrund der Vorgaben des Vertrags zur BA bereits sehr in ihrer „Freiheit“ zu kündigen eingeschränkt und Fragen der Sozial*auswahl* stellen sich bei der betriebsbedingten Kündigung in der PSA nicht.[794] Weiterhin ist die PSA bezogen auf Einstellungen auf entsprechende Vorschläge der Arbeitsagentur angewiesen,[795] so dass auch hier ihr „Spielraum“ bereits begrenzt ist. Versetzungen sind in der PSA schon begrifflich ausgeschlossen[796] und auch Umgruppierungen kommt keine größere Bedeutung zu.

---

792 Zu den Einzelheiten etwa: **Urban-Crell/Schulz**, Arbeitnehmerüberlassung und Arbeitsvermittlung, Rn. 983 ff.; **Dewender**, Betriebsfremde Arbeitnehmer, S. 62 ff.; **Thüsing**, in: ders. AÜG, § 14, Rn. 26 ff. Für die Fälle der betrieblichen Lohngestaltung (Nr. 10) sowie der Festlegungen nach § 87 Abs. 1 Nr. 11 BetrVG ist jedoch der tarifvertragliche Regelungsvorbehalt im Eingangssatz der Vorschrift zu beachten. Vgl. dazu: **BAG GS**, v. 03. Dezember 1991, AP Nr. 51 zu § 87 BetrVG 1972 Lohngestaltung = NZA 1992, S. 749 ff. Insbesondere in der PSA, in der praktisch von einer entsprechenden tarifvertraglichen Regelung des Arbeitsvertrages auszugehen ist, kann diesen Mitbestimmungsrechten daher kein großer Anwendungsbereich zukommen. Die Rechte des Betriebsrats beschränken sich dann auf die Überwachung der Einhaltung der tarifvertraglichen Regelungen nach § 80 Abs. 1 Nr. 1 BetrVG.

793 Vgl. oben, § 8 A. I. 2.

794 Vgl. oben, § 10 B. III. 2. c. bb. (iv.).

795 Vgl. oben, § 8 A. I. 2.

796 Dazu sogleich unter c.

Ähnliches gilt für die Beteiligungsrechte bei der Berufsbildung nach §§ 96 ff. BetrVG. Zwar hat die PSA die Aufgabe übernommen, Qualifikationsmaßnahmen gegenüber ihren Beschäftigten zu erbringen, soweit eine Überlassung an einen Entleiher nicht zu realisieren ist. Auch fallen entsprechende Leistungen unter den weiten Begriff der Berufsbildung in diesen Vorschriften.[797] Jedoch wird der Erbringung dieser Leistungen weniger eine frühzeitige, systematische Planung vorangehen, die die Informationsrechte des Betriebsrates nach § 96, 97 Abs. 1 BetrVG auslösen könnte.[798] Im Gegenteil bringen es Aufgabe und Arbeitsweise der PSA mit sich, kurzfristig Qualifikationsmaßnahmen durchzuführen, die möglichst zeitnah und passgenau auf die Erfordernisse des einzelnen Beschäftigten zugeschnitten sind. Dabei ist es eher unrealistisch, dass eine PSA etwa betriebliche Einrichtungen zur Berufsbildung errichtet; vielmehr wird die einzelfallbasierte Kooperation mit bestehenden Bildungsträgern gesucht werden. Auch auf diesen Fall aber ist das Vorschlagsrecht des Betriebsrats nach § 98 Abs. 3 BetrVG nicht zugeschnitten, denn aufgrund des persönlichen Zuschnitts der Maßnahme besteht regelmäßig kein Spielraum für die Entscheidung, etwa eine ganze Gruppe von PSA-Beschäftigten hierfür freizustellen.

Der Beurteilungsspielraum, der der PSA für Auswahl und Durchführung der einzelnen Maßnahmen zur Qualifizierungssteigerung ihrer Beschäftigten im Vertrag mit der BA eingeräumt ist, wird folglich nicht durch Rechte des Betriebsrates begrenzt.

c.) Mitbestimmung bei personellen Einzelmaßnahmen (§ 99 BetrVG)

Soweit der *unternehmensbezogene* Schwellenwert in § 99 BetrVG erreicht oder überschritten ist, ist der Betriebsrat vor jeder Einstellung, Umgruppierung, Eingruppierung und Umsetzung zu unterrichten. Er kann danach die Zustimmung zur Maßnahme erteilen oder nach § 99 Abs. 2 BetrVG verweigern; eine Verweigerung kann nach § 99 Abs. 4 BetrVG auf Antrag vom Arbeitsgericht ersetzt werden. Im Grundsatz gelten hier die allgemeinen Regelungen, wie sie auch Anwendung auf ein Normalarbeitsverhältnis finden. Da der PSA-Beschäftigte sich jedoch arbeitsvertraglich verpflichtet hat, im Rahmen der Weisungen seines Arbeitgebers in unterschiedlichen Entleiherbetrieben zu arbeiten, besitzt er keinen „ständigen Arbeitsplatz“ im Sinne des § 95 Abs. 3 S. 2 BetrVG, so dass die Überlassung keine Versetzung i.S.d. § 95 Abs. 3 S. 1 BetrVG darstellt und folg-

---

[797] Für den Begriff der Berufsbildung ist nach allgemeiner Ansicht auf die weite Definition in § 1 Abs. 1 BBiG zurückzugreifen: **BAG**, v. 28. Januar 1992, AP Nr. 1 zu § 96 BetrVG 1972 = NZA 1992, S. 707, 708; **Fitting**, BetrVG, § 96, Rn. 9; **Raab**, in: GK-BetrVG, Bd. 2, § 96, Rn.10.

[798] Ein Mitbestimmungsrecht nach § 97 Abs. 2 BetrVG kommt ohnehin nicht in Betracht, da es der PSA nicht erlaubt ist, entsprechende Maßnahmen, die zur Auslösung dieses Mitbestimmungsrechts führen würden, überhaupt erst durchzuführen.

lich auch kein Mitbestimmungsrecht des Verleiherbetriebsrates auslöst.[799] Auch die Weisung, der PSA-Beschäftigte solle an einer Qualifizierungsmaßnahme teilnehmen, löst kein Mitbestimmungsrecht nach § 99 BetrVG aus. Fraglich ist schon, ob die Absolvierung einer solchen Maßnahme überhaupt als „Zuweisung eines Arbeitsbereiches" i.S.d. § 95 Abs. 3 S. 1 BetrVG anzusehen ist. Aufgrund der arbeitsvertraglichen Pflicht des PSA-Beschäftigten, an solchen Maßnahmen teilzunehmen,[800] wird davon jedoch auszugehen sein. Jedenfalls aber gilt eine solche Zuweisung aufgrund von § 95 Abs. 3 S. 2 BetrVG ebenfalls nicht als Versetzung i.S.d. § 99 Abs. 1 BetrVG.

d.) Mitwirkung bei Kündigungen (§ 102 BetrVG)

Der ohne vorherige Anhörung des Betriebsrats ausgesprochenen Kündigung ist gem. § 102 Abs. 1 S. 3 BetrVG die Rechtswirkung versagt. Der Betriebsrat hat nach der Anhörung die Möglichkeit, seine Bedenken dem Arbeitgeber innerhalb einer Woche bzw. dreier Tage mitzuteilen (Abs. 2) oder der Kündigung innerhalb derselben Frist zu widersprechen (Abs. 3).

Der nach herrschender Meinung[801] abschließende Katalog der Widerspruchsgründe in § 102 Abs. 3 BetrVG deckt sich inhaltlich mit den Vorschriften, die im Rahmen des KSchG zur Negierung der sozialen Rechtfertigung der Kündigung führen. Auch wenn damit hauptsächlich an eine betriebsbedingte Kündigung angeknüpft wird, kann der Betriebsrat auch bei der personen- oder verhaltensbedingten Kündigung Widerspruch einlegen.[802] Unerheblich ist auch, ob der Arbeitnehmer überhaupt in den Anwendungsbereich des KSchG fällt: Auch wenn der Arbeitgeber die Kündigung nicht nach § 1 Abs. 1 KSchG sozial zu rechtfertigen hat, so muss er doch die Anhörung des Betriebsrates durchführen.[803] Wie die Ausführungen zum Kündigungsrecht ergeben haben, spielen jedoch Fragen der Sozialauswahl und der Weiterbeschäftigung nach Umschulung in der PSA keine Rolle.[804] Gleiches gilt für die Weiterbeschäftigung unter geänderten Vertragsbedingungen, so dass ein Widerspruch des Betriebsrates hierauf nicht beruhen kann. Auch kann die Existenz von Auswahlrichtlinien in einer

---

799 **BAG**, v. 19. Juni 2001, AP Nr. 1 zu § 87 BetrVG 1972 Leiharbeitnehmer = NZA 2001, S. 1263 ff.; **Thüsing**, in: ders., AÜG, § 14 Rn. 43; **Hamann**, in: Schüren AÜG § 14, Rn. 342.

800 Vgl. oben, § 10 A. II. 1. b.

801 Vgl. **Fitting**, BetrVG, § 102, Rn. 71; **Kania**, in: ErfKomm., § 102 BetrVG, Rn. 15; **Matthes**, in: MüHdbArbR, Bd. 3, § 356, Rn. 55.

802 **BAG**, v. 22. Juli 1982, AP Nr. 5 zu § 1 KSchG 1969 Verhaltensbedingte Kündigung = NJW 1983, S. 700 f.; **BAG**, v. 10. März 1977, AP Nr. 4 zu § 1 KSchG 1969 Krankheit = NJW 1977, S. 2132; **v. Hoyningen-Huene/Linck**, KSchG, § 1, Rn. 520 m.w.N.

803 **BAG**, v. 03. Dezember 1998, AP Nr. 99 zu § 102 BetrVG 1972 = NZA 1999, S. 477 f.; **BAG**, v. 08. September 1988, AP Nr. 49 zu § 102 BetrVG 1972 = NZA 1989, S. 852 ff.

804 Vgl. § 10 B. III. 2. c. bb. (iv.), resp. § 10 B. III. 2. d.

PSA keine Rolle spielen. Es verbleibt somit lediglich der Widerspruchsgrund nach § 102 Abs. 3 Nr. 3 BetrVG, also der Einwand, der Arbeitnehmer könne an einem anderen Arbeitsplatz im Betrieb weiterbeschäftigt werden. Für die Kündigung eines PSA-Beschäftigten kann der Betriebsrat im Rahmen dieses Grundes insbesondere einwenden, der Arbeitgeber habe noch nicht den im PSA-Vertrag mit der BA vereinbarten Umfang verleihfreier Zeiten durch entsprechende Qualifizierungsmaßnahmen oder Direktvermittlungsbemühungen ausgeschöpft und folglich sei die Kündigung unzulässig. Da es sich bei den entsprechenden Vereinbarungen zwischen der PSA und der BA nicht nur um rein schuldrechtliche Regelungen handelt, sondern ihnen die Wirkung eines dinglichen Kündigungsverzichts zukommt,[805] kann der Betriebsrat sich im Interesse des Beschäftigten hierauf berufen. Der Arbeitgeber hat dazu dem Betriebsrat die Gründe der Kündigung mitzuteilen (§ 102 Abs. 1 S. 2 BetrVG). Dabei hat er die genaueren Daten und Fakten anzugeben, die ihn zur Kündigung bewegt haben,[806] auch wenn kein Anspruch des Betriebsrats besteht, schriftliche Unterlagen zu verlangen.[807] Der Widerspruch lässt zwar die rechtliche Wirksamkeit der Kündigung unberührt, kann aber den Weiterbeschäftigungsanspruch nach Abs. 5 auslösen. Jedenfalls ist dem Betriebsrat mit diesem Beteiligungsrecht die Möglichkeit eröffnet, auf den Willensbildungsprozess des Arbeitgebers Einfluss zu nehmen.[808]

e.) Beteiligungsrechte in wirtschaftlichen Angelegenheiten (§§ 106 ff. BetrVG)

Für die Wahrnehmung der Unterrichtungs- und Beratungsrechte in wirtschaftlichen Angelegenheiten ist der Wirtschaftsausschuss als „Hilfsorgan" des Betriebsrats[809] nach § 106 BetrVG zuständig. Aufgrund der für die Bildung des Wirtschaftsausschusses erforderlichen Anzahl von mehr als 100 ständig beschäftigten Arbeitnehmern wird ein solches Organ regelmäßig nur gebildet werden können, wenn die PSA Teil eines größeren Unternehmens ist. Besonderheiten ergeben sich jedoch im Hinblick auf Funktion und Arbeit eines solchen Organs für die PSA nicht.

---

805 Vgl. oben, § 10 B. II. 2.

806 Vgl. im Einzelnen: **Berkowski**, in: MüHdbArbR, Bd. 2, § 147, Rn. 21 ff.

807 Eine mündliche Unterrichtung ist ausreichend, auch bei komplexen Sachverhalten: **BAG**, v. 26. Januar 1995, AP Nr. 69 zu § 102 BetrVG 1972 = NZA 1995, S. 672 ff.; **BAG**, v. 06. Februar 1997, AP Nr. 85 zu § 102 BetrVG 1972 = NZA 1997, S. 656 ff. **A.A.**: **Fitting**, BetrVG, § 102, Rn. 26: aus § 80 Abs. 2 BetrVG ergibt sich der Anspruch auf Aushändigung der Unterlagen.

808 Sog. „Kündigungsschutz durch Verfahren": vgl. **Berkowsky**, in: MüHdbArbR, Bd. 2, § 147, Rn. 8; **Raab**, in: GK-BetrVG, Bd. 2, § 102, Rn. 3; vgl. auch **Zöllner/Loritz** ArbR, § 46 I. 2. c. (S. 531 f.)

809 Vgl. **Fitting**, BetrVG, § 106, Rn. 4; **Joost**, in: MüHdbArbR, Bd. 3, § 319, Rn. 2; **Däubler**, in: ders./Kittner/Klebe BetrVG, § 106, Rn. 2.

Fragen im Zusammenhang mit Betriebsänderungen im Sinne des § 111 BetrVG können in der PSA kaum praktische Relevanz aufweisen: Zunächst ist zu bedenken, dass die Arbeitsweise der PSA klar definiert ist und Betriebsänderungen im Sinne des § 111 S. 3 Nr. 2 bis 5 BetrVG aufgrund der Vorgaben des PSA-Vertrages ohnehin nicht vorgenommen werden dürfen. Im einzig verbleibenden Fall der Betriebsstilllegung aufgrund des Entschlusses des PSA-Betreibers, das Vertragsverhältnis zur BA zu kündigen,[810] mag im Rahmen der Interessenausgleichs-Verhandlungen noch darüber zu beraten sein, ob die Stilllegung nicht ganz zu vermeiden ist oder zumindest weiter hinausgezögert werden kann. Zur Aufstellung eines Sozialplans wird es jedoch im Hinblick auf die kurze Verweildauer der Beschäftigten in der PSA vernünftigerweise kaum kommen können. Erzwingbar wäre ein solcher Sozialplan aufgrund von § 112 a Abs. 2 S. 1 BetrVG ohnehin nicht.

IV. Zusammenfassung

Die Bildung eines Betriebsrats in der PSA ist nicht sonderlich wahrscheinlich. So stehen schon faktische Hindernisse der erforderlichen Initiative der Belegschaft entgegen. Ferner ist zu beachten, dass den in der PSA beschäftigten vormals Arbeitslosen das passive Wahlrecht nach der hier vertretenen Auffassung nicht zusteht. Gleichwohl ergeben sich keine unüberwindbaren rechtlichen Bedenken, die der Betriebsratsfähigkeit im Wege stünden. Insbesondere in größeren PSAen, die über mehrere Festangestellte verfügen, kann daher ein Betriebsrat gebildet und die allgemeinen Aufgaben nach dem BetrVG wahrgenommen werden. Abgesehen von den Mitbestimmungsrechten des PSA-Betriebsrats im Hinblick auf die sozialen Angelegenheiten nach § 87 BetrVG, die einer Beschränkung nur unterworfen sind, sofern sich der PSA-Beschäftigte im Entleiheinsatz befindet, und den personellen Einzelmaßnahmen nach § 99 BetrVG – mit Ausnahme der Versetzung – kommt praktisch nur der Mitwirkung bei Kündigungen nach § 102 BetrVG in der PSA Bedeutung zu. Die Relevanz der übrigen Beteiligungsrechte ist demgegenüber aufgrund der besonderen Organisation und Arbeitsweise der PSA praktisch unbedeutend.

B. Betriebsverfassungsrecht im Entleiherbetrieb im Hinblick auf den PSA-Leiharbeitnehmer

Besteht im Entleiherbetrieb ein Betriebsrat, so stellt sich die Frage, inwieweit dieser für die Angelegenheiten des in diesem Betrieb beschäftigten Leiharbeitnehmers zuständig ist. Aufgrund der Aufspaltung der Arbeitgeberstellung zwischen Verleiher und Entleiher und der Eingliederung in die Betriebsorganisation

---

810 Die Kündigung des PSA-Vertrages durch die BA wird die Unterrichtungspflicht auslösen, kann aber sinnvollerweise nicht mehr zu einer Beratungspflicht führen: es mangelt an einem Beratungsgegenstand.

des Entleiherbetriebes kommt der Leiharbeitnehmer in besondere Nähe zu der Stellung, die die Stammangestellten im Entleiherbetrieb einnehmen. Nur – und das ist der grundlegende Unterschied – steht der Leiharbeitnehmer nicht in einem arbeitsvertraglichen Verhältnis zum Entleiher. Gleichwohl räumt § 14 Abs. 2 AÜG dem Leiharbeitnehmer gewisse betriebsverfassungsrechtliche Rechte ein. Ferner erklärt § 14 Abs. 3 AÜG den Entleiherbetriebsrat für zuständig im Hinblick auf Fragen, die sich durch die Übernahme eines Leiharbeitnehmers stellen.

I. Betriebsverfassungsrechtliche Stellung des PSA-Beschäftigten im Entleiherbetrieb

Die betriebsverfassungsrechtliche Stellung eines Leiharbeitnehmers im Entleiherbetrieb ist weniger vor dem Hintergrund entscheidend, inwieweit Eingliederung und Weisungsunterworfenheit die Mitwirkungszuständigkeiten des Betriebsrats auslösen (dazu folgend unter II.). Es geht vielmehr zunächst um die dogmatisch wichtige Frage, ob der Leiharbeitnehmer – und folglich auch der PSA-Beschäftigte – für die Dauer des Überlassungseinsatzes dem Entleiherbetrieb derart zugeordnet ist, dass er *betriebsverfassungsrechtlich* die Stellung eines Arbeitnehmers des Entleihers einnimmt. Doch auch für den Entleiher ist diese Frage von hoher praktischer Bedeutung, hängt hiervon doch ab, ob die Leiharbeitnehmer bei der Berechnung der betriebsverfassungsrechtlichen Schwellenwerte zu berücksichtigen sind. Die hiermit angesprochene Zuordnungsfrage betrifft einen in den letzten Jahren besonders kontrovers geführten Meinungsstreit, der zunächst als Folge der Betriebsverfassungsreform im Jahre 2001 und der damit verbundenen Einräumung des aktiven Wahlrechts für Leiharbeitnehmer (§ 7 S. 2 BetrVG i.V.m. § 14 Abs. 2 S. 1 AÜG)[811] entbrannte und nunmehr vor dem Hintergrund der neuerlichen Änderungen im Recht der Arbeitnehmerüberlassung erneut aufzuflammen scheint. Den damit zusammenhängenden, zentralen Fragen widmet sich die folgende Betrachtung (1.), bevor die daraus gewonnenen Ergebnisse auf die betriebsverfassungsrechtliche Stellung des PSA-Leiharbeitnehmers übertragen werden (2.).

1. Zuordnung des Leiharbeitnehmers zum Entleiherbetrieb?

a.) Grundsätzliche Anforderungen an die Betriebszugehörigkeit

Das AÜG regelt in § 14 Abs. 1, dass der Leiharbeitnehmer auch für die Dauer seiner Arbeitsleistung im Entleiherbetrieb Angehöriger des Verleiherbetriebs bleibt, mithin die Eingliederung in die Verleiherbetriebsorganisation bestehen bleibt und der Entsandte auch weiterhin dem Verleiherbetrieb zugeordnet ist. Eine Aussage, ob der Leiharbeitnehmer *daneben* auch dem Entleiherbetrieb zugeordnet werden kann und mithin für die Einsatzdauer von einer „doppelten Be-

---

[811] Art. 1 Nr. 7, Art. 2 des Gesetzes zur Reform des Betriebsverfassungsgesetzes (BetrVerf-Reformgesetz), v. 23. Juli 2001, BGBl. I, S. 1852.

triebszugehörigkeit" auszugehen ist, kann daraus nicht eindeutig hergeleitet werden.[812] Die Frage der Zuordnung des entsandten Leiharbeitnehmers zum Betrieb des Entleihers muss daher anhand der allgemeinen Regelungen des BetrVG vorgenommen werden.

Anknüpfungspunkt der Beteiligungsrechte des Betriebsrates ist in persönlicher Hinsicht die Existenz eines betriebszugehörigen Arbeitnehmers i.S.d. BetrVG. Der dem § 5 BetrVG zugrunde liegende Arbeitnehmerbegriff steht dabei grundsätzlich im Einklang mit dem allgemeinen arbeitsrechtlichen Arbeitnehmerbegriff.[813] Arbeitnehmer ist danach, wer aufgrund eines privatrechtlichen Vertrages im Dienste eines Anderen zur Leistung fremdbestimmter Arbeit in persönlicher Abhängigkeit verpflichtet ist.[814] Dabei ist weiterhin anerkannt, dass jedenfalls eine Eingliederung in die betriebliche Organisation erforderlich für die Begründung der Betriebszugehörigkeit ist.[815] Umstritten ist demgegenüber, ob alleine die auch für die *Einstellung* erforderliche Eingliederung in den Betriebsablauf die Zuordnung des Arbeitnehmers zum Beschäftigungsbetrieb begründen kann[816] oder ob daneben das Bestehen eines Arbeitsverhältnisses gerade zum Betriebsinhaber treten muss, die Eingliederung selbst also nur notwendiges,

---

[812] § 14 AÜG liefert insoweit keine eindeutige Wertungsaussage: Während die Gesetzesbegründung (BT-Drs. 9/847, S. 8) davon spricht, „die allgemeine Schutzfunktion des Betriebsverfassungsrechts gebiete[t] diese betriebsverfassungsrechtliche doppelte Zuordnung" nach § 14 Abs. 1 AÜG, deuten die Existenz der Absätze 2 und 3 eher dahin, dass gerade keine doppelte Betriebszugehörigkeit gewollt ist. Vgl. insoweit: **Hamann**, in: Schüren AÜG § 14, Rn. 32 ff. **Unzutreffend insoweit**: u.a. **BAG**, v. 18. Januar 1989, AP Nr. 1 zu § 9 BetrVG 1972 (B. II. 1. b.) = NZA 1989, S: 724, 726; **Sandmann/Marschall**, AÜG, Art. 1 § 14, Rn. 4; einzig auf den Wortlaut der Vorschrift abstellend.

[813] Vgl. **Rost**, NZA 1999, S. 113; **Franzen**, ZfA 2000, S. 285, 316; **Reichold**, NZA 1999, S. 561, 570; **Eisemann**, in: ErfKomm., § 5 BetrVG, Rn. 2; **Hess**, in: HSWG-BetrVG, § 5, Rn. 3; **Raab**, in: GK-BetrVG, Bd. 1, § 5, Rn. 11. Diese Grundlage wird durch die Einbeziehung der Heimarbeiter *erweitert* und durch die Absätze 2 und 3 (teilweise) *verengt*.

[814] St. Rechtspr. vgl. etwa: **BAG**, v. 13. Januar 1983, AP Nr. 42 zu § 611 BGB Abhängigkeit = NJW 1984, S. 1985 ff.; **BAG**, v. 13. November 1991, AP Nr. 60 zu § 611 BGB Abhängigkeit = NZA 1992, S. 1125 ff.; **Hueck/Nipperdey** ArbR Bd. 1, S. 34 f.; **Zöllner/Loritz**, AR § 4 IV (S. 51); kritisch gegenüber dem hergebrachten Arbeitnehmerbegriff: **Richardi**, in: MüHdbArbR, Bd. 1, § 24, Rn. 45 ff.; **Wank**, DB 1992, S. 90 ff.

[815] Vgl. nur **Boemke**, AR-Blattei SD 540, Rn. 13, mit zahlreichen Nachweisen aus Rechtsprechung und Literatur.

[816] So u.a.: **Boemke/Lembke**, AÜG, § 14 Rn. 58; **ders**. AR-Blattei SD 540, Rn. 16 ff.; **Trümner**, in: Däubler/Kittner/Klebe BetrVG, § 5, Rn. 14 ff.; **Schneider**, in: Däubler/Kittner/Klebe BetrVG, § 7, Rn. 5 ff, 18; **Hamann**, in: Schüren AÜG § 14, Rn. 22 ff.; **Joost**, in: MüHdbArbR, Bd. 3, § 304, Rn. 49; **Ziemann**, Anmerkung zu BAG, v. 18. Januar 1989, AuR 1990, S. 58, 62; **Richardi**, in: ders. BetrVG, § 5, Rn. 5; **Heinze**, ZfA 1976, S. 183, 211 f.

nicht aber hinreichendes Merkmal der Betriebszuordnung ist (so die Vertreter der „Kumulationstheorie“[817]).

Die beiden Ansichten führen im Normalfall kaum je zu unterschiedlichen Ergebnissen, da die Vertreter der Kumulationstheorie auch die Existenz eines gesetzlich begründeten oder eines fehlerhaften Arbeitsverhältnisses für die Annahme der Betriebszuordnung ausreichen lassen.[818] Insbesondere im Fall des drittbezogenen Personaleinsatzes – speziell bei der unechten Leiharbeit – zeigen sich jedoch die Auswirkungen: So führt die Theorie, die eine Eingliederung für die betriebliche Zuordnung ausreichen lässt, zur Betriebszugehörigkeit des Leiharbeitnehmers *auch* im Entleihbetrieb (aufgrund von § 14 Abs. 1 AÜG: „doppelte Betriebszugehörigkeit“). Nach der Kumulationstheorie ist der im Einsatz befindliche Leiharbeitnehmer dagegen auch weiterhin *lediglich* dem Verleiherbetrieb zugeordnet.

b.) Stellungnahme

Zunächst ist davon auszugehen, dass keine der beiden Ansichten für sich in Anspruch nehmen kann, ein verbessertes betriebsverfassungsrechtliches Schutzniveau für den entsandten Leiharbeitnehmer gewährleisten zu können.[819] Insbesondere die faktischen Probleme, die in Verleiherbetrieben der Initiative zur Wahl eines Betriebsrates entgegenstehen, vermag keine der Ansichten zu beseitigen. Im Ergebnis führen beide Ansichten hier – nur mit unterschiedlicher Begründung – zum selben Ergebnis: Die Vertreter der Kumulationstheorie erken-

---

[817] Gefestigte Rechtspr.: **BAG**, v. 20. April 2005, NZA 2005, S. 1006 ff. = BB 2006, S. 383 ff; **BAG**, v. 10. März 2004, AP Nr. 8 zu § 7 BetrVG 1972 = NZA 2004, S. 1340 ff.; **BAG**, v. 16. April 2003, AP Nr. 1 zu § 9 BetrVG 2002 = NZA 2003, S. 1345 ff.; **BAG**, v. 19. Juni 2001, AP Nr. 1 zu § 87 BetrVG 1972 Leiharbeitnehmer mit zust. Anm. **Marschall** = NZA 2001, S. 1263 ff.; **BAG**, v. 18. Januar 1989, AP Nr. 1 zu § 9 BetrVG 1972 = NZA 1989, S. 724 ff.; **Kreutz**, in: GK-BetrVG, Bd. 1, § 7, Rn. 19; **Raab**, ZfA 2003, S. 389, 431 f.; **Eisemann**, in: ErfKomm., § 7 BetrVG, Rn. 2; im Grundsatz auch: **Schlochauer**, in: HSWG-BetrVG, § 7, Rn. 3.

[818] Ein gesetzlich begründetes Arbeitsverhältnis zwischen Leiharbeitnehmer und Entleiher entsteht, wenn der Verleiher nicht die nach § 1 AÜG erforderliche Erlaubnis besitzt (§ 9 Nr. 1 i.V.m. § 10 Abs. 1 S. 1 AÜG); ebenso entsteht ein gesetzliches Arbeitsverhältnis im Falle eines Betriebsübergangs nach § 613 a BGB. Zur Entstehung und Behandlung der Arbeitsverhältnisse bei fehlerhafter Vertragsgrundlage vgl. nur: **Richardi**, in: Staudinger BGB, § 611, Rn. 136 ff.

[819] Diesen Anschein erwecken aber die Ausführungen von **Hamann**, in: Schüren AÜG § 14, Rn. 23, 39; besonders nachdrücklich: **Trümner**, in: Däubler/Kittner/Klebe BetrVG, § 5, Rn. 22, allerdings auf der Grundlage der unzutreffenden Annahme, eine Eingliederung in den Verleiherbetrieb sei mangels betrieblicher Organisation unmöglich. *Trümner* widerspricht dieser Argumentation auch selbst, indem er an anderer Stelle im Sinne der allgemein vertretenen Ansicht für Entscheidungen, die einen Arbeitsvertrag als Grundlage voraussetzen, dann doch den Betriebsrat des Verleihers für zuständig erklärt (a.a.O., Rn. 27 a).

nen an, dass trotz der mangelnden Betriebszugehörigkeit zum Entleiherbetrieb dem dortigen Betriebsrat Beteiligungsrechte dann zustehen, wenn diese im Zusammenhang mit der Eingliederung des Leiharbeitnehmers in die Betriebsorganisation stehen. Sie begründen dies mit der nicht abschließend zu qualifizierenden Vorschrift des § 14 Abs. 2 S. 2, 3, Abs. 3 AÜG,[820] der insofern *konstitutive Wirkung* zukomme.[821] Für die Vertreter der doppelten Betriebszugehörigkeit erklärt sich die Existenz dieser Beteiligungsrechte des Entleiherbetriebsrates bereits aus der Betriebszugehörigkeit des Leiharbeitnehmers zum Entleiherbetrieb. Da jedoch auch sie anerkennen, dass der Entleiherbetriebsrat nicht über die Betriebsgrenzen hinaus zuständig sein kann, nehmen sie eine Einschränkung vor, indem die Beteiligungsrechte, die an Inhalt oder Bestand des Arbeitsvertrages zwischen Verleiher und Leiharbeitnehmer anknüpfen, dem Verleiherbetriebsrat zugesprochen werden.[822] Danach habe § 14 Abs. 2 S. 2, 3, Abs. 3 AÜG nur *deklaratorische oder klarstellende Funktion.*[823] Existiert jedoch kein Verleiherbetriebsrat, laufen die entsprechenden Beteiligungsrechte nach beiden Ansichten leer.

Für die Kumulationstheorie – und damit gegen die Annahme einer doppelten Betriebszugehörigkeit des entsandten Leiharbeitnehmers – spricht jedoch, dass diese in Einklang steht mit dem geltenden Betriebsbegriff als der „organisatorischen Einheit, innerhalb derer ein Arbeitgeber mit *seinen* Arbeitnehmern einen arbeitstechnischen Zweck fortgesetzt verfolgt“[824] (Hervorhebung durch den Autor). Dagegen könnte eingewandt werden, dieser Betriebsbegriff berücksichtige nicht in ausreichendem Maße die tatsächlichen Entwicklungen und der Einsatz von Leiharbeitnehmern im Betrieb sei – wie bereits verschiedentlich betont

820 Vgl. nur: **BAG**, v. 15. Dezember 1992, AP Nr. 7 zu § 14 AÜG = NZA 1993, S. 513 ff.; **BAG**, v. 16. September 2001, AP Nr. 1 zu § 87 BetrVG 1972 Leiharbeitnehmer = NZA 2001, S. 1263 ff.; **Raab**, in: GK-BetrVG, Bd. 1, § 5, Rn. 65; **Kreutz**, in: GK-BetrVG, Bd. 1, § 7, Rn. 40.

821 So **Wank**, in: ErfKomm., § 14 AÜG, Rn. 4; dies verkennt **Boemke**, AR-Blattei SD 540, Rn. 47, wenn er gegen die Kumulationstheorie einwendet, auch sie könne die teilweise Zuständigkeit des Entleiher-Betriebsrates nur mit der Betriebszugehörigkeit des Leiharbeitnehmers begründen.

822 Stellvertretend: **Hamann**, in: Schüren AÜG § 14, Rn. 43; **Boemke/Lembke**, AÜG, § 14, Rn. 28.

823 So **Boemke/Lembke**, AÜG, § 14, Rn. 2.

824 **Kreutz**, in: GK-BetrVG, Bd. 1, § 7, Rn. 19; **ders.** Anm. zu BAG, v. 16. April 2003, SAE 2004, S. 168, 169; **Dewender**, RdA 2003, S. 274, 276. Zum Betriebsbegriff: st. Rechtspr., vgl. etwa: **BAG**, v. 03. Dezember 1953, AP Nr. 1 zu § 88 BetrVG = RdA 1955, S. 175 ff.; **BAG**, v. 07. August 1986, AP Nr. 5 zu § 1 BetrVG 1972 = NZA 1987, S. 131 ff.; **BAG**, v. 29. Mai 1991, AP Nr. 5 zu § 4 BetrVG 1972 = NZA 1992, S. 74 ff.; aus der Literatur etwa: **Richardi**, in: MüHdbArbR, Bd. 1, § 31, Rn. 5; **Fitting**, BetrVG, § 1, Rn. 63; **Kraft**, in: GK-BetrVG, Bd. 1, § 4, Rn. 5; **Schaub**, in: ders. ArbRHdb. § 18 Rn. 1; **Hueck/Nipperdey** ArbR Bd. I, S. 93; vgl. auch **Reichold**, NZA 1999, S. 561, 569 f.

worden ist[825] – längst nicht mehr Ausnahmesituation. Diese Erwägung ist durchaus zutreffend; auf eine hinreichende Stütze im geltenden Betriebsverfassungsrecht kann sie jedoch nicht verweisen. Im Gegenteil geht das BetrVG im Grundfall davon aus, dass der Arbeitnehmer nicht nur in die Betriebsorganisation eingegliedert ist, sondern zwischen ihm und dem Betriebsinhaber ein Arbeitsverhältnis besteht. Dies kommt zwar nicht im Wortlaut des § 5 BetrVG zum Ausdruck, ergibt sich aber aus der Gesamtschau der Mitwirkungszuständigkeiten des Betriebsrates. Denn wenn auch überwiegend Fragen der Einordnung der Arbeitnehmer in die Betriebsorganisation die Beteiligungsrechte der Arbeitnehmervertretung auslösen, so ist die Zuständigkeit des Betriebsrates auch auf Felder erstreckt, die direkt an das Vorliegen eines Arbeitsverhältnisses anknüpfen (etwa § 87 Abs. 1 Nr. 4, 5, 10, 11 BetrVG; bezogen auf Auswahlrichtlinien mit Kündigungsrelevanz: § 95 Abs. 1 BetrVG; §§ 102 und 103 BetrVG). Der Leiharbeitnehmer, auf den die genannten Vorschriften im Entleiherbetrieb nicht anwendbar sein können, stellt danach einen Fremdkörper in der Betriebsorganisation dar. Vor diesem Hintergrund führt die Kumulationstheorie zur konsequenten Verneinung der Betriebszugehörigkeit zum Entleiherbetrieb.

c.) Auswirkungen des Betriebsverfassungs-Reformgesetzes 2001 und der Deregulierung der Arbeitnehmerüberlassung durch „Hartz I"

Im Vorfeld der Betriebsratswahlen im Jahre 2002 kam neue Bewegung in die Frage der Zuordnung von entsandten Leiharbeitnehmern zur Belegschaft des Entleiherbetriebes aufgrund der Änderungen durch das Betriebsverfassungs-Reformgesetzes 2001.[826] Durch Einfügung des § 7 S. 2 BetrVG bei gleichzeitiger Änderung des § 14 Abs. 2 S. 1 AÜG erhielten überlassene Arbeitnehmer dann das aktive Wahlrecht im Entleiherbetrieb, wenn sie länger als drei Monate eingesetzt werden sollten.[827] Dabei war es weniger das Wahlrecht selbst, dem

[825] Vgl. etwa: Gesetzesbegründung zum Entwurf eines Gesetzes zur Reform des Betriebsverfassungsgesetzes (BetrVerf-Reformgesetz), BT-Drucks. 14/5741, S. 27 f.

[826] Gesetz zur Reform des Betriebsverfassungsgesetzes (BetrVerf-Reformgesetz), v. 23. Juli 2001, BGBl. I, S. 1852.

[827] Das passive Wahlrecht ist den Leiharbeitnehmern im Entleiherbetrieb jedoch auch weiterhin versagt (§ 14 Abs. 2 S. 1 AÜG). Hierin wird teils ein Verstoß gegen Art. 3 Abs. 1 GG wegen Ungleichbehandlung gegenüber befristet Beschäftigten erblickt (vgl. **Hamann**, in: Schüren AÜG § 14, Rn. 59 ff.; **ders.**, NZA 2003, S. 526, 529 f.; **Trümner**, in: Däubler/Kittner/Klebe BetrVG, § 5, Rn. 78 a; **Ulber**, AÜG, § 14, Rn. 47 b); ein sachlicher Grund für die Differenzierung ergibt sich jedoch aus der mangelnden arbeitsvertraglichen Beziehung zwischen Entleiher und Leiharbeitnehmer (vgl. **Maschmann**, DB 2001, S. 2246, 2247). Das Betriebsratsamt eines Leiharbeitnehmers wäre auch instabil: Der Entleiher könnte einen unliebsamen Betriebsrat ohne weiteres – also ohne an die Grenzen des besonderen Kündigungsschutzes nach § 15 KSchG, § 103 BetrVG gebunden zu sein – „entfernen", indem er den entsprechenden Überlassungsvertrag kündigt (darauf weist **Schüren**, Anm. zu BAG, v. 16. April 2003, RdA 2004, S. 184, 185, Fn. 13, hin).

besondere Beachtung zuteil wurde,[828] sondern die Frage, ob mit der Anerkennung des aktiven Wahlrechts nicht nur ein bestehendes Legitimationsdefizit für den – teils auch für Leiharbeitnehmer zuständigen – Entleiherbetriebsrat beseitigt worden ist,[829] sondern darüber hinaus nunmehr die Entleiher-Betriebszugehörigkeit der Leiharbeitnehmer gesetzlich anerkannt worden war.[830] Eine weitere Frage schloss sich an: Wenn Leiharbeitnehmer als betriebszugehörig anzusehen sein sollten, sind sie auch für die Bemessung der Schwellenwerte im BetrVG[831] mitzuzählen?[832]

---

[828] Zu den einzelnen Voraussetzungen (Stichtag, Lage der Einsatzzeit etc.) vgl. **Hamann**, in: Schüren AÜG § 14, Rn. 51 ff.; **Maschmann**, DB 2001, S. 2446 ff.

[829] So **BAG**, v. 16. April 2003, AP Nr. 1 zu § 9 BetrVG 2002 (unter II. 2. a. ee. der Gründe) = NZA 2003, S. 1345, 1347. Auf diese Problematik hatte das **BAG**, v. 19. Juni 2001, AP Nr. 1 zu § 87 BetrVG 1972 Leiharbeitnehmer (B. II. 3. der Gründe) = NZA 2001, S. 1263, 1265, hingewiesen. Zuvor bereits: **Schüren** AÜG [1. Aufl. 1994] § 14, Rn. 47 m.w.N.

[830] *Für eine solche Zuordnungswirkung sprachen sich explizit aus:* **Däubler**, AuR 2001, S. 285, 286; **Engels/Trebinger/Löhr-Steinhaus**, DB 2001, S. 532, 536; **Fitting**, BetrVG [21. Aufl. 2002], § 5, Rn. 237; **Schneider**, in: Däubler/Kittner/Klebe BetrVG [8. Aufl. 2002], § 9, Rn. 10; § 7 Rn. 7 ff.; **Hamann**, NZA 2003, S. 526, 528; unter Bezugnahme einer „neuen Eingliederungstheorie" wohl auch: **Reichold**, NZA 2001, S. 857, 861; **Brors**, NZA 2002, S. 123, 124. *Gegen eine Zuordnung durch § 7 S. 2 BetrVG:* **Hanau**, RdA 2001, S. 65, 68; **Konzen**, RdA 2001, S. 76, 83, **Löwisch**, DB 2001, S. 1734, 1737; **Maschmann**, DB 2001, S. 2446, 2448; **Schlochauer**, in: HSWG-BetrVG, § 9, Rn. 8 a; **Kreutz**, in: GK-BetrVG, Bd. 1, § 7, Rn. 74; **Schiefer/Korte**, NZA 2002, S. 57, 59; **Schiefer**, DB 2002, S: 1774, 1776; **Franke**, NJW 2002, S. 656; **Lindemann/Simon**, NZA 2002, S. 365, 367; **Mordegger**, ArbRB 2003, S. 82 ff. mit Nachweisen aus der Rechtsprechung der unteren Instanzen; **Dewender**, RdA 2003, S. 274 ff.; **ders.** Betriebsfremde Arbeitnehmer, S. 40 ff., 49.

[831] Besonders relevant sind hier die Schwellenwerte in §§ 8, 9, 38, 99, 106, 111 BetrVG. Eine aktuelle Gesamtübersicht findet sich bei **Junker/Dietrich**, NZA 2003, S. 1057 ff.

[832] Die in der vorletzten Fußnote genannten Autoren, die bereits die Zuordnung der Leiharbeitnehmer zum Betrieb des Entleihers verneinen, sprechen sich auch gegen die Berücksichtigung bei den Schwellenwerten aus. Die Mehrzahl der Vertreter der Ansicht, Leiharbeitnehmer seien nunmehr dem Entleiherbetrieb zugeordnet, sprechen sich für die Berücksichtigung bei den Schwellenwerten aus, sofern diese im Entleiherbetrieb Dauerarbeitsplätze besetzen: neben den in der vorletzten Fußnote Genannten auch: **Däubler**, AuR 01, S. 1, 5; **ders.**, AiB 2001, 685, 697 f.; **Fitting**, BetrVG [21. Aufl. 2002] § 9, Rn. 21. Andere berücksichtigen Leiharbeitnehmer jedenfalls in Betrieben mit in der Regel nicht mehr als 100 Wahlberechtigten: **Thüsing**, in: Richardi BetrVG [8. Aufl. 2002], § 9, Rn. 7; **Richardi**, NZA 2001, S. 346, 350.

In nunmehr mehreren Fällen hat sich das Bundesarbeitsgericht[833] mit den durch die Änderungen des Betriebsverfassungs-Reformgesetztes 2001 aufgeworfenen Fragen auseinandergesetzt und ist dabei zu dem Ergebnis gekommen, dass Leiharbeitnehmer weder dem Entleiherbetrieb zuzuordnen sind noch dass sie bei den Schwellenwerten des BetrVG zu berücksichtigen wären.[834] Dabei ist dem Gericht - auch vor dem Hintergrund der neuerlichen Änderungen im Bereich der Arbeitnehmerüberlassung – im Ergebnis zu folgen.

In Fortführung seiner bisherigen Rechtsprechung kommt das BAG zutreffend zu dem Ergebnis, dass den Änderungen aufgrund des BetrVerf-Reformgesetzes keine Bedeutung für die grundsätzliche Zuordnung der Leiharbeitnehmer zum Entleiherbetrieb zukommt. Ungeachtet der Tatsache, dass das Wahlrecht in der Systematik des BetrVG als Ausfluss der Betriebszugehörigkeit anzusehen ist, ist doch der Gegenschluss, die heutige Erstreckung der Wahlberechtigung auf die Leiharbeitnehmer setze – quasi selbstverständlich – die vorangegangene Anerkennung der Zugehörigkeit zum Entleiherbetrieb voraus,[835]

---

[833] **BAG**, v. 21. Juli 2004, AP Nr. 8 zu § 9 BetrVG 1972 = NZA 2005, S. 240; **BAG** v. 10. März 2004, AP Nr. 8 zu § 7 BetrVG 1972 = NZA 2004, S. 1340 ff. (zur Frage der nichtgewerbsmäßigen Arbeitnehmerüberlassung und Konzernleihe); **BAG**, v. 22. Oktober 2003, AP Nr. 28 zu § 38 BetrVG 1972 = NZA 2004, S. 1052 ff. (zur Frage des Zählens für Freistellungen nach § 38 BetrVG); **BAG**, v. 16. April 2003, AP Nr. 1 zu § 9 BetrVG 2002 = AP Nr. 7 zu § 9 BetrVG 1972 mit zust. Anm. **Maschmann** = SAE 2004, S. 165 ff. mit zust. Anmerkung **Kreutz** = RdA 2004, S. 181 ff. mit abl. Anmerkung **Schüren**.

[834] Zustimmend: **Raab**, ZfA 2003, S. 389, 433; **Nicolai**, DB 2003, S. 2599 ff.; **Hanau**, ZIP 2003, S. 1573, 1578; **Junker**, Anmerkung zu BAG, v. 16. April 2003, EWiR 2003, S. 1069 f.; **Pods/Gotthardt**, in: Henssler/Willemsen/Kalb ARKomm, § 14 AÜG, Rn. 9; **Kreutz**, Anm. zu BAG, v. 16. April 2003, SAE 2004, S. 168, 170; **Maschmann** Anm. in AP Nr. 7 zu § 9 BetrVG 1972; **Sandmann/Marschall**, AÜG, Art. 1 § 14, Anm. 9.; widersprüchlich: **Thüsing**, in: Richardi BetrVG § 7, Rn. 5 einerseits und § 9 Rn. 7 andererseits; ebenso widersprüchlich: **Urban-Crell/Schulz**, Arbeitnehmerüberlassung und Arbeitsvermittlung, Rn. 1024 vs. 1049; für eine Streichung der „rein symbolpolitischen" Vorschrift des § 7 S. 2 BetrVG plädiert **Böhm**, DB 2006, S. 104 f.

Ablehnend: **Eisemann**, in: ErfKomm., § 9 BetrVG, Rn. 2; **Fitting**, BetrVG, § 5, Rn. 236 f.; **Trümner**, in: Däubler/Kittner/Klebe BetrVG, § 5, Rn. 27 ff.; **Schneider**, in: Däubler/Kittner/Klebe BetrVG, § 7, Rn. 8; **Däubler**, AuR 2003, S. 81 ff.; **Brors**, NZA 2003, S. 1380 ff.; **dies.**, JurisPR-ArbR 17/2003, Anm. zu BAG, v. 16. April 2003; **Hamann**, Anmerkung zu BAG, v. 16. April 2003, EzA Nr. 1 zu § 9 BetrVG 2001; **ders.**, JurisPR-ArbR 34/2004, Anm. zu BAG, v. 10. März 2004; kritisch auch: **Schüren**, Anm. zu BAG, v. 16. April 2003, RdA 2004, S. 181 ff.

[835] So die Aussage eines namentlich nicht benannten „Vertreters der Bundesregierung" in den Beratungen des Ausschusses für Arbeit und Sozialordnung, BT-Drucks. 14/6352, S. 54. In diesem Sinne auch: **Trümner**, in: Däubler/Kittner/Klebe BetrVG, § 5, Rn. 27 b; **Hamann**, NZA 2003, S. 526, 528; **Fitting**, BetrVG, § 5, Rn. 236 f.; **Thüsing**, in: Richardi BetrVG, § 7, Rn. 5. **Brors**, NZA 2002, S. 123, 124, sieht in § 7 S. 2 BetrVG zwar keine *generelle* Abkehr von der Bestimmung der Betriebszugehörigkeit nach der Kumulations-

im Allgemeinen nicht zwingend und an dieser Stelle auch nicht zutreffend. § 7 S. 2 BetrVG räumt den Leiharbeitnehmern bei einem Einsatz von mehr als drei Monaten lediglich das aktive Wahlrecht ein, beschränkt sich aber auch auf diesen Aussagewert. Weder die in sich widersprüchliche Gesetzesbegründung[836] noch die Systematik der Norm vermögen zur gegenteiligen Annahme zu führen:[837] Hätte der Gesetzgeber die Frage der Zuordnung in § 7 BetrVG regeln wollen, so hätte es dafür – insbesondere vor dem Hintergrund, dass *sedes materiae* hierfür § 5 BetrVG wäre[838] – einer sprachlich eindeutigen Regelung bedurft.

Folgerichtig verneint das BAG auch die Berücksichtigung der beschäftigten Leiharbeitnehmer bei den Schwellenwerten des BetrVG – und zwar unabhängig davon, ob die Entsandten auf Dauerarbeitsplätzen eingesetzt oder nur zur Überbrückung von Auftragsspitzen entliehen werden.[839] Zwar sprechen die Schwellenwertsregelungen des BetrVG nur von der Zahl der Arbeitnehmer und auch die Entliehenen sind Arbeitnehmer. Dass jedoch Arbeitnehmer hier nur solche im Sinne des § 5 BetrVG sein können, wird deutlich, wenn man auf leitende Angestellte oder die in Heimarbeit Beschäftigten blickt: Erstere stehen zwar in einem Arbeitsverhältnis zum Betriebsinhaber, auch sind sie in den Betrieb integriert; nur sind sie etwa bei § 9 BetrVG nicht zu berücksichtigen, da § 5 Abs. 3 BetrVG klarstellt, dass sie nicht als Arbeitnehmer im Sinne des Gesetzes anzusehen sind. Die in Heimarbeit Beschäftigten dagegen sind keine Arbeitnehmer im Sinne der allgemeinen Definition.[840] Gleichwohl werden sie als Arbeitnehmer im Sinne des BetrVG angesehen (§ 5 S. 2 BetrVG) und sind etwa bei § 9

---

theorie, misst jedoch allein der Vorschrift für Leiharbeitnehmer die Zuordnung zum Entleiherbetrieb zu. Vage auch **dies.**, NZA 2003, S. 1380, 1382.

836 Nach der Gesetzesbegründung, BT-Drucks. 14/5741, solle einerseits durch § 7 S. 2 BetrVG „für bestimmte Fälle die Betriebszugehörigkeit dieser [Leih-]Arbeitnehmer zum Entleiherbetrieb an[erkannt]" werden (S. 36 zu Art. 1 Nr. 7). An anderer Stelle heißt es jedoch, die verfolgte Heranführung der Leiharbeitnehmer aus der Rand- an die Stammbelegschaft solle herbeigeführt werden, „ohne sie [die Leiharbeitnehmer] in rechtlich unzutreffender Weise als Arbeitnehmer des Entleiherbetriebs einzustufen" (S. 28 im Allgemeinen Teil).

837 So auch **Kreutz**, Anm. zu BAG, v. 16. April 2003, SAE 2004, S. 168, 170; **Raab**, ZfA 2003, S. 389, 433; **Dewender**, RdA 2003, S. 274 ff.; **Schlochauer**, in: HSWG-BetrVG, § 9, Rn. 8 a; **Kreutz**, in: GK-BetrVG, Bd. 1, § 7, Rn. 74.

838 Vgl. **Raab**, ZfA 2003, S. 389, 433 f.; **Schlochauer**, in: HSWG-BetrVG, § 9, Rn. 8 a; **Hanau**, NJW 2001, S: 2513, 2515; **Maschmann**, DB 2001, S. 2446, 2448.

839 **BAG**, v. 10. März 2004, AP Nr. 8 zu § 7 BetrVG 1972 = NZA 2004, S. 1340 ff.; **BAG**, v. 22. Oktober 2003, AP Nr. 28 zu § 38 BetrVG 1972 = NZA 2004, S. 1052 ff.; **BAG**, v. 16. April 2003, AP Nr. 1 zu § 9 BetrVG 2002 = AP Nr. 7 zu § 9 BetrVG 1972.

840 Vgl. zur (umstrittenen) Rechtsnatur des Heimarbeitsverhältnisses: **Heenen**, in: MüHdbArbR, Bd. 2, § 238, Rn. 7.

BetrVG zu berücksichtigen. Die Nichtbeachtung der Leiharbeitnehmer in § 9 BetrVG ist danach weniger Ergebnis einer teleologischen Reduktion des Arbeitnehmerbegriffs gerade im Hinblick auf diesen Personenkreis,[841] sondern Ausdruck der Beachtung, dass im BetrVG ein eigenständiger Arbeitnehmerbegriff – nämlich der im Sinne des § 5 BetrVG – herrscht und Leiharbeitnehmer davon nicht erfasst sind.[842] Verwirrend ist lediglich, dass § 9 S. 1 BetrVG in kleineren Betrieben nicht bloß auf die Zahl der Arbeitnehmer abstellt, sondern daneben fordert, dass diese wahlberechtigt sein müssen. Der Zweck dieser Regelung ist es jedoch nicht, die nunmehr nach § 7 S. 2 BetrVG wahlberechtigten Leiharbeitnehmer zu erfassen.[843] Die schon im BetrVG 1952 existierende Vorschrift sollte nur verhindern, dass minderjährige Arbeitnehmer bei der Bemessung der Betriebsratsgröße miterfasst werden.[844] Hätte der Gesetzgeber auch die Leiharbeitnehmer mit berücksichtigt sehen wollen, so hätte sich – zum Ausschluss der Unklarheiten – die Formulierung „Wahlberechtigte" für § 9 BetrVG angeboten.[845]

Nicht unproblematisch sind jedoch die Ausführungen des BAG, ob Sinn und Zweck des § 9 BetrVG die Berücksichtigung der Leiharbeitnehmer erfordern.[846] Wie *Kreutz* dargestellt hat, ist die Annahme des BAG, die Anpassung der Betriebsratsmitgliederanzahl sei an dem „durch die Anzahl der repräsentierten Arbeitnehmer *bedingten Arbeitsaufwand*" auszurichten, bereits nicht zweifelsfrei.[847] Und weiterhin verbleibt die Einschätzung des BAG, Leiharbeitnehmer verursachten „regelmäßig geringeren Arbeitsaufwand" zumindest nicht im Ein-

---

[841] So aber **Schüren**, Anm. zu BAG, v. 16. April 2003, RdA 2004, S. 184, 185 f.

[842] Dagegen kann insbesondere nicht eingewandt werden, die sich auf eine Beachtung der Leiharbeitnehmer beziehenden Äußerungen in BT-Drucks. 14/6352, S. 54, seien für die Auslegung der Auswirkungen des Reformgesetzes erheblich (so aber **Däubler**, AuR 2004, S. 81; **Fitting**, BetrVG, § 5, Rn. 237). Einerseits fehlt dieser Aussage jegliche Begründung und andererseits ist nicht ersichtlich, dass sich der Ausschuss oder gar der Gesetzgeber dieser Auffassung angeschlossen hätten; vgl. **Kreutz**, Anm. zu BAG, v. 16. April 2003, SAE 2004, S. 168, 170 f.; **Dewender**, RdA 2003, S. 274, 278; ähnlich: **Schüren**, Anm. zu BAG, v. 16. April 2003, RdA 2004, S. 184 ff.

[843] **Richardi**, NZA 2001, S. 346, 350, spricht sich jedoch für eine Beachtung der Leiharbeitnehmer als „wahlberechtigte Arbeitnehmer" des Entleiherbetriebes aus. Ebenso **ArbG Frankfurt a.M.**, v. 22. Mai 2002, NZA-RR 2003. S. 26, 28 = AuR 2003 S. 190 f.

[844] **Maschmann**, DB 2001, S. 2446, 2448; **ders.**, Anmerkung zu BAG, v. 16. April 2004, AP Nr. 7 zu § 9 BetrVG 1972; **Raab**, ZfA 2003, S. 389, 436.

[845] So **Maschmann**, DB 2001, S. 2446, 2448, mit Verweis auf § 19 Abs. 2 S. 1 BetrVG; **Oetker**, Anmerkung zu BAG, v. 22. Oktober 2003, EWiR 2004, S. 529, 530, mit Verweis auf § 5 Abs. 2 S. 2 DrittelbG.

[846] **BAG**, v. 16. April 2003, AP Nr. 1 zu § 9 BetrVG 2002 (unter II. 2. a. dd. der Gründe) = NZA 2003, S. 1345, 1347.

[847] **Kreutz**, Anm. zu BAG, v. 16. April 2003, SAE 2004, S. 168, 171.

zelnen[848] nachgewiesen, was *Däubler* zutreffend kritisiert.[849] Der Gegenschluss aber, die Beschäftigung im Entleiherbetrieb könne aufgrund des „nicht auf eigener Entscheidung beruhende[n] Beginns der Arbeit in einer fremden Umgebung“ zu „erheblich mehr Arbeitsaufwand führen“ und bereits deshalb müssten Leiharbeitnehmer bei den Schwellenwerten mitberücksichtigt werden, ist ebenso spekulativ.[850] Im Ergebnis erweist sich der Ausgangspunkt der Betrachtung des BAG vor der geltenden Fassung des BetrVG jedoch als richtig: Für die Bemessung der Schwellenwerte zählen nur betriebsangehörige Arbeitnehmer – Leiharbeitnehmer sind demnach nicht zu berücksichtigen.

Diese Beurteilung ist auch nicht durch die Reform des Rechts der Arbeitnehmerüberlassung überholt.[851] Zwar ist auch weiter mit einem generellen Bedeutungszuwachs des Leiharbeitsbereiches in Deutschland zu rechnen. Aufgrund der Aufhebung der Überlassungshöchstdauer und der bisherigen Tarifabschlüsse könnte der Einsatz von Leiharbeit sich verstärkt zu einer Alternative gegenüber der Einstellung von Arbeitnehmern entwickeln. Aber nicht erst die Abschaffung der Überlassungshöchstdauer durch Streichung des § 3 Abs. 1 Nr. 6 AÜG a.F. hat den Weg eröffnet, Dauerarbeitsplätze mit Leiharbeitnehmern zu besetzen; diese Option stand dem Unternehmer bereits vor der Reform zur Verfügung[852] und führte zur entsprechenden Interessenwahrnehmung durch den Entleiherbetriebsrat. Neu ist nur die Möglichkeit, *ein und denselben* Leiharbeitnehmer zeitlich unbegrenzt auf einem Dauerarbeitsplatz beschäftigen zu können. Inwieweit allein deshalb ein erheblicher Anstieg des Arbeitsaufwands für den Entleiherbetriebsrat zu erwarten ist, ist zum heutigen Zeitpunkt zumindest nicht bewiesen. Auch eine entscheidende Mehrbelastung aufgrund des Gleichstellungsgrundsatzes im neuen AÜG steht nicht zu erwarten.[853] Gerade auch um die praktischen Probleme des Gleichstellungsgrundsatzes zu vermeiden, ist es wahr-

---

[848] Fest steht jedoch, dass der Entleiherbetriebsrat den Leiharbeitnehmer nur partiell betreut. Jedenfalls entsteht dabei kein Arbeitsmehraufwand aus den Beteiligungsbereichen, die ein Arbeitsverhältnis voraussetzen; insb. Fragen im Zusammenhang mit Kündigungen des Leiharbeitnehmers fallen nicht in den Zuständigkeitsbereich des Entleiherbetriebsrates.

[849] **Däubler**, AuR 2004, S. 81 f.

[850] So aber **Däubler**, AuR 2004, S. 81, 82.

[851] So aber **Brors**, NZA 2003, S. 1380, 1382; **dies.**, JurisPR-ArbR 17/2003, Anm. zu BAG, v. 16. April 2003; **Schüren**, Anm. zu BAG, v. 16. April 2003, RdA 2004, S. 184, 185 ff.; in diese Richtung auch **Hamann**, JurisPR-ArbR 34/2004, Anm. zu BAG, v. 10. März 2004; **Däubler**, AuR 2004, S. 81, 82. Im Ergebnis wie hier: **Thüsing**, in: Richardi BetrVG, § 9, Rn. 7; **ders.** AÜG, § 14, Rn. 63; **Brose**, NZA 2005, S. 797 ff.

[852] **BAG**, v. 12. November 2002, AP Nr. 41 zu § 99 BetrVG 1972 Einstellung = NZA 2003, S. 513 ff.: Die zeitliche Einsatzlimitierung war arbeitnehmer- und nicht arbeitsplatzbezogen.

[853] Anders: **Schüren**, Anm. zu BAG, v. 16. April 2003, RdA 2004, S. 184, 187.

scheinlich, dass der ganz überwiegende Teil der Arbeitsverträge der Leiharbeitnehmer tarifvertraglich ausgestaltet sein wird.[854]

Auch kann der Einschätzung nicht ohne weiteres gefolgt werden, aufgrund der tariflich niedrigen Löhne im Bereich der Leiharbeit stünde eine umfangreiche Ersetzung heutiger Stammbelegschaften durch Leiharbeitnehmer zu erwarten, wodurch die betriebliche Lage derart verändert würde, dass der bisherige Ausschluss der Leiharbeitnehmer von der Belegschaft des Entleihers nicht mehr zu halten sei.[855] Dabei mag es zutreffen, dass die neuen Tarifverträge in der Leiharbeit bis zu 30 Prozent unter dem tariflichen Lohnniveau vergleichbarer Industriearbeiter liegen.[856] Sollte dies zutreffen, so hätte sich jedoch *de facto* nicht viel gegenüber der Gehaltslage für Leiharbeitnehmer vor der Reform geändert.[857] Unabhängig davon ist es jedoch für den Unternehmer auch weniger bedeutsam, welche Lohnsumme der Arbeitnehmer am Monatsende erhält. Für ihn zählen die Kosten des „Faktors Arbeit“ und diese berechnen sich für einen Leiharbeitnehmer auf der Grundlage der an den Verleiher zu zahlenden Überlassungsgebühr.[858] Dabei war es bisher üblich, dass die Überlassungsgebühr ca. 180 bis 250 Prozent des an den Leiharbeitnehmer gezahlten Bruttoentgelts betrug.[859] Zu *diesem* Betrag sind die Kosten für einen Festangestellten in Bezug zu setzen. Eine langfristige Überlassung mag es dem Verleiher ermöglichen, zu einer anderen Kalkulationsgrundlage zu kommen; dies ist aber eine Frage des Einzelfalles. Im Ergebnis kann damit festgehalten werden, dass der dauerhafte Leiharbeitnehmereinsatz *eine durchaus attraktive Option* darstellen kann, jedoch keineswegs das *Patentrezept zur Kostensenkung* ist und folglich nicht ohne weiteres davon auszugehen ist, dass der Dauereinsatz nunmehr geradezu der neue Standard in der Arbeitnehmerüberlassung wird. Damit soll nicht bestritten werden, dass die Reform des Rechts der Arbeitnehmerüberlassung findigen Gestaltern weitere Möglichkeiten bietet, unter dem Deckmantel der Arbeitnehmerüberlassung in Wahrheit nur als „billige Personallieferanten“ aufzutreten,[860] dabei

---

[854] Vgl. dazu die Ausführungen oben, § 3 C. III., zur Lage bei üblicher Arbeitnehmerüberlassung, sowie § 10 A. II. 1. für die Lage in der PSA.

[855] Insbesondere **Brors**, NZA 2003, S. 1380, 1382 und **Schüren**, Anm. zu BAG, v. 16. April 2003, RdA 2004, S. 184, 186 f. argumentieren in diese Richtung.

[856] **Schüren**, Anm. zu BAG, v. 16. April 2003, RdA 2004, S. 184, 186; weitergehend **ders.**, FS Kollhosser, S. 697, 698: 30 bis 50 Prozent.

[857] Vgl. die Nachweise oben, § 3 B. IV., sowie die Ausführungen in § 3 C. III.

[858] Diesen Umstand übergehen die Autoren, die ohne weiteres vom Tariflohnniveau der Leiharbeitnehmer auf die Ausgestaltung des Kostenvorteils der Entleiher schließen. So: **Schüren**, Anm. zu BAG, v. 16. April 2003, RdA 2004, S. 184, 186; **Brors**, NZA 2003, S. 1380, 1383; **Hamann**, NZA 2003, S. 526, 530.

[859] Vgl. die Nachweise oben, in § 3 A. II.

[860] Vgl. zu den damit verbundenen Risiken: **Brors/Schüren**, BB 2004, S. 2745 ff. als Replik auf die Ausführungen von **Melms/Lipinski**, BB 2004, S. 2409 ff. Der Problematik wen-

jedoch weder als echte Arbeitgeber der Überlassenen zu fungieren noch das damit verbundene Arbeitgeberrisiko zu übernehmen und nur dadurch besonders niedrig bemessene Überlassungsgebühren verlangen zu können. Entsprechende, rechtsmissbräuchliche Konstruktionen sind jedoch auf anderer Ebene zu unterbinden; dass solche Gestaltungen auftreten können, kann nicht als entscheidendes Argument dienen, die Frage der Zuordnung der Leiharbeitnehmer zum Entleiherbetrieb heute *im Grundsatz* neu zu beurteilen.

d.) Zusammenfassung

Leiharbeitnehmer sind ausschließlich Betriebsangehörige des Verleiherbetriebs und können im betriebsverfassungsrechtlichen Sinne nicht als Arbeitnehmer des Entleiherbetriebes qualifiziert werden. Die Erweiterung des Kreises der im Entleiherbetrieb Wahlberechtigten um die Gruppe der eingesetzten Leiharbeitnehmer hat an dieser grundsätzlichen Wertung nichts geändert. In der Folge sind Leiharbeitnehmer bei der Berechnung der Schwellenwerte im Entleiherbetrieb nicht zu berücksichtigen und auch die Reform des Rechts der Arbeitnehmerüberlassung verlangt nicht ohne weiteres zu einer Neueinschätzung dieser Lage. Da die Auswirkungen auf die betriebliche Praxis zum heutigen Zeitpunkt im besten Falle zu erahnen sind, kann erst auf der Grundlage einer gesicherten Empirie die Revision der heutigen betrieblichen Zuordnung der Leiharbeitnehmer angezeigt sein. Der Ruf nach legislatorischen Änderungen sollte daher nicht zu frühzeitig erfolgen. Wird der Gesetzgeber aber tätig, so wäre der richtige Ansatzpunkt hierfür eine in den Konsequenzen wohl überlegte Korrektur am zentralen Arbeitnehmerbegriff in § 5 BetrVG. Durch „kleinere Änderungen" an Einzelvorschriften – das hat das BetrVerf-Reformgesetz gezeigt – wird mehr Unsicherheit denn Rechtsklarheit geschaffen.

2. Keine Zuordnung des bei der Personal-Service-Agentur Beschäftigten zum Entleiherbetrieb

Auch der Entleih eines PSA-Beschäftigten führt nicht zu dessen Zuordnung zum Entleiherbetrieb. Der vormals Arbeitslose verbleibt vielmehr auch in den Zeiten des Einsatzes im Entleiherbetrieb einzig der PSA zugeordnet. Eine andere Beurteilung ergibt sich auch nicht, wenn der PSA-Beschäftigte im Entleiherbetrieb auf einem Dauerarbeitsplatz eingesetzt wird. Aus der Aufhebung der Überlassungshöchstdauer durch Streichung des § 3 Abs. 1 Nr. 6 AÜG im Zuge der neuerlichen Änderungen des Rechts der Arbeitnehmerüberlassung kann hierfür – einmal abgesehen von den obigen Erwägungen – nichts anderes hergeleitet werden, da der einzelne PSA-Beschäftigte regelmäßig nicht länger als neun (bzw. sechs) Monate von der PSA verliehen und folglich auch nur für diese Dauer im Entleiherbetrieb eingesetzt werden kann. In der Konsequenz ist der entliehene

---

den sich auch **Willemsen/Annuß**, BB 2005, S. 437 ff. zu; erwidernd: **Brors/Schüren**, BB 2005, S. 494 f.

PSA-Beschäftigte im Entleiherbetrieb bei der Berechnung der betriebsverfassungsrechtlichen Schwellenwerte ebenfalls nicht zu berücksichtigen.

II. Betriebsverfassungsrechtliche Individualrechte des PSA-Beschäftigten im Entleiher-Betrieb

§ 14 Abs. 2 AÜG räumt dem PSA-Beschäftigten einzelne Rechte ein, die er im Entleiherbetrieb wahrnehmen kann. Neben dem bereits dargestellten aktiven Wahlrecht bei gleichzeitigem Ausschluss des passiven Wahlrechts (§ 14 Abs. 2 S. 1 AÜG) ist es dem Leiharbeitnehmer erlaubt, die Sprechstunden der Arbeitnehmervertretungen im Entleiherbetrieb aufzusuchen und an den betrieblichen Versammlungen teilzunehmen (§ 14 Abs. 2 S. 2 BetrVG). Ferner gelten für ihn die Unterrichtungs-, Erörterungs-, Anhörungs- und Beschwerderechte nach den §§ 81, 82 Abs. 1, 84 bis 86 BetrVG. Der Katalog dieser Rechte ist jedoch einerseits nicht abschließend und zugleich doch nur beschränkt gültig. Der nicht abschließende Charakter des § 14 Abs. 2 AÜG war bereits vom Gesetzgeber ausdrücklich vorgesehen[861] und wirkt sich praktisch etwa aus, indem ein dem § 83 BetrVG entsprechendes Einsichtsrecht dem Leiharbeitnehmer zugesprochen wird, sofern der Entleiher personalaktentypische Aufzeichnungen über den Leiharbeitnehmer führt.[862] Zugleich begrenzt sind diese Rechte, indem sie nur in Bezug auf Fragen entstehen, die im Zusammenhang mit der Eingliederung im Entleiherbetrieb stehen.[863] Eine Beschwerde des PSA-Leiharbeitnehmers über das Verhalten des PSA-Betreibers ist damit nicht im Entleiherbetrieb vorzubringen.[864]

III. Betriebsverfassungsrechtliche Beteiligungsrechte des Entleiher-Betriebsrates

Nach § 14 Abs. 3 AÜG ist der Entleiherbetriebsrat vor der Übernahme eines Leiharbeitnehmers zur Arbeitsleistung nach § 99 BetrVG zu beteiligen.[865] Mit der „Übernahme zur Arbeitsleistung“ ist die tatsächliche Eingliederung des

[861] Gesetzesbegründung, BT-Drucks. 9/847, S. 9. Vgl. auch **BAG**, v. 15. Dezember 1992, AP Nr. 7 zu § 14 AÜG = NZA 1993, S. 513 ff.

[862] Vgl. **Boemke/Lembke**, AÜG, § 14, Rn. 80; **Ulber**, AÜG, § 14, Rn. 56; **a.A.**: **Dewender**, Betriebsfremde Arbeitnehmer, S. 161. Zu weiteren Rechten des Leiharbeitnehmers: **Hamann**, in: Schüren AÜG § 14, Rn. 105 f.; **Boemke/Lembke**, AÜG, § 14, Rn. 79 ff.

[863] **Boemke/Lembke**, AÜG, § 14, Rn. 70; **Thüsing**, in: ders., AÜG, § 14, Rn. 73.

[864] Zu weiten Einzelheiten: etwa **Hamann**, in: Schüren AÜG § 14, Rn. 76 ff.

[865] Umstritten ist, ob es sich dabei um eine Rechtsfolgen- oder eine Rechtsgrundverweisung handelt. Erheblich wird dies, wenn der Entleiherbetrieb weniger als die für die direkte Anwendung des § 99 BetrVG erforderlichen 21 wahlberechtigte Arbeitnehmer beschäftigt. Für die Qualifizierung als Rechtsfolgenverweisung etwa: **Sandmann/Marschall**, AÜG, Art. 1 § 14, Anm. 16; anders: **Hamann**, in: Schüren AÜG § 14, Rn. 141 ff. Zu Umfang und Inhalt des Beteiligungsrechts bei der Übernahme von Leiharbeitnehmern: **Wensing/Freise**, BB 2004, S. 2238.

Leiharbeitnehmers in den Entleiherbetrieb gemeint.[866] Damit sollen die Beteiligungsrechte jedoch nicht abschließend aufgeführt sein; die Vorschrift soll nach dem Willen des Gesetzgebers vielmehr der Praxis eine Fortentwicklung ermöglichen.[867] Nach der Rechtsprechung des BAG ist bisher explizit nur das Mitbestimmungsrecht des Entleiherbetriebsrats für Leiharbeitnehmer im Hinblick auf § 87 Abs. 1 Nr. 2 anerkannt.[868] Gleichwohl entspricht es allgemeiner Meinung, dass weitere Beteiligungsrechte anzuerkennen sind. Dabei wird mit Rücksicht auf die Eingliederung des Leiharbeitnehmers in die Entleiher-Betriebsorganisation und das dem Entleiher zustehende Weisungsrecht danach unterschieden, ob die beteiligungspflichtige Maßnahme vom Vertragsarbeitgeber oder dem Entleiher getroffen wird.[869] Sofern Anweisungen des Entleihers unmittelbar mit der Arbeitserbringung im Entleiherbetrieb zusammenhängen und gerade nicht eine arbeitsvertragliche Bindung voraussetzen, kann der Entleiherbetriebsrat auch im Hinblick auf die im Einsatz befindlichen Leiharbeitnehmer zuständig sein. Ausgeschlossen ist danach jedenfalls das Mitwirkungsrecht des Entleiherbetriebsrats bei einer Kündigung nach § 102 BetrVG: eine Kündigung kann nur vom Verleiher ausgesprochen werden und fällt folglich in die ausschließliche Zuständigkeit des Verleiherbetriebsrats.[870] Ferner kann der Entleiherbetriebsrat nicht in den Angelegenheiten des § 87 Abs. 1 Nr. 4, 5, 10 und 11 BetrVG zuständig sein. Für die weiteren Einzelheiten – die keine Besonderheit im Hinblick auf die Beschäftigung eines PSA-Leiharbeitnehmers aufweisen – ist auf die einschlägige Kommentierung zu verweisen.[871]

Wird der PSA-Beschäftigte nach vorherigem Leiharbeitseinsatz vom Entleiher in ein Anschlussbeschäftigungsverhältnis übernommen, so ist der Betriebsrat

---

866 **Hamann**, in: Schüren AÜG § 14, Rn. 146 ff. m.w.N.

867 Gesetzesbegründung, BT-Drucks. 9/847, S. 9. Vgl. auch **BAG**, v. 15. Dezember 1992, AP Nr. 7 zu § 14 AÜG = NZA 1993, S. 513 ff.

868 **BAG**, v. 15. Dezember 1992, AP Nr. 7 zu § 14 AÜG = NZA 1993, S. 513 ff.

869 Vgl. **BAG**, v. 19. Juni 2001, AP Nr. 1 zu § 87 BetrVG 1972 Leiharbeitnehmer = NZA 2001, S. 1263 ff.; **Sandmann/Marschall**, AÜG, Art. 1 § 14, Anm. 16; **Boemke/Lembke**, AÜG, § 14, Rn. 28; **Hamann**, in: Schüren AÜG § 14, Rn. 212, 334; **ders.**, NZA 2003, S. 526, 530; **Ulber**, AÜG, § 14, Rn. 10; **Urban-Crell/Schulz**, Arbeitnehmerüberlassung und Arbeitsvermittlung, Rn. 941 f., 979 f.; **Thüsing**, in: ders. AÜG, § 14, Rn. 21; **Wank**, in: ErfKomm., § 14 AÜG, Rn. 15; **Fitting**, BetrVG, § 5, Rn. 238 f.; **Raab**, in: BetrVG-GK, Bd. I, § 5, Rn. 65; **Trümner**, in: Däubler/Kittner/Klebe BetrVG, § 5, Rn. 27 a; **Rost**, NZA 1999, S. 113, 118 f.; **Dewender**, Betriebsfremde Arbeitnehmer, S. 105, 117; **Franzen**, ZfA 2000, S. 285, 317; **Körner**, NZA 2006, S. 573, 576 f.

870 Dies entspricht heute der ganz herrschenden Meinung. Vgl.: **Hamann**, in: Schüren AÜG § 14, Rn. 315 ff.; **Thüsing**, in: ders., AÜG, § 14, Rn. 177; **Boemke/Lembke**, AÜG § 14, Rn. 142; **Ulber**, AÜG, § 14, Rn. 184.

871 Etwa: **Hamann**, in: Schüren AÜG § 14, Rn. 140 ff.; **Boemke/Lembke**, AÜG, § 14, Rn. 83 ff.

in unmittelbarer Anwendung des § 99 BetrVG zu beteiligen.[872] Es handelt sich bei einer solchen Maßnahme um eine Einstellung; der Umstand, dass der neue Arbeitnehmer zuvor als Leiharbeitnehmer tätig war, ist insofern unerheblich.

IV. Zusammenfassung

In betriebsverfassungsrechtlicher Hinsicht ist der PSA-Beschäftigte auch während des Einsatzes im Entleiherbetrieb nicht als Arbeitnehmer des Entleihers anzusehen. Insbesondere ist die PSA-Arbeitskraft bei der Berechnung der Schwellenwerte des BetrVG nicht mit zu berücksichtigen. Betriebsverfassungsrechtliche Individualrechte stehen dem PSA-Beschäftigten im Entleiherbetrieb zu, soweit sie im Zusammenhang mit der tatsächlichen Eingliederung in den Arbeitsablauf des Entleiherbetriebs stehen. Die Rechte, die an das Bestehen eines Arbeitsvertrages anknüpfen, sind vom PSA-Beschäftigten nicht im Entleiher-, sondern im Verleiherbetrieb, also bei der PSA selbst wahrzunehmen. Auch die Zuständigkeiten des Entleiherbetriebsrates betreffen den PSA-Beschäftigten nur insoweit, wie ein Zusammenhang mit der tatsächlichen Eingliederung und Beschäftigung im Entleiherbetrieb besteht.

[872] **Boemke/Lembke**, AÜG, § 14, Rn. 101; **Hamann**, in: Schüren AÜG § 14, Rn. 152; **Thüsing**, in: ders., AÜG, § 14, Rn. 161.

4. TEIL.
SOZIALRECHT UND DIE BESCHÄFTIGUNG BEI DER PERSONAL-SERVICE-AGENTUR

§ 14 Verhältnis des in der Personal-Service-Agentur Beschäftigten zur Arbeitsverwaltung

A. Beschäftigung in der Personal-Service-Agentur als arbeitsförderungsrechtliche Sozialleistung

Arbeitslose i.S.d. § 16 Abs. 1 SGB III befinden sich in einem sozialrechtlichen Leistungsverhältnis zur Arbeitsverwaltung nach § 3 Abs. 2 SGB I.[873] Im Rahmen dieses Verhältnisses erhält der Arbeitslose die in § 19 Abs. 1 SGB I, § 3 Abs. 1 SGB III aufgeführten Leistungen, wobei die Beschäftigung in einer PSA als Leistung der aktiven Arbeitsförderung gilt (§ 3 Abs. 4 SGB III).[874] Zwar erhält der Arbeitslose bei Beschäftigung in einer PSA keine unmittelbaren Leistungen von der Arbeitsverwaltung. Er wird jedoch mittelbar gefördert, indem die PSA die mit der Arbeitsverwaltung vereinbarten Mittel (Fallpauschale und Vermittlungsprämie) erhält, um damit die Vermittlung des Arbeitslosen durch Arbeitnehmerüberlassung und flankiert durch Qualifizierungsmaßnahmen sowie Direktvermittlungsbemühungen zu erreichen.[875] Damit steht nicht eine institutionalisierte Förderung der PSA als Träger im Sinne des § 21 SGB III im Vordergrund, sondern die Unterstützung der Arbeitslosen, die in neue Anschlussbe-

---

873 Im Grundsatz ist die örtlich zuständige Arbeitsagentur mit der Leistungserbringung befasst (vgl. § 19 Abs. 2 SGB I). Bis zum 31. Dezember 2004 galt dies uneingeschränkt für Arbeitslose, die Anspruch auf Arbeitslosengeld nach §§ 117 SGB III hatten oder Arbeitslosenhilfe nach §§ 190 ff. SGB III a.F. bezogen. Mit Einführung des Sozialgesetzbuches Zweites Buch (Grundsicherung für Arbeitsuchende) sind seit dem 1. Januar 2005 die Leistungen nach dem SGB II einheitlich von Arbeitsagenturen und Kommunen wahrzunehmen, die dazu Arbeitsgemeinschaften (ARGE) in den nach § 9 Abs. 1 a SGB III eingerichteten Job-Centern bilden (§§ 6, 44 b SGB II). Abweichend hiervon können auch ausgewählte Kommunen eigenständig die gesamten Aufgaben des SGB II wahrnehmen (§§ 6 a, b SGB II), so dass keine ARGEen zu bilden sind. Wird im Folgenden von der Arbeitsverwaltung oder der Arbeitsagentur gesprochen, so sind damit auch die ARGEen bzw. die optierenden Kommunen gemeint.

874 Nach § 16 Abs. 1 S. 1 SGB II, der unter anderem auf die Leistungen des Dritten Kapitels des SGB III verweist und damit auch § 37 c SGB III einschließt, können auch die Bezieher von Arbeitslosengeld II durch Beschäftigung in einer PSA gefördert werden. Vgl. **Niewald**, in: Münder, SGB II, Anhang zu § 16 Rn. 4. Träger dieser Leistung ist dann aber nicht alleine die BA (vgl. § 22 Abs. 4 SGB III), sondern die zuständige ARGE (§ 44 b SGB II) bzw. die optierende Kommune (§§ 6 a, b SGB II). Vgl. **Löschau/Marschner**, Hartz IV, Rn. 119, 423 ff.

875 Vgl. oben, § 6 C.

schäftigung vermittelt und deren Vermittlungschancen insgesamt verbessert werden sollen. Gleichzeitig werden mittelbar auch die Entleiher gefördert, die die subventionierten PSA-Beschäftigten beschäftigen und erproben.[876] Bei der Beschäftigung in der PSA handelt es sich daher um eine eigene Art der Leistung der aktiven Arbeitsförderung.[877]

Im Verhältnis zwischen dem Arbeitslosen und der Arbeitsverwaltung lassen sich dabei drei Phasen unterscheiden: die des Vorschlags zur Arbeitsaufnahme in einer PSA, die Phase der dortigen Beschäftigung und abschließend die Situation nach Beendigung der Beschäftigung in der PSA.

B. Vorschlag eines Arbeitslosen zur Beschäftigungsaufnahme bei einer Personal-Service-Agentur

Die Förderungsleistung der Beschäftigung in der PSA ist nach § 3 Abs. 5 SGB III als Ermessensleistung ausgestaltet mit der Folge, dass der Arbeitslose keinen unmittelbaren Anspruch auf eine solche Beschäftigung hat, wohl aber beanspruchen kann, dass die Arbeitsverwaltung ihr Ermessen pflichtgemäß ausübt (§ 39 Abs. 1 SGB I). Dabei kommt den Leistungen der aktiven Arbeitsförderung ein Vorrang vor der Gewährung von Arbeitsentgeltersatzleitungen zu (§ 5 SGB III). Bei der Ermessensentscheidung, ob ein Arbeitsloser in einer PSA einen Beschäftigungsplatz erhalten soll, ist die Arbeitsverwaltung an die Vorgaben des § 7 SGB III gebunden und hat unter Beachtung der Grundsätze der Wirtschaftlichkeit und Sparsamkeit zu entscheiden, ob die Beschäftigung in der PSA für den konkreten Arbeitslosen unter den Gegebenheiten des örtlichen Arbeitsmarktes die am besten geeignete Leistung darstellt.[878] In der Praxis wird die zuständige Stelle zu beurteilen haben, ob der konkrete Arbeitslose die Merkmale erfüllt, die der mit der PSA vereinbarten Zielgruppe entsprechen. Ist dies der Fall, so wird die Arbeitsagentur den Arbeitslosen anweisen, bei der PSA vorstellig zu werden, um über den Abschluss eines PSA-Leiharbeitsvertrages zu verhandeln. Dieser Vorschlag ist dabei als Akt der Arbeitsvermittlung anzusehen, der weder ein Arbeitsverhältnis unmittelbar herbeiführt, noch auch nur einen

---

[876] Vgl. dazu oben, § 6 C. II.

[877] Vgl. zur ähnlichen Lage im Zusammenhang mit ABM, bei denen auch der Arbeitslose nicht unmittelbar gefördert wird, sondern mittelbare Leistungen durch die Beschäftigung in der ABM erhält: **Lauterbach**, in: Kasseler Hdb. ArbF, § 19, Rn. 7 ff.; ähnlich: **Schmidt-De Caluwe**, in: SGB III Praxiskomm., Vorbem. §§ 260 ff, Rn. 40 ff.: „individuelle Sozialsubvention, die institutionell mediatisiert ist durch den Maßnahmeträger" mit Verw. auf **Haverkate**, SDSRV Nr. 43, 1998, S. 89, 102 f.; vgl. auch **Bieback**, in: Gagel SGB III, § 260, Rn. 12; **Eylert**, FS v. Maydell, S. 219, 224 f.

[878] Vgl. zu den einzelnen Komponenten etwa: **Schmidt-De Caluwe**, in: SGB III Praxiskomm., § 7, Rn. 20 ff.

Anspruch auf Abschluss eines Arbeitsverhältnisses begründet.[879] Der Vorschlag besitzt – nur im Verhältnis zum Arbeitslosen[880] – die Rechtsnatur eines Verwaltungsakts (§ 31 SGB X), da die Arbeitsagentur damit feststellt, dass der Vorgeschlagene die Voraussetzungen der Förderungsfähigkeit in der PSA erfüllt.[881]

Die Zusammengeführten sollen in Vertragsverhandlungen eintreten, wobei weder für die PSA noch für den vorgeschlagenen Arbeitslosen die direkte Pflicht besteht, ein Arbeitsverhältnis abzuschließen.[882] Den Arbeitslosen aber, der staatliche Entgeltersatzleistungen bezieht, trifft die Obliegenheit, durch Arbeitsaufnahme die Zahlung weiterer Entgeltersatzleistungen zu verhindern. Verhält er sich nicht dementsprechend, drohen Leistungskürzungen. Voraussetzungen und Rechtsfolgen des Verstoßes gegen die Obliegenheit sind dabei zwischen Beziehern von Arbeitslosengeld nach §§ 117 ff. SGB III und Beziehern von Arbeitslosenhilfe (§§ 190 ff. SGB III a.F.) bzw. Arbeitslosengeld II nach §§ 19 ff. SGB II unterschiedlich, so dass sie an dieser Stelle getrennt darzustellen sind.

I. Ablehnung der Beschäftigung bei der PSA durch den Bezieher von Arbeitslosengeld nach §§ 117 ff. SGB III bzw. den Bezieher von Arbeitslosenhilfe nach §§ 190 ff. SGB III a.F.

Lehnt der Arbeitslose das Angebot zum Abschluss eines Arbeitsverhältnisses mit der PSA ab, verhindert er bereits die Anbahnung eines solches Vertragsschlusses oder tritt er die Arbeit nicht an, obwohl die Arbeitsagentur ihn über die Konsequenzen eines solchen Schrittes aufgeklärt hat, so ruht sein Anspruch auf Arbeitslosengeld für die Dauer der Sperrzeit, die im Regelfall zwölf Wochen beträgt (§ 144 Abs. 1 S. 2 Nr. 2,[883] Abs. 3 SGB III). Bei wiederholter Ablehnung und folgender Sperrzeit erlischt der gesamte Anspruch des Arbeitslosen nach § 147 Abs. 1 Nr. 2 SGB III. Als *versicherungswidriges Verhalten* führt die Ar-

---

[879] Vgl. oben, § 8. A. I. 2.

[880] Im Verhältnis zur PSA stellt der Vorschlag durch die AA keinen Verwaltungsakt, sondern eine rein zivilrechtlich zu beurteilende Leistungserbringung dar. (Vgl. oben, § 8 A. I. 2.).

[881] Der Vorschlag entwickelt insbesondere auch Regelungswirkung, da er für den Arbeitslosen erst die Möglichkeit eröffnet, in Arbeitsvertragsverhandlungen mit der PSA zu treten. Wie bereits dargelegt, ist die PSA nur berechtigt, von der Arbeitsverwaltung vorgeschlagene Arbeitslose in ein Arbeitsverhältnis aufzunehmen (vgl. oben, § 8 A. II. 4.). Vergleichbar ist die Lage im Zusammenhang mit ABM, bei denen die Zuweisung eines Arbeitslosen zu einer ABM auch einen Verwaltungsakt darstellt: **BSG**, v. 08. September 1988, SozR 4150 § 2 Nr. 5; vgl. auch: **Schmidt-De Caluwe**, in: SGB III Praxiskomm., § 260, Rn. 25; **Lauterbach**, in: Kasseler Hdb. ArbF, § 19, Rn. 95.

[882] Vgl. oben, § 8. A. I. 2.

[883] Die PSA schließt mit den vorgeschlagenen Arbeitslosen reguläre Leiharbeitsverträge ab, so dass es sich hier um eine Sperrzeit bei Arbeitsablehnung i.S.d. § 144 Abs. 1 S. 2 Nr. 2 SGB III handelt und nicht um eine Sperrzeit bei Ablehnung einer beruflichen Eingliederungsmaßnahme i.S.d. § 144 Abs. 1 S. 2 Nr. 4 SGB III. So auch **Voelzke**, in: Kasseler Hdb. ArbF, § 12, Rn. 369.

beitsablehnung jedoch nur zur Sperrzeit, wenn sich der Arbeitslose nicht auf das Vorliegen eines wichtigen Grundes berufen kann (§ 144 Abs. 1 S. 1 SGB III), wofür er auch beweispflichtig ist (§ 144 Abs. 1 S. 3 SGB III[884]). Das BSG konkretisiert den unbestimmten Rechtsbegriff des wichtigen Grundes anhand der Zielsetzung der Sperrzeitregelung.[885] Danach ist anhand der Umstände des Einzelfalls zu bemessen, ob die Interessen des Arbeitslosen an der Nichtaufnahme der vorgeschlagenen Tätigkeit die Interessen der Versichertengemeinschaft an einem anderen Verhalten überwiegen. Ist dies nicht der Fall, so kann die Arbeitsablehnung nicht den Eintritt einer Sperrzeit verhindern.

Für die Auslegung des Begriffs des wichtigen Grundes ist eine umfangreiche Kasuistik entwickelt worden, die hier nicht im Einzelnen darzustellen ist.[886] Nach den Grundsätzen der Zumutbarkeit nach § 121 SGB III kann der Arbeitslose die Arbeitsaufnahme berechtigt verweigern, wenn er sich auf die in § 121 Abs. 2 SGB III genannten allgemeinen Gründe oder die in § 121 Abs. 3, 4 SGB III aufgeführten persönlichen Gründe berufen kann. Dies ist insbesondere möglich, wenn das zu erzielende Einkommen durch Beschäftigung in der PSA vom vorherigen Arbeitsentgeltniveau erheblich abweicht (§ 121 Abs. 3 S. 1, 2 SGB III). Ab dem siebten Monat der Arbeitslosigkeit kann die Beschäftigung berechtigter Weise nur abgelehnt werden, soweit das zu erzielende Nettoeinkommen niedriger ist als das Arbeitslosengeld (§ 121 Abs. 3 S. 3 SGB III). Alleine der Umstand, dass es sich beim Arbeitsverhältnis zur PSA um ein Leiharbeitsverhältnis handelt, kann – für sich genommen[887] – keinen wichtigen Grund für die Ablehnung der Tätigkeit darstellen.[888]

Für den Bezieher von Arbeitslosenhilfe – insbesondere also für einen Langzeitarbeitslosen (§ 18 SGB III) – galten bis zum 31. Dezember 2004 die Vor-

---

[884] Dies gilt nach dem Gesetzeswortlaut jedenfalls für Umstände, die in der Sphäre des Arbeitslosen oder in dessen Verantwortungsbereich liegen.

[885] St. Rechtspr. vgl.: **BSG**, v. 29. November 1989, BSGE 66, S. 94 ff. = NZA 1990, S. 628 ff.; **BSG**, v. 26. März 1998, SozR 3-4100 § 119 Nr. 14 = NZS 1998, S. 537 f.; **BSG**, v. 20. Dezember 1998, SozR 3-4100 § 119 Nr. 15 = NZS 1998, S. 581 ff.

[886] Eine Übersicht bieten etwa: **Winkler**, in: Gagel SGB III, Anhang I zu § 144 SGB III; **Voelske**, in: Kasseler Hdb. ArbF, § 12, Rn. 360 ff.; **Steinmeyer**, in: Ascheid/Preis/Schmidt, KR, Sozialrecht, Rn. 479 ff.; **Benkel**, in: SGB III Praxiskomm., § 144, Rn. 100 ff.

[887] Nach Ansicht des **SG Frankfurt**, v. 29. Juni 2004, EzAÜG SGB III Nr. 12, ist das Angebot der AA, den Arbeitslosen als „Facharbeiter in PSA" zu beschäftigen, nicht ausreichend konkret hinsichtlich Arbeitsort und Arbeitstätigkeit bestimmt, so dass die Verweigerung der Arbeitsaufnahme nicht zur Verhängung einer Sperrzeit führte.

[888] **Voelske**, in: Kasseler Hdb. ArbF, § 12, Rn. 369; das **BSG**, v. 08. November 2001, AP Nr. 1 zu § 144 SGB III = NZA-RR 2002, S. 657 ff., hat dies im Allgemeinen für die Aufnahme einer Beschäftigung in Leiharbeit entschieden. **Anders**: **Valgolio**, in: Hauck/Noftz SGB III, § 144, Rn. 129.

schriften bezüglich des Ruhens der Entgeltersatzleistung nach §§ 142 ff. SGB III entsprechend (§ 198 S. 2 Nr. 6, 2. Alt. SGB III a.F.). Bei Ablehnung der Beschäftigung in der PSA waren damit auch die dargelegten Regeln über die Sperrzeit entsprechend mit der Maßgabe anzuwenden, dass für die Zumutbarkeit der Beschäftigung die Höhe der Arbeitslosenhilfe in Bezug zum erreichbaren Arbeitsentgelt zu setzen war (§ 198 S. 4 SGB III a.F. i.V.m. § 121 Abs. 3 SGB III).

II. Ablehnung der Beschäftigung bei der PSA durch den Bezieher von Arbeitslosengeld II nach §§ 19 ff. SGB II

Die Einführung der „Grundsicherung für Arbeitsuchende" im neuen SGB II[889] hat insbesondere zu einer Verschärfung der Zumutbarkeitsregelung geführt, nach der prinzipiell jede Arbeit zumutbar ist (vgl. § 10 SGB II).[890] Insbesondere ist eine Arbeit nicht unzumutbar, wenn sie im Hinblick auf den Ausbildungsstand als geringwertig anzusehen ist oder in keinem Zusammenhang mit einer zuvor ausgeübten Tätigkeit steht. Auch an Mobilität und Arbeitsbedingungsniveau werden erhöhte Anforderungen gestellt (§ 10 Abs. 2 SGB II). Unter dem neuen Grundsatz des „Förderns und Forderns" müssen Bezieher des Arbeitslosengeldes II nach § 19 ff. SGB II mit einer Absenkung des Leistungsumfangs für drei Monate (§ 31 Abs. 6 S. 2 SGB II) rechnen, wenn sie nach vorheriger Rechtsfolgenbelehrung die angebotene Beschäftigung in einer PSA ablehnen, ohne dafür einen wichtigen Grund zu haben (§ 31 Abs. 1 S. 1 c. SGB II). Ein wichtiger Grund kann hier nur vorliegen, wenn dem Empfänger von Arbeitslosengeld II bei Betrachtung sämtlicher Umstände des Einzelfalles unter Abwägung seiner Interessen und den Interessen der Gemeinschaft der Steuerzahler ein anderes Verhalten nicht zumutbar ist.[891] Das wird in den seltensten Fällen gegeben sein, so dass regelmäßig die Ablehnung der Arbeit in der PSA als unbegründet anzusehen und zu leistungsrechtlichen Konsequenzen führen wird.

C. Verhältnis während der Tätigkeit in der Personal-Service-Agentur

Mit Abschluss des PSA-Leiharbeitsvertrages steht der vormals Arbeitslose in sozial-versicherungspflichtiger Beschäftigung, so dass seine Arbeitslosigkeit damit beendet ist (vgl. auch § 16 Abs. 2 SGB III). Die bisherigen Entgeltersatzleistungen werden folglich für die Dauer der Beschäftigung nicht weiter gezahlt.

---

[889] Eingeführt durch Art. 1 des vierten Gesetzes für moderne Dienstleistungen am Arbeitsmarkt, v. 24. Dezember 2003, BGBl. I, S. 2954.

[890] Nach der Gesetzesbegründung, BT-Drucks. 15/1516, S. 53, sind die in § 10 Abs. 1 SGB II aufgezählten Hinderungsgründe abschließender Natur. § 10 Abs. 1 Nr. 5 soll insoweit restriktiv auszulegen sein. Vgl. dazu: **Löns/Herold-Tews**, SGB II, § 10, Rn. 2 ff.; **Brühl**, in: Münder, SGB II, § 10, Rn. 7 ff.

[891] Vgl. **Löns/Herold-Tews**, SGB II, § 31, Rn. 24.

Für den Anspruch auf Arbeitslosengeld ergibt sich dies bereits daraus, dass nur Arbeitslose anspruchsberechtigt sind (§ 118 Abs. 1 SGB III). Gleiches galt für Bezieher von Arbeitslosenhilfe nach § 190 Abs. 1 SGB III a.F. Für die Bezieher von Arbeitslosengeld II ist davon auszugehen, dass ihre Hilfsbedürftigkeit nach § 9 SGB II mit der Aufnahme der Beschäftigung nicht mehr gegeben ist und sie daher nicht mehr die Voraussetzungen des § 7 SGB II erfüllen.

Gleichwohl endet das öffentlich-rechtliche Leistungsverhältnis mit Aufnahme der Beschäftigung in der PSA nicht vollends. Einerseits wird der PSA-Beschäftigte auch weiterhin von der Arbeitsverwaltung als arbeitsuchend (vgl. § 15 SGB III) geführt mit der Folge, dass er in die allgemeinen Vermittlungsbemühungen einzubeziehen ist.[892] Und weiterhin trifft die Arbeitsverwaltung die Pflicht, die mit den Aufgaben der Arbeitsvermittlung beauftragte PSA kontinuierlich zu überwachen (vgl. § 394 Abs. 1 S. 2 SGB III). Sie hat dazu – nicht zuletzt im Interesse der dort Beschäftigten – ihre Informations-, Aufsichts- und Prüfungsrechte wahrzunehmen und im Falle vertragswidrigen Verhaltens der PSA – insbesondere auch im Falle des Vorliegens von Anhaltspunkten für Kündigungsgebaren, die in Widerspruch zu der im PSA-Vertrag angelegten Kündigungsbeschränkung stehen können – einzuschreiten.[893] Damit ist verdeutlicht, dass die Arbeitsverwaltung *ihre* Verpflichtungen gegenüber dem Arbeitslosen zur Arbeitsvermittlung (§§ 3 Abs. 2, 19 Abs. 1 Nr. 2 SGB I, § 3 Abs. 1 Nr. 1 SGB III) durch Einschaltung der PSA nur erfüllt, wenn sie als „Herrin des Verfahrens" überwachend die ordnungsgemäße Leistungserbringung durch die PSA gewährleistet. Der Arbeitslose hat folglich einen dahingehenden Anspruch gegen die Arbeitsverwaltung.

D. Verhältnis nach Beendigung der Beschäftigung in der Personal-Service-Agentur

Die Beendigung der Beschäftigung in der PSA kommt aus drei Gründen in Betracht: aufgrund der Übernahme in ein Anschlussbeschäftigungsverhältnis, aufgrund des zeitlichen Ablaufs des PSA-Arbeitsvertrages oder aufgrund der Kündigung des Beschäftigungsverhältnisses.

I. Aufnahme einer Anschlussbeschäftigung

Sofern der PSA-Beschäftigte vom Entleiher im Anschluss an den Überlassungseinsatz übernommen wird oder die PSA aufgrund ihrer Direktvermittlungsbemühungen ein Beschäftigungsverhältnis zu einem Dritten herbeigeführt hat, ist ein wichtiger Schritt auf dem Weg in die dauerhafte Eingliederung des vormals

[892] Vgl. BA-Rundbrief Geschäftsanweisung 71/2002, v. 23. Dezember 2002, Ziff. 5.3.

[893] Vgl. zu diesen Aufgaben der Arbeitsverwaltung: oben, § 8 B. V.

Arbeitslosen in den ersten Arbeitsmarkt vollzogen. Der Vermittelte scheidet damit aus der Obhut der Arbeitsverwaltung aus.

II. Wiedereintritt in Arbeitslosigkeit aufgrund zeitlichen Ablaufs des Arbeitsverhältnisses zur PSA

Endet das Arbeitsverhältnis zur PSA dagegen aufgrund zeitlichen Ablaufs – also nach neunmonatiger bzw. sechsmonatiger Tätigkeit in der PSA ohne dass der erwünschte Vermittlungserfolg eingetreten wäre –, so fällt der PSA-Beschäftigte wiederum in Arbeitslosigkeit. Für den vormaligen Bezieher von Arbeitslosengeld hat die Beschäftigung in der PSA regelmäßig den Effekt, dass er nunmehr für die Zeit der Restdauer des ursprünglichen Arbeitslosengeldanspruchs wiederum Arbeitslosengeld bezieht; eine Sperrzeitrelevanz kommt dem zeitlichen Ablauf des Arbeitsverhältnisses jedenfalls nicht zu.[894] Da die Beschäftigung in der PSA nur für neun Monate andauert, kann diese alleine nicht eine Verlängerung der Dauer des Anspruchs auf Arbeitslosengeld herbeiführen; hinzukommen müssen dann besondere Umstände. Dazu folgendes Beispiel:

Bsp. 1: A wurde nach mehrjähriger sozialversicherungspflichtiger Arbeitstätigkeit arbeitslos. Er hatte den Anspruch auf Arbeitslosengeld für die Dauer von 12 Monaten erworben. Nachdem er für 6 Monate Arbeitslosengeld bezogen hatte, arbeitete er sozialversicherungspflichtig für die Dauer von 4 Monaten (Tätigkeit 1), bevor er wiederum arbeitslos wurde. Er nahm unmittelbar anschließend die Arbeit in einer PSA auf, in der er 9 Monate tätig war (Tätigkeit 2), jedoch nicht vermittelt werden konnte und sich nunmehr wiederum in Arbeitslosigkeit befindet. Das ursprüngliche Stammrecht (12 Monate) minderte sich durch die erste Phase seiner Arbeitslosigkeit auf die Restdauer von 6 Monaten (§ 128 Abs. 1 Nr. 1 SGB III). Die Aufnahme von Tätigkeit 1 führte nicht zur Entstehung eines neuen Stammrechts. Dadurch aber, dass A zusätzlich für 9 Monate in der PSA beschäftigt war, hat er ein neues Stammrecht erworben (Tätigkeit 1 und 2 betragen zusammen 13 Monate der Beschäftigung). Dieser neue Anspruch bringt den verbliebenen Restanspruch (6 Monate) zum Erlöschen (§ 147 Abs. 1 Nr. 1 SGB III), wird jedoch zugleich um die Dauer des Restanspruchs verlängert (§ 127 Abs. 4 SGB III). A hat demnach von nun an einen Anspruch auf Arbeitslosengeld für die Dauer von (wiederum) 12 Monaten (6 Monate aus Tätigkeit 1 und 2 zuzüglich der Restdauer von 6 Monaten). Die Lage des A hat sich im Hinblick auf die Dauer der Entgeltersatzleitung durch die Tätigkeit in der PSA verbessert.

Für Bezieher von Arbeitslosenhilfe bzw. Arbeitslosengeld II ergibt sich regelmäßig keine Änderung ihres vorherigen Status. Da beide Leistungen zeitlich unbegrenzt gewährt werden, erlangt der Arbeitslose nach Beendigung der PSA-Beschäftigung das gleiche Leistungsrecht (nach dem 1. Januar 2005 ausschließlich die Leistungen nach dem SGB II). Anderes kann sich nur ergeben, wenn zuvor eine sozialversicherungspflichtige Tätigkeit ausgeübt wurde, diese alleine

---

[894] **Voelzke**, in: Kasseler Hdb. ArbF, § 12, Rn. 275; **Steinmeyer**, in: Ascheid/Preis/Schmidt, KR, Sozialrecht, Rn. 443; **Schulz**, SGb 2005, S. 89, 94.

keinen Anspruch auf Arbeitslosengeld nach dem SGB III herbeiführte und nur zusammen mit der Tätigkeit in der PSA das Stammrecht entstehen lässt. Auch dazu ein Beispiel:

Bsp. 2: B hatte ehemals einen Anspruch auf Arbeitslosengeld. Nach Ablauf der Anspruchsdauer erhielt er Arbeitslosenhilfe. Für 4 Monate hatte er sozialversicherungspflichtig gearbeitet (Tätigkeit 1), um danach für weitere 4 Monate Arbeitslosenhilfe zu beziehen. Für 9 Monate war er in einer PSA beschäftigt (Tätigkeit 2), ohne vermittelt werden zu können. Am 1. Februar 2005 endete das Arbeitsverhältnis zur PSA. B erhält nunmehr nicht Leistungen nach dem SGB II, sondern hat ein Stammrecht auf Arbeitslosengeld nach dem SGB III erworben (Tätigkeit 1 und 2 ergeben eine 13-monatige sozialversicherungspflichtige Beschäftigungsdauer). Nach § 127 Abs. 2 SGB III beträgt die Dauer des Anspruchs auf Arbeitslosengeld für B 6 Monate. Die Tätigkeit in der PSA hat seine Leistungsansprüche verbessert.

III. Wiedereintritt in Arbeitslosigkeit aufgrund Kündigung des Arbeitsverhältnisses

Der PSA-Beschäftigte tritt auch wieder in Arbeitslosigkeit ein, wenn sein Arbeitsverhältnis zur PSA durch Kündigung beendet wird. Im Hinblick auf die Leistungsansprüche des Arbeitslosen gegenüber der Arbeitsverwaltung ist es entscheidend, ob PSA oder PSA-Beschäftigter die Kündigung ausgesprochen haben und aus welchem Grunde dies geschah.

1. Sperrzeitrelevante Kündigungstatbestände

Sperrzeitbewehrt ist die Lösung des Beschäftigungsverhältnisses durch den Arbeitnehmer bzw. ein vertragswidriges Verhalten seinerseits, das Anlass zur Lösung gegeben hat, wenn dadurch die Arbeitslosigkeit vorsätzlich oder fahrlässig herbeigeführt wurde, ohne dass ein wichtiger Grund hierfür bestand.[895] Für den Empfänger von Arbeitslosengeld ergibt sich dies aus § 144 Abs. 1 S. 1, 2 Nr. 1 SGB III; für den Empfänger von Arbeitslosenhilfe galten diese Sperrzeitregelungen entsprechend (§ 198 S. 2 Nr. 6 SGB III a.F.) und für Bezieher des Arbeitslosengeldes II tritt die Absenkung der Leistungen § 31 Abs. 1 SGB II ein, wenn die Voraussetzungen für den Eintritt einer Sperrzeit nach dem SGB III erfüllt sind (§ 31 Abs. 4 Nr. 3 b SGB II). Dabei kommt es nicht auf die Bezeichnung des Kündigungsgrundes durch die Arbeitsvertragsparteien an, sondern auf die tatsächlichen Umstände des Einzelfalls. Diese sind von der Arbeitsverwaltung bzw. von der Sozialgerichtsbarkeit – unabhängig von möglichen Feststellungen der Arbeitsgerichtsbarkeit – zu beurteilen.[896]

Der Ausspruch einer verhaltensbedingten Kündigung durch die PSA führt danach regelmäßig zum Eintritt einer Sperrzeit. Störungen im Leistungs- und

---

[895] Ausführlich dazu: **Spellbrink**, BB 2006, S. 1274 ff.

[896] **BSG**, v. 15. Mai 1985, BSGE 58, S. 97 ff. = AP Nr. 1 zu § 119 AFG; **BSG**, v. 25. April 1990, BSGE 67, S. 26 ff. = AP Nr. 2 zu § 119 AFG; **Benkel**, in: SGB III Praxiskomm., § 144, Rn. 38.

Vertrauensbereich, Verstöße gegen die betriebliche Ordnung sowie die Verletzung der arbeitsvertraglichen Nebenpflichten können zu einer verhaltenbedingten Kündigung führen. Wie bereits dargelegt, ist die PSA auch berechtigt, verhaltensbedingt zu kündigen, wenn der PSA-Beschäftigte sich im Entleiherbetrieb nicht arbeitsvertragskonform verhält. Gleiches gilt im Falle einer mangelhaften Mitwirkung an Qualifizierungsmaßnahmen und Direktvermittlungsbemühungen.[897] Durch ein solches Verhalten gibt der PSA-Beschäftigte Anlass zum Kündigungsausspruch. Da hierfür ein wichtiger Grund kaum denkbar ist und auch die Kausalität zum verschuldeten Eintritt der Arbeitslosigkeit regelmäßig zu bejahen sein wird, tritt die Sperrzeit bzw. die Absenkung des Arbeitslosengeldes II ein.

Spricht der PSA-Beschäftigte die Kündigung dagegen selbst aus oder beteiligt er sich am Abschluss eines Aufhebungsvertrages,[898] so ist die erforderliche Kausalität zwischen der Lösung des Beschäftigungsverhältnisses und dem verschuldeten Eintritt der Arbeitslosigkeit regelmäßig gegeben.[899] Kann der PSA-Beschäftigte sich nicht auf das Vorliegen eines wichtigen Grundes für diesen Schritt berufen, wird die Sperrzeit ausgelöst bzw. das Arbeitslosengeld II abgesenkt. Ein wichtiger Grund ist in diesem Zusammenhang gegeben, wenn dem PSA-Beschäftigten das Recht zur fristlosen Kündigung des Arbeitsverhältnisses aus wichtigem Grund zugestanden hat.[900] Davon ist primär auszugehen, wenn die PSA ihren Hauptleistungsverpflichtungen aus dem Arbeitsvertrag nicht nachkommt und dem PSA-Beschäftigten eine Aufrechterhaltung des Arbeitsvertrages bis zum Ablauf der ordentlichen Kündigungsfrist nicht zumutbar ist. Dabei ist jedoch zu bedenken, dass die vermittlungsorientierte Arbeitsweise der PSA nicht unmittelbarer Inhalt des Arbeitsvertrags geworden ist, sondern die entsprechenden Verpflichtungen zwischen der PSA und der BA vereinbart wurden.[901] Der PSA-Beschäftigte kann sich demzufolge für die Lösung des Beschäftigungsverhältnisses nicht darauf berufen, die PSA habe die vermittlungsorientierte Arbeitsnehmerüberlassung nur ineffektiv durchgeführt oder führe ihren Qualifizierungs- und Beratungsauftrag nur unzureichend aus und allein deshalb habe ein wichtiger Grund im Sinne der Sperrzeitregel vorgelegen. Entsprechende Tadel hätten gegenüber der Arbeitsverwaltung geltend gemacht werden müssen, so dass diese ggf. zu Sanktionen gegenüber der PSA hätte greifen können.

---

[897] Vgl. oben, § 10 B. III. 2. b.

[898] Dazu: **Rolfs**, in: ErfKomm., § 144 SGB III, Rn. 7 ff.; **Steinmeyer**, in: Ascheid/Preis/Schmidt, KR, Sozialrecht, Rn. 446 ff.

[899] Zu den Einzelheiten etwa: **Voelzke**, in: Kasseler Hdb. ArbF, § 12, Rn. 296 ff.

[900] **BSG**, v. 17. Juli 1964, BSGE 21, S. 205 ff. = SozR Nr. 3 zu § 80 AVAVG; zu den Einzelheiten: **Steinmeyer**, in: Ascheid/Preis/Schmidt, KR, Sozialrecht, Rn. 482 ff.; **Voelzke**, in: Kasseler Hdb. ArbF, § 12, Rn. 349 ff.

[901] Vgl. oben, § 10 A. II. 1.

Eine ohne weiteres durch den PSA-Beschäftigten ausgesprochene Kündigung kann danach die Verhängung einer Sperrzeit nicht verhindern.

2. Kündigungstatbestände ohne Sperrzeit-Relevanz

Ausgehend vom Zweck der Sperrzeitregelungen, die Versichertengemeinschaft bzw. die Allgemeinheit nur durch Leistungsansprüche zu belasten, wenn der Eintritt der Arbeitslosigkeit vom Arbeitslosen nicht selbst zu verantworten ist, weisen betriebsbedingte und personen-bedingte Kündigungen durch den Arbeitgeber keinen sperrzeitrelevanten Aspekt auf.[902] Gründete die Kündigung auf mangelnden Überlassungsaufträgen der PSA oder darauf, dass der PSA-Beschäftigte Qualifizierungsdefizite aufwies, die nach Einschätzung der PSA von ihr nicht behoben werden konnten,[903] so erhält der Gekündigte ohne Einschränkungen Arbeitslosengeld bzw. Arbeitslosenhilfe/Arbeitslosengeld II. Auf die zivilrechtliche Wirksamkeit der Kündigung kommt es dabei nicht an, da auf die Beendigung des Beschäftigungsverhältnisses, nicht auf die Beendigung des Arbeitsverhältnisses abzustellen ist.[904] Nach der neueren Rechtsprechung des BSG gilt dies auch für den Fall, dass eine Kündigung offensichtlich unwirksam ist und der PSA-Beschäftigte sich hierauf nicht beruft, insbesondere keine Kündigungsschutzklage erhebt.[905] Hat danach die PSA etwa eine betriebsbedingte Kündigung ausgesprochen, obwohl sie die Verpflichtung zur weiteren Aufrechterhaltung des Arbeitsverhältnisses unter Erbringung von weiteren Qualifizierungsleistungen noch nicht erfüllt hat[906] und nimmt der PSA-Beschäftigte die Kündigung hin, ist diese Vorgehensweise nicht sperrzeitbewehrt.

---

902 **Voelzke**, in: Kasseler Hdb. ArbF, § 12, Rn. 289.

903 Vgl. dazu oben, § 10 B. III. 2. a. bb.

904 **Voelzke**, in: Kasseler Hdb. ArbF, § 12, Rn. 274; **Schweiger**, NZS 2001, S. 519, 521.

905 **BSG**, v. 25. April 2002, AP Nr. 8 zu § 119 AFG = NZS 2003, S. 330 ff. Zuvor hatte das **BSG**, v. 09. November 1995, AP Nr. 4 zu § 119 AFG = NZA-RR 1997, S. 109 ff., erwogen, die Hinnahme einer offensichtlich rechtswidrigen Kündigung einer eigenständigen Lösung des Arbeitsverhältnisses durch den Arbeitnehmer gleichzustellen. Dieser „offenere Lösungsbegriff" war auf vielfache Kritik in der Literatur gestoßen und wird nunmehr vom BSG nicht weiter verfolgt. Vgl. **Voelzke**, in: Kasseler Hdb. ArbF, § 12, Rn. 286 ff.; **Steinmeyer**, in: Ascheid/Preis/Schmidt, KR, Sozialrecht, Rn. 449 f.; **Schulz**, SGb 2005, S. 89, 94.

906 Vgl. oben, § 10 B. III. und IV.

Zusammenfassung der Ergebnisse

1. Die Betrachtung der Grundlagen von Arbeitnehmerüberlassung und Arbeitsvermittlung hat die enge Verbindung vor Augen geführt, die zwischen diesen beiden Instituten besteht. Dabei konnte auch das allgemein in der Arbeitnehmerüberlassung angelegte Potential für die Förderung der Ziele der Arbeitsvermittlung aufgezeigt werden. Wie der Überblick der historischen Entwicklung dieses Verhältnisses gezeigt hat, wurden durch die kontinuierliche Deregulierung beide Rechtsgebiete dem privaten Markt mehr und mehr geöffnet. Spätestens seit den Reformen durch das Beschäftigungsförderungsgesetz 1994 wird das Potential der Arbeitnehmerüberlassung für die Arbeitsvermittlung ausdrücklich vom Gesetzgeber anerkannt. Seinen vorläufigen Höhepunkt findet diese Entwicklung in den Regelungen des Ersten Gesetzes für moderne Dienstleistungen am Arbeitsmarkt: Mit der weiteren Deregulierung des Rechts der Arbeitnehmerüberlassung und der Schaffung der gesetzlichen Grundlagen für die Einführung der Personal-Service-Agentur verbindet der Gesetzgeber die Hoffnung, durch das – nunmehr staatlich geförderte – Zusammenwirken von Arbeitnehmerüberlassung und Arbeitsvermittlung die Funktionsfähigkeit des Arbeitsmarktes generell zu verbessern. Dieser Entwicklung ist das Arbeitnehmerüberlassungsgesetz nicht konsequent gefolgt: Die geltende Fassung des § 1 Abs. 2 AÜG hält auch weiterhin an einem Alternativitätsverhältnis fest, das aus einer Zeiten stammt, in der Arbeitnehmerüberlassung die streng reglementierte Ausnahme von der für Private generell verbotenen Arbeitsvermittlung darstellte. Da diese Norm auch inhaltlich fragwürdig ist, sollte eine neue Fassung erwogen werden, die einerseits dem nunmehr propagierten gemeinschaftlichen Verhältnis von Arbeitnehmerüberlassung und Arbeitsvermittlung besser gerecht wird und andererseits klare Abgrenzungskriterien für die heute aktuellen Umgehungsbestrebungen beinhaltet.

2. Die Reform des Rechts der Arbeitnehmerüberlassung sollte zur Flexibilisierung der Zeitarbeit bei gleichzeitiger Einführung des Gleichstellungsgrundsatzes führen. Praktisch aber sind keine grundlegenden Änderungen erreicht worden. Die Streichung der Sondervorschriften aus dem AÜG (Synchronisationsverbot und unterstützende Verbote) führt nur zu geringem Flexibilitätsgewinn, da die nunmehr anwendbaren Regeln des TzBfG ähnliche Restriktionen aufstellen. Mit den Zielen der Konzeption der Personal-Service-Agentur wäre eine tatsächliche Flexibilisierung ohnehin in Konflikt geraten. Zugleich entspricht zwar der Gleichstellungsgrundsatz nunmehr dem gesetzlichen Leitbild des AÜG; die heutigen Tarifabschlüsse führen teilweise gleichwohl ein Lohnniveau herbei, das demjenigen vor der Reform gleicht; von „Equal Pay“ ist daher praktisch kaum noch die Rede. Für den Einsatz des Instruments „Personal-Service Agentur“ ist dies im Sinne der Arbeitsverwaltung, da so die erforderlichen Zuschüsse geringer ausfallen können. Als praktische Konsequenz der Reform kann daher nur die

nunmehrige Tarifierung der Zeitarbeit – und damit auch der Arbeitsverträge zu den Personal-Service-Agenturen – gelten. Sollte damit aber ein genereller Akzeptanzgewinn für die Zeitarbeit verbunden sein, könnte das gesetzgeberische Ziel, Arbeitnehmerüberlassung zu vermehrter Nutzung zu verhelfen, gleichwohl erreicht worden sein. Dies wird jedoch von den zukünftigen Tarifabschlüssen und einer baldigen Beilegung der Streitigkeiten um die Tariffähigkeit einzelner Gewerkschaften abhängen. Zugleich droht die undifferenzierte Erweiterung des Anwendungsbereichs des AEntG – unter Beibehaltung von § 1 Abs. 2 a AEntG –, den erreichten Zustand zu unterminieren.

3. Sollten die Streitigkeiten um die Verabschiedung der europäischen Richtlinie über die Arbeitsbedingungen von Leiharbeitnehmern beigelegt werden können, so könnte schon bald neuer Anpassungsbedarf für das AÜG entstehen. Zwar wären die geplanten Entgeltfragen außerhalb der Kompetenz des europäischen Gesetzgebers, gleichwohl ist das heutige AÜG nicht in allen Teilen konform mit den verbleibenden Regelungen der Richtlinie. Sollte aber auch weiterhin der Bereich der aktiven Arbeitsmarktpolitik aus dem Anwendungsbereich der Richtlinie ausgespart bleiben, könnte zumindest für die Arbeit der Personal-Service-Agenturen der heutige Rechtszustand des AÜG beibehalten werden.

4. Wie vom Gesetzgeber angestrebt, wurde das Instrument „Personal-Service-Agentur“ einzig in rein privatwirtschaftlicher Trägerschaft umgesetzt. Zum heutigen Zeitpunkt stellt eine solche privatwirtschaftliche Trägerschaft auch die gesetzlich einzig noch vorgesehene Betriebsform einer Personal-Service-Agentur dar. Da sich Vorgaben für die Arbeitsweise der Personal-Service-Agenturen aus dem Gesetz nur andeutungsweise ergeben, oblag und obliegt der Bundesagentur für Arbeit die Schaffung der konkreten Auftragsbedingungen. Kritisiert wird dabei insbesondere eine mangelnde Konzentration auf Problemgruppen des Arbeitsmarktes; befürchtet werden Verdrängungs- und Mitnahmeeffekte, die sich negativ auf die übliche Zeitarbeit auswirken und die nur durch eine striktere Definition der Zielgruppe beschränkt werden können. Die richtige Balance zwischen wirtschaftlich interessanter Betreibung des Instruments, einem überschaubaren Subventionierungsbedarf, möglichst geringer Verdrängungseffekte und zugleich möglichst großer Wirkung für den Abbau der Arbeitslosigkeit ist bis heute noch nicht gefunden.

5. Der Vertrag über die Einrichtung und Betreibung einer Personal-Service-Agentur ist als rein zivilrechtlich zu beurteilender, gemischter Vertrag einzuordnen, der überwiegend dienstvertragliche, daneben aber auch maklerdienstvertragliche Komponenten enthält und teils als unechter (ermächtigender) Vertrag zugunsten des Beschäftigten der Personal-Service-Agentur anzusehen ist. Im Rahmen dieses Vertragsverhältnisses übernimmt die Personal-Service-Agentur den Auftrag, gegenüber den einzustellenden Arbeitslosen ein besonderes Förderungsverhältnis auf der Grundlage eines Leiharbeitsvertrages zu schaffen. Im Rahmen dieses Förderungsverhältnisses hat die Personal-Service-Agentur ihren

Leiharbeitnehmer möglichst dauerhaft in Entleiherbetriebe zu entsenden, um auf diese Weise die Anbahnung eines neuen Arbeitsverhältnisses zwischen Leiharbeitnehmer und Entleiher herbeizuführen. Kann der Leiharbeitnehmer nicht in Entleihbetrieben beschäftigen werden, hat die Personal-Service-Agentur zur Steigerung der Vermittlungschancen die Aufgabe übernommen, Direktvermittlungs-, Qualifizierungs-, und Betreuungsleistungen zu erbringen. Als Gegenleistung zahlt die Arbeitsverwaltung ein Honorar, welches aus einem monatlichen Pauschalbetrag und ggf. einer Vermittlungsprämie besteht. Um die Personal-Service-Agentur zu einer möglichst frühzeitigen Vermittlung in den regulären Arbeitsmarkt zu bewegen, waren in den PSA-Verträgen der ersten Ausschreibungsrunde beide Komponenten zeitlich degressiv gestaffelt. Von dieser Regelung ist in den neuen PSA-Verträgen der späteren Vergaberunden abgewichen worden. Das Zusammenspiel von erwirtschafteten Überlassungsgebühren und staatlichen Förderungsleistungen dient der Finanzierung der Tätigkeit der Personal-Service-Agentur.

6. Unter der Geltung der PSA-Verträge der ersten Vergaberunde war die Pflicht zur Aufrechterhaltung der einzelnen Förderungsverhältnisse nicht unbegrenzt. Abgesehen vom Eintritt eines Vermittlungserfolges verpflichtete der Vertrag zur Bundesagentur für Arbeit die Personal-Service-Agentur, die Förderungsverhältnisse für die Dauer von regelmäßig neun Monaten aufrecht zu erhalten. Vorzeitige Beendigungen konnten dabei zulässig sein, sofern sich der vorgeschlagene Arbeitslose als grundlegend ungeeignet für den Einsatz in Zeitarbeit erwies oder er die erforderliche Mitwirkung an der vermittlungsorientierten Arbeitsweise der Personal-Service-Agentur nicht erbrachte. Da die einzelnen Förderungsverhältnisse nicht vollumfänglich subventioniert waren, konnten darüber hinaus auch wirtschaftliche Gründe in Form mangelnder Einsatzaufträge eine Beendigung vor Erreichen der Neun-Monats-Frist rechtfertigen. Dabei hat die Auslegung der PSA-Verträge der ersten Vergaberunde ergeben, dass die Personal-Service-Agentur neben den üblichen Arbeitgeberrisiken (insb. das Wirtschafts- und Absatzrisiko) ein besonderes Risiko (das *PSA-Risiko*) übernommen hatte und insofern verpflichtet war, verleihfreie Zeiten in größerem Umfang zu tragen, als dies für übliche Verleiher der Fall ist. Der konkrete Umfang verleihfreier Zeiten, die im Hinblick auf das einzelne Förderungsverhältnis von der Personal-Service-Agentur zu tragen und vermittlungs-orientiert zu nutzen war, bemaß sich nach den im Zusammenhang mit dem PSA-Vertragsschluss stehenden Einschätzungen über den erwarteten Umfang verleihfreier Zeiten. Erst wenn diese Größenordnung überschritten war, konnte das konkrete Förderungsverhältnis und das zugrunde liegende Leiharbeitsverhältnis vorzeitig beendet werden. Eine entsprechende Risikoübernahme kann dagegen aus den nunmehr verwandten PSA-Verträgen nicht mehr hergeleitet werden, so dass die in dieser und in der folgenden Ziffer getroffenen Aussagen nicht mehr auf Perso-

nal-Service-Agenturen, deren Betrieb auf der Grundlage der späteren Vergaberunden basiert, übertragen werden kann.

7. Bei den von Personal-Service-Agenturen der ersten Vergaberunde abzuschließenden Arbeitsverträgen handelte es sich im Grundsatz um übliche Leiharbeitsverträge. Die Vereinbarungen des PSA-Vertrages wirkten sich jedoch auf die Ausgestaltung dieser Leiharbeitsverträge aus. In der Konsequenz entstanden Leiharbeitsverhältnisse, die von den arbeitsförderungsrechtlichen Zielen, die mit dem Einsatz der Personal-Service-Agentur verfolgt werden, beeinflusst waren. So hatte zunächst die Personal-Service-Agentur den Leiharbeitnehmer im Vermittlungsfalle unverzüglich aus der vertraglichen Bindung freizugeben. Auch waren Befristungen des Leiharbeitsvertrages nur zulässig, um Deckungsgleichheit mit der neunmonatigen Förderungsdauer zu erreichen. Ferner wirkte der arbeitsförderungsrechtliche Auftrag der Personal-Service-Agentur unter Geltung der PSA-Verträge der ersten Vergaberunde unmittelbar auf die Kündbarkeit des Leiharbeitsverhältnisses ein: Den Vorgaben eines solchen PSA-Vertrages zur Aufrechterhaltung der Förderungsverhältnisse kam die Bedeutung eines generellen, dinglich wirkenden Kündigungsverzichts zu; ein Verstoß der PSA gegen die Reichweite des Kündigungsverzichts führte folglich nicht nur zu schuldrechtlichen Ansprüchen, sondern bewirkte die Unwirksamkeit der Kündigung selbst. Dieser Kündigungsverzicht war jedoch durchbrochen, sofern die Personal-Service-Agentur einen der Gründe ins Feld führen konnte, der auch die vorzeitige Beendigung des Förderungsverhältnisses bedingen konnte. Dies wirkte sich folgendermaßen auf die Kündigung aus:

- Im Anwendungsbereich des KSchG wurden die unbestimmten Rechtsbegriffe (z.B. „Dringlichkeit“, „Zumutbarkeit“) durch die Vorgaben des PSA-Vertrages „angereichert“, so dass die Kumulation von gesetzlichen und vertraglich vereinbarten Kündigungsbeschränkungen zu einem modifizierten, erhöhten Bestandsschutz des Leiharbeitsvertrages in der Personal-Service-Agentur führte. Insbesondere im Zusammenhang mit der betriebsbedingten Kündigung wirkte sich der arbeitsförderungsrechtliche Auftrag der Personal-Service-Agentur aus, indem Gestaltungen und Reaktionen, die einem Betreiber üblicher Arbeitnehmerüberlassung zur Verfügung stehen, dem Betreiber einer Personal-Service-Agentur verschlossen waren. Fragen der Sozialauswahl stellten sich in der Personal-Service-Agentur regelmäßig nicht. Auch konnte der Weiterbeschäftigungsanspruch nach § 1 Abs. 2 S. 3 KSchG keine praktische Anwendung finden.
- Im kündigungsschutzgesetzfreien Raum bewirkte der vereinbarte Kündigungsverzicht, dass anders als im Normalarbeitsverhältnis die Arbeitgeberkündigung einer Rechtfertigung bedurfte. Nur wenn sich die Personal-Service-Agentur darauf berufen konnte, dass einer der im PSA-Vertrag angelegten Gründe für die Beendigung des Förderungsverhältnisses vorlag, konnte der Kündigung Rechtswirkung zukommen. Damit war im kündi-

gungsschutzgesetzfreien Raum ein materielles Bestandsschutzkonzept eingeführt.

Der Auftrag der Personal-Service-Agentur, überlassungsfreie Zeiten durch die Erbringung des vereinbarten Maßnahmenprogramms in den Dienst der Arbeitsvermittlung zu stellen, führte und führt auch unter Geltung der neuen PSA-Verträge nicht zu einer Erweiterung der Rechte des einzelnen Leiharbeitnehmers: der Pflicht zur Erbringung der einzelnen Leistungen kommt lediglich die Funktion eines unechten (ermächtigenden) Vertrags zugunsten der Beschäftigten der Personal-Service-Agentur zu. Die Leistungen werden also nur anlässlich des abgeschlossenen Leiharbeitsvertrages erbracht; als Gläubigerin der Leistungen verbleibt damit die Arbeitsverwaltung „Herrin des Verfahrens" und ist damit in der Lage, die vertragsgemäße Erbringung der einzelnen Förderungsleistungen zu überwachen. Da zugleich die Arbeitsverwaltung ihrer sozialrechtlichen Pflicht zur Arbeitsförderung des einzelnen PSA-Beschäftigten nur nachkommt, wenn sie den ordnungsgemäßen Ablauf der Tätigkeit der Personal-Service-Agentur überprüft, wird mittelbar der PSA-Beschäftigte ausreichend geschützt. Modifiziert wird aber die Leistungsverpflichtung des PSA-Beschäftigten: Im Rahmen des Weisungsrechts der Personal-Service-Agentur ist er arbeitsvertraglich verpflichtet, an den Maßnahmen zur Steigerung seiner Qualifizierung und seiner Vermittlungschancen im erforderlichen Maße mitzuwirken.

Die Freiheit zur Kündigung des PSA-Beschäftigten wird dagegen nicht rechtlich, sondern nur faktisch beschränkt: So führt eine Kündigung zu sozialleistungsrechtlichen Konsequenzen für den PSA-Beschäftigten, sofern dieser nicht auf das Vorliegen eines wichtigen Grundes verweisen kann.

8. Anders als im Hinblick auf die Leiharbeitsverhältnisse wirkt sich der arbeitsförderungsrechtliche Auftrag der Personal-Service-Agentur nur gering auf die Überlassungsverträge zu den Kunden der Personal-Service-Agentur, also den Entleihern, aus. Der Personal-Service-Agentur ist es lediglich untersagt, eine Vermittlungsprämie mit dem Entleiher zu vereinbaren, da dies in Konflikt zu der PSA-Vertragspflicht geraten könnte, dem Wechsel zum Entleiher ohne Nachteil für den Leiharbeitnehmer zuzustimmen. Ferner ist die Personal-Service-Agentur vor dem Hintergrund der drohenden Honorarkürzung gehalten, vor einem Überlassungseinsatz zu überprüfen, ob der erwogene Leiharbeitnehmer bereits zuvor in einem Arbeitsverhältnis oder einem Beschäftigungsverhältnis zu dem Entleiher stand. Hinsichtlich des Beschäftigungsverhältnisses des überlassenen Leiharbeitnehmers in den Entleiher-betrieben ergeben sich keinerlei Abweichungen zur Lage in üblicher Arbeitnehmerüberlassung.

9. Weniger die Vorgaben des PSA-Vertrages, sondern die rein faktischen Verhältnisse führen in der Personal-Service-Agentur im Hinblick auf das Betriebsverfassungsgesetz zu Abweichungen gegenüber der Lage in üblichen Verleiherbetrieben. So stehen schon besondere faktische Hindernisse der erforderli-

chen Initiative der Belegschaft zur Aufstellung eines Wahlvorstandes für eine Betriebsratswahl im Wege. Ferner kann nach der hier vertretenen Ansicht den Leiharbeitnehmern das passive Wahlrecht (abgesehen von der Ausnahme des § 8 Abs. 2 BetrVG) nicht zustehen, so dass nur in größeren Personal-Service-Agenturen, die über mindestens drei Festangestellte verfügen, ein Betriebsrat gewählt werden kann. Sofern ein Betriebsrat besteht, ist er nach den allgemein für die Leiharbeit geltenden Grundsätzen, die Folge der aufgespaltenen Arbeitgeberstellung sind, für die Fragen zuständig, die unmittelbar an das Arbeitsverhältnis der Leiharbeitnehmer oder an die betriebliche Ordnung in der Personal-Service-Agentur anknüpfen. Dabei kann dem PSA-Betriebsrat für das Beteiligungsrecht nach § 102 BetrVG besondere Bedeutung zukommen, da der Betriebsrat in der Personal-Service-Agentur überprüfen kann, ob eine Kündigung gegen die Vorgaben des PSA-Vertrages verstößt. Auch können die Mitbestimmungsrechte in sozialen und personellen Angelegenheiten (§§ 87, 99 BetrVG) praktisch relevant werden. Die weiteren Beteiligungsrechte des Betriebsrates können aufgrund der besonderen Organisation und Arbeitsweise der Personal-Service-Agentur jedoch kaum eine Rolle spielen.

Im Entleiherbetrieb gilt der überlassene Arbeitnehmer der Personal-Service-Agentur nicht als Betriebsangehöriger. Weder der Umstand, dass ihm bei dreimonatigem Einsatz das aktive Wahlrecht zusteht, noch die neuerlichen Änderungen im Recht der Arbeitnehmerüberlassung führen zu dem Ergebnis, dass der von einer Personal-Service-Agentur Überlassene zum Arbeitnehmer des Entleihers im betriebsverfassungsrechtlichen Sinn wird. In der Folge werden die betriebsverfassungsrechtlichen Schwellenwerte im Entleiherbetrieb nicht durch den Einsatz eines PSA-Leiharbeitnehmers beeinflusst. Bezüglich der Zuständigkeiten des Betriebsrates im Entleiherbetrieb ergeben sich für die Beschäftigung eines PSA-Leiharbeitnehmers keine Abweichungen gegenüber der Lage bei üblicher Arbeitnehmerüberlassung. Der Entleiher-Betriebsrat ist folglich dann für den PSA-Leiharbeitnehmer zuständig, wenn es um Fragen geht, die mit der tatsächlichen Eingliederung in den Entleiherbetrieb zusammenhängen.

10. Im sozialrechtlichen Verhältnis zwischen Arbeitslosem und der Arbeitsverwaltung stellt die Beschäftigung in der Personal-Service-Agentur eine eigene Art der Leistung der aktiven Arbeitsförderung dar. Vor dem Hintergrund des neuen Grundsatzes des „Förderns und Forderns" wirkt sich das Verhalten des Beschäftigten bei der Personal-Service-Agentur auf spätere Leistungsansprüche gegenüber der Arbeitsverwaltung aus. Zusammengefasst führt ein Verhalten, das gegen die jeweiligen Zumutbarkeitsregelungen verstößt, zu leistungs-rechtlichen Konsequenzen, die entweder zu der Verhängung einer Sperrzeit (in Bezug auf Arbeitslosengeld und bis zum 31. Dezember 2004 auf Arbeitslosenhilfe) oder zu der Absenkung der Leistungen nach dem SGB II führen. Ein nicht vorwerfbares Verhalten bleibt dagegen ohne Auswirkung auf die Leistungsansprüche.

Literaturverzeichnis

A

Adamy, Wilhelm: Fakten statt vorschneller Fehlurteile, SozSich 2002, S. 38 bis 42.

Ders.: Hartz IV – Schwierige Kooperation zwischen Arbeitsagenturen und Kommunen, SozSich 2004, S. 332 bis 338.

Almus, Matthias / Engeln, Jürgen / Lechner, Michael / Pfeiffer, Friedhelm / Spengler, Hannes: Die gemeinnützige Arbeitnehmerüberlassung in Rheinland-Pfalz, MittAB 1998, 3/1998, S. 558 bis 574.

Ankersen, Per: Start in eine neue Zeitarbeitsära – mit Verbandskonkurrenzkämpfen und Kundenverunsicherung, AIP 2004, S: 8 bis 17.

Ders.: Neues AÜG seit 1.3.2003 bundesweit in Kraft, NZA 2003, S. 421 bis 425.

Antoni, Manfred / Jahn, Elke J.: Boomende Branche mit hoher Fluktuation, IAB-Kurzbericht 14/2006, S. 1 bis 8.

Ascheid, Reiner: Betriebsbedingte Kündigung – Unternehmerentscheidung und außerbetriebliche Gründe, DB 1987, S. 1144 bis 1150.

Ders. / Preis, Ulrich / Schmidt, Ingrid [Hrsg.]: Kündigungsrecht – Großkommentar zum gesamten Recht der Beendigung von Arbeitsverhältnissen, 2. Auflage, Verlag C.H. Beck, München 2004. Zitiert: **Bearbeiter**, in: Ascheid/Preis/Schmidt, KR.

B

Bader, Peter: Das Gesetz zu Reformen am Arbeitsmarkt, NZA 2004, S. 65 bis 76.

Bamberger, Heinz Georg / Roth, Herbert [Hrsg.]: Kommentar zum Bürgerlichen Gesetzbuch, Bd. I, §§ 1 – 610, Verlag C.H. Beck, München, Aktualisierung 2004. Zitiert: **Bearbeiter**, in: Bamberger/Roth BGB, Bd. I.

Bauer, Jobst-Hubertus / Krets, Jérôme: Gesetz für moderne Dienstleistungen am Arbeitsmarkt, NJW 2003, S. 537 bis 545.

Ders. / Krieger, Steffen: Neuer Abfindungsanspruch – 1 a daneben, NZA 2004, S. 77 bis 79.

Ders. / Preis, Ulrich /Schunder, Achim: Das Gesetz zu Reformen am Arbeitsmarkt – Reform oder Reförmchen?, NZA 2004, S. 195 bis 199.

Baumeister, Hella: Personal-Service-Agenturen (PSA) – das Herzstück der Hartz-Reformen?, in: Bericht zur Lage der Arbeitnehmerinnen und Arbeitnehmer im Lande Bremen 2003, Arbeitnehmerkammer Bremen, 2003, S. 29 bis 33.

Bauschke, Hans-Joachim: Die so genannte Fremdfirmenproblematik, NZA 2000, S. 1201 bis 1208.

Bayreuther, Frank: Tarifpolitik im Spiegel der verfassungsrechtlichen Rechtsprechung – Zum „equal-Pay"-Beschluss des BVerfG, NZA 2005, S. 341 bis 343

Becker, Friedrich: Zur Abgrenzung des Arbeitnehmerüberlassungsvertrages gegenüber anderen Vertragstypen mit drittbezogenem Personaleinsatz, ZfA 1978, S. 131 bis 151.

Ders. / Wulfgramm, Jörg: Kommentar zum Arbeitnehmerüberlassungsgesetz. 3. Auflage, Verlag Luchterhand, Neuwied 1985. Zitiert: **Becker/Wulfgramm**, AÜG.

Ders. [Begr.], Etzel, Gerhard [Gesamtred.]: Gemeinschaftskommentar zum Kündigungsschutzgesetz und zu sonstigen kündigungsschutzrechtlichen Vorschriften, 7. Auflage, Verlag Luchterhand, München/Unterschleißheim, 2004. Zitiert: **Bearbeiter**, in: GK-KSchG, §, Rn.

Behrend, Britta: Arbeitnehmerüberlassung mit bis zu 24 Monaten – Job-AQTIV mit Hindernissen, NZA 2002, S. 372 bis 374.

Dies.: Scheinwerkverträge bei bestehender Arbeitnehmerüberlassungserlaubnis; zugl.: Münster, Univ., Diss. 2001.

Behrend, Britta: Neues zum Scheinwerkvertrag: Die vermutete Arbeitsvermittlung im AÜG, BB 2001, S. 2641 bis 2646.

Benda, Ernst / Maihofer, Werner / Vogel, Hans-Jochen [Hrsg.]: Handbuch des Verfassungsrechts der Bundesrepublik Deutschland, 2. Auflage, Veralg Walter de Gruyter, Berlin, New York, 1994. Zitiert: **Bearbeiter**, in: Benda/Maihofer/Vogel, Hdb. VerfR.

Benkert, Daniel: Änderungen im Arbeitnehmerüberlassungsgesetz durch „Hartz III", BB 2004, S. 998 bis 1001.

Berkowsky, Wilfried: Die verhaltensbedingte Kündigung – Teil 1, NZA-RR 2001, S. 1 bis 20.

Ders.: Die verhaltensbedingte Kündigung – Teil 2, NZA-RR 2001, S. 57 bis 76.

Bertelsmann Stiftung / Bundesanstalt für Arbeit / Mc Kinsey & Company [Hrsg.]: Die Personal-Service-Agentur (PSA) – Konzeption und Diskussion eines neuen arbeitsmarktpolitischen Instruments, Gütersloh, 2002.

Bertram, Oliver: Die AÜG-Reform im Spiegel des EG-Richtlinienentwurfs zur Leiharbeit, ZESAR 2003, S. 205 bis 214.

Ders.: Die Reform des Arbeitnehmerüberlassungsgesetzes, FA 2003, S. 200 bis 204.

Birk, Rolf: Umschulung statt Kündigung, in: Arbeitsrecht in der Bewährung, Festschrift für Otto Rudolf Kissel zum 65. Geburtstag, Hrsg.: Heinze, Meinhard / Söllner, Alfred, Verlag C.H. Beck, München 1994, S. 51 bis 75. Zitiert: **Birk**, FS Kissel.

Bispinck, Reinhard: Tarifpolitischer Jahresbericht 2003: Konflikt um Tarifautonomie – Kampf um Lohnprozente, WSI-Mitteilungen 2004, S. 63 bis 70.

Blanke, Thomas / Schüren, Peter / Wank, Rolf / Wedde, Peter: Handbuch Neue Beschäftigungsformen – Teilzeitarbeit, Telearbeit, Fremdfirmenpersonal, Franchiseverhältnisse, Verlag Nomos, Baden-Baden, 2002. Zitiert: **Bearbeiter**, in: Blanke, Neue Beschäftigungsformen.

Boemke, Burkhard: Die Betriebszugehörigkeit, AR-Blattei Systematische Darstellung, Fach 540, Stichwort: Betriebszugehörigkeit, Stand: Januar 2005. Zitiert: **Boemke**, AR-Blattei SD 540.

Ders.: Privatautonomie im Arbeitsvertragsrecht, NZA 1993, S. 532 bis 538.

Ders.: Arbeitnehmerüberlassungsgesetz – Kommentar Verlag Recht und Wirtschaft, Heidelberg, 2002. Zitiert: **Boemke**, AÜG a.F.

Ders. / Lembke, Mark: Arbeitnehmerüberlassungsgesetz – Kommentar, 2. Auflage, Verlag Recht und Wirtschaft, Heidelberg, 2005. Zitiert: **Boemke/Lembke**, AÜG.

Ders. / Lembke, Mark: Änderungen im AÜG durch das „Job-AQTIV-Gesetz", DB 2002, S. 893 bis 899.

Ders. / Lembke, Mark: Nachtrag zum Arbeitnehmerüberlassungsgesetz – Rechtliche Neuerungen der Arbeitnehmerüberlassung durch das Erste Gesetz für moderne Dienstleistungen am Arbeitsmarkt vom 23.12.2002, Verlag Recht und Wirtschaft, Heidelberg, 2003. Zitiert: **Boemke/Lembke**, Nachtrag AÜG.

Ders.: Annahmeverzug des Entleihers bei Nichtbeschäftigung des Leiharbeitnehmers?, BB 2006, S: 997 bis 1003

Ders.: Befristung von Leiharbeitsverhältnissen nach der AÜG-Reform, RdA 2005, S. 360 bis 367.

Boewer, Dietrich: Teilzeit- und Befristungsgesetz (TzBfG) – Kommentar für die Praxis, Datakontext-Verlag, Frechen-Königsdorf, 2002. Zitiert: **Boewer**, TzBfG.

Böhm, Wolfgang: „Billig-Tarifverträge" in der Zeitarbeit – Risiken für die Kunden, DB 2003, S. 2598 bis 2601.

Böhm, Wolfgang: Zeitenwende bei der Zeitarbeit: Start mit Irritationen, NZA 2003, S. 828 bis 832.

Ders.: Gesetzgebung korrigiert Rechtsprechung zur Provision für Arbeitsvermittlung nach Arbeitnehmerüberlassung, DB 2004, S. 1150 bis 1153.

Böhm, Wolfgang: Flucht aus dem Zeitvertrag in die Zeitarbeit, NZA 2004, S. 823 bis 828.

Ders.: „Zweite Belegschaften“: Mehr Flexibilität und geringere Personalkosten durch onsite management, NZA 2005, S. 554 bis 563.

Ders.: Demontage der „Billig-Tarifverträge" in der Zeitarbeit: Wachsende Risiken für die Kunden, DB 2005, S. 2023 bis 2025.

Ders.: Leiharbeitnehmer: Wahlrecht zum Betriebsrat im Kundenbetrieb?, DB 2006, S. 104 bis 105.

Brettreich-Teichmann, Werner / Wiedemann, Gudrun: Trends in der globalen Dienstleistungswirtschaft, in: Bullinger, Hans-Jörg [Hrsg.], Dienstleistungen 2000 plus: Zukunftsreport Dienstleistungen in Deutschland, Frauenhofer-IRB-Verlag, Stuttgart 1998.

Brinker, Ingo: Vorabinformation der Bieter über den Zuschlag oder Zwei-Stufen-Theorie im Vergaberecht?, NZBau 2000, S. 174 bis 178.

Brors, Christiane: „Leiharbeitnehmer wählen ohne zu zählen“ – eine kurzlebige Entscheidung, NZA 2003, S. 1380 bis 1383.

Dies.: „Fremdpersonaleinsatz“ – Wer ist gemäß § 7 S. 2 BetrVG wahlberechtigt? NZA 2002, S. 123 bis 126.

Dies.: Zweifelhafte Zulässigkeit der gestaffelten individualvertraglichen Verweisung auf die Zeitarbeitstarifverträge der Christlichen Gewerkschaften und des DGB, BB 2006, S. 101 bis 105.

Dies. / Schüren, Peter: Konzerninterne Arbeitnehmerüberlassung zur Kostensenkung, BB 2004, S. 2745 bis 2752.

Dies. / Schüren, Peter: Kostensenkung durch konzerninterne Arbeitnehmerüberlassung, BB 2005, S. 494 bis 495.

Brorse, Wiebke: Die betriebsverfassungsrechtliche Stellung von Leiharbeitnehmern nach den Änderungen des AÜG, NZA 2005, S. 797 bis 800.

Buchner, Herbert: Leiharbeit: Ablösung der Verpflichtung zur Gewährung der im Entleiherbetrieb geltenden Arbeitsbedingungen (§ 10 Abs. 4 AÜG) durch Tarifregelungen, DB 2004, S. 1042 bis 1044.

Ders.: Reform des Arbeitsmarkts – Was brauchen und was können wir?, DB 2003, S. 1510 bis 1517.

C

Callies, Christian / Ruffert, Matthias [Hrsg.]: Kommentar des Vertrages über die Europäische Union und des Vertrages zur Gründung der Europäischen Gemeinschaft: EUV/EGV, 2. Auflage, Verlag Luchterhand, Neuwied, Kriftel, 2002. Zitiert: **Bearbeiter**, in: Callies/Ruffert, EUV/EGV.

D

Dahl, Holger: Betriebsbedingte Kündigung eines Leiharbeitsverhältnisses wegen Auftragsrückgang, DB 2003, S. 1626 bis 1629.

Däubler, Wolfgang: Neues zur betriebsbedingten Kündigung, NZA 2004, S. 177 bis 184.

Ders.: Die neue Leiharbeit, KritJ 2003, S. 17 bis 24.

Ders.: Die Koalitionsfreiheit im EG-Recht, in: Arbeitsrecht und Sozialpartnerschaft, Festschrift für Peter Hanau, Hrsg. Isenhardt, Udo / Preis, Ulrich, Verlag Otto Schmidt, Köln, 1999, S. 489 bis 503. Zitiert: **Däubler**, in: FS Hanau.

Däubler, Wolfgang / Kittner, Michael / Klebe, Thomas [Hrsg.]: BetrVG – Betriebsverfassungsgesetz – Kommentar für die Praxis, 10. Auflage, Bund-Verlag, Frankfurt am Main, 2006. Zitiert: **Bearbeiter**, in: Däubler/Kittner/Klebe BetrVG.

Deinert, Olaf: Zur Tariffähigkeit einer Arbeitnehmerkoalition, AuR 2004, S. 212 bis 217.

Dewender, Sascha: Betriebsfremde Arbeitnehmer in der Betriebsverfassung unter besonderer Berücksichtigung der unechten Leiharbeitnehmer; zugl.: Bochum, Univ., Diss. 2003, Reihe: Europäische Hochschulschriften: Reihe 2, Rechtswissenschaft, Verlag Peter Lang, Frankfurt am Main, 2004. Zitiert: **Dewender**, Betriebsfremde Arbeitnehmer.

Ders.: Die Rechtsstellung der Leiharbeitnehmer nach § 7 Satz 2 und 9 BetrVG, RdA 2003, S. 274 bis 279.

Dieterich, Thomas / Müller-Glöge, Rudi / Preis, Ulrich / Schaub, Günter [Hrsg.]: Erfurter Kommentar zum Arbeitsrecht, 7. Auflage, Verlag C.H. Beck, München 2007. Zitiert: **Bearbeiter**, in: ErfKomm.

Dietz, Rolf: Das neue Kündigungsschutzgesetz, NJW 1951, S. 941 bis 946.

Dörner, Heinrich: Dynamische Relativität: der Übergang vertraglicher Rechte und Pflichten; zugl.: München, Univ., Habil.-Schr., 1982/83, Reihe: Münchener Universitätsschriften: Reihe der Juristischen Fakultät, Bd. 60, Verlag C.H. Beck, München, 1985. Zitiert: **Dörner**, Dynamische Relativität.

Dreher, Meinrad: Der Anwendungsbereich des Kartellvergaberechts, DB 1998, S. 2579 bis 2589.

Ders.: Public Private Partnerships und Kartellvergaberecht – Gemischtwirtschaftliche Gesellschaften, In-House-Vergabe, Betreibermodell und Beleihung Privater, NZBau 2002, S. 245 bis 259.

Dütz, Wilhelm: Arbeitsrecht. 11. Auflage, Verlag C.H. Beck, München 2006. Zitiert: **Dütz** ArbR.

Düwell, Franz Josef: Änderungen des AÜG durch das Arbeitsförderungs-Reformgesetz, BB 1997, S. 46 bis 48.

Ders.: Deregulierung der Arbeitnehmerüberlassung – Abbau beschäftigungshemmender Vorschrift, AuA 1997, S. 253 bis 256.

Ders. / Weyand, Joachim: Hartz und die Folgen: das neue Arbeits- und Sozialrecht, Deubner Verlag, Köln, 2003. Zitiert: **Bearbeiter**, in: Düwell/Weyand, Hartz und die Folgen.

Ders.: Weitere Rechtsgrundlage für Mindestlohn: Das Erste Gesetz zur Änderung des Arbeitnehmer-Entsendegesetzes, jurisPR-ArbR 18/2007, Anm. 7.

Ders. / Dahl, Holger: Arbeitnehmerüberlassung und Befristung, NZA 2007, Seite 889 – 893.

E

Eichenhofer, Eberhard: Sozialrecht, 5. Auflage, Verlag Mohr Siebeck, Tübingen, 2004. Zitiert: **Eichenhofer**, SozR.

Ders.: Das Arbeitsvermittlungsmonopol der Bundesanstalt für Arbeit und das EG-Recht, NJW 1991, S. 2857 bis 2860.

Engels, Gerd / Trebinger, Yvonne / Löhr-Steinhaus, Wilfried: Regierungsentwurf eines Gesetzes zur Reform des Betriebsverfassungsgesetzes, DB 2001, S. 532 bis 542.

Erdlenbruch, Michael: Die betriebsverfassungsrechtliche Stellung gewerbsmäßig überlassener Arbeitnehmer; zugl.: Mannheim, Univ., Diss., 1992, Reihe: Mannheimer Beiträge zum Arbeitsrecht, Bd. 4, Verlag Peter Lang, Frankfurt am Main, 1992.

Erdmann, Ernst-Gerhard / Jürging, Claus / Kammann, Karl-Udo [Begr.] Hess, Harald / Schlochauer, Ursula / Worzalla, Michael / Glock, Dirk [Hrsg.]: Kommentar zum Betriebsverfassungsgesetz, 6. Auflage, Luchterhand, Neuwied, Kriftel, 2003. Zitiert: **Bearbeiter**, in: HSWG-BetrVG.

Erichsen, Hans-Uwe / Ehlers, Dirk [Hrsg.]: Allgemeines Verwaltungsrecht, 12. Auflage, Verlag Walter de Gruyter, Berlin, 2002. Zitiert: **Bearbeiter**, in: Erichsen, AllgVerwR.

Erman, Walter [Begr.], Westermann, Harm Peter [Hrsg.]: Erman, Bürgerliches Gesetzbuch, Band I, 11. Auflage, Verlag Otto Schmidt, Köln, 2004. Zitiert: **Bearbeiter**, in: Erman BGB, Bd. I.

Eylert, Mario: Sozialrechtlich geförderte Arbeitsverhältnisse und das Arbeitsrecht, in: Sozialrecht und Sozialpolitik in Deutschland und Europa, Festschrift für Bernd Baron von Maydell, Hrsg.: Boecken, Winfried, Verlag Luchterhand, Neuwied; Kriftel, 2002, S. 219 bis 232. Zitiert: **Eylert**, FS v. Maydell.

F

Faber, Michael: Das neue SGB II – eine Lösung des Problems der Langzeitarbeitslosigkeit?, NZS 2005, S. 75 bis 82.

Fastrich, Lorenz: Gleichbehandlung und Gleichstellung, RdA 2000, S. 65 bis 81.

Feuerborn, Andreas: Deregulierung im Arbeitsrecht? Die angebliche 1:1-Umsetzung der Hartz-Vorschläge zur Leiharbeit, in: Jahrbuch der Heinrich-Heine-Universität Düsseldorf, Hrsg. Labisch, Alfons, Düsseldorf, 2002. Zitiert: **Feuerborn**, in: Jahrbuch der Heinrich-Heine-Universität Düsseldorf 2002.

Ders. / Hamann, Wolfgang: Liberalisierung der Arbeitnehmerüberlassung durch das Arbeitsförderungs-Reformgesetz, BB 1997, S: 2530 bis 2535.

Fikentscher, Wolfgang / Heinemann, Andreas: Schuldrecht, 10. Auflage, Verlag Walter de Gruyter, Berlin, New York, 2006. Zitiert: **Fikentscher/Heinemann**, SchR.

Fitting, Karl [Begr.], Engels, Gerd / Schmidt, Ingrid / Trebinger, Yvonne / Linsenmaier, Wolfgang [Hrsg.]: Betriebsverfassungsgesetz – Handkommentar, 23. Auflage, Verlag Franz Vahlen, München, 2006. Zitiert: **Fitting**, BetrVG.

Franke, Dietmar: Betriebsratswahlen 2002 – Wahlanfechtungen sind vorprogrammiert, NJW 2002, S. 656 bis 658.

Franzen, Martin: Reformbedarf beim Betriebs- und Arbeitnehmerbegriff des Betriebsverfassungsgesetzes? ZfA 2000, S. 285 bis 327.

Ders.: Die unternehmerische Entscheidung in der Rechtsprechung des BAG zur betriebsbedingten Kündigung, NZA 2001, S. 805 bis 812.

Freckmann, Anke: Arbeitnehmerüberlassung und „Hartz-Reform", DStR 2003, S. 294 bis 298.

Frik, Roman: Die Befristung von Leiharbeitsverträgen nach dem Teilzeit- und Befristungsgesetz, NZA 2005, S. 386 bis 390.

G

Gagel, Alexander [Hrsg.]: Sozialgesetzbuch III – Arbeitsförderung: Kommentar, Loseblatt, 2 Bände, Verlag C.H. Beck, München, 27. Erg.Lief. Stand: 25. Juli 2006. Zitiert: **Bearbeiter**, in: Gagel SGB III.

Gamillscheg, Franz: Der zweiseitig-zwingende Charakter des § 626 BGB, AuR 1981, S. 105 bis 109.

Gaul, Björn: Die Weiterbeschäftigung nach zumutbaren Umschulungs- und Fortbildungsmaßnahmen, BB 1995, S. 2422 bis 2428.

Gaul, Björn / Lunck, Stefan: Gestaltungsspielraum bei Punkteschemata zur betriebsbedingten Kündigung, NZA 2004, S. 184 bis 190.

Ders. / Otto, Björn: Gesetze für moderne Dienstleistungen am Arbeitsmarkt – Umsetzung der Vorschläge der Hartz-Kommission, DB 2002, S. 2486 bis 2491.

Gericke, Michael: Private Arbeitsvermittlung in Deutschland, GewArch 1994, S. 400 bis 403.

Göbel, Jürgen: Neue Arbeitsplätze für schwer vermittelbare Arbeitslose durch nichtgewerbsmäßige Arbeitnehmerüberlassung, RdA 1980, S. 204 bis 217.

Grobys, Marcel / Schmidt, Charlotte / Brockner, Till: Verfassungsmäßigkeit von „Equal Pay“? NZA 2003, S. 777 bis 783.

Groeger, Axel: Arbeitsrechtliche Aspekte des neuen Arbeitnehmerüberlassungsgesetzes, DB 1998, S. 470 bis 473.

H

Hagemann, Sabine / Sörgel, Werner / Wiedemann, Eberhard: Vermittlungsgutscheine nach § 421 g SGB III – Zwischenergebnisse aus der Begleitforschung zur Vermittlung, IAB-Forschungsbericht Nr. 1/2004.

Hamann, Wolfgang: Betriebsverfassungsrechtliche Auswirkungen der Reform der Arbeitnehmerüberlassung, NZA 2003, S. 526 bis 534.

Ders.: Gewerbsmäßige Arbeitnehmerüberlassung, JURA 2003, S. 361 bis 368.

Ders.: Gleichbehandlungsgrundsatz im AÜG – Vermeidungsstrategien bei Altverträgen und bei Einstellungen im Nachwirkungszeitraum eines auslaufenden Leiharbeitstarifvertrages, BB 2005, S: 2185 bis 2189.

Ders.: Die Grenze zwischen illegaler Arbeitnehmerüberlassung und erlaubtem Fremdpersonaleinsatz im Rahmen von Dienst- und Werkverträgen, WiVerw 1996, S. 212 bis 228.

Ders.: Fiktion eines Arbeitsverhältnisses zum Entleiher bei vermuteter Arbeitsvermittlung nach dem Arbeitsförderungs-Reformgesetz 1997, BB 1999, S. 1654 bis 1656.

Hanau, Peter: Denkschrift – zu dem Regierungsentwurf eines Gesetzes zur Reform des Betriebsverfassungsgesetzes, RdA 2001, S. 65 bis 76.

Ders.: Einzelfragen und –antworten zu den beiden ersten Gesetzen für moderne Dienstleistungen am Arbeitsmarkt, ZIP 2003, S. 1573 bis 1583.

Ders.: Reformbedarf im Arbeitsvertragsrecht, ZRP 1996, S. 349 bis 354.

Ders. / Steinmeyer, Heinz-Dietrich / Wank, Rolf: Handbuch des europäischen Arbeits- und Sozialrechts, Verlag C.H. Beck, München, 2002. Zitiert: **Bearbeiter**, in: Handbuch des europäischen Arbeits- und Sozialrechts.

Hantl-Unthan, Ursula: Zeitarbeit (gewerbsmäßige Arbeitnehmerüberlassung), AR-Blattei SD, Fach 1840, Stichwort: Zeitarbeit.

Hauck, Karl / Noftz, Wolfgang [Hrsg.]: Sozialgesetzbuch (SGB) Kommentar: III Arbeitsförderung, Band 3, Loseblatt, Verlag Erich Schmidt, Berlin, Stand: 2005. Zitiert: **Bearbeiter**, in: Hauck/Noftz, SGB III.

Haverkate, Görg: Finanzierung durch institutionelle und personenbezogene Förderung, SDSRV Nr. 43, 1998, S. 89 bis 104.

Heinze, Meinhard: Rechtsprobleme des sog. echten Leiharbeitsverhältnisses, ZfA 1976, S. 183 bis 214.

Hempel, Frank: Das Spannungsverhältnis zwischen dem sozialen Schutz der Arbeitnehmer und den wirtschaftlichen Interessen der Verleiher und der Entleiher bei der Arbeitnehmerüberlassung; zugl.: Frankfurt am Main, Univ., Diss. 1974/75, Reihe: Schriften zum Sozial- und Arbeitsrecht, Bd. 22, Verlag Duncker & Humblot, Berlin, 1975.

Henkes, Andreas [Hrsg.]: Handbuch Arbeitsförderung – SGB III, Verlag C.H. Beck, München, 1998. Zitiert: **Henkes**, Hdb. Arbeitsförderung.

Henssler, Martin / Willemsen, Heinz Josef / Kalb, Heinz-Jürgen [Hrsg.]: Arbeitsrecht Kommentar, 2. Auflage, Verlag Otto Schmidt, Köln, 2006. Zitiert: **Bearbeiter**, in: Henssler/Willemsen/Kalb ARKomm.

Hermann, Arnd: Outplacement: eine Untersuchung der individualvertraglichen Gestaltung und kollektivrechtlichen Aspekte eines neuen Instruments des Personalabbaus; zugl.: Frankfurt am Main, Univ., Diss. 2000, Reihe: Studien zum Arbeitsrecht und zur Arbeitsrechtsvergleichung, Bd. 2, Verlag Peter Lang, Frankfurt am Main, 2001. Zitiert: **Hermann**, Outplacement.

Hillebrand, Corina: Zeitarbeit: Verteuerte Arbeitszeit, UnternehmerThemen (Zeitschrift der Deutschen Industrie Bank, IKB), April 2004, S. 9 bis 13.

Hoffmann, Klaus / Scheulen, Andreas: Anwendung des Vergaberechts auf Verträge mit Personal-Service-Agenturen – ein Zwischenruf!, AuB 2003, S. 129 bis 131.

Hueck, Alfred / Nipperdey, Hans Carl: Lehrbuch des Arbeitsrechts, Erster Band, 7. Auflage, Verlag Franz Vahlen, Berlin, Frankfurt am Main, 1963. Zitiert: **Hueck/Nipperdey** ArbR, Bd. I.

Humblet, Patrick: „Leiharbeit in Belgien", EuroAS 2002, S. 183 bis 190.

Hümmerich, Klaus / Holthausen, Joachim / Welslau, Dietmar: Arbeitsrechtliches im Ersten Gesetz für moderne Dienstleistungen am Arbeitsmarkt, NZA 2003, S. 7 bis 14.

Hunnekuhl, Peter / zu Dohna-Jaeger, Verena: Ausweitung des Arbeitnehmer-Entsendegesetzes auf die Zeitarbeitsbranche – Im Einklang mit der Verfassung?, NZA 2007, S. 954 bis 958.

Hunold, Wolf: Unzureichende Arbeitsleistung als Abmahn- und Kündigungsgrund, BB 2003, S. 2345 bis 2351.

I

Ignor, Alexander / Rixen, Stephan [Hrsg.]: Handbuch Arbeitsstrafrecht: die Tatbestände der einschlägigien Gesetze; Arbeitnehmerüberlassung – Arbeitnehmerentsendung – Arbeitsvermittlung – Ausländerbeschäftigung – Schwarzarbeit – Beitragsvorenthaltung – Lohnsteuerhinterziehung – Leistungsmissbrauch – Arbeitszeitrecht – Arbeitsschutzrecht – Vergabesperren. Verlag Boorberg, Stuttgart, 2002. Zitiert: **Bearbeiter**, in: Ignor/Rixen, Hdb ArbStrR.

Immenga, Ulrich [Hrsg.]: Gesetz gegen Wettbewerbsbeschränkungen: GWB – Kommentar. 3. Auflage, Verlag C.H. Beck, München, 2001. Zitiert: **Bearbeiter**, in: Immenga/Mestmäcker, GWB.

Isensee, Josef / Kirchhof, Paul [Hrsg.]: Handbuch des Staatsrechts der Bundesrepublik Deutschland, Band VI Freiheitsrechte, Verlag C.F. Müller, Heidelberg, 2001. Zitiert: **Bearbeiter**, in: Isensee/Kirchhof, Hdb. StR., Bd. IV.

J

Jahn, Elke / Rudolph, Helmut: Zeitarbeit – Teil I: Auch für Arbeitslose ein Weg mit Perspektive, IAB-Kurzbericht Ausgabe 20/2002, S. 1 bis 7.

Dies. / Rudolph, Helmut: Zeitarbeit – Teil II: Völlig frei bis streng geregelt: Variantenvielfalt in Europa, IAB-Kurzbericht Ausgabe 21/2002, S. 1 bis 8.

Dies. / Windsheimer, Alexandra: Personal-Service-Agenturen – Teil I – In der Fläche schon präsent, IAB-Kurzbericht Nr. 1/2004, S. 1 bis 5.

Dies. / Windsheimer, Alexandra: Personal-Service-Agenturen – Teil II – Erste Erfolge zeichnen sich ab, IAB-Kurzbericht Nr. 2/2004, S. 1 bis 6.

Junker, Abbo / Dietrich, Ute: Schwellenwerte in arbeitsrechtlichen Gesetzen, NZA 2003, S. 1057 bis 1068.

K

Kämmerer, Jörn Axel: Privatisierung, Typologie, Determinanten, Rechtspraxis, Folgen; zugl.: Tübingen, Univ., Habil.-Schr., 1999/2000, Reihe: Jus publicum, Bd. 73, Verlag Mohr Siebeck, Tübingen, 2001. Zitiert: **Kämmerer**, Privatisierung.

Ders. / Thüsing, Gregor: Tariftreue im Vergaberecht, ZIP 2002, S. 596 bis 606.

Kania, Thomas / Kramer, Michael: Unkündbarkeitsvereinbarungen in Arbeitsvertrag, Betriebsvereinbarung und Tarifvertrag, RdA 1995, S. 287 bis 298.

Kibler, Franz: Outplacement – ein neues Instrument der Personalwirtschaft, RdA 1996, S. 366 bis 374.

Kittner, Michael: Das neue Recht der Sozialauswahl bei betriebsbedingter Kündigung und die Ausdehnung der Kleinbetriebsklausel, AuR 1997, S. 182 bis 192.

Ders. / Däubler, Wolfgang / Zwanziger, Bertram: KSchR – Kündigungsschutzrecht – Kommentar für die Praxis zu Kündigungen und anderen Formen der Beendigung des Arbeitsverhältnisses, 6. Auflage, Bund-Verlag, Frankfurt am Main, 2004. Zitiert: **Bearbeiter**, in: K/D/Z, KSchR.

Klebeck, Ulf: Gleichstellung der Leiharbeitnehmer als Verfassungsverstoß; zugl.: Mannheim, Univ., Diss. 2003, Reihe: Nomos-Universitätsschriften: Recht, Bd. 402, Verlag Nomos, Baden-Baden, 2004

Klein, Bodo: Der öffentlich-rechtliche Vertrag, ThürVBl 1992, S. 231 bis 236.

Koberski, Wolfgang / Asshoff, Gregor / Hold, Dieter / Roggendorff, Peter: Arbeitnehmer-Entsendegesetz – Kommentar, 2. Auflage, Verlag C.H. Beck, München 2002. Zitiert: **Koberski/Asshoff/Hold/Roggendorff**, AEntG.

Koenig, Christian / Haratsch, Andreas: Grundzüge des deutschen und europäischen Vergaberechts, NJW 2003, S. 2637 bis 2642.

Köhler, Helmut / Piper, Henning: Gesetz gegen den unlauteren Wettbewerb mit Preisangabenverordnung, 3. Auflage, Verlag C.H. Beck, München, 2002. Zitiert: **Köhler/Piper**, UWG.

Kokemoor, Axel: Neuregelung der Arbeitnehmerüberlassung durch die Hartz-Umsetzungsgesetze, NZA 2003, S: 238 bis 244.

Konle-Seidl, Regina: Wettbewerbsmechanismen in der Arbeitsmarktpolitik, BABl. 2004, Nr. 10, S. 4 bis 14.

Dies. / Walwei, Ulrich: Wandel der Arbeitsvermittlung durch Deregulierung: Mehr Reputation durch Marktöffnung?, in: Kleinherz, Gerhard (Hrsg.): IAB-Kompendium Arbeitsmarkt- und Berufsforschung. Beiträge zur Arbeitsmarkt- und Berufsforschung, 2002, S. 171 bis 185.

Konzen, Horst: Der Regierungsentwurf des Betriebsverfassungsgesetzes, RdA 2001, S. 76 bis 92.

Ders.: Arbeitsrechtliche Drittbeziehungen – Gedanken über Grundlagen und Wirkung der „gespaltenen Arbeitgeberstellung, ZfA 1982, S. 259 bis 310.

Korenke, Thomas: Das neue SGB II – Grundsicherung für Arbeitssuchende (Hartz IV), SGb 2004, S. 525 bis 532.

Körner, Marita: Neue Betriebsratsrechte bei atypischer Beschäftigung, NZA 2006, S. 573 bis 578.

Kossens, Michael: Neuregelung der privaten Arbeitsvermittlung, DB 2002, S. 843 bis 845.

Krebber, Sebastian: Die Bedeutung von Entsenderichtlinie und Arbeitnehmer-Entsendegesetz für das Arbeitskollisionsrecht, IPRax 2001, S. 22 bis 28.

Ders.: Die Vereinbarkeit von Entsenderichtlinie und Arbeitnehmer-Entsendegesetz mit der Dienstleistungsfreiheit und Freizügigkeit des EGV, in: Jahrbuch Junger Zivilrechtswissenschaftler 1997 – Europäisierung des Privatrechts – Zwischenbilanz und Perspektiven, Hrsg. Weber, Christoph et alt., Verlag Boorberg, Stuttgart, München, 1998, S. 129 bis 156. Zitiert: **Krebber**, Jahrbuch junger Zivilrechtswissenschaftler 1997.

Krüger, Manfred: Ungeschützte Beschäftigungsverhältnisse – Fremdfirmenarbeit und Handlungsmöglichkeiten des Betriebsrats, AiB 1998, S. 621 bis 640.

Kühl, Martin / Breitkreuz, Tilman: Rechtsbeziehungen bei privater Arbeitsvermittlung, NZS 2004, S. 568 bis 572.

Kuhla, Wolfgang / Hüttenbrink, Jost / Endler, Jan: Der Verwaltungsprozess, 3. Auflage, Verlag C.H. Beck, München, 2002.

Kunig, Philip: Verträge und Absprachen zwischen Verwaltung und Privaten, DVBl. 1992, S. 1193 bis 1203.

Küttner, Wolfdieter [Hrsg.]: Personalbuch 2006, 13. Auflage, Verlag C.H. Beck, München 2006. Zitiert: **Bearbeiter**, in: Küttner Personalbuch 2006.

Kvasnicka, Michael / Werwatz, Axel: Lohneffekte der Leiharbeit, BABl. 2/2003, S. 4 bis 12.

L

Lakies, Thomas: Änderungen des Kündigungsschutzgesetzes und allgemeiner Kündigungsschutz nach § 242 BGB – Verfassungsrechtliche Fragen, DB 1997, S. 1078 bis 1083.

Larenz, Karl: Lehrbuch des Schuldrechts: Band I – Allgemeiner Teil, 14. Auflage, Verlag C.H. Beck, München, 1987. Zitiert: **Larenz**, SchR Bd. I. AT.

Leinemann, Wolfgang [Hrsg.]: Kasseler Handbuch zum Arbeitsrecht, 2. Auflage, Verlag Luchterhand, Neuwied, Kriftel, Berlin, 2000. Band 2: Besondere Arbeitsverhältnisse. Zitiert: **Bearbeiter**, in: Kasseler Hdb. ArbR. Bd. 1.

Lembke, Mark: Die „Hartz-Reformen" des Arbeitnehmerüberlassungsgesetzes, BB 2003, S. 98 bis 104.

Ders.: Befristung von Arbeitsverträgen mit Leiharbeitnehmern nach „Hartz I", DB 2003, S. 2702 bis 2706.

Lembke, Mark / Distler, Eva-Marie: Die Bezugnahme auf Tarifverträge der Zeitarbeitsbranche durch Unternehmen mit Mischbetrieben, NZA 2006, S. 952 bis 959.

Ders. / Fesenmeyer, Julia: Abreden über Vermittlungsprovisionen in Arbeitnehmerüberlassungsverträgen - Zugleich Besprechung des BGH-Urteils vom 7.12. 2006 - III ZR 82/06, DB 2007, S. 801 bis 804.

Lettl, Tobias: Der arbeitsrechtliche Kündigungsschutz nach den zivilrechtlichen Generalklauseln, NZA-RR 2004, S. 57 bis 65.

Linde, Klaus / Lindemann, Viola: Der Nachweis tarifvertraglicher Ausschlussfristen, NZA 2003, S. 649 bis 656.

Lindemann, Achim / Simon, Oliver: Wahlberechtigung und Ermittlung der Betriebsgröße, NZA 2002, S. 365 bis 372.

Löns, Martin / Herold-Tews, Heike: SGB II – Grundsicherung für Arbeitsuchende, Verlag Franz Vahlen, München, 2005. Zitiert: **Löns/Herold-Tews**, SGB II.

Löschau, Martin / Marschner, Andreas: Zusammenlegung von Arbeitslosen- und Sozialhilfe – Hartz IV – Praxishandbuch zum neu eingeführten Zweiten Buch Sozialgesetzbuch (SGB II) – Grundsicherung für Arbeitsuchende, Verlag Luchterhand, München, 2004. Zitiert: **Löschau/Marschner**, Hartz IV.

Löwisch, Manfred / Spinner, Günther: Kommentar zum Kündigungsschutzgesetz, 9. Auflage, Verlag Recht und Wirtschaft, Heidelberg, 2004. Zitiert: **Löwisch/Spinner**, KSchG.

Ders.: Grenzen der ordentlichen Kündigung in kündigungsschutzfreien Betrieben, BB 1997, S. 782 bis 790.

Ders.: Neuregelung des Kündigungs- und Befristungsrechts durch das Gesetz zu Reformen am Arbeitsmarkt, BB 2004, S. 154 bis 162.

Ders.: Änderungen der Betriebsverfassung durch das Betriebsverfassungs-Reformgesetz, DB 2001, S. 1734 bis 1746.

Löwisch, Manfred: Tariftreue-Verpflichtungen im Vergaberecht und Koalitionsfreiheit, DB 2001, S. 1090 bis 1094.

Luthe, Ernst-Wilhelm: Das JOB-AQTIV-Gesetz – Teil 1, SGb 2002, S. 77 bis 84.

M

Martin, Peter: Tarifverträge in der Leiharbeit (Übersicht), AuR 2004, S. 247 bis 249.

Maurer, Hartmut: Allgemeines Verwaltungsrecht, 16. Auflage, Verlag C.H. Beck, München, 2006. Zitiert: **Maurer**, AllgVerwR.

Medicus, Dieter: Allgemeiner Teil des BGB, 9. Auflage, Verlag C.H. Beck, München 2006. Zitiert: **Medicus**, BGB AT.

Ders.: Schuldrecht II. Besonderer Teil. Ein Studienbuch. 13. Auflage, Verlag C.H. Beck, München, 2006. Zitiert: **Medicus**, SchuldR BT.

Melms, Christopher / Lipinski, Wolfgang: Absenkung des Tarifniveaus durch die Gründung von AÜG-Gesellschaften als alternative oder flankierende Maßnahme zum Personalabbau, BB 2004, S. 2409 bis 2417.

Mohr, Wolfgang / Pomberg, Thorsten: Die Änderung der Rechtsprechung zur vermuteten Arbeitsvermittlung nach dem Arbeitnehmerüberlassungsgesetz, DB 2001, S. 590 bis 594.

Mordegger, Christian: Berücksichtigung von Leiharbeitnehmern bei betriebsverfassungsrechtlichen Schwellenwerten, ArbRB 2003, S. 82 bis 85.

Motzke, Gerd / Pietzcker, Jost / Prieß, Hans-Joachim [Hrsg.]: Beck´scher VOB-Kommentar Verdingungsordnung für Bauleistungen Teil A, Verlag C.H. Beck, München, 2001. Zitiert: **Bearbeiter**, in: Motzke/Pietzcker/Prieß, VOB Teil A.

Münder, Johannes: Das SGB II – Die Grundsicherung für Arbeitsuchende, NJW 2004, S. 3209 bis 3214.

Ders. [Hrsg.]: Sozialgesetzbuch II – Grundsicherung für Arbeitsuchende, Lehr- und Praxiskommentar, Verlag Nomos, Baden-Baden, 2005. Zitiert: **Bearbeiter**, in: Münder, SGB II.

N

Neumann, Michael: Das Erste und das Zweite Gesetz für moderne Dienstleistungen am Arbeitsmarkt im Überblick, NZS 2003, S. 113 bis 119.

Nicolai, Andrea: Zum Zählen und Wählen bei Betriebsratswahlen - Mehr Rechtssicherheit durch BAG-Beschluss vom 16.4.2003 zur Stellung von Leiharbeitnehmern und Altersteilzeitern bei Betriebsratswahlen, DB 2003, S. 2599 bis 2601.

Niesel, Klaus [Hrsg.]: Sozialgesetzbuch Arbeitsförderung SGB III. 2. Auflage, Verlag C.H. Beck, München, 2002. Zitiert: **Bearbeiter**, in: Niesel SGB III.

O

Ochel, Wolfgang: Hartz und more: Zum Abbau der Arbeitslosigkeit durch Leiharbeit, ifo-Schnelldienst 1/2003, S. 21 bis 32.

Oetker, Hartmut: Gibt es einen Kündigungsschutz außerhalb des Kündigungsschutzgesetzes?, AuR 1997, S. 41 bis 54.

Oetker, Hartmut: Der arbeitsrechtliche Bestandsschutz unter dem Firmament der Grundrechtsordnung – Einblicke in das arbeitsrechtliche Nervenzentrum, Verlag Richard Boorberg, Stuttgart et alt., 1996. Zitiert: **Oetker**, Bestandsschutz und Grundrechtsordnung.

Ders.: Das Dauerschuldverhältnis und seine Beendigung – Bestandsaufnahme und kritische Würdigung einer tradierten Figur der Schuldrechtsdogmatik; zugl.: Kiel, Univ., Habil.-Schr. 1993/94, Reihe: Jus privatum, Bd. 9, Verlag J.C.B. Mohr (Paul Siebeck), Tübingen, 1994. Zitiert: **Oetker**, Dauerschuldverhältnis und Beendigung.

Ders.: Informationspflicht des Arbeitgebers zum Arbeitsvertrag – Überstundenverpflichtung, SAE 2002, S. 163 bis 168.

Ossenbühl, Fritz: Die Freiheiten des Unternehmers nach dem Grundgesetz, AöR 115 (1990), S. 1 bis 32.

P

Palandt, Otto [Begr.]: Bürgerliches Gesetzbuch, 66. Auflage, Verlag C.H. Beck, München, 2007. Zitiert: **Bearbeiter**, in: Palandt BGB.

Palsherm, Ingo: Einführung in die Grundsicherung für Arbeitsuchende (SGB II), ZfS 2004, S. 352 bis 360.

Pauly, Holger: Unkündbarkeitsvereinbarungen in Arbeitsverträgen – Kündigung trotz Ausschluß der Kündigung?, AuR 1997, S. 94 bis 99.

Pfarr, Heide / Bothfeld, Silke / Bradtke, Marcus / Mimmich, Martin / Schneider, Julia / Ullmann, Karen: REGAM-Studie: Atypische Beschäftigung in den Betrieben – eingesetzt zur Umgehung des Kündigungsschutzes?, BB 2004, S. 602 bis 608.

Picker, Eduard: Arbeitnehmerüberlassung – Eine moderne Personalwirtschaftsform als Mittel arbeitsrechtlicher Modernisierung, ZfA 2002, S. 469 bis 545.

Ders.: Betriebsrisikolehre und Arbeitskampf, JZ 1979, S. 285 bis 294.

Ders.: Arbeitsvertragliche Lohngefahr und dienstvertragliche Vergütungsgefahr – Zur Wiederannäherung von Arbeits- und Zivilrecht, in: Arbeitsrecht in der Bewährung, Festschrift für Otto Rudolf Kissel zum 65. Geburtstag; Hrsg.: Heinze, Meinhard / Söllner, Alfred, Verlag C.H. Beck, München, 1994, S. 813 bis 854. Zitiert: **Picker**, FS Kissel

Postler, Markus: Rechtsfragen der Neuregelung der Arbeitnehmerüberlassung, insbesondere zur Zulässigkeit der Kettenbefristung, NZA 1999, S. 179 bis 180.

Preis, Ulrich: Die „Reform" des Kündigungsschutzrechts, DB 2004, S. 70 bis 79.

Preis, Ulrich / Ulber, Daniel: Tariftreue als Verfassungsproblem, NJW 2007, 465-471.

Ders.: Prinzipien des Kündigungsrechts bei Arbeitsverhältnissen: eine Untersuchung des materiellen Kündigungsschutzes, insbesondere zur Theorie der Kündigungsgründe; zugl.: Köln, Univ., Diss. 1985/86, Reihe: Schriften des Instituts für Arbeits- und Wirtschaftsrecht an der Universität Köln, Bd. 53, Verlag C.H. Beck, München, 1987. Zitiert: **Preis**, Prinzipien.

Ders.: Autonome Unternehmerentscheidung und „dringendes betriebliches Erfordernis", NZA 1995, S. 241 bis 250.

Ders.: Der Kündigungsschutz außerhalb des Kündigungsschutzgesetzes, NZA 1997, S. 1256 bis 1270.

Q

Quaas, Michael: Die Arbeitsgemeinschaft nach dem neuen SGB II: Ungelöste Rechtsfragen zur Rechtsnatur der Einrichtung, SGb 2004, S. 723 bis 731.

R

Raab, Thomas: Europäische und nationale Entwicklungen im Recht der Arbeitnehmerüberlassung, ZfA 2003, S. 389 bis 446.

Ders.: Der kollektive Tatbestand als Voraussetzung der Mitbestimmung des Betriebsrats in sozialen Angelegenheiten, ZfA 2001, S. 31 bis 66.

Ders.: Austauschverträge mit Drittbeteiligung; zugl.: Mainz, Univ., Habil.-Schr., 1998, Reihe: Jus privatum, Bd. 41, Verlag Mohr Siebeck, Tübingen, 1999.

Rebmann, Kurt / Säcker, Franz Jürgen / Rixecker, Roland [Hrsg.]: Münchener Kommentar zum Bürgerlichen Gesetzbuch.

Band 2 a: Schuldrecht – Allgemeiner Teil, 4. Auflage, Verlag C.H. Beck, München, 2003.

Band 4: Schuldrecht – Besonderer Teil II, 4. Auflage, Verlag C.H. Beck, München, 2005.

Band 10: Einführungsgesetz zum Bürgerlichen Gesetzbuche (Art. 1 – 38) – Internationales Privatrecht, 3. Auflage, Verlag C.H. Beck, München, 1998.

Zitiert: **Bearbeiter**, in: MüKommBGB, Bd.

Reichold, Hermann: Betriebsverfassung ohne „Betrieb"? – Zur Strukturreform des Betriebsverfassungsgesetzes aus privatrechtsdogmatischer Sicht, NZA 1999, S. 561 bis 570.

Ders.: Die reformierte Betriebsverfassung 2001 – Ein Überblick über die neuen Regelungen des Betriebsverfassungs-Reformgesetzes, NZA 2001, S. 857 bis 865.

Reichold, Hermann: Betriebsrisiko als „Substratsgefahrtragung“, ZfA 2006, S. 223 bis 231..

Reidt, Olaf / Stickler, Thomas / Glahs, Heike: Vergaberecht: Kommentar, 2. Auflage, Verlag Otto Schmidt, Köln, 2003. Zitiert: **Reidt/Stickler/Glahs**, Vergaberecht.

Reim, Uwe: Neue Flexibilität bei der Leiharbeit, ZTR 2003, S. 106 bis 113.

Ders.: Neue Wege bei der Leiharbeit – Die Änderungen des Arbeitnehmerüberlassungsgesetzes zum 1.1.2003, AiB 2003, S. 73 bis 77.

Ders.: Gleichbehandlung von Leiharbeitnehmern – Neue Entscheidung des Bundesverfassungsgerichts, AiB 2005, S. 203 bis 206.

Reipen, Markus: Die Personal-Service-Agentur : Herzstück der Hartz-Arbeitsmarktreform, Zugl.: Münster, Univ., Diss., 2006, Reihe: Studien zum Sozialrecht, Verlag Kovač, Hamburg, 2006. Zitiert: **Reipen**, Personal-Service-Agentur.

Ders.: Vermittlungsorientierte Arbeitnehmerüberlassung durch die Personal-Service-Agentur (PSA), BB 2003, S. 787 bis 791.

Ders.: Dubiose Gewerkschaften – Sozialversicherungsrechtliche Risiken für Zeitarbeitsunternehmen und ihre Kunden, NZS 2005, S. 407 bis 411.

Richardi, Reinhard: Arbeitsvertrag und Tarifgeltung, ZfA 2003, S. 655 bis 689.

Ders.: Der CGM-Beschluss des ArbG Stuttgart: Tariffähigkeit und Tarifzensur, NZA 2004, S. 1025 bis 1029.

Ders. / Wlotzke, Otfried [Hrsg.]: Münchener Handbuch zum Arbeitsrecht.

Band 1: Individualarbeitsrecht I, 2. Auflage, Verlag C.H. Beck, München, 2000.

Band 2: Individualarbeitsrecht II, 2. Auflage, Verlag C.H. Beck, München, 2000.

Band 3: Kollektives Arbeitsrecht, 2. Auflage, Verlag C.H. Beck, München, 2000.

Ergänzungsband: Individualarbeitsrecht, 2. Auflage, Verlag C.H. München, 2001.

Zitiert: **Bearbeiter**, in: MüHdbArbR, Bd.

Ders. [Hrsg.]: Betriebsverfassungsgesetz mit Wahlordnung – Kommentar, 10. Auflage, Verlag C.H. Beck, München, 2006. Zitiert: **Bearbeiter**, in: Richardi BetrVG.

Rieble, Volker: Relativität der Tariffähigkeit, in: Festschrift für Herbert Wiedemann zum 70. Geburtstag, Hrsg. Wank, Rolf / Hirte, Heribert / Frey, Kaspar / Fleischer, Holger / Thüsing, Gregor, Verlag C.H. Beck, München, 2002, S. 519 bis 541. Zitiert: **Rieble**, FS Wiedemann.

Ders.: Der CGM-Beschluss des ArbG Stuttgart, BB 2004, S. 885 bis 892.

Rieble, Volker: Der Fall Holzmann und seine Lehren, NZA 2000, S. 225 bis 234.

Ders. / Klebeck, Ulf: Lohngleichheit für Leiharbeit, NZA 2003, S. 23 bis 29.

Ders. / Klumpp, Steffen: Betriebsräte in „betriebsorganisatorisch eigenständigen Einheiten“ nach § 175 SGB III?, NZA 2003, S. 1169 bis 1173.

Ders. / Lessner, Jan: Arbeitnehmer-Entsendegesetz, Nettolohnhaftung und EG-Vertrag, ZfA 2002, S. 29 bis 89.

Ders.: Tariftreue vor dem BVerfG, NZA 2007, S. 1 bis 4.

Rixen, Stephan: Das neue Sozialrecht der Arbeitsvermittlung nach der Reform der Bundesanstalt für Arbeit, NZS 2002, S. 466 bis 474.

Rixen, Stephan.: Personal-Service-Agenturen im Schnittfeld von Sozial-, Haushalts- und Vergaberecht – Strukturen des Arbeitsvermittlungsrechts der §§ 37 c, 434 V SGB III –, NZS 2003, S. 401 bis 411.

Rosenberg, Leo: Die Beweislast auf der Grundlage des Bürgerlichen Gesetzbuches und der Zivilprozessordnung, 5. Auflage, Verlag C.H. Beck, München, 1965.

Rost, Friedhelm: Arbeitnehmer und arbeitnehmerähnliche Personen im Betriebsverfassungsrecht, NZA 1999, S. 113 bis 121.

S

Säcker, Franz Jürgen / Kühnast, Simone: Die vermutete Arbeitsvermittlung (§ 1 Abs. 2 AÜG) als gesetzgebungspolitische Fehlleistung, ZfA 2001, S. 117 bis 154.

Sandmann, Georg / Marschall, Dieter: Arbeitnehmerüberlassungsgesetz (AÜG) – Kommentar, Loseblatt, Luchterhand, Neuwied, Stand: 32. Ergänzungslieferung Juli 2004. Zitiert: **Sandmann/Marschall**, AÜG.

Schaub, Günter: Flexibilisierung des Personaleinsatzes, BB 1998, S. 2106 bis 2111.

Ders. / Koch, Ulrich / Linck, Rüdiger: Arbeitsrechts-Handbuch – Systematische Darstellung und Nachschlagewerk für die Praxis, 11. Auflage, Verlag C.H. Beck, München, 2005. Zitiert: **Bearbeiter**, in: Schaub ArbRHdb.

Schiefer, Bernd: Keine Berücksichtigung von Leiharbeitnehmern bei der Ermittlung von Schwellenwerten im Betriebsverfassungsgesetz, DB 2002, 1774 bis 1777.

Ders./ Korte, Walter: Die Durchführung von Betriebsratswahlen nach neuem Recht – Teil I, NZA 2002, S. 57 bis 69.

Schiek, Dagmar: Die Hartz-Gesetze – EU-rechtliche Perspektiven, KritJ 2003, S. 35 bis 47.

Schlachter, Monika: Grenzüberschreitende Dienstleistungen: Die Arbeitnehmerentsendung zwischen Dienstleistungsfreiheit und Verdrängungswettbewerb, NZA 2002, S. 1242 bis 1248.

Schmidt, Karsten: Die BGB-Außengesellschaft – rechts- und parteifähig, NJW 2001, S. 993 bis 1003.

Schmidt, Marlene: Die neue EG-Richtlinie zur Teilzeitarbeit, NZA 1998, S. 576 bis 582.

Schneider, Hilmar / Zimmermann, Klaus F. / Bonin, Holger / Brenke, Karl / Haisken-DeNew, John / Kempe, Wolfram: Beschäftigungspotenziale einer dualen Förderungsstrategie im Niedriglohnbereich, IZA Research Report No. 5, Mai 2002.

Schoch, Friedrich / Schmidt-Aßmann, Eberhard / Pietzner, Rainer [Hrsg.]: Verwaltungsgerichtsordnung – Kommentar, Verlag C.H. Beck, München, Stand: 13. Ergänzungslieferung, April 2006. Zitiert: **Bearbeiter**, in: Schoch/Schmidt-Aßmann/Pietzner, VwGO.

Schöne, Steffen: „Billig-Tarifverträge" in der Zeitarbeit – Wo genau liegt das Risiko?, DB 2004, S: 136 bis 137.

Schröder, Esther: „Arbeitnehmerüberlassung in Vermittlungsabsicht" Start oder Fehlstart eines arbeitsmarktpolitischen Modells in Deutschland?, zugl.: Konstanz, Univ., Diss. 1997, Reihe: Beiträge zur Arbeitsmarkt- und Berufsforschung, Bd. 209, Verleger: Landesarbeitsamt Nordbayern, Nürnberg, 1997. Zitiert: **Schröder**, Arbeitnehmerüberlassung in Vermittlungsabsicht.

Schröer, Evelyn: Der Einfluss der Regulierung auf die Verbreitung der Arbeitnehmerüberlassung und ihre Arbeitsmarktpolitische Bedeutung; zugl.: Köln, Univ., Diss. 2001. Zitiert: **Schröer**, Einfluss der Regulierung auf die Verbreitung der Arbeitnehmerüberlassung.

Dies. / Huhn, Katrin: Zeit- und Telearbeit: flexible Beschäftigungsformen und ihre Bedeutung für den Mittelstand; Verlag Gabler, Wiesbaden, 1998. Zitiert: **Schröer/Huhn**, Zeit- und Telearbeit.

Schubel, Hans-Dietrich / Engelbrecht, Georg: Kommentar zum Gesetz über die gewerbsmäßige Arbeitnehmerüberlassung, Verlagsgesellschaft Recht und Wirtschaft, Heidelberg 1973. Zitiert: **Schubel/Engelbrecht**, AÜG.

Schüren, Peter: „Symbiotische Arbeitnehmerüberlassung" oder: „der Gesetzgeber hofft und der Markt handelt", in: Recht und Risiko – Festschrift für Helmut Kollhosser zum 70. Geburtstag, Band II Zivilrecht, Hrsg.: Bork, Reinhard; Hoeren, Thomas; Pohlmann, Petra; Verlag Versicherungswirtschaft, Karlsruhe, 2004, S. 697 bis 708. Zitiert: **Schüren**, in: FS Kollhosser.

Ders.: Tarifverträge für die Leiharbeit – Weitreichende Innovation mit erheblichem Konfliktpotential, Jahrbuch des Arbeitsrechts, Bd. 41 (2004), S. 49 bis 70.

Schüren, Peter: Die Verfassungsmäßigkeit der Reform des Arbeitnehmerüberlassungsgesetzes – ein Rückblick mit Ausblick, RdA 2006, S. 303 bis 307.

Ders ./ Behrend, Britta: Arbeitnehmerüberlassung nach der Reform – Risiken der Neuen Freiheit, NZA 2003, S. 521 bis 526.

Ders. / Riederer Freifrau von Paar, Britta: Risiken nichtiger Tarifverträge in der Leiharbeit, AuR 2004, S. 241 bis 246.

Ders. [Hrsg.]: Arbeitnehmerüberlassungsgesetz – Kommentar, 2. Auflage, Verlag C.H. Beck, München, 2003. Zitiert: **Bearbeiter**, in: Schüren AÜG.

Ders.: Die Verfassungsmäßigkeit der Reform des Arbeitnehmerüberlassungsgesetzes – ein Rückblick mit Ausblicken, RdA 2006, S. 303 bis 307.

Seifert, Achim: Rechtliche Probleme von Tariftreueerklärungen, ZfA 2001, S. 1 bis 30.

Sievers, Jochen: TzBfG – Kommentar zum Teilzeit- und Befristungsgesetz, Verlag Luchterhand, München, Neuwied, 2003. Zitiert: **Sievers**, TzBfG.

Silberberger, Uwe: Entstehung eines Arbeitsverhältnisses wegen vermuteter Arbeitsvermittlung, AiB 2001, S. 309 bis 310.

Sinn, Hans-Werner: Die Höhle in der Eiger-Nordwand – Eine Anmerkung zum Mainzer Modell und zum Wohlfahrtsstaat an sich, ifo-Schnelldienst Nr. 3/2002, S. 20 bis 25.

Soergel, Hans Theodor [Begr.], Siebert, Wolfgang [Hrsg.]: Bürgerliches Gesetzbuch mit Einführungsgesetz und Nebengesetzen, Band 2 Schuldrecht I (§§ 241 – 432), 12. Auflage, Verlag Kohlhammer, Stuttgart, Berlin, Köln, 1990. Zitiert: **Bearbeiter**, in: Soergel BGB, Bd. 2.

Spellbrink, Wolfgang: Wandlungen im Recht der Arbeitsvermittlung – Viel Lärm um wenig (Teil II), SGb 2004, S. 153 bis 159.

Ders.: Wandlungen im Recht der Arbeitsvermittlung – Viel Lärm um wenig (Teil I), SGb 2004, S. 75 bis 83.

Ders. / Eicher, Wolfgang [Hrsg.]: Kasseler Handbuch des Arbeitsförderungsrechts – Das SGB III in Recht und Praxis, Verlag C.H. Beck, München, 2003. Zitiert: **Bearbeiter**, in: Kasseler Hdb. ArbF.

Ders.: Viel Verwirrung um Hartz IV, JZ 2007, S. 28 bis 34.

Stahlhacke, Eugen / Preis, Ulrich / Vossen, Reinhard: Kündigung und Kündigungsschutz im Arbeitsverhältnis, 8. Auflage, Verlag C.H. Beck, München, 2002. Zitiert: **Bearbeiter**, in: Stahlhacke/Preis/Vossen.

Staudinger, Julius v. [Begr.]: J. von Staudingers Kommentar zum Bürgerlichen Gesetzbuch, Verlag Sellier – Walter de Gruyter, Berlin.

§§ 328 - 359, Neubearbeitung von Jagman, Kaiser, Kessal-Wulf und Rieble, 2004.

§§ 611 – 615, Neubearbeitung von Annuß und Richardi, 2005.

§§ 616 – 630, Neubearbeitung von Neumann, Oetker und Preis, 2002.

Zitiert: **Bearbeiter**, in: Staudinger BGB.

Stege, Dieter / Weinspach, Friedrich K. / Schiefer, Bernd: Betriebsverfassungsgesetz: Handkommentar für die betriebliche Praxis, 9. Auflage, Deutscher Instituts-Verlag, 2002. Zitiert: **Stege/Weinspach/Schiefer** BetrVG.

Steinmeyer, Heinz-Dietrich: Der Vertrag von Amsterdam und seine Bedeutung für das Arbeits- und Sozialrecht, RdA 2001, S. 10 bis 22.

Steltkens, Paul / Bonk, Heinz Joachim / Sachs, Michael [Hrsg.]: Verwaltungsverfahrensgesetz – Kommentar, 6. Auflage, Verlag C.H. Beck, München, 2001. Zitiert: **Bearbeiter**, in: Steltkens/Bonk/Sachs, VwVfG.

Storost, Christian: Die Bundesagentur für Arbeit an den Schnittstellen von Sozial- und Vergaberecht, NZS 2005, S. 82 bis 87.

T

Thiele, Wolfgang / Fabricius, Fritz [Begr.], Oetker, Hartmut [GesamtRed.]: Betriebsverfassungsgesetz – Gemeinschaftskommentar

Band I: §§ 1 – 73 b mit Wahlordnungen.

Band II: §§ 74 – 132 mit Kommentierung des BetrVG 1952.

8 Auflage, Verlag Luchterhand, Neuwied, Kriftel, 2005.

Zitiert: **Bearbeiter**, in: GK-BetrVG, Bd.

Thüsing, Gregor: Das Verbot der Diskriminierung wegen Teilzeit und Befristung nach § 4 TzBfG, ZfA 2002, S. 249 bis 273.

Ders.: Equal pay bei Leiharbeit, DB 2003, S. 446 bis 451.

Ders.: Europäische Impulse im Recht der Arbeitnehmerüberlassung – Zum Entwurf einer Richtlinie des Europäischen Parlaments und des Rates über die Arbeitsbedingungen von Leiharbeitnehmern – KOM (2002) 149 endgültig, DB 2002, S. 2218 bis 2223.

Ders.: Provisionsvereinbarungen bei Arbeitsvermittlung nach Arbeitnehmerüberlassung, DB 2003, S. 2122 bis 2124.

Ders. / Stelljes, Volker: Fragen zum Entwurf eines Gesetzes zu Reformen am Arbeitsmarkt, BB 2003, S. 1673 bis 1681.

Ders. / Wege, Donat: Sozialauswahl nach neuem Recht, RdA 2005, S. 12 bis 25.

Thüsing, Gregor [Hrsg.]: Arbeitnehmerüberlassungsgesetz – Kommentar, Verlag C.H. Beck, München, 2005. Zitiert: **Bearbeiter**, in: Thüsing AÜG.

Ders. / Lembke, Mark: Zeitarbeit im Spannungsverhältnis von Dienstleistungsfreiheit und Tarifautonomie, ZfA 2007, S. 87 bis 125.

Tschöpe, Ulrich [Hrsg.]: Anwalts-Handbuch Arbeitsrecht. 4. Auflage, Verlag Otto Schmidt, Köln, 2007. Zitiert: **Bearbeiter**, in: Tschöpe, Anwaltshandbuch AR.

U

Ulber, Jürgen: AÜG – Arbeitnehmerüberlassungsgesetz – Kommentar für die Praxis, 3. Auflage, Bund-Verlag, Frankfurt am Main, 2006. Zitiert: **Ulber**, AÜG.

Ders.: Personal-Service-Agenturen und Neuregelung der Arbeitnehmerüberlassung, AuR 2003, S. 7 bis 15.

Ulmer, Peter: Die höchstrichterlich „enträtselte" Gesellschaft bürgerlichen Rechts, ZIP 2001, S. 585 bis 599.

Urban, Sandra: Der Kündigungsschutz außerhalb des Kündigungsschutzgesetzes – Das Arbeitsverhältnis im Spannungsfeld zwischen Kündigungsfreiheit und Kündigungsschutz; zugl.: Bochum, Univ., Diss. 1999/2000, Reihe: Schriften zum Sozial- und Arbeitsrecht, Verlag Duncker & Humblot, Berlin, 2001. Zitiert: **Urban**, Kündigungsschutz außerhalb des Kündigungsschutzgesetzes.

Urban-Crell, Sandra / Schulz, Christian: Arbeitnehmerüberlassung und Arbeitsvermittlung, Verlag C.H. Beck, München, 2003.

V

v. Hoyningen-Huene, Gerrick: Betriebsbedingte Kündigung in der Wirtschaftskrise, NZA 1994, S. 1009 bis 1016.

Ders. / Linck, Rüdiger: Kündigungsschutzgesetz Kommentar, 13. Auflage, Verlag C.H. Beck, München, 2002. Zitiert: **v. Hoyningen-Huene/Linck**, KSchG.

Vanselow, Achim / Weinkopf, Claudia: Wiedereingliederung von Arbeitslosen durch sozialverträgliche Arbeitnehmerüberlassung – Ergebnisse der fachlichen Begleitung von START Zeitarbeit NRW. Institut Arbeit und Technik, Gelsenkirchen, 2000. Zitiert: **Vanselow/Winkopf**, START Zeitarbeit NRW.

Vitols, Katrin: Die Regulierung der Zeitarbeit in Deutschland: vom Sonderfall zur Normalbranche. Institut für Soziologie, Duisburg 2003.

von Danwitz, Thomas: Die Rechtsprechung des EuGH zum Entsendegesetz – Bausteine für eine Wirtschafts- und Sozialverfassung der EU, EuZW 2002, S. 237 bis 244.

von der Groeben, Hans / Schwarze, Jürgen [Hrsg.]: Kommentar zum Vertrag über die Europäische Union und zur Gründung der Europäischen Gemeinschaft, Band 3, Art. 98 bis 188 EGV, 6. Auflage, Verlag Nomos, Baden-Baden, 2003. Zitiert: **Bearbeiter**, in: Groeben/Schwarze, EUV/EGV.

W

Waas, Bernd: Modell Holland – Flexibilität und Sicherheit im Arbeitsrecht der Niederlande; Reihe: Studien zum ausländischen, vergleichenden und internationalen Arbeitsrecht, Bd. 16, Hrsg. Birk, Rolf; Sadowski, Dieter, Verlag Nomos, Baden-Baden, 2003. Zitiert: **Waas**, Modell Holland.

Walker, Wolf-Dietrich: Die freie Unternehmerentscheidung im Arbeitsrecht, ZfA 2004, S. 501 bis 535.

Ders.: Rechtsverhältnisse bei der gewerbsmäßigen Arbeitnehmerüberlassung und Schadensersatzansprüche des Entleihers wegen Schlechtleistung, AcP 194 (1994), S. 295 bis 318.

Walwei, Ulrich: Leiharbeit: Bedeutung für Wirtschaft und Beschäftigung, EuroAS 2002, S. 149 bis 166.

Ders.: Leiharbeit – vom Schmuddelkind zum Hoffnungsträger, IAB-Mitteilungen 3/2002, S. 6 bis 7.

Wank, Rolf: Die „neue Selbständigkeit“, DB 1992, S. 90 bis 93.

Ders.: Der Richtlinienvorschlag der EG-Kommission zur Leiharbeit und das „Erste Gesetz für moderne Dienstleistungen am Arbeitsmarkt“; NZA 2003, S. 14 bis 23.

Ders.: Leiharbeit in Deutschland aus arbeitsrechtlicher Sicht, EuroAS 2002, S. 167 bis 174.

Ders.: Neuere Entwicklungen im Arbeitnehmerüberlassungsrecht, RdA 2003, S. 1 bis 11.

Ders.: Atypische Arbeitsverhältnisse, RdA 1992, S. 103 bis 114.

Ders ./ Börgmann, Udo: Die Einbeziehung ausländischer Arbeitnehmer in das deutsche Urlaubskassenverfahren, NZA 2001, S. 177 bis 186.

Weinkopf, Claudia: Personal-Service-Agenturen, in: Jahrbuch 2003/2004 des Instituts Arbeit und Technik, Gelsenkirchen, 2004, S. 153 bis 169.

Weinkopf, Claudia / Krone, Sirikit: START Zeitarbeit: Erste Erfahrungen und konzeptionelle Überlegungen zum Einsatz sozialverträglicher Arbeitnehmerüberlassung als arbeitsmarktpolitisches Instrument: Abschlussbericht der wissenschaftlichen Begleitforschung, Ministerium für Arbeit, Gesundheit und Soziales des Landes Nordrhein-Westfalen, Düsseldorf, 1995.

Wensing, Hubert / Freise, Agnes: Beteiligungsrechte des Betriebsrats bei der Übernahme von Leiharbeitnehmern, BB 2004, S. 2238 bis 2245.

Wiedemann, Herbert: Die Gleichbehandlungsgebote im Arbeitsrecht, Verlag Mohr Siebeck, Tübingen, 2001. Zitiert: **Wiedemann**, Gleichbehandlungsgebote im Arbeitsrecht.

Willemsen, Heinz Josef / Annuß, Georg: Kündigungsschutz nach der Reform, NJW 2004, S. 177 bis 184.

Ders. / Annuß, Georg: Kostensenkung durch konzerninterne Arbeitnehmerüberlassung, BB 2005, S. 437 bis 440.

Wissing, Gerhard / Mutschler, Bernd / Bartz, Ralf / Schmidt-De Caluwe, Reimund: Sozialgesetzbuch III – Arbeitsförderung Praxiskommentar, 2. Auflage, Verlag Nomos, Baden-Baden, 2004. Zitiert: **Bearbeiter**, in: SGB III Praxiskomm.

Witten, Tina: Vertragsgestaltung und Rechtsbindung im Recht der Zeitarbeit; zugl.: Göttingen, Univ., Diss. 2001, Reihe: Schriften zum Arbeitsrecht und Wirtschaftsrecht, Bd. 25, Verlag Peter Lang, Frankfurt am Main, 2002. Zitiert: **Witten**, Vertragsgestaltung Zeitarbeit.

Z

Zöllner, Wolfgang / Loritz, Karl-Georg: Arbeitsrecht – Studienbuch, 5. Auflage, Verlag C.H. Beck, München, 1998. Zitiert: **Zöllner/Loritz** ArbR.

ANHANG I: MUSTERVERTRAG FÜR DIE EINRICHTUNG UND DEN BETRIEB EINER PERSONAL-SERVICE-AGENTUR

Stand: 04. März 2003

VERTRAG
über die Einrichtung und den Betrieb einer Personal-Service-Agentur (PSA) auf der Grundlage des § 37c Sozialgesetzbuch Drittes Buch (SGB III)

zwischen

1. der Bundesanstalt für Arbeit, vertreten durch den Vorstand, dieser vertreten durch den Direktor/die Direktorin des Arbeitsamtes

____

Anschrift:

____

nachfolgend **Arbeitsamt** genannt

und

2. Name des Vertragspartners

____

Anschrift:

____

vertreten durch

____

nachfolgend **Vertragspartner oder PSA** genannt

Vertrags-Nummer:

Inhaltsverzeichnis:

15. Haftung, Unfallversicherung
16. Vertragsverlängerung / Integrations-Vermittlungsquote
17. Antikorruptionsklausel
18. Scientology-Erklärung
19. Vertragsänderungen und Nebenabreden
20. Salvatorische Klausel

1. Vertragsgegenstand

Der Vertragspartner richtet im Bezirk des Arbeitsamtes ______________ / für den Bereich des Hauptamtes / der Geschäftsstelle ___________________________
eine Personal-Service-Agentur (PSA) nach §37c SGB III in Verbindung mit § 434g Abs. 5 SGB III ein und betreibt diese als organisatorisch eigenständige Einheit in seinen Räumen in

____

Die PSA trägt den Namen

____

Auf der Grundlage dieser Vereinbarung stellt die PSA ausschließlich vom Arbeitsamt vorgeschlagene Arbeitnehmer in sozialversicherungspflichtige Beschäftigungsverhältnisse ein und führt eine vermittlungsorientierte Arbeitnehmerüberlassung im Sinne des nachstehenden Absatzes durch.

Vorrangig überlässt die PSA die eingestellten Arbeitnehmer an Arbeitgeber. Ziel ist die Übernahme beim Entleiher oder die Vermittlung durch die PSA zu einem anderen Arbeitgeber und damit das möglichst rasche Überwechseln der bei der PSA eingestellten Arbeitnehmer in ein anderes sozialversicherungspflichtiges Beschäftigungsverhältnis.

Die PSA hat keinen Anspruch darauf, dass die Einrichtung weiterer PSA mit anderen Vertragspartnern unterbleibt.

2. Vertragsbestandteile

Als Vertragsbestandteile gelten in folgender Rangfolge:
a) Die Bedingungen dieses Vertrages mit dem in der Leistungsbeschreibung (Anlage 1) enthaltenen Gesetzeswortlaut
b) die Leistungsbeschreibung (Anlage 1)
c) das Angebot (Preisblatt – Anlage 2 - und PSA-Konzept - Anlage 3) auf der Grundlage der Leistungsbeschreibung
d) die Verdingungsordnung für Leistungen – VOL/B
e) im übrigen die gesetzlichen Bestimmungen des BGB

Hinsichtlich der Verjährung von Ansprüchen gelten ausschließlich die Bestimmungen des Bürgerlichen Gesetzbuches (BGB).
Allgemeine Geschäftsbedingungen (AGB) der PSA gelten nicht.

3. Erlaubt tätiger Verleiher / Gewerbeanmeldung für private Arbeitsvermittlung

Die PSA hat eine Erlaubnis zur Arbeitnehmerüberlassung nach § 1 Arbeitnehmerüberlassungsgesetz nachgewiesen. Über den Ablauf / die Aufhebung ihrer Erlaubnis zur Arbeitnehmerüberlassung wird sie das Arbeitsamt unverzüglich informieren.

Die PSA hat eine Gewerbeanmeldung für private Arbeitsvermittlung nachgewiesen.

4. Vertragslaufzeit / Beginn

Dieser Vertrag hat eine Laufzeit von 24 Monaten. Sie beginnt am

____________________.

Für vor Beginn und nach Ende der Vertragslaufzeit erbrachte Leistungen der PSA wird kein Honorar gewährt. Dies gilt nicht für die zweite Tranche der Vermittlungs-/Integrationsprämie (siehe Ziffer 9.).

5. Umfang und Zielgruppe der PSA-Beschäftigung

Die PSA beschäftigt als Zielgröße______________ vom Arbeitsamt vermittelte Arbeitnehmer.

Die Zielgruppe wird wie folgt untergliedert (personenbezogene, berufsfachliche Merkmale):

____

____

____

____

Zielgruppe für die Beschäftigung in der PSA sind kurzfristig vom Arbeitsamt nicht vermittelbare Arbeitslose, die abgesehen von individuellen Vermittlungshemmnissen beschäftigungsfähig sind und im Rahmen ihres Qualifikationsspektrums für Arbeitnehmerüberlassung in Betracht kommen.

Bei den vom Arbeitsamt vorgeschlagenen Arbeitslosen kann es sich auch um Jugendliche unter 25 Jahre, arbeitslose Arbeitnehmer ohne Berufsabschluss (soweit für das vorgesehene Tätigkeitsfeld eine abgeschlossene Berufsausbildung nicht erforderlich ist), Langzeitarbeitslose und von Langzeitarbeitslosigkeit bedrohte, schwerbehinderte und ältere Arbeitslose handeln.

Die PSA verpflichtet sich, bezogen auf das jeweilige Tätigkeitsfeld in angemessenem Umfang Frauen zu beschäftigen und zur Vereinbarkeit von Familie und Beruf auch Möglichkeiten für Teilzeitbeschäftigung zu erschließen.

PSA und Arbeitsamt wirken gemeinsam darauf hin, dass nach einer angemessenen Anlaufphase (in der Regel 3 Monate) die vereinbarte Beschäftigtenzielgröße erreicht und bis zu drei Monate vor Ende der Vertragslaufzeit möglichst stabil gehalten wird. Die PSA teilt dem Arbeitsamt zur Unterbreitung von Vermittlungsvorschlägen frei werdende/frei gewordene Plätze umgehend mit.

In Abhängigkeit von der Aufnahmefähigkeit des Zeitarbeitsmarktes und der Entwicklung der Arbeitslosigkeit kann der Umfang und die tätigkeitsbezogene Struktur der PSA-Zielgruppe durch eine entsprechende Vertragsänderung angepasst werden. Einen Anspruch auf eine derartige Vertragsanpassung hat die PSA aber nicht.

6. Zugang zur PSA

Im Rahmen dieser Vereinbarung beschäftigt die PSA nur vom Arbeitsamt vorgeschlagene Arbeitnehmer. Ein Kontrahierungszwang besteht nicht. Wird ein vom Arbeitsamt vorgeschlagener Bewerber abgelehnt, sind von der PSA die Gründe schriftlich darzulegen.

7. Gestaltung der Arbeitsverhältnisse

Zwischen der PSA und dem jeweiligen Arbeitnehmer wird ein sozialversicherungspflichtiges Beschäftigungsverhältnis begründet, das den Bestimmungen des Arbeitnehmerüberlassungsgesetzes unterliegt.

Es wird ein auf mindestens neun Monate befristeter Arbeitsvertrag schriftlich abgeschlossen. Die Befristung darf im Regelfall zwölf Monate nicht überschreiten. Befristungen unter neun Monaten sind nur zulässig, wenn diese aus der voraussichtlichen Restlaufzeit dieses Vertrag
resultieren.

Besteht für den PSA-Arbeitnehmer die Möglichkeit, in ein anderes sozialversicherungspflichtiges Beschäftigungsverhältnis überzuwechseln oder eine selbständige Tätigkeit aufzunehmen, muss ein sofortiges Ausscheiden ohne Nachteil für den Arbeitnehmer gewährleistet sein.

Das Arbeitsentgelt und die sonstigen Arbeitsbedingungen haben sich gemäß § 434g Abs. 5 SGB III bis zum 31.12.2003 nach einem Tarifvertrag für Arbeitnehmerüberlassung zu richten.

Für die im Rahmen dieses Vertrags von der PSA beschäftigten Arbeitnehmer kommt folgender Tarifvertrag zur Anwendung:

____

Die PSA übergibt dem Arbeitsamt eine Kopie dieses Tarifvertrags.

Der PSA ist die Übergangsvorschrift des §19 Arbeitnehmerüberlassungsgesetz (AÜG) bekannt.
Die PSA informiert das Arbeitsamt umgehend über sich ergebende Veränderungen.

Der PSA obliegt die Sicherstellung des Arbeits- und Gesundheitsschutzes.

8. Verleihfreie Zeiten / Subunternehmer

Zur Erhöhung der arbeitsmarktlichen Integrationschancen richtet die PSA ihre Aktivitäten darauf aus, die verleihfreien Zeiten möglichst gering zu halten. Soweit im Ausnahmefall keine Arbeitnehmerüberlassung möglich ist, sind von der PSA die verleihfreien Zeiten für arbeitsmarktorientierte Integrationsbemühungen und individuell geeignete Kurzzeitqualifizierungen zu nutzen, ohne dass die insoweit evtl. anfallenden Kosten vom Arbeitsamt gesondert vergütet werden.

Die arbeitsmarktorientierten Integrationsbemühungen der PSA sollen insbesondere aus Aktivitäten zur Vermittlung zu anderen Arbeitgebern und zur Unterstützung der Eigenbemühungen der PSA-Beschäftigten bestehen. Das Spektrum reicht hier von Bewerbungstraining über Coaching bis zu assistierter Vermittlung.

Zeigt sich im Einzelfall ein umfassenderer Qualifizierungsbedarf, ist das gängige Instrumentarium der beruflichen Weiterbildung außerhalb der PSA zu nutzen. In diesem Fall sollte das Beschäftigungsverhältnis mit Eintritt in die berufliche Bildungsmaßnahme im gegenseitigen Einvernehmen aufgelöst werden.

Bei der Übertragung von Teilen der Leistung (Unteraufträge) ist von der PSA nach wettbewerblichen Gesichtspunkten zu verfahren.
Auf Verlangen des Arbeitsamtes sind Subunternehmer mit dem Teil der zu erbringenden Leistung zu benennen.
Auf Verlangen des Subunternehmers hat die PSA das Arbeitsamt als Auftraggeber zu benennen.
Subunternehmern dürfen insgesamt keine ungünstigeren Bedingungen – insbesondere hinsichtlich der Zahlungsweise, Gewährleistung und Sicherheitsleistungen – eingeräumt werden, als sie zwischen PSA und Arbeitsamt vereinbart sind.
Die PSA bemüht sich, Unteraufträge an kleine und mittlere Unternehmen in dem Umfang zu erteilen, wie sie es mit der vertragsgemäßen Ausführung der Leistung vereinbaren kann.
Bei der Einschaltung von Subunternehmern haftet die PSA für die ordnungsgemäße Gesamtabwicklung des Auftrages.
Die Einschaltung von Subunternehmen bedarf der vorherigen Zustimmung des Arbeitsamtes.

9. Honorar für die PSA-Tätigkeit

Die PSA erhält für ihre Tätigkeit vom Arbeitsamt ein Honorar. Es besteht aus einer monatlichen Fallpauschale und einer erfolgsbezogenen Integrations- / Vermittlungsprämie.

Maßgeblich für die Höhe des Honorars ist ein Grundbetrag in Höhe von ________ Euro (zuzüglich Mehrwertsteuer).

Der Grundbetrag bezieht sich auf Vollzeitarbeitsverhältnisse. Bei Teilzeitarbeitsverhältnissen ist er anteilig zu errechnen.

Die monatliche Fallpauschale beträgt für jeden von der PSA eingestellten Arbeitslosen:

- 100% des Grundbetrages für den ersten bis dritten Kalendermonat der PSA-Beschäftigung;
- 75% des Grundbetrages für den vierten bis sechsten Kalendermonat der PSA-Beschäftigung;
- 50% des Grundbetrages für den siebten bis neunten Kalendermonat der PSA-Beschäftigung.

Die Integrations-/Vermittlungsprämie beträgt:

- 200% des Grundbetrages, wenn der PSA-Beschäftigte während der ersten drei Kalendermonate der PSA-Beschäftigung
- 150% des Grundbetrages, wenn der PSA-Beschäftigte während des vierten bis sechsten Kalendermonats der PSA-Beschäftigung
- 100% des Grundbetrages, wenn der PSA-Beschäftigte nach dem sechsten Kalendermonat der PSA-Beschäftigung

zu einem Entleiher oder einem anderen durch die PSA vermittelten Arbeitgeber überwechselt.

Als Kalendermonat zählt jeweils der volle Monat, unabhängig davon, ob die Beschäftigung am Anfang, im Verlauf oder am Ende des Monats aufgenommen oder beendet wurde.

Die monatliche Fallpauschale wird nach erfolgtem Nachweis gemäß Ziffer 10 bis zum Ende des Folgemonats ausgezahlt.

Die Integrations-/Vermittlungsprämie wird in zwei Tranchen gewährt. Die erste Hälfte wird mit Aufnahme einer sozialversicherungspflichtigen Beschäftigung, die auf mindestens drei Monate angelegt ist, und die zweite Hälfte nach einer Beschäftigungsdauer von sechs Monaten fällig. Der jeweilige Nachweis ist von der PSA zu erbringen.
Die Integrations-/Vermittlungsprämie wird nicht gewährt, wenn ein Vermittlungsgutschein nach § 421 g SGB III von der PSA beim Arbeitsamt eingelöst wird.

Die monatliche Fallpauschale wird nicht gewährt, wenn der PSA-Beschäftigte in dem betreffenden Kalendermonat an einen früheren Arbeitgeber, bei dem er während der letzten vier Jahre mehr als drei Monate versicherungspflichtig beschäftigt war, überlassen wird.
Aus diesem Grund muss die PSA für jeden Arbeitnehmer einen Verleihbogen mit Name und Anschrift der Arbeitgeber, bei denen der Arbeitnehmer in den letzten vier Jahren vor Eintritt in die PSA mehr als drei Monate versicherungspflichtig beschäftigt war, und der Entleiher in chronologischer Form mit genauer Angabe der früheren Beschäftigungszeiten sowie der Entleihzeiten führen.

Die Gewährung weiterer Ermessensleistungen der aktiven Arbeitsförderung (z.B. Lohnkostenzuschüsse) an die PSA ist nicht möglich.

10. Berichtswesen / Dokumentation

Die PSA übermittelt die folgenden Informationen umgehend an das Arbeitsamt:
- Schriftliche Begründung für die Ablehnung eines vom Arbeitsamt vorgeschlagenen Bewerbers
- Beginn und Ende der Arbeitsverhältnisse der einzelnen Arbeitnehmer mit Angabe der Beendigungsgründe.

Bis zum 10. Tag des Folgemonats übermittelt die PSA für den zurückliegenden Monat für jeden Arbeitnehmer Angaben
- zu den Verleih- und verleihfreien Zeiten,
- zu den Aktivitäten während der verleihfreien Zeiten sowie
- entsprechende Nachweise für die erste und zweite Tranche der Vermittlungs-/Integrationsprämie.

Inhalt und Form der Datenübermittlung erfolgt nach Vorgabe des Arbeitsamtes.

Die PSA erstellt nach 18 Monaten einen Zwischenbericht und spätestens einen Monat nach Vertragsablauf einen Abschlussbericht. Darin sind jeweils die Verleihaktivitäten sowie die Vermittlungs- und Integrationserfolge detailliert darzustellen.

Im Fall der Vertragsverlängerung ist der Abschlussbericht erst nach Ablauf des Verlängerungszeitraums zu erstellen.

11. Veröffentlichungen / Pressemitteilungen

Die PSA verpflichtet sich, die Presse- und Öffentlichkeitsarbeit sowie für Dritte bestimmte Informationen und Berichte rechtzeitig mit dem Arbeitsamt abzustimmen.

12. Datenschutz

Die PSA ist verpflichtet, die datenschutzrechtlichen Bestimmungen einzuhalten und dem Arbeitsamt jederzeit Zugriff auf sämtliche Datenbestände im Zusammenhang mit diesem Vertrag zu gewähren. Alle Auswertungen werden dem Arbeitsamt zur Verfügung gestellt.

Die PSA darf vom Arbeitsamt übermittelte personenbezogene Daten der Bewerber nur zu den in diesem Vertrag genannten Zwecken verarbeiten und nutzen (§ 78 Abs. 1 Satz 1 Sozialgesetzbuch Zehntes Buch SGB X). Die darüber hinaus gehende Weitergabe von personenbezogenen Daten ist nicht zulässig.

Die PSA stellt sicher, dass die Daten der eingestellten Arbeitnehmer nur denjenigen Mitarbeitern zugänglich sind, die mit der vermittlungsorientierten Arbeitnehmerüberlassung nach § 37c SGB III betraut sind (§ 78 Abs. 1 Satz 2 SGB X i.V.m. § 35 Abs. 1 SGB I). Die PSA sichert zu, dass diese Mitarbeiter mit den maßgebenden Bestimmungen des Datenschutzes vertraut gemacht und entsprechend verpflichtet werden (§ 5 Bundesdatenschutzgesetz BDSG).

Die PSA erklärt sich damit einverstanden, dass das Arbeitsamt jederzeit berechtigt ist, die Einhaltung der datenschutzrechtlichen Vorschriften zu kontrollieren.

13. Aufsichts- und Prüfrecht

Dem Arbeitsamt steht im Rahmen dieser Vereinbarung das Aufsichts- und Prüfrecht zu. Die PSA verpflichtet sich, alle für die Prüfung erforderlichen Auskünfte zu erteilen und alle entsprechenden Unterlagen vorzulegen. Insbesondere ist der Einblick in die Geschäftsbücher und Belege sowie während der Geschäftszeit der Zutritt zu den Grundstücken und Geschäftsräumen der PSA zu gewähren.

14. Beendigung des Vertrags / Kündigung

Die Wirkung des Vertrags endet gemäß § 37c Abs. 2 Satz 1 SGB III, wenn die PSA nicht mehr die Erlaubnis zur Arbeitnehmerüberlassung hat.

Dieser Vertrag kann von jeder Vertragspartei schriftlich mit einer Frist von drei Monaten zum Monatsende ordentlich gekündigt werden.

Das Arbeitsamt kann diesen Vertrag ordentlich mit einer Frist von einem Monat zum Monatsende kündigen, wenn innerhalb von zwei Monaten nach Beginn der Vertragslaufzeit gem. Nr. 4. aus von der PSA zu vertretenden Gründen noch kein Arbeitsvertrag zwischen einem vom Arbeitsamt vorgeschlagenen Arbeitnehmer und der PSA zustande gekommen ist.

Zu Unrecht gewährte Förderleistungen des Arbeitsamtes werden von der PSA erstattet. Eine Aufrechnung des Arbeitsamtes gegen Ansprüche auf laufende Leistungen ist zulässig.

15. Haftung, Unfallversicherung

Das Arbeitsamt übernimmt keine Haftung für Sach- und Personenschäden. Die Unfallversicherung erfolgt durch die PSA.

16. Vertragsverlängerung / Integrations-/Vermittlungsquote

Die Vertragslaufzeit kann bei erfolgreicher Tätigkeit der PSA einmalig um bis zu 24 Monate verlängert werden.

Maßstab für den PSA-Erfolg ist insbesondere der Anteil der PSA-Beschäftigten, die durch Vermittlung der PSA unmittelbar in ein sozialversicherungspflichtiges Beschäftigungsverhältnis bei einem Entleiher oder einem anderen Arbeitgeber übergehen. Für diesen Vertrag strebt die PSA eine Integrations-/Vermittlungsquote in Höhe von _____ % an.
Nach 18 Monaten wird auf der Grundlage des von der PSA erstellten Zwischenberichts eine gemeinsame Zwischenbilanz gezogen. Die Entscheidung über eine Ver-

tragsverlängerung wird mindestens drei Monate vor Ende der Vertragslaufzeit getroffen.

17. Antikorruptionsklausel

1. Ausschlussgründe im Sinne von § 7 Nr. 5 c bis e VOL/A berechtigen das Arbeitsamt zum Rücktritt aus wichtigem Grund ohne Einhaltung einer Frist. Ausschlussgründe sind insbesondere:

   - die Unzuverlässigkeit der PSA wegen einer nachweislich schweren Verfehlung (z. B. Vorteilsgewährung § 333 StGB, Bestechung § 334 StGB) oder ähnlichen Handlungen außerhalb korrekter geschäftlicher Gepflogenheiten,

   - die nicht ordnungsgemäße Erfüllung der Verpflichtung zur Zahlung von Steuern und Abgaben sowie der Beiträge zur gesetzlichen Sozialversicherung,

   - vorsätzlich unzutreffende Erklärungen in bezug auf Zuverlässigkeit sowie Fachkunde und Leistungsfähigkeit.

2. Ein Ausschlussgrund nach Absatz 1 ist auch die Abgabe von Angeboten, die auf wettbewerbsbeschränkenden Absprachen im Sinne von § 298 StGB beruhen, die Beteiligung an unzulässigen Wettbewerbsbeschränkungen im Sinne des Gesetzes gegen Wettbewerbsbeschränkungen (GWB), insbesondere eine Vereinbarung mit Dritten über die Abgabe oder Nichtabgabe von Angeboten, über zu fordernde Preise, über die Entrichtung einer Ausfallentschädigung (Gewinnbeteiligung oder sonstige Abgaben) und über die Festlegung von Preisempfehlungen.

3. Die PSA hat dem Arbeitsamt alle Schäden zu ersetzen, die unmittelbar oder mittelbar durch den Rücktritt vom Vertrag entstehen. Andere Rechte als Ansprüche auf Vergütung in Anspruch genommener Leistungen stehen der PSA auf Grund des Rücktritts nicht zu. Von den gesetzlichen Regelungen über das Rücktrittsrecht bleiben lediglich §§ 346 bis 349 BGB unberührt.

18. Scientology-Erklärung

Die PSA verpflichtet sich, sicherzustellen, dass weder die bei ihr zur Erfüllung des Auftrags eingesetzten Personen noch die Personen, die bei den zur Qualifizierung der Arbeitslosen vorgesehenen Bildungsträgern eingesetzt werden, die „Technologie von L. Ron Hubbard“ anwenden, lehren oder in sonstiger Weise verbreiten.

Bei einem Verstoß ist der Auftraggeber berechtigt, den Vertrag aus wichtigem Grund ohne Einhaltung einer Frist zu kündigen.

Weitergehende Rechte bleiben unberührt.

19. Vertragsänderungen und Nebenabreden

Vertragsänderungen und Nebenabreden bedürfen der Schriftform.

20. Salvatorische Klausel

Sollten einzelne Bestimmungen dieses Vertrages ganz oder teilweise unwirksam sein, wird hierdurch die Wirksamkeit der übrigen Bestimmungen nicht berührt.

Die Vertragsparteien verpflichten sich, die unwirksame Bestimmung durch eine dieser in Interessenlage und Bedeutung möglichst nahe kommenden wirksamen Vereinbarung zu ersetzen.

Ort, Datum	Ort, Datum
________________________	________________________
Name, Unterschrift der PSA	Name, Unterschrift des Arbeitsamtes
________________________	________________________
( )	( )

ANHANG II: DURCHFÜHRUNGSANWEISUNG FÜR PERSONAL-SERVICE-AGENTUREN

Bundesagentur für Arbeit / Zentrale – 56037c	PP 54

Stand: 29. Juli 2004

Personal-Service-Agenturen (PSA) nach § 37c SGB III
Ergänzende Durchführungsanweisungen

Erste Ergänzung / Grundwerk vom 20. Januar 2003
Zweite Ergänzung vom 04. März 2003
Dritte Ergänzung vom 19. März 2003
Vierte Ergänzung vom 10. Juni 2003
Fünfte Ergänzung vom 29. Juli 2004

1. Beschreibung der Zielgruppen

Die Festlegung der PSA-Zielgruppen sollte nicht nur im Hinblick auf personenbezogene, sondern insbesondere auch unter Berücksichtigung entsprechender berufsfachlicher Merkmale erfolgen.
Im Rahmen des Vergabeverfahrens kommt einer prägnanten und aussagekräftigen Beschreibung der PSA-Zielgruppen besondere Bedeutung zu. Sie muss für alle Interessenten verwertbare Informationen enthalten, damit die Teilnahmeentscheidung erleichtert und eine Angebotskalkulation unterstützt wird.

2. Grundbetrag

2a. Je PSA-Vertrag nur ein Grundbetrag

In einem PSA-Vertrag darf nur ein einziger Grundpreis vereinbart werden. Soweit aufgrund der Zusammensetzung der Zielgruppe(n) Differenzierungen vorgesehen sind bzw. sich im Verlauf des Vergabeverfahrens als erforderlich/zweckmäßig erweisen, sind entsprechend mehrere PSA-Verträge abzuschließen. Dies ist bereits bei der Festlegung der Zielgruppe(n) für die Bekanntmachung zu berücksichtigen.

2b. Netto-Grundbetrag während Vertragslaufzeit nicht änderbar

Im Preisblatt wird der Grundbetrag je Los ohne Mehrwertsteuer angeboten. Auf dieser Basis ist der wirtschaftlichste Bieter zu ermitteln (Bewertung, Verhandlungen, Zuschlag).
Dieser verbindliche Netto-Grundbetrag wird für die gesamte PSA-Vertragslaufzeit fest vereinbart.
Das jeweils auszuzahlende PSA-Honorar (Fallpauschale und Vermittlungsprämie) ist auf der Basis des um den jeweiligen Mehrwertsteuersatz erhöhten Grundbetrages zu

berechnen. Zur Klarstellung wird in Ziffer 9 des PSA-Vertrags der Zusatz „zuzüglich Mehrwertsteuer“ aufgenommen.

2c. Grundbetrag bei Vertragsverlängerung

Vor Inanspruchnahme der Verlängerungsoption kann über den Grundbetrag verhandelt werden. Die vertraglichen Regelungen schließen dies nicht aus. Kommt keine einvernehmliche Einigung über den (neuen) Grundbetrag für den Vertragsverlängerungszeitraum zu Stande, endet der Vertrag nach 24-monatiger Laufzeit (entsprechend Ziff. 4 des Mustervertrages). Da die Entscheidung über eine Vertragsverlängerung gem. Ziff. 16 des Mustervertrages spätestens drei Monate vor Ende der Vertragslaufzeit zu treffen ist, müssen auch evtl. Preisanpassungsverhandlungen spätestens zu diesem Zeitpunkt (einvernehmlich) abgeschlossen sein.

3. AÜG-Erlaubnis auch bei gemeinnützigen Arbeitnehmerüberlassern erforderlich

Auch gemeinnützige Arbeitnehmerüberlasser müssen bei Vertragsabschluss eine AÜG-Erlaubnis und eine Gewerbeanmeldung für private Arbeitsvermittlung nachweisen.

4. Tarifvertrag für Arbeitnehmerüberlassung

Der PSA-Betreiber (Verleiher) hat nach dem Grundsatz des Equal-Treatment grundsätzlich die im Betrieb des Entleihers für einen vergleichbaren Arbeitnehmer des Entleihers geltenden Arbeitsbedingungen einschließlich des Arbeitsentgelts zu gewähren (§ 3 Abs. 1 Nr. 3 i.V.m. § 9 Nr. 2 AÜG).
Nur ein Tarifvertrag, der nach dem 15.11.2002 abgeschlossen wurde und auch auf die jeweiligen Leiharbeitsverhältnisse Anwendung findet, kann Abweichendes regeln.

Mit dem Angebot ist von allen Bietern der voraussichtlich zur Anwendung kommende ANÜ-TV zu benennen. Für die Richtigkeit dieser Benennung ist der Bieter allein verantwortlich.

Die Vorlage eines auf die Leiharbeitsverhältnisse anwendbaren ANÜ-TV hat spätestens bei Abschluss des PSA-Vertrages zu erfolgen.

Es ist lediglich zu prüfen, ob es sich bei einem vorgelegten Tarifvertrag um einen gültigen Tarifvertrag zwischen Tarifvertragsparteien für den Bereich Arbeitnehmerüberlassung handelt, der Arbeitsbedingungen einschließlich des Arbeitsentgelts regelt. Eine darüber hinaus gehende Inhaltskontrolle hat nicht zu erfolgen. Im Zweifelsfall ist die nach dem Betriebssitz für die Erteilung der AÜG-Erlaubnis zuständige Erlaubnisbehörde (Regionaldirektion Fachgebiet Arbeitnehmerüberlassung) einzuschalten.

Es ist nicht zulässig, Inhalte eines ANÜ-TV (z.B. die Höhe des Arbeitsentgelts der PSA-AN) als Kriterium in die Punktbewertung des Angebots einzubeziehen.

Das BMWA übernimmt den Vertrieb der im Tarifregister eingetragenen Tarifverträge für Arbeitnehmerüberlassung. Die PSA-Internet-Bereiche des BMWA und der BA (www.arbeitsagentur.de) enthalten daher folgenden Hinweis für PSA-Bewerber: „Bewerber für die Einrichtung einer Personal-Service-Agentur (PSA) können die Texte der Tarifverträge für Zeitarbeitsunternehmen, soweit sie in das Tarifregister des Bundesministeriums für Wirtschaft und Arbeit eingetragen sind, per E-Mail info@bmwa.bund.de anfordern. Dabei ist anzugeben: Referat IIIA3, Anforderung Zeitarbeits-Tarifverträge. Die Versendung erfolgt per Post und ist für den Empfänger gebührenfrei."

5. Honorar

Die monatliche Fallpauschale sowie die Integrations-/Vermittlungsprämie sind nach erfolgtem Nachweis (Monatsbericht der PSA bzw. zusätzlich Vordruck „Übernahme-/Vermittlungsbestätigung" schnellstmöglich, spätestens aber bis zum Ende des Folgemonats auszuzahlen.
Sofern es bei der Abrechnung des Honorars zu Abweichungen gegenüber dem Monatsbericht kommt, ist die PSA in geeigneter Weise zu unterrichten (z.B. Übersendung einer Liste der PSA-Beschäftigten, die nicht entsprechend des Monatsberichts abgerechnet wurden).

5a. Honorarermittlung / Zahlung der Fallpauschale

Für die (Alt-) Verträge, die noch eine Ermittlung des Honorars auf der Grundlage von Kalendermonaten vorsehen, gilt :

Bei der Fallpauschale und der Integrations-/Vermittlungsprämie zählt als Kalendermonat jeweils der volle Monat, unabhängig davon, ob die Beschäftigung am Anfang, im Verlauf oder am Ende des Monats aufgenommen oder beendet wurde.

Beispiel 1: Arbeitsaufnahme in der PSA am 14.04.03: Ende der PSA-Beschäftigung am 31.01.04. Die monatliche Fallpauschale wird für die Monate April bis Dezember 2003 gewährt (9 volle Fallpauschalen).

Beispiel 2: Arbeitsaufnahme in der PSA am 22. 04.03, Beendigung der PSA-Beschäftigung am 08.08.03. Die monatliche Fallpauschale wird für die Monate April bis August 2003 gewährt (5 volle Fallpauschalen).

Beispiel 3: Beim Beispiel 2 wurde am 11.08.03 nahtlos eine sozialversicherungspflichtige Beschäftigung beim Entleiher aufgenommen. Der Übergang erfolgte im fünften Kalendermonat der PSA-Beschäftigung. Deshalb beträgt die Integrationsprämie 150 % des Grundbetrags.

Beispiel 4: Arbeitsaufnahme in der PSA am 25.05.03. Beendigung der PSA-Beschäftigung am 07.11.03 (Zahlung von 7 vollen Fallpauschalen für die Monate Mai bis November). Nahtloses Überwechseln zu einem durch die PSA vermittelten Arbeitgeber am 10.11.103. Der Übergang erfolgte im siebten Monaten der PSA-Beschäftigung. Deshalb beträgt die Vermittlungsprämie 100% des Grundbetrags.

Die Fallpauschale kann nicht gewährt werden für volle Kalendermonate ohne Zahlung von Arbeitsentgelt.

Für die (Neu-) Verträge, die nach dem 24.03.2004 ausgeschrieben worden sind (maßgebliches Datum ist der Tag der Versendung des Bekanntmachungstextes), gilt:

Die Fallpauschale ist anteilmäßig nur für die Teile eines Monats zu zahlen, für die vom PSA-Betreiber Arbeitsentgelt gewährt wurde.

Die Fallpauschale wird tagesgenau abgerechnet, d. h. nach Ermittlung der Fehltage über die Web-basierte Trägerberichterstattung werden die Tage der tatsächlichen Beschäftigung/Anwesenheit des PSA-Arbeitnehmers automatisch berechnet und so der jeweilige Anteil der Fallpauschale für den jeweiligen Monat errechnet.

Bei der Berechnung des Honorars ist die Degression nach Zeitmonaten festzusetzen. Diese Änderung ist im coSachNT Fachverfahren „PSA" bereits berücksichtigt. Der Mustervertrag wird entsprechend geändert.

5b. Begriff der Vermittlung / Integrations-/Vermittlungsprämie

Die Integration-/Vermittlungsprämie kann nur bei nahtloser Vermittlung aus der PSA zu einem anderen rechtlich eigenständigen Arbeitgeber gewährt werden. Eine Vermittlung liegt nur vor, wenn der (von den Vertragsparteien verschiedene und unabhängige) Vermittler mit dem Arbeitnehmer und dem Arbeitgeber in Kontakt stand und beide dazu bewegt hat, einen Arbeitsvertrag abzuschließen. Eine Vermittlung in diesem Sinne liegt beispielsweise nicht vor, wenn die PSA die Beschäftigten durch einen Aushang auf Stellenangebote hingewiesen hat.

Die Voraussetzungen für die Gewährung einer Integrations-/Vermittlungsprämie liegen insbesondere in folgenden Fällen nicht vor:

- Die PSA ist an der Firma des Arbeitgebers bzw. umgekehrt in einem wirtschaftlich erheblichen Maß beteiligt (mindestens 25%ige Kapital- oder Gewinnbeteiligung).
- Ein hinter der PSA und dem Arbeitgeber stehender weiterer Dritter beherrscht beide Firmen (mindestens 50%ige Beteiligung an beiden Firmen).
- Der Geschäftsführer der PSA ist gleichzeitig Geschäftsführer des Arbeitgebers.
- Es besteht Personenidentität der Vertreter von PSA und Arbeitgeber.
- Der Vermittler ist Arbeitnehmer des Arbeitgebers.

Für die Auszahlung der zweiten Prämienhälfte ist eine ununterbrochene Beschäftigungsdauer von 6 Monaten erforderlich. Ein Arbeitgeberwechsel während der Beschäftigung ist unschädlich.

6. Berichte / Dokumentationen der PSA

Die PSA übermittelt die folgenden Informationen umgehend an die Agentur für Arbeit:

- Schriftliche Begründung für die Ablehnung eines von der Agentur vorgeschlagenen Bewerbers (VV evtl. mit ergänzenden Ausführungen)
- Beginn und Ende der Arbeitsverhältnisse der einzelnen Arbeitnehmer mit Angabe der Beendigungsgründe.

Bis zum 10. Tag des Folgemonats übermittelt die PSA für den zurückliegenden Monat für jeden Arbeitnehmer Angaben zu den Verleih- und verleihfreien Zeiten, zu den Aktivitäten während der verleihfreien Zeiten sowie entsprechende Nachweise für die erste und zweite Tranche der Vermittlungs-/Integrationsprämie. Hierfür ist von jeder PSA die zentral zur Verfügung gestellte Web-Anwendung „PSA-Berichterstattung" zu verwenden. Die AA haben die PSA-Betreiber zur Nutzung dieser Anwendung anzuhalten (vertragliche Pflicht). Der Monatsbericht, der die Grundlage für die Honorarzahlungen darstellt, ist vom PSA-Betreiber aus der Web-Anwendung generierbar. Detail-Informationen zur Web-Anwendung sind im Intranet – Vermittlung > Aktive Arbeitsförderung > PSA - unter der spezifischen Rubrik **„IT-Unterstützung PSA"** (darunter PSA-Berichterstattung) abrufbar.
Die PSA erstellt nach 18 Monaten einen Zwischenbericht und spätestens einen Monat nach Vertragsablauf einen Abschlussbericht. Darin sind jeweils die Verleihaktivitäten sowie die Vermittlungs- und Integrationserfolge detailliert darzustellen.
Im Fall der Vertragsverlängerung ist der Abschlussbericht erst nach Ablauf des Verlängerungszeitraums zu erstellen.

7. Übersendung der PSA-Verträge an die Zentrale

Die AA übersenden Kopien von allen unterschriebenen PSA-Verträgen und der entsprechenden PSA-Konzepte per Post an die Zentrale der BA, Team PP 54, Regensburger Str. 104, 90478 Nürnberg.

8. gestrichen

9. Aufhebung Rundbrief 45/ 2002

Der BA-Rundbrief 45/2002 wurde mit Wirkung vom 20. Januar 2003 aufgehoben.

10. Umsatzsteuerpflicht des PSA-Honorars

Nach einer Entscheidung des BMF unterliegen die von den AA gezahlten Honorare (Fallpauschale und Integrations-/Vermittlungsprämie) bei der PSA der Umsatzsteuerpflicht.

11. Organisatorisch / rechtlich eigenständige Einheit

Wenn nach Beginn des Teilnahmewettbewerbs im weiteren Verlauf des Vergabeverfahrens die organisatorisch eigenständige Einheit eines als geeignet festgestellten

Bewerbers zusätzlich den Status einer rechtlich eigenständigen Einheit erlangt (z.B. Gründung einer Tochterfirma) liegt kein Ausschlussgrund für das Angebot dieser neuen und lediglich zusätzlich rechtlich eigenständigen Einheit vor. Diese Fälle sind jedoch in der Vergabeakte zu dokumentieren.

Gegebenenfalls ist in diesem Zusammenhang bei Gründung eines Unternehmens mit anderer Rechtsform/Rechtspersönlichkeit die Erforderlichkeit einer AÜG-Erlaubnis durch die Erlaubnisbehörde (zuständige Regionaldirektion) erneut zu prüfen.

12. Einschaltung von Subunternehmen / Kooperationspartnern/ Wechsel des Vertragspartners

Grundsätzlich hat die PSA die vertraglichen Verpflichtungen unmittelbar selbst zu erbringen. Eine Übertragung der Verleihereigenschaft/-tätigkeit auf z.B. einen Subunternehmer ist nicht möglich. Die Arbeitgebereigenschaft hinsichtlich der PSA-Arbeitnehmer kann nicht übertragen werden (auch nicht während verleihfreier Zeiten).
Eine Kooperationsvereinbarung der PSA mit anderen Einrichtungen (bzw. eine Subunternehmereinschaltung) ist nur hinsichtlich der Durchführung individuell geeigneter Kurzzeitqualifizierungen und arbeitsmarktorientierter Integrationsbemühungen möglich.

Eine Übernahme des PSA-Vertrages durch eine neue Firma (z. B. bei Insolvenz) stellt eine Schuldübernahme nach § 415 BGB dar, die nur mit Genehmigung des Gläubigers (Agentur) wirksam werden kann. Es ist im Einzelfall abzuklären, ob der PSA-Vertrag mit allen Rechten und Pflichten vollständig von der neuen Firma übernommen und erfüllt werden kann. Das Erfordernis einer gültigen AÜG-Erlaubnis gilt auch für den neuen Vertragspartner.

13. Kettenverleih nicht zulässig

Wenn ein Entleihbetrieb die ihm von der PSA überlassenen Arbeitnehmer wiederum anderen Unternehmen zur Arbeitsleistung überlässt, liegt ein unzulässiger Kettenverleih und damit illegale Arbeitnehmerüberlassung vor. In Zweifelsfällen ist die AÜG-Stelle der Regionaldirektion einzuschalten.

14. Vermittlungsverfahren

14a. Stellenangebote der PSA

Spätestens bei Abschluss eines PSA-Vertrages ist für jede PSA jeweils ein SteA entsprechend der vereinbarten Zielgröße (Arbeitnehmer) neu zu führen.

Die SteA-Beschreibung muss prägnant und aussagekräftig sein, damit der Bewerber umfassend über die Art der Tätigkeit in der PSA informiert ist. Vermittlungsrelevante Anforderungen, die sich aus den individuellen Vertragsbedingungen mit der PSA ergeben, die Arbeitsbedingungen und die beruflichen Mindestkenntnisse sind umfassend zu erheben und im SteA korrekt und vollständig zu erfassen.

Im SteA Bild „Betriebsdaten 1" im Feld „Betriebs-Art:" ist der Eintrag „PSA" vorzunehmen.

Das SteA der PSA ist nicht im VAM zu veröffentlichen.

Das SteA der PSA, die für Arbeitslose nach berufsfachlichen Merkmalen eingerichtet wird, ist entsprechend dieser DKZ zu erfassen.
Sollte eine PSA ausschließlich nach personenbezogenen Merkmalen eingerichtet werden, ist das SteA mit der DKZ für eine Tätigkeit zu erfassen, für die auf Grund der Arbeitsmarktlage überwiegend Vermittlungsmöglichkeiten bestehen.

Ab der Flächenversion N31 sind PSA-Stellen mit der neuen SteA-Art „B: PSA (Dauerauftrag)" zu erfassen.

Ferner ist bei PSA-SteA im SteA Bild „SteA Auftragsdaten 3" im Feld „Suchwort" die Vertragsnummer des zugrunde liegenden PSA-Vertrages einzutragen.

14b. Durchführung der Vermittlung

Hinsichtlich der Durchführung der Vermittlung auf das PSA-SteA (z.B. Auswahl und Unterbreitung von Vermittlungsvorschlägen, Zumutbarkeit) und der Übermittlung von Bewerberdaten ist die PSA nicht anders zu behandeln als alle anderen Arbeitgeber, die der AA SteA melden.

Wird ein von der Agentur vorgeschlagener Bewerber abgelehnt, sind von der PSA die Gründe schriftlich darzulegen (Ziffer 6 des Vertrages). Es ist dabei nicht akzeptabel, wenn von der PSA fehlende Entleihmöglichkeiten als Grund angeführt wird.

14c. Gesetzliche Unfallversicherung

Der gesetzliche Unfallversicherungsschutz gilt nur für Meldepflichtige, die einer besonderen, an sie im Einzelfall gerichteten Anforderung der AA (z.B. Vermittlungsvorschlag) nachkommen, die PSA aufzusuchen (§ 2 Abs. 1 Nr. 14 SGB VII). Eigenbemühungen des Meldepflichtigen oder von einer PSA initiierte Aktivitäten werden von dieser Regelung nicht erfasst. Wenn beispielsweise einem vorgeschlagenen Bewerber auf dem Weg von der PSA zu einem mit dem Profiling beauftragten Kooperationspartner ein Unfall zustößt, besteht kein gesetzlicher Unfallversicherungsschutz. Vielmehr hat die Unfallversicherung durch die PSA zu erfolgen (Ziffer 15 des PSA-Vertrages).

15. Vermittlungsaktivitäten der PSA

15a. Vermittlung in das Ausland

Bei Vermittlung eines PSA-Beschäftigten in das Ausland kann eine Integrations-/Vermittlungsprämie nicht gezahlt werden, da diese Leistung nur bei Aufnahme einer sozialversicherungspflichtigen Beschäftigung gewährt wird. Nach der Rechtssystematik des SGB III und des SGB IV sind dies nur Beschäftigungen im Inland.

15b. Vermittlung in ein betriebliches Ausbildungsverhältnis

Bei Vermittlung eines PSA-Beschäftigten in ein betriebliches Ausbildungsverhältnis ist die Gewährung einer Vermittlungsprämie ausgeschlossen, da nach § 296a SGB III für Leistungen zur Ausbildungsvermittlung nur vom Arbeitgeber Vergütungen verlangt werden dürfen.

16. Leistungen an PSA-Beschäftigte zur Unterstützung der Beratung und Vermittlung (UBV) sowie Mobilitätshilfen (MOBI)

16a. UBV

Die Gewährung von Bewerbungs- bzw. Reisekosten nach § 45 SGB III an PSA-Beschäftigte ist grundsätzlich möglich. Entsprechende Kosten im Zusammenhang mit den Aktivitäten der PSA für die Akquisition von Leiheinsätzen sind nicht zu erstatten.

16b. MOBI

Übergangsbeihilfe und Ausrüstungsbeihilfe können auch bei Aufnahme einer Beschäftigung in einer PSA gewährt werden.
Für auswärtige Leiheinsätze ist die Gewährung von Mobilitätshilfen ausgeschlossen, da der Arbeitnehmer gem. § 670 BGB einen Anspruch auf Aufwandsersatz gegenüber dem Arbeitgeber (Verleiher) hat.
Die Gewährung von Mobilitätshilfen für die Aufnahme einer anderen versicherungspflichtigen Beschäftigung unmittelbar im Anschluss an eine PSA-Beschäftigung ist möglich.

17. Betriebsnummer für die PSA
Nach der Verordnung über die Erfassung und Übermittlung von Daten für die Träger der Sozialversicherung (DEÜV) müssen die Meldungen zur Sozialversicherung für jeden Beschäftigten insbesondere die Betriebsnummer für den Betrieb des Beschäftigungsortes enthalten.
Die PSA ist daher bei Vertragsabschluss darauf hinzuweisen, dass bei der zuständigen AA eine Betriebsnummer zu beantragen ist, sofern für den PSA-Träger eine solche noch nicht vergeben wurde oder die PSA eine rechtlich eigenständige Einheit bildet (z.B. eigene GmbH) oder sich der Sitz der PSA in einer anderen Gemeinde befindet.

18. IT-Unterstützung
Die jeweils aktuellen Fachkonzepte mit Informationen und Verfahrenshinweisen zu
- **CoSachNT Fachverfahren „PSA“ und**
- **PSA-Berichterstattung**

sind im Intranet (Vermittlung > Aktive Arbeitsförderung > PSA) unter der spezifischen Rubrik **„IT-Unterstützung PSA“** abrufbar.

19. PSA-Vertragsnummer
Es wird folgende einheitliche Vertragsnummer-Struktur vorgegeben:
- DstNr. / lfd. Nr. / HHJ zweistellig (z.B. 011 / 2 / 04).

Die Vertragsnummer ist für statistische und evaluatorische Auswertungen von Bedeutung. Die coSach-Maßnahmenummer muss identisch mit der Vertragsnummer sein/werden. Die Vertragsnummer ist auch das Schlüsselkennzeichen der PSA für die Web-Anwendung „PSA-Berichterstattung“. Ferner ist bei PSA-SteA im SteA Bild „SteA Auftragsdaten 3“ im Feld „Suchwort“ die Vertragsnummer des zugrundeliegenden PSA-Vertrages einzutragen.

20. Bekanntmachung der PSA-Vertragspartner

Im Rahmen der gemeinsamen Presse- und Öffentlichkeitsarbeit (Ziffer 11 des PSA-Vertrages) sind ab sofort von den Agenturen für Arbeit alle aktuellen PSA-Vertragspartner im Internet bekannt zu geben.
Dabei sind nach vorheriger Absprache mit den PSA Namen, Anschriften und Telefon-Nummern der PSA im Internetangebot der Agentur (Rubrik „Informationen“ > neuer Titel: „Unsere PSA-Vertragspartner“) zu veröffentlichen und gegebenenfalls zu aktualisieren (keine Doppelnennungen, wenn eine PSA mehrere Lose gewonnen hat).
Es ist einheitlich folgender Einführungstext zu verwenden:

„Personal-Service-Agenturen (PSA) – unsere Vertragspartner
Mit dem Ersten Gesetz für moderne Dienstleistungen am Arbeitsmarkt wurde in das Sozialgesetzbuch Drittes Buch (SGB III) ein neuer § 37c eingefügt, der ab 01. Januar 2003 die Einrichtung von PSA in allen AA-Bezirken regelt.
(Internet-Infos zu PSA unter www.arbeitsagentur.de (Neue Gesetze zum Arbeitsmarkt)
Auf der Grundlage eines Vertrages mit der Agentur für Arbeit stellt die Personal-Service-Agentur ausschließlich von der Agentur vorgeschlagene Arbeitnehmer in sozialversicherungspflichtige Beschäftigungsverhältnisse ein, um diese Arbeitnehmer vorrangig an Betriebe zu verleihen. Vertragsgegenstand ist die Einrichtung und der Betrieb einer PSA zur Durchführung einer vermittlungsorientierten Arbeitnehmerüberlassung.

Zurzeit arbeiten wir mit folgenden PSA-Vertragspartnern zusammen:
XXXXXXXXXX Namen, Anschriften, Telefon-Nummern XXXXXXXXXXXXXXXXXX“

ANHANG III: INTERNET-INFORMATION DER BUNDESAGENTUR FÜR ARBEIT BETREFFEND DIE PERSONAL-SERVICE-AGENTUR

Internet-Informationen
zur Einrichtung von Personal-Service-Agenturen (PSA)
nach §37c Sozialgesetzbuch Drittes Buch (SGB III)
(Stand: 19. April 2004)

Mit dem Ersten Gesetz für moderne Dienstleistungen am Arbeitsmarkt wurde in das SGB III ein neuer § 37c eingefügt, der ab 01. Januar 2003 die Einrichtung von PSA in allen Agenturbezirken regelt.
Diese Internet-Veröffentlichung dient ausschließlich der Information. Das Verfahren zur Einrichtung von PSA wird von jeder Agentur für Arbeit eigenständig durchgeführt.

Inhaltsverzeichnis

1) Gesetzliche Grundlage

§37c SGB III – Personal-Service-Agentur (PSA)

(1) Jede Agentur für Arbeit hat die Einrichtung mindestens einer Personal-Service-Agentur sicherzustellen. Aufgabe der Personal-Service-Agentur ist insbesondere, eine Arbeitnehmerüberlassung zur Vermittlung von Arbeitslosen in Arbeit durchzuführen sowie ihre Beschäftigten in verleihfreien Zeiten zu qualifizieren und weiterzubilden.

(2) Zur Einrichtung von Personal-Service-Agenturen schließt die Agentur für Arbeit namens der Bundesagentur mit erlaubt tätigen Verleihern Verträge. Für die Verträge mit den Personal-Service-Agenturen gilt das Vergaberecht. Kommen auf diese Weise Verträge nicht zu Stande, ist das ursprüngliche Vergabeverfahren aufzuheben und ein neues Vergabeverfahren über denselben Leistungsgegenstand durchzuführen. Die Agentur für Arbeit kann für die Tätigkeit der Personal-Service-Agenturen ein Honorar vereinbaren. Eine Pauschalierung ist zulässig. Werden Arbeitnehmer von der Personal-Service-Agentur an einen früheren Arbeitgeber, bei dem sie während der letzten vier Jahre mehr als drei Monate versicherungspflichtig beschäftigt waren, überlassen, ist das Honorar entsprechend zu kürzen.

(3) Sind Verträge nach Absatz 2 nicht zu Stande gekommen, kann sich die Agentur für Arbeit namens der Bundesagentur an Verleihunternehmen beteiligen. Kreditaufnahmen von Mehrheitsbeteiligungen sind nur in Form von Gesellschafterdarlehen der Bundesagentur zulässig. Der Bundesrechnungshof prüft die Haushalts- und Wirtschaftsführung der Personal-Service-Agenturen, an denen die Agenturen für Arbeit namens der Bundesagentur mehrheitlich beteiligt sind. Die nach § 370 erforderliche Zustimmung ist entbehrlich. Absatz 2 Satz 6 gilt entsprechend.
(4) Kommt auch eine Beteiligung nach Absatz 3 nicht zu Stande, kann die Agentur für Arbeit namens der Bundesagentur eigene Personal-Service-Agenturen gründen. Absatz 3 Satz 2, 3 und 4 gilt entsprechend.
(5) In den Fällen des Absatzes 3 oder 4 hat die Agentur für Arbeit mindestens einmal jährlich zu prüfen, ob zu einem späteren Zeitpunkt Verträge nach Absatz 2 geschlossen werden können.

2) PSA-Konstruktion / Vertrag

Auf der Grundlage eines Vertrages mit der Agentur für Arbeit stellt die Personal-Service-Agentur ausschließlich von der Agentur für Arbeit vorgeschlagene Arbeitnehmer in sozialversicherungspflichtige Beschäftigungsverhältnisse ein, um diese Arbeitnehmer vorrangig an Betriebe zu verleihen. Vertragsgegenstand ist die Einrichtung und der Betrieb einer PSA zur Durchführung einer vermittlungsorientierten Arbeitnehmerüberlassung.

Betreiber einer PSA können nur erlaubt tätige Verleiher sein. Die PSA hat bei Abschluss eines Vertrages die Erlaubnis zur Arbeitnehmerüberlassung nach § 1 Arbeitnehmerüberlassungsgesetz und eine Gewerbeanmeldung für private Arbeitsvermittlung nachzuweisen.

Die PSA muss eine organisatorisch eigenständige Einheit im Bezirk der jeweiligen Agentur für Arbeit sein und ausschließlich von der Agentur für Arbeit vermittelte Arbeitslose in einem vereinbarten Umfang einstellen und beschäftigen.

Der PSA-Vertrag hat eine Laufzeit von 24 Monaten und kann bei erfolgreicher Tätigkeit der PSA einmalig um bis zu weitere 24 Monate verlängert werden.

3) Arbeitsverhältnis

Zwischen der PSA und den auf Vorschlag der Agentur für Arbeit eingestellten Arbeitslosen werden sozialversicherungspflichtige Beschäftigungsverhältnisse begründet. Ein Kontrahierungszwang besteht nicht. Wird ein von der Agentur für Arbeit vorgeschlagener Bewerber abgelehnt, sind von der PSA die Gründe schriftlich darzulegen.

Die Dauer des Arbeitsvertrags beträgt mindestens neun Monate.

Bei Integrationsmöglichkeiten in ein anderes sozialversicherungspflichtiges Beschäftigungsverhältnis muss ein sofortiges Ausscheiden ohne Nachteil für den Arbeitnehmer gewährleistet sein.

Das Arbeitsentgelt und die sonstigen Arbeitsbedingungen sollten sich nach einem Tarifvertrag für Arbeitnehmerüberlassung richten, der auf die jeweiligen Leiharbeitsverhältnisse während der Zeit der Überlassung Anwendung finden kann. Ansonsten sind das Arbeitsentgelt und die sonstigen Arbeitsbedingungen maßgeblich, die an vergleichbare Arbeitnehmer im Entleihbetrieb zu gewähren sind.
Der PSA obliegt die Sicherstellung des Arbeits- und Gesundheitsschutzes.

4) Vermittlungsorientierte Arbeitnehmerüberlassung

Die PSA soll die eingestellten Arbeitslosen vorrangig verleihen. Ziel ist die Übernahme beim Entleiher und damit das möglichst rasche Überwechseln der bei der PSA eingestellten Arbeitnehmer in ein anderes sozialversicherungspflichtiges Beschäftigungsverhältnis.

5) Verleihfreie Zeiten

Zur Erhöhung der Integrationschancen richtet die PSA ihre Aktivitäten darauf aus, die verleihfreien Zeiten möglichst gering zu halten. Soweit im Ausnahmefall keine Arbeitnehmerüberlassung möglich ist, sind von der PSA die verleihfreien Zeiten für arbeitsmarktorientierte Integrationsbemühungen und individuell geeignete Kurzzeitqualifizierungen zu nutzen.

Die arbeitsmarktorientierten Integrationsbemühungen der PSA sollen insbesondere aus Aktivitäten zur Vermittlung zu anderen Arbeitgebern und zur Unterstützung der Eigenbemühungen der PSA-Beschäftigten bestehen. Das Spektrum reicht hier von Bewerbungstraining über Coaching bis zu assistierter Vermittlung.

Als Qualifizierung kommt nur kurzzeitige arbeitsplatznahe Weiterbildung in Betracht. Sofern sich auch auf Grund der Erfahrungen bei der Arbeitnehmerüberlassung im Einzelfall ein umfassenderer Qualifizierungsbedarf herausstellt, ist das gängige Weiterbildungs-Instrumentarium außerhalb des PSA-Rahmens zu nutzen.

6) Förderung / Honorar

Die Förderung soll einen wirtschaftlichen Anreiz zum raschen Einmünden des an die Personal-Service-Agentur vermittelten Arbeitnehmers in ein Beschäftigungsverhältnis beim Entleiher oder bei einem anderen Arbeitgeber bieten.

Das Honorar besteht aus einer monatlichen Fallpauschale sowie einer pauschalen Integrations-/Vermittlungsprämie. Beide Komponenten sind degressiv ausgestaltet. Die Gewährung weiterer Ermessensleistungen der aktiven Arbeitsförderung (z.B. Lohnkostenzuschüsse) an die PSA ist nicht möglich.

Maßgeblich für die Gesamthöhe des Honorars ist ein Grundbetrag, der in Abhängigkeit von der berufsfachlichen Ausrichtung und den Vermittlungshemmnissen der PSA-Zielgruppe sowie den regionalen Gegebenheiten für jede PSA unterschiedlich hoch sein kann. Der Grundbetrag bezieht sich auf Vollzeitarbeitsverhältnisse. Bei Teilzeitarbeitsverhältnissen ist er anteilig zu errechnen.

Der Grundbetrag ergibt sich auf der Grundlage des Angebotspreises im Rahmen des Vergabeverfahrens. Der Angebotspreis muss den Erfordernissen eines wirtschaftlichen Instrumenteneinsatzes entsprechen.

Die monatliche Fallpauschale beträgt

- 100% des Grundbetrages für den ersten bis dritten Monat der PSA-Beschäftigung;
- 75% des Grundbetrages für den vierten bis sechsten Monat der PSA-Beschäftigung;
- 50% des Grundbetrages für den siebten bis neunten Monat der PSA-Beschäftigung.

Die Fallpauschale wird für jeden nachweislich beschäftigten Arbeitnehmer monatlich nachträglich ausgezahlt. Soweit Arbeitsentgelt nur für Teilmonate gewährt wurde, wird die Fallpauschale anteilig gewährt.[1]
Die Gewährung einer monatlichen Fallpauschale ist ausgeschlossen, wenn der PSA-Beschäftigte an einen früheren Arbeitgeber, bei dem er während der letzten vier Jahre mehr als drei Monate versicherungspflichtig beschäftigt war, überlassen wird.

Die Integrations-/Vermittlungsprämie umfasst

- 200% des Grundbetrages, wenn der PSA-Beschäftigte während der ersten drei Monate der PSA-Beschäftigung;
- 150% des Grundbetrages, wenn der PSA-Beschäftigte während des vierten bis sechsten Monats der PSA-Beschäftigung;
- 100% des Grundbetrages, wenn der PSA-Beschäftigte nach dem sechsten Monat der PSA-Beschäftigung

zu einem Entleiher oder einen anderen durch die PSA vermittelten Arbeitgeber überwechselt.
Die Integrations-/Vermittlungsprämie wird in zwei Tranchen ausgezahlt. Die erste Hälfte wird mit Aufnahme einer sozialversicherungspflichtigen Beschäftigung, die auf mindestens drei Monate angelegt ist, und die zweite Hälfte nach einer Beschäftigungsdauer von sechs Monaten fällig. Der jeweilige Nachweis ist von der PSA zu erbringen.

7) PSA-Zielgruppen

Zielgruppe für die Beschäftigung in der PSA sind kurzfristig von der Agentur für Arbeit nicht Vermittelbare Arbeitslose, die abgesehen von individuellen Vermittlungshemmnissen beschäftigungsfähig sind und im Rahmen ihres Qualifikationsspektrums für Arbeitnehmerüberlassung in Betracht kommen.
Die regionalspezifische Festlegung der Zielgruppen erfolgt durch die Agentur für Arbeit unter Berücksichtigung von berufsfachlichen und / oder personenbezogenen Merkmalen.

Die PSA verpflichtet sich, bezogen auf das jeweilige Tätigkeitsfeld in angemessenen Umfang Frauen zu beschäftigen und zur Vereinbarkeit von Familie und Beruf auch Möglichkeiten für Teilzeitbeschäftigung zu erschließen.

[1] Diese Regelung gilt nur für neue PSA-Verträge, d.h. in der Regel, wenn das Ausschreibungsverfahren nach dem 24.03.2004 begonnen hat.

Zwischen der Agentur für Arbeit und der PSA wird die Anzahl der zu beschäftigenden Arbeitnehmer als Zielgröße vereinbart.
PSA und Agentur für Arbeit wirken gemeinsam darauf hin, dass die vereinbarte Beschäftigtenzielgröße erreicht und gehalten wird. Die PSA teilt der Agentur für Arbeit zur Unterbreitung von weiteren Vermittlungsvorschlägen frei werdende/frei gewordene Plätze umgehend mit.

8) Hinweise zum Vergabeverfahren

Die PSA-Vergabe wird von jeder Agentur für Arbeit vorläufig als Freihändige Vergabe mit vorgeschaltetem öffentlichen Teilnahmewettbewerb nach der Verdingungsordnung für Leistungen (VOL) durchgeführt.

Der Teilnahmewettbewerb beginnt mit einer Bekanntmachung im Bundesausschreibungsblatt.
Gegebenenfalls erfolgen zusätzliche Veröffentlichungen in der regionalen und / oder überregionalen Presse. Alle Interessenten können auf dieser Basis Teilnahmeanträge bei den jeweiligen Agenturen für Arbeit stellen.
Mit dem Teilnahmeantrag sind folgende Unterlagen bei der Agentur für Arbeit vorzulegen:

- Formlose Eigenerklärung des Bewerbers, dass er seiner Verpflichtung zur Zahlung von Steuern und Abgaben sowie der Beiträge zur gesetzlichen Sozialversicherung ordnungsgemäß nachgekommen ist.
- Erlaubnis zur Arbeitnehmerüberlassung (falls nicht vorhanden: Nachweis über die Beantragung dieser Erlaubnis)
- Ausführliche Beschreibung der Erfahrungen im Bereich der gewerbsmäßigen und/oder vermittlungsorientierten / gemeinnützigen Arbeitnehmerüberlassung mindestens für die letzten zwölf Monate
  ersatzweise oder zusätzlich
  Beschreibung der Erfahrungen und Erfolge im Bereich der privaten Arbeitsvermittlung mindestens für die letzten zwölf Monate (mit Vorlage Gewerbeanmeldung für private Arbeitsvermittlung)
  ersatzweise
  Referenzen hinsichtlich der erfolgreichen Durchführung von auf die Integration in den ersten Arbeitsmarkt ausgerichteten Maßnahmen der aktiven Arbeitsmarktpolitik mindestens für die letzten zwölf Monate
- Nachweis einschlägiger unternehmerischer Aktivitäten, die einen erfolgreichen Betrieb einer PSA gewährleisten, insbesondere Angaben zur durchschnittlichen Zahl der in letzten zwölf Monaten beschäftigten Arbeitnehmer / Zeitarbeitnehmer

Nach Abschluss des Teilnahmewettbewerbs erhalten alle von der Agentur für Arbeit als geeignet bewerteten Interessenten die Vergabeunterlagen (Aufforderungsschreiben / programmatische Leistungsbeschreibung mit Preisblatt / Mustervertrag) mit der Bitte um Abgabe eines Angebots. Dabei werden als geeignete Interessenten nur fachkundige, leistungsfähige und zuverlässige Bewerber berücksichtigt.

Das jeweilige Angebot der geeigneten Bewerber muss je PSA umfassen:

- eine Erklärung, die die Bereitschaft zum Abschluss des Mustervertrags zum Ausdruck bringt
- einen Angebotspreis für den für das Honorar maßgeblichen Grundbetrag
- ein detailliertes PSA-Konzept mit
  - Angaben zur vorgesehenen personellen und sächlichen Ausstattung der organisatorisch eigenständigen Einheit PSA
  - Benennung des voraussichtlich zur Anwendung kommenden Tarifvertrags für Arbeitnehmerüberlassung
  - Ausführungen zum Vorgehen und zur Strategie bei der Akquisition von Aufträgen für die Arbeitnehmerüberlassung mit Bezugnahme auf die jeweilige PSA-Zielgruppe
  - Angaben zum seitens des Bewerbers erwarteten Umfang verleihfreier Zeiten sowie Überlegungen zu den für die verleihfreien Zeiten vorgesehenen arbeitsmarktlichen Integrationsbemühungen (Bewerbungstraining, Coaching, assistierte Vermittlung etc.) und den in diesem Zusammenhang für die jeweilige Zielgruppe sinnvollen Kurzzeitqualifizierungen
  - einer Einschätzung zur erzielbaren Integrations-/Vermittlungsquote, die als Erfolgsmaßstab für eine evtl. Vertragsverlängerung herangezogen werden kann
  - Angaben zur regionalen Marktkenntnis und –anbindung, d.h. zu Strukturen des zu bedienenden Marktes, zu Erfahrungen durch nachgewiesene Kontakte am Arbeitsmarkt und zu erzielten Ergebnissen

Die Angebote werden nach preislichen und fachlichen Gesichtspunkten bewertet. Anschließend werden von der Agentur für Arbeit mit voraussichtlich bis zu fünf Bietern, die nach dieser Auswertung die wirtschaftlichsten Angebote abgegeben haben, Vertragsverhandlungen aufgenommen.

RECHT DER ARBEIT UND DER SOZIALEN SICHERHEIT

Band 1 Ulrike Wagner: Mitbestimmung bei Bildschirmtechnologien. 1985.

Band 2 Karin Dierks: Zwischen Arbeits- und Sozialrecht. Beschäftigungsverhältnisse in der Werkstatt für Behinderte. 1986.

Band 3 Inge Böttcher: Gemeinsame Ausübung eines Zurückbehaltungsrechts. 1986.

Band 4 Gabriele Peter: Frauendiskriminierung durch Teilzeitbeschäftigung. Insbesondere bei betrieblichen Sozialleistungen und der Vergütung von Überstunden. 1988.

Band 5 Uwe Schumacher: Rechtsfragen der Teleprogrammierung. Statusrechtliche Einordnung und urheberrechtlicher Schutz. 1989.

Band 6 Nashrine Ismail: Recht und Praxis bei der Bekämpfung illegaler Arbeitnehmerüberlassung. 1991.

Band 7 Karen Klöver: Der Sozialplan im Konkurs. Schutz der Sozialplangläubiger im Konkurs und alternative Regelungsmöglichkeiten in einem neuen Insolvenzrecht. 1993.

Band 8 Andrea Rudolph: Die Kooperation von Strafrecht und Sozialhilferecht bei der Disziplinierung von Armen mittels Arbeit. Vom Arbeitshaus bis zur gemeinnützigen Arbeit. 1995.

Band 9 Wolfgang Däubler: Rechtsexport. Die Einführung des bundesdeutschen Arbeitsrechts im Gebiet der früheren DDR. 1996.

Band 10 Ines Kalisch: Die Entwicklung des Verbots der mittelbaren Diskriminierung wegen des Geschlechts im Sozialrecht. Grundlagen, Analyse und exemplarische Anwendung auf Gesetze im Rentenrecht. 1999.

Band 11 Matthias Hirschfeld: Die Dienstgemeinschaft im Arbeitsrecht der evangelischen Kirche. Zur Legitimitätsproblematik eines Rechtsbegriffs. 1999.

Band 12 Véronique Demarne: Anwendung nationaler Tarifverträge bei grenzüberschreitenden Arbeitsverhältnissen. Ein deutsch-französischer Vergleich (Avec résumé et conclusions en français). 1999.

Band 13 Alexander Scharf: Das Arbeitsrecht der Russischen Föderation und der Republik Belarus. 1999.

Band 14 José João Abrantes: Contrat de travail et droits fondamentaux. Contribution à une dogmatique commune européenne, avec référence spéciale au droit allemand et au droit portugais. 2000.

Band 15 Oliver Tieste: Karôshi, ein japanisches Phänomen? Ursachen und rechtliche Hintergründe für den Tod am Arbeitsplatz. Eine rechtsvergleichende Studie. 2000.

Band 16 Detlev Reichelt: Die arbeitsrechtliche Stellung der Rote-Kreuz-Schwestern. Eine Untersuchung zur Arbeitnehmereigenschaft mitarbeitender Vereinsmitglieder und Gesellschafter am Beispiel der Krankenschwestern der Schwesternschaften vom Deutschen Roten Kreuz e.V. 2000.

Band 17 Herbert Böker: Tarifunterschreitung durch Betriebsvereinbarung und Arbeitsvertrag. 2001.

Band 18 Tatjana Aigner: Antworten auf Arbeitnehmerfehlverhalten. Reaktionen, Interventionen und Sanktionen in Österreich und Deutschland. 2002.

Band 19 Alexandra Nöth: Materieller und prozessualer Rechtsschutz gegen sexuelle Belästigung am Arbeitsplatz in den USA, Europa und Deutschland. 2003.

Band 20 Oliver Tieste: Der Tod durch Überarbeitung. Arbeits- und sozialversicherungsrechtliche Hintergründe. Materiellrechtliche, epidemiologische und betriebliche Rahmenbedingungen des Karôshi-Phänomens in Japan und Deutschland. 2003.

Band 21 Bettina Graue: Der deutsche und europäische öffentliche Dienst zwischen rechtlicher und faktischer Gleichberechtigung der Geschlechter. Ein rechtssystematischer Vergleich zur Frauenförderung in beiden öffentlichen Diensten unter besonderer Berücksichtigung des Gemeinschaftsgrundrechts der Gleichberechtigung von Männern und Frauen. 2004.

Band 22 Timo Karsten: Schuldrechtliche Tarifverträge und außertarifliche Sozialpartner-Vereinbarungen. Eine Untersuchung am Beispiel von Vereinbarungen der Tarifparteien der Chemischen Industrie. 2004.

Band 23 Katrin Stoye: Rechtsdogmatische und rechtspolitische Probleme des § 14 Abs. 2 Teilzeit- und Befristungsgesetz. Ein Beitrag zur Auslegung der Tatbestandsvoraussetzungen des § 14 Abs. 2 TzBfG sowie zur Entwicklung des Rechts der sachgrundlosen Befristungen unter Berücksichtigung der gesetzlichen Neuerungen durch die Arbeitsmarktreformen der Jahre 2002 und 2003. 2007.

Band 24 Felix Herbold: Gleichbehandlung in der betrieblichen Altersversorgung. Rechtsfragen zur Beteiligung an der zweiten Säule der Alterssicherung am Beispiel der geringfügig Beschäftigten und eingetragenen Lebenspartner. 2007.

Band 25 Andrea Henke-Klar: Unfall- und Gesundheitsschutz – ein Rechtsvergleich zwischen Japan und Deutschland. 2008.

Band 26 Gerald Peter Müller: Der vermittlungsorientierte Einsatz von Arbeitnehmerüberlassung in der Personal-Service-Agentur (PSA). Arbeitsrechtliche Auswirkungen auf die Rechtsbeziehungen der Beteiligten. 2008.

Cessy Kühl

Flexibilisierung von Arbeitsbedingungen

Vergleich ausgewählter arbeitsrechtlicher Gestaltungsmittel zwischen dem deutschen und dem tschechischen Individualarbeitsrecht

Frankfurt am Main, Berlin, Bern, Bruxelles, New York, Oxford, Wien, 2007.
391 S., 1 Tab.
Studien zum Arbeitsrecht und zur Arbeitsrechtsvergleichung.
Herausgegeben von Manfred Weiss und Spiros Simitis. Bd. 17
ISBN 978-3-631-57396-9 · br. € 56.50*

Dieses Buch befasst sich mit den arbeitsrechtlichen Unterschieden zwischen der Bundesrepublik Deutschland und der Tschechischen Republik. Es werden mögliche Flexibilisierungsinstrumente bei der Begründung, Durchführung und Änderung von Arbeitsverhältnissen in den beiden Ländern verglichen. Dabei werden Direktionsrecht, Versetzung, Arbeitszeitkonto, Änderungsvertrag und Änderungskündigung, Arbeitnehmerüberlassung, Arbeitgeberleistungen, nachvertragliches Wettbewerbsverbot und Vertragsstrafe, befristete Arbeitsverhältnisse sowie Teilzeit und Managerverträge näher beleuchtet. Die Darstellung dient auch als Leitfaden für Arbeitnehmer und Arbeitgeber beider Länder. Ebenso befasst sich das Werk mit dem neuen Arbeitsgesetzbuch (*zákon zákoník práce*), dem Gesetz Nr. 262/2006 Slg.

Aus dem Inhalt: Flexibilisierung von Arbeitsbedingungen · Vergleich ausgewählter arbeitsrechtlicher Gestaltungsmittel zwischen dem deutschen und dem tschechischen Individualarbeitsrecht

Frankfurt am Main · Berlin · Bern · Bruxelles · New York · Oxford · Wien
Auslieferung: Verlag Peter Lang AG
Moosstr. 1, CH-2542 Pieterlen
Telefax 00 41 (0) 32 / 376 17 27

Kolibri 360 GmbH
Ferdinand-Jühlke-Straße 7
99095 Erfurt, Deutschland
produktsicherheit@kolibri360.de

Druck:
CPI Druckdienstleistungen GmbH
im Auftrag der
Kolibri 360 GmbH
Ferdinand-Jühlke-Str. 7
99095 Erfurt